RUDI KRETSCHMER

MOTORBUCH VERLAG STUTTGART

Einbandgestaltung: Siegfried Horn

Bilder: Rudi Kretschmer, Reith (Seite 214)

ISBN 3-613-01315-0

1. Auflage 1990
Copyright © by Motorbuch Verlag, Postfach 103743, 7000 Stuttgart 10
Ein Unternehmen der Paul Pietsch-Verlage GmbH & Co.
Sämtliche Rechte der Speicherung, Vervielfältigung und Verbreitung sind vorbehalten.
Druck: Rems-Druckerei, 7070 Schwäbisch Gmünd.
Bindung: Verlagsbuchbinderei K. Dieringer, 7016 Gerlingen
Printed in Germany

Inhalt

Autor, Straße in S.-Indien.

Exposé

Anfang April 1987 startete ich zu einer eineinhalbjährigen Motorradreise um die Welt. Während dieser Zeit schrieb ich für die Zeitung Motorrad, die 14tägig Berichte mit Fotos veröffentlichte und den Lesern die Möglichkeit gab, die gesamte Tour, einschließlich Vorbereitung, Erlebnisse unterwegs und schließlich die Rückkehr zu verfolgen. Honda stellte mir eine Enduro XL 600 LM zur Verfügung, HB erwies sich als ein weiterer großzügiger Sponsor.

Es fällt schwer, Höhepunkte dieser Zeit hervorzuheben, denn die ganzen 18 Monate erscheinen mir wie ein einziger intensiver Augenblick: Der Karakoram Highway im Norden Pakistans führte bis auf eine Höhe von fast 5.000 Metern, wobei selbst auf Paßhöhe immer noch Berge rechts und links aufstiegen; im Himalaya treckte ich zu den Base-Camps der Achttausender Nanga Parbat und Rakaposhi; in Nordindien lief mir eine Frau ins Motorrad, ich beging Fahrerflucht und wurde vom Militär gestellt; auf den Malediven tauchte ich, fast bei jedem Gang begegneten mir Haie; Thailand stellte den Beginn einer unglaublichen Liebe dar mit Maree aus Neuseeland. In Australien sahen wir uns wieder, Monate später in Mexiko; in Japan herrschte Winter, Motorradfahren bei minus 8° Celsius; Vancouver war mit Abstand die schönste Stadt der ganzen Reise, umgeben vom Meer, endlosen Wäldern und Bergen; unglaublich schön war der Number one (No. 1) Highway entlang der Westküste der USA; weniger angenehm verlief der Aufenthalt in Panama, wo ich am 4. Juli, dem Geburtstag der USA, zufällig auch mein eigener, festgenommen und Stunden später von einer Militäreskorte aus der Altstadt geführt wurde. Wenige Woche vor Ende der Reise kam es besonders dick: mit Malaria und 40° Fieber durch die Sahara.

Zurück in Bochum zeigte der Kilometerzähler 55.000 an, es gab keine schwerwiegenden Probleme mit dem Motorrad, nur mit dem Zeitgefühl bzw. meinen Empfindungen nach der Reise: Ich habe nach eineinhalb Jahren das Gefühl, nie weg gewesen zu sein. Alles war nur ein Traum, 18 Monate rasen vorbei, während ein Tag hier in Deutschland im Zeitlupentempo dahinschleicht.

Vorgeschichte

Sommer 1986, vor dem Haus wartet meine vollgeladene BMW darauf, daß ich endlich das dreistündige Frühstück bei meinem Bruder beende und Richtung Frankreich starte.

»Übrigens, hast Du von dieser Geschichte in der Motorrad gehört?«

»Welche Geschichte?« – »Hier: ›Sind Sie ein Globetrotter? Dann fahren Sie doch einmal um die Welt‹!«

Wir platzen beide vor Lachen, wiederholen immer wieder diese beiden Sätze in den verschiedensten Variationen, bis nur noch unter Aufwenden der letzten Kräfte ein: »He, ich Globetrotter, ich jetzt Weltreise« herauskommt!

Ich lese die Ausschreibung durch, tatsächlich soll einem Leser unter Mitwirkung der Sponsoren HB und Honda eine Reise um die Welt ermöglicht werden! In einem kleinen Kästchen bitte schnell Motorraderfahrung in Jahren, Abkömmlichkeit, Sprachkenntnisse, Fotoerfahrung und bisherige Touren eintragen.

»Na, Globetrotter, was ist jetzt, Du willst doch sowieso um die Welt fahren!« – Nach einem minutenlangen Lachanfall mit Bauchkrämpfen schnappe ich mir die Zeitung und verziehe mich auf mein Zimmer. Es stimmt, seit einem Monat ist mein zweijähriger Referendardienst an der Schule beendet und ich bin arbeitslos, will tatsächlich eine lange Reise machen, aber daß gerade jetzt so eine Möglichkeit auftaucht, erscheint mir lediglich im Bereich des Utopischen. Ich fülle also die Angaben aus: 13 Jahre Motorrad, sofort abfahrbereit, Englisch, Französisch, Spanisch – wobei ich davon ausgehe, daß ein dreiwöchiger Volkshochschulkurs in Spanisch genügt, um meine Sprachkenntnisse als ausgezeichnet anzugeben. Fotoerfahrung ebenfalls 13 Jahre. Bei bisherigen Touren kann ich ganz bei der Wahrheit bleiben: viele dreimonatige Fahrten, zuletzt ein dreiviertel Jahr in Westafrika.

Vor meinen Augen sehe ich einen übermüdeten und gelangweilten Mitarbeiter, der nun aus Hunderten von Bewerbungen die eine herausfinden soll. Ein DIN A4-Umschlag mit einem Bericht meiner letzten Reise, eine Skizze über die ungefähre Route und ein paar Fotos werden ihn vielleicht überzeugen, meinen Brief wenigstens zu öffnen.

Genau eine halbe Stunde später starte ich die BMW, schmeiße das Kuvert ein und habe nach wenigen Kilometern alles schon wieder vergessen. Ich möchte die Wochen in Frankreich dazu nutzen, um mir eine genaue Route für meine spätere Reise zu überlegen, eine Liste mit Vorbereitungen anzufertigen. Die Bewerbung für Motorrad sehe ich ausschließlich unter dem Gesichtspunkt, daß ich mir später nicht vorhalten kann, eine gute Gelegenheit verpaßt zu haben.

Das Glück läßt mir keine Ruhe: Nach fünf Wochen bin ich wieder zu Hause, im Briefkasten entdecke ich eine Einladung aus Stuttgart! Unter mehr als 1200 Bewerbern filtert die Redaktion sieben heraus, und jetzt wird eine Jury von Motorrad, HB, Honda, Reisespezialisten den Weltenbummler ermitteln.

Vier Tage später sitze ich mit sechs anderen Motorradfahrern in einem Konferenzraum. Alle haben einige Jahre an Reiseerfahrungen, niemand kann sich so richtig etwas unter diesem Projekt vorstellen. Ein Arzt untersucht uns einzeln und fragt, ob wir schon einmal eine Tropenkrankheit gehabt hätten. Ich kann mich nicht erinnern, verschweige eine Malaria, aber das liegt ja schließlich schon zehn Jahre zurück. Der Vormittag vergeht mit lockeren Gesprächen über unsere Sprachkenntnisse – Englisch ist Grundvoraussetzung, Französisch nicht unbedingt nötig, da es nur in Westafrika gesprochen wird, umso mehr jedoch Spanisch für Mexiko, Mittel- und Südamerika. Mit Englisch und Französisch kann ich mich überall problemlos durchschlagen. Mein Spanisch »ist mündlich sehr gut, schriftlich nicht besonders«: Das entspricht nicht ganz den Tatsachen, aber ich gelobe mir selbst, schnell noch einen Kurs zu belegen, falls ich diesen Job wirklich bekommen sollte.

Genauso unproblematisch verläuft der Punkt, eigene Dias vorzustellen. Jeder von uns fotografiert sehr viel, und so gestaltet sich diese Stunde mehr als eine Anreihung kleiner Vorträge mit interessanten Motiven, als eine Auseinandersetzung mit der Qualität des Bildmaterials.

Vor einem Bereich des heutigen Tages fürchte ich mich ein bißchen: Gespräch mit den Technikern. Zwar fahre ich ausgesprochen gern Motorräder, nur bin ich kein Schrauber. Ich kann einen Motor warten, Ventile einstellen, Vergaser säubern, Öl wechseln, Verschleißteile wechseln – einen Motor selbst habe ich noch nie geöffnet. Niemand ruft mich auf, keiner will wissen: »Was machst Du denn, wenn Dir mitten in der Wüste ein Ventil verbrennt?« Der Tagespunkt Technik wird in einem Satz abgehandelt: »Ihr fahrt ja alle jahrelang Motorrad und versteht sicher genug vom Innenleben eines Motors!« – »Ja, ja, ganz bestimmt!« Meine Antwort ist mit Sicherheit die schnellste und lauteste.

Nach einer ausgedehnten Mittagspause rechne ich mir aus, daß meine Chancen ganz gut stehen. Adam besteht darauf, mindestens drei Jahre Zeit zu bekommen für diese Reise; René erscheint mit einem Gipsfuß, Reinhard gibt zu, außer Italienisch keine andere Sprache zu beherrschen, Uli will eine Gelbsucht nicht verschweigen, Uwe verplappert sich und gesteht, daß er noch keine längere Motorradreise gemacht hat. Es bleibt noch Elisabeth übrig und ich.

Einige Kilometer entfernt ziehen wir unsere Motorradklamotten an, warten auf die XL 600 von Honda, um sie vor den Augen der Jury über einen Crossparcours zu jagen. Leider klappt das nicht ganz so – die Honda taucht nicht auf, eine 600er Yamaha springt selbst dann nicht an, als wir sie von einem Auto anschleppen lassen. Ein Jugendlicher knattert auf einer 250er Suzuki, Zwei-Takter natürlich, über die Sprunghügel. Die Mitglieder der Jury sehen sich fragend an, einige Minuten später sitzt der erste im Sattel – überhaupt starten wir alle zum ersten Mal mit einem 2-Takter. Mir fällt nur ein, daß man den Motor höher drehen muß, und daß er beim Herunterschalten nicht abbremst wie ein Viertakter. Ich fahre unter dem Aspekt: Hauptsache ankommen, und bloß nicht den Motor auf einem Steilstück abwürgen.

Am Abend zieht sich die Jury zurück, um eine Entscheidung zu treffen. Keiner der ausgewählten Teilnehmer scheint besonders nervös zu sein. Ich lege mir im Kopf positive Überlegungen zurecht, um nicht allzu enttäuscht zu sein, wenn ein anderer diese Chance bekommt: von über 1200 Teilnehmern ausgewählt zu werden und zu dem kleinen Feld von sieben Kandidaten zu zählen, ist ja auch nicht schlecht; außerdem starte ich spätestens in einem halben Jahr selbst zu meiner Weltreise. Mitten in diese Gedanken öffnet sich die Tür, eine Redakteurin gibt bekannt: »Wir wollen es kurz machen, unser Wunschkandidat heißt Rudi Kretschmer!« Oje, ich bekomme einen derben Schreck, die »Verlierer« klatschen, wir schütteln uns die Hände. Wenige Minuten später höre ich mir die Vorstellungen der Sponsoren und Redaktionsmitglieder an: Einmal um die Welt fahren, in regelmäßigen Abständen Berichte und Fotos schicken, spätestens zur IFMA im September 1988 zurück sein! Die Reise ist mit einem Etat ausgestattet, den sich zur Hälfte HB und Motorrad teilen. Honda stellt eine brandneue XL 600 LM zur Verfügung und schickt im Notfall Ersatzteile. – Ich bitte darum, mir vier Tage Bedenkzeit zu lassen, denn es gibt für mich auch Zweifel darüber, wie stark ich mich den Zwängen meiner Geldgeber beugen muß. Diese werden schnell ausgeräumt: »Wohin Du fährst, wie lange Du jeweils bleibst, das bleibt ganz allein Dir überlassen!«

Es ist ein Traumjob, darüber werde ich mir während der Rückfahrt nach Bochum klar. Mir bietet sich die Möglichkeit, Motorradfahren und Urlaub zu verbinden, wobei die Arbeitsbedingungen – Schreiben und Fotografieren – zu meinen Lieblingsbeschäftigungen gehören.

Einen festen Abreisetermin kann ich nicht nennen, für die Vorbereitungen rechne ich etwa mit sechs Monaten. Als erstes stelle ich mir einen Fitnesplan auf, jeden Tag mache ich Sport, renne abends mit einem kleinen Rucksack durch die Gegend, in dem sich ein fünf Kilogramm schwerer Stein befindet. Ich warte meist, bis es dunkel wird, denn die Leute tippen sich sonst zu oft an die Stirn. Hinzu kommt Krafttraining und viel Squash. Außerdem versuche ich, einen regelmäßigen Rhythmus in meine Tagesabläufe zu bekommen: früh aufstehen, wenig Alkohol trinken und wenig Süßigkeiten essen. Es ist ein herrliches Gefühl, genau zu wissen, wofür ich mich abplage und quäle.

In meinem Übereifer kaufe ich Reiseliteratur von allen Kontinenten und sitze stundenlang darüber, mit dem Ergebnis, daß ich nach einigen Tagen alles durcheinanderwerfe, nicht mehr weiß, ob die Pyramiden irgendwo in Australien stehen oder nicht. Es ist unmöglich, sich die ganzen Informationen anzulesen, noch unmöglicher, einen halben Zentner Bücher mitzunehmen.

Die letzte Motorradtour fällt mir ein – neun Monate durch Westafrika. Ein einziger Reiseführer reichte aus, die meisten Informationen und Tips bekomme ich von anderen Bikern oder Rucksacktravellern. Ich nehme mir also nur für den ersten Teil der Reise – Osteuropa und Zentralasien – Reiseführer und gute Karten mit. Später kann ich entsprechendes Material mit Sicherheit in den jeweiligen Ländern kaufen.

Viel mehr Kopfzerbrechen bereitet mir die Liste mit Ersatzteilen. Ich denke zurück an die letzten Pannen und größeren Reparaturen bei der Afrika-Tour. Nur die üblichen Verschleißteile – Züge, Kerzen, Speichen, Öl-, und Luftfilter, Birnen, Flickzeug, Pumpe, Sicherungen, viel Isolierband, Draht, Schlauchschellen, Schrauben, Muttern, Unterlegscheiben. Das Werkstatthandbuch ist in Deutsch, Englisch, Französisch geschrieben, außerdem packe ich neben den Schlüsseln einen Hammer und eine Eisensäge ein. Die meisten Leser schlagen jetzt wahrscheinlich die Hände über den Kopf zusammen, oder klappen das Buch zu und legen es ganz weit weg! Ich möchte zu meiner Verteidigung anführen: Es gibt immer und überall eine Möglichkeit, das Motorrad auf einem Lkw, Zug, Bus oder Pferdekarren zu transportieren und es in einer Werkstatt unterzustellen. Die Ersatzteilbeschaffung von Deutschland aus dauert nie länger als einige Tage, was angesichts von eineinhalb Jahren Zeit unbedeutend ist. Diese Überlegungen sind durchaus nicht so abwegig, denn es gibt immer Möglichkeiten, wo selbst jemand, der wirklich an alles gedacht zu haben glaubt, nicht mehr weiter kann: Wer nimmt schließlich schon Standrohre mit, falls die Vordergabel einmal bricht, oder ein Minischweißgerät bei Rahmenbruch?!

Im Nachhinein würde ich mich wieder so verhalten. Die Intervalle für eine regelmäßige Inspektion sind dafür sehr kurz. Oft wechsele ich das Öl alle 2000 km, checke jeden Tag Kette, Ölstand, Bremsen.

Ähnlich verhält es sich bei der Frage, welche Medikamente ich wohl mitnehme. Natürlich beuge ich gegen Cholera, Gelbfieber, Tetanus, Gelbsucht und Polio vor. Einzig auf Malariaprophylaxe verzichte ich, weil mir die Nebenwirkungen über einen so langen Zeitraum zu gefährlich erscheinen und ich aus eigener Erfahrung die Symptome kenne, um im Ernstfall Daraprim zu schlucken. Eine kleine Plastikdose enthält Pflaster, Desinfektionsflüssigkeit, Verbandzeug, Schmerz- und Schlaftabletten, Mittel gegen Durchfall, Salben für Lippen, Augen, Haut.

Waffe – ja oder nein? Vielleicht tut es ja ein Tränengasspray, ansonsten ist mir völlig klar, daß mir im Notfall nichts helfen würde – wenn es wirklich jemand darauf anlegt, mich auszurauben, habe ich keine Chance und verschlimmere nur die Situation, wenn ich plötzlich mit einem Messer herumfuchtle oder eine Pistole ziehe. Das Geld liegt an drei verschiedenen Plätzen versteckt, so daß ich nach einem Diebstahl oder Überfall immer noch genügend Mittel besitze, um weiterzufahren.

Ich zeichne eine provisorische Reiseroute mit den ungefähren Ankunftsterminen auf eine Weltkarte, dazu Adressen der Deutschen Botschaften, die dann als Anschriften dienen. Gerade beim Alleinreisen gibt es nichts Schöneres, als alle zwei bis drei Monate einen Stapel Briefe zu empfangen, sich einen Vormittag in ein Café setzen und lesen. Ich kann außerdem so den Kontakt zu anderen Reisenden, die ich treffe, aufrechterhalten. Gegen Ende der Fahrt schreibe ich mehr Leuten, die mir unterwegs begegnet sind als Freunden aus Deutschland.

Viele Länder fordern Visa. Die meisten besitzen nur eine dreimonatige Gültigkeit vom Ausstellungsdatum an und sind dann bereits ungültig, wenn ich sie benutzen möchte. Ich besorge mir trotzdem alle Visa in Deutschland. Zum einen kann man die Daten relativ leicht ändern, zum anderen kommt eine viel wichtigere Überlegung hinzu: Es gibt oft Situationen, in denen ein Staat über Nacht die Grenzen schließt und die entsprechende Botschaft im Nachbarland überhaupt kein Visum mehr erteilt. Die Paßbehörde stellt mir einen zweiten Reisepaß aus, außerdem kopiere ich sämtliche Papiere und verstecke sie zusammen mit dem zweiten Paß.

Ich glaube, das Schlimmste, was passieren kann, ist, ohne Geld und Papiere irgendwo zu hängen. Botschaften sind mittlerweile sehr mißtrauisch geworden bei solchen Situationen, besonders in Ländern wie Nepal oder Indien, wo Reisende manchmal alles verkaufen, selbst Rückflugticket oder Pässe, um einige Monate länger bleiben zu können.

Aber weiter zum Gepäck: An Kleidung spare ich sehr viel, die wenigen Sachen können schließlich gewaschen werden, außerdem kann ich mir überall einen dicken Pullover kaufen und eine zweite Hose.

Weniger Kompromisse sind bei der Motorradkleidung angesagt: Integralhelm mit Schirm gegen tiefeinfallende Sonne oder starken Regen; Enduroan-

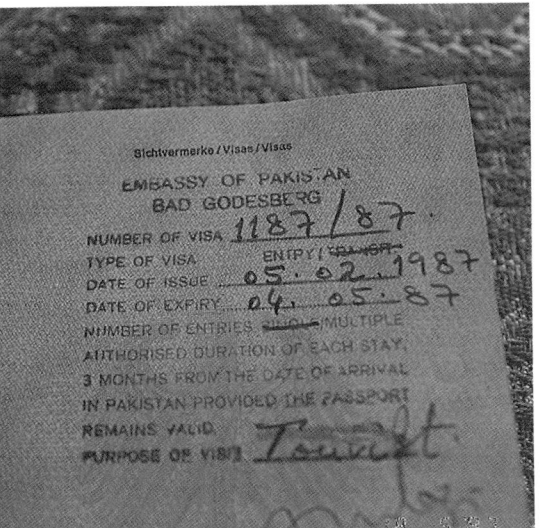
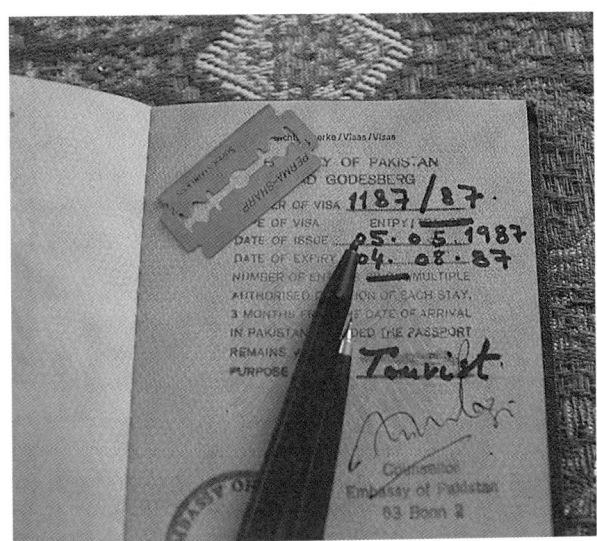

Visum ändern.

zug aus Goretex mit Plastikschützern für Ellbogen; dicke Bergstiefel mit Metallkappen an Zehen und Ferse, sie sind relativ leicht und ich kann sie außerdem in den Bergen anziehen oder bei langen Spaziergängen. Gegen Regen und Kälte kommt eine einteilige Regenkombi hinzu.

Nur: Wo verstaue ich das Ganze? Ich werde oft allein sein und muß das Motorrad unbeaufsichtigt zurücklassen. Ein Berg mit Taschen, Rucksäcken, Dosen und Kanistern, der mit Gummis und Riemen zusammengebunden ist, kommt nicht in Frage. Ein selbstgeschweißter Rahmen aus Vierkantrohr umgibt das Hinterrad, rechts und links schraube ich zwei Aluminiumkisten an, die ich von innen mit Flügelschrauben festziehe. Sie stehen auf einer Metallschiene, in der sich drei Stifte befinden, die in die Löcher des Bodens passen. Hinter mir befestige ich einen dritten Koffer; alle sind wasser- und staubfest, lassen sich abschließen. Die seitlichen Koffer kann ich innerhalb von zwei Minuten abnehmen. Filmrollen, Medikamente, Werkzeug, Ersatzteile, Schreibzeug usw. packe ich in Plastikdosen und beschrifte sie. Die Alukisten lassen sich nach vorne aufklappen – ein Nachteil, wie sich schnell herausstellen wird, denn sie lassen sich nicht so optimal packen, wie ein Koffer, den man von oben öffnet. Nie darf etwas vorstehen, weil sich sonst der Deckel nicht schließen läßt, oder nicht mehr richtig abdichtet und nach einer Regenfahrt der ganze Boden voller Wasser steht.

Zelt, Moskitonetz und Schlafsack stopfe ich in einen Rucksack und befestige ihn vor dem Topcase hinter mir, sozusagen als Rückenlehne. Ein Fünf-Liter-Kanister für Benzin und ein Zehn-Liter-Kanister für Wasser finden hinter den Koffern auf dem Vierkantgestell Platz. Freunde schneidern mir einen zweiten Rucksack so zurecht, daß ich ihn auf dem Tank befestigen und mit Schnappverschlüssen einfach abnehmen kann. Hier befinden sich alle wichtigen Sachen, und ich lasse ihn nie aus den Augen, nehme ihn mit in die Bank oder Post, ins Restaurant und selbst auf die Toilette: Papiere, Tagebuch, Kamera, Geld und Adressen.

Diese Vorbereitungen ziehen sich in die Länge. Ich kann mich nicht für einen Abreisetermin entscheiden. Schließlich erscheint mir der 1. April 1987 optimal – falls alles schief geht, naja, dann war es eben ein Aprilscherz. Entscheidend ist das Klima – es dürfte nicht mehr allzu kalt sein, in der Osttürkei liegt hoffentlich kein Schnee mehr und der Regenzeit in Nepal und Indien kann ich dann gerade noch so entkommen – wenn alles nach Plan läuft, aber das tut es eben nie.

Im Nachhinein würde ich bei den Vorbereitungen einer solch langen Reise nur eines anders machen: nämlich mir sofort einen Termin für die Abfahrt setzen, allen Freunden davon erzählen, eine Abschiedsfete ankündigen und erst gar nicht in Versuchung kommen, Wochen mit völlig unnötigen Dingen zu vergeuden und tagelang nach einem Schlangenserum suchen, sterilem Skalpell oder Spezialkarten der Sahara im Maßstab 1:20.000 zu suchen – alles Sachen, die schließlich doch zu Hause bleiben müssen.

Frische Kokosnüsse. ▶

Bochum

Stuttgart

Friedrichshafen

Marau

ÖSTER

0   150   300   900   *KM*

Osteuropa

Auf der Strecke Bochum – Stuttgart höre ich den Motor gleich mehrere Male kaputtgehen. Zweimal springt der fünfte Gang heraus, weil ich beim Schalten den Fuß nicht richtig durchziehe. Ein anderes Mal bockt die Honda. Ich rolle an den Seitenrand, beginne den Tankrucksack abzubauen, kann aber nichts entdecken. Die Fahrt wird doch wohl nicht bereits am ersten Tag zu Ende sein? Ich möchte auf dem Weg in die Türkei unbedingt Freunde besuchen, einige Tage bleiben und mich so langsam Asien nähern. In Stuttgart, beim Abschied von der Redaktion, übergibt mir ein Mitarbeiter einen Brief, den mir jemand aus Essen schickt. Ich lese: »Hallo Rudi! Als ich durch die Motorrad-Zeitung erfuhr, daß Du eine Weltreise machst, war ich zuerst total verwirrt. Danach habe ich Dich beneidet, daß Du so eine Reise unternimmst. Ich hoffe, daß Du mit der Honda, die Du anstelle der BMW fährst, gut durch die Welt kommst. Ich wünsche Dir gutes Wetter und keine Pannen. Alles Gute für die Tour wünscht Dir Carsten, ehemaliger Sport- und Erdkundeschüler.« Der Brief haut mich um. Es muß etwa zwei Jahre her sein, daß ich in seiner Klasse unterrichtete. Mit den Pannen sollte Carsten recht behalten, mit dem Wetter leider nicht immer. In Friedrichshafen wohnt ein Freund, Paul, den ich vor einigen Jahren in Afrika getroffen habe. Wir fuhren mit zwei Motorrädern die algerische Wüste über Djanet nach Tamanrasset. Einmal brach sein Rahmen, ein anderes Mal schlug es Paul die Ölwanne kaputt. Wir machen lange Spaziergänge am Bodensee. Es ist um diese Jahreszeit, Anfang April, recht kalt. Auf der Schweizer Seite erkennen wir schneebedeckte Berge. Wir frühstücken stundenlang, eine Pfanne Eier, Käse, Müsli, Orangensaft. Ich spüre, daß der Druck langsam weicht, der sich durch den ganzen Vorbereitungsrummel aufgebaut hatte. Paul sieht mir nach zwei Tagen beim Packen zu und meint wehmütig: »Mensch, das wird mich jetzt einige Tage runterziehen, wenn ich an Deine Reise denke und mir vor Augen halte, daß ich jetzt hier Tag für Tag weiterschuften darf.«

Ich habe zum ersten Mal Gelegenheit, die Regencombi auszuprobieren. Glücklicherweise habe ich eine extra weite gekauft, denn ich trage einen Enduroanzug darunter mit gepolsterten Ellbogen und Schulterschützern, darunter Pullover, dickes Hemd und eine Lederweste. Als immer noch Kälte durchkommt, fällt mir der Ratschlag meines Vaters ein, eine Zeitung vor die Brust zu stopfen. Nur bin ich jetzt etwa so beweglich wie jemand, dem man den Oberkörper eingegipst hat. Nach einer Stunde läuft mir Wasser in die Schuhe. An einer Tankstelle öffne ich die Koffer und stelle fest, daß ich keine Überziehstiefel dabeihabe. Ein zweites Paar Schuhe sowieso nicht. Aus einem Abfallbeutel konstruiere ich mir Regenschuhe und bin froh, abends in Marquartstein anzukommen, einem kleinen Ort mit 2.500 Einwohner. Rudi begrüßt mich überschwenglich. Wir lernten uns in Stuttgart kennen. Er war unter den sieben Bewerbern, die in die engere Auswahl kamen. Als ich den Job bekam, freute er sich ungemein für mich. Ich frage ihn mehr aus Spaß, ob er nicht Lust hätte mit mir in die Türkei zu fahren. »Du bist gut, hättest Du mir das nicht vorher sagen können, es wäre überhaupt kein Problem gewesen, Urlaub zu nehmen. Ich habe vielleicht zehn Tage Zeit, auf keinen Fall mehr.« – »Dann laß uns zusammen durch Ungarn touren.« – »Ja, das könnten wir ruhig machen.« Ich weiß selbst nicht, warum ich den Umweg über Ungarn, Rumänien und Bulgarien in die Türkei plane, anstatt direkt und so schnell wie möglich Europa zu verlassen. Über Osteuropa weiß ich nicht besonders viel, und den Weg durch Jugoslawien kenne ich zur Genüge.

Ich muß mir nur das bulgarische Visum in Bonn besorgen, das ungarische und rumänische bekomme ich problemlos an der Grenze. Die Grenze von Österreich nach Ungarn hat nichts mit den abschreckenden Geschichten zu tun, die mir Leute vorher erzählten. Es gibt keinen Pflichtumtausch, keine Gepäckkontrollen – dafür interessierte Fragen von den Zöllnern zu den Motorrädern und unglaubliches Staunen über meine Reise, später den Hinweis auf den Ort Fertod, wo sich ein Prachtschloß befinden soll, Esterhazy. Auf den ersten Blick wirkt alles sehr gepflegt, sauber, gelbe Fassade, weiße Stuckarbeiten. Beim näheren Betrachten erkennen wir Risse in den Wänden und feuchte Stellen an der Decke. Im Hinterhof türmt sich der Abfall, lediglich die vordere Seite des Schlosses ist restauriert. Fünfhundert Meter weiter steht das Musikhaus von Haydn, der hier 26 Jahre lang als Kapellmeister arbeitete. Dieses Gebäude ist dem Verfall nahe. In der Nähe befindet sich ein Café. Kaum Lampen, der Raum wirkt duster, wir müssen uns erst einmal an die Lichtverhältnisse gewöhnen. Wir fallen in den roten Motorradklamotten sehr auf. Jeder trägt graue oder schwarze Kleidung. Es ist Sonntag. Das Café scheint Treffpunkt für alle zu sein. Junge Ungarn sitzen neben Männern, die leicht deren Großväter sein könnten und trinken Bier mit Korn.

In Budapest werden wir von Zsolt eingeladen, dem internationalen Sekretär des ungarischen Motorradclubs. Er fand meine Adresse heraus, nachdem er in »Motorrad. von der Reise gelesen hatte und meint, ich solle doch bitte vorbeikommen, wenn es auf meinem Weg liegt. Wir verabreden uns im

Novotel, in einer angrenzenden Pizzeria. Zsolt erscheint dann auch wie verabredet, im Ausgehanzug, eine Adidas-Regenjacke darüber. Er wohnt in einem Vorort. Seine Wohnung erinnert uns gleich an ein Museum. Motorradanhänger, Poster, Pokale, Kalender von halbnackten Mädchen auf Zweirädern, Stapel mit Motorradzeitungen. Seine Freundin meint dann auch etwas gequält, ja, er sei eben Motorradfan. Zsolt hat schon einen Fünftageplan für uns ausgearbeitet, für deren Erfüllung er sich voll verantwortlich fühlt. Zwei Tage Budapest, zwei Tage Bykki-Gebirge, am letzten ist ein Termin mit dem Staatsfernsehen und einer Zeitung vorgesehen. Anschließend begleiten mich Mitglieder des Clubs aus der Stadt.

Rudi und ich wechseln vielsagende Blicke. Als wir dann allein sind, meint er bedauernd: »Ja, das sind die Nachteile, wenn man so berühmt ist wie Du.« Ich verspreche mir selbst, daß dies die erste und letzte Verpflichtung ist, die ich mir aufhalse. Budapest überrascht mich positiv. Es gibt ein weit verzweigtes U-Bahn-Netz, eine Fahrt kostet acht Pfennige. Viele Geschäfte, Cafés, Restaurants und vor allem die Menschen wirken lebhafter, geschäftiger und irgendwie bunter als in den anderen Orten, in die wir kommen. Wir orientieren uns an der Vaci-Ücta, der Fußgängerzone, streunen ziellos an Geschäften mit ausländischen Büchern vorbei, setzen uns in ein Straßencafé und lassen die Bilder auf uns wirken: Ein Mädchen mit knallroten Haaren und einer roten Weste fegt einen großen Platz, in Minutenabständen hebt sie eine Zigarettenkippe oder ein Papierschnipsel auf. Das Café ist überfüllt, beinahe ausschließlich mit Deutschen, Österreichern und mit einem Mal schwant mir, daß Budapest vielleicht nur deswegen einen so westlichen Charakter besitzt, weil die Stadt voller Touristen ist. Trotzdem beeindruckend bleiben Gebäude mit unglaublich schönen alten Fassaden. Häuser, die sich kilometerlang aneinanderreihen – voller Stuckarbeiten und mit geschmiedeten Balkongittern. Unter uns fließt die Donau. Auf der anderen Seite erstreckt sich das Parlamentsgebäude, das keinen Vergleich mit dem Westminster zu scheuen braucht. Abends ziehen wir mit Laslo, einem Clubmitglied, durch das Nachtleben. Es gibt Wernesgrüner Pils, das leckere Exportbier aus der DDR. Unter einem Hotel finden wir einen Jazzkeller. Er ähnelt einer größeren runden Wellblechgarage. Eine Band spielt unglaublich schöne schnörkellose Musik. Es gibt keine Bühne, die Musiker spielen direkt vor dem Publikum. Wenn einer aussetzt, nimmt er mit dem Saxophon auf einem freien Stuhl im Publikum Platz. Die Band macht eine Pause, wir wechseln die Kneipe, um gleich um die Ecke einem blinden Pianisten zuzuhören. Laslo erzählt ein bißchen über die Arbeitsmöglichkeiten in Ungarn. Er arbeitet als Ingenieur und verdient etwa 300 DM im Monat. Vorher war er selbständig und besaß eine Firma für Leihmaschinen. Er verdiente etwa viermal mehr als in seinem jetzigen Beruf. Er gab das Geschäft wieder auf, weil die Steuern ihn aufgefressen hatten, noch vielmehr aber wegen der Zahlungsmoral seiner Kunden und den Schwierigkeiten, überhaupt Ersatzteile für seine Maschinen zu bekommen. Laslo gibt uns einige Tips für die nähere Umgebung und meint, wir sollen uns auf jeden Fall den Bykki-Nationalpark ansehen, der nur 150 Kilometer nordöstlich von Budapest liegt.

Es gibt Berge bis zu 1.000 Metern Höhe. Wir durchstreifen Wälder. Neben den engen Straßen fließen Bäche, an einigen Stellen laufen sie über Steinstufen. Den größten Teil des Gepäcks lassen wir bei Zsolt und füllen die Koffer mit Wein, Brot, Käse, Schinken und Salami. Vor allem der Tokaji-Wein tut es uns an. Wir machen ein Feuer und sitzen bis tief in die Nacht. Zum Zeltaufbauen sind wir jetzt zu träge. Wir legen die Schlafsäcke in eine Heukrippe und sehen in einen wolkenlosen Himmel. Hier im Bykki-Nationalpark bemerken wir kaum etwas von der Kälte und dem Wind, weil die Bäume angenehm schützen. Sind wir aber aus dem Gebirge heraus, beginnen riesige flache Ebenen. Keine schützenden Hecken oder Bäume, wenige Buchen am Straßenrand. Ein unglaublicher Wind fegt über diese Flächen – oft fahren wir in voller Schräglage auf gerader Strecke. Da kommt uns der Hinweis in Miskolc gerade recht: Thermalbad. In unterirdischen Gängen wandeln wir in etwa 25° kaltem Wasser in einer schwülstigen Beleuchtung. Das Wasser reicht bis zum Knie. Überall fällt es in kleinen Strömen von der Decke oder tritt aus der Wand aus. Familientag scheint heute zu sein. Tonnenschwere Mütter, dahinter – oft einen Kopf kleiner – die Männer in grünen oder blauroten Badehosen, die von einem giftgrünen Gürtel gehalten werden. Das eigentliche Thermalbecken ist in den Naturfels gehauen. Frauen halten sich an den Händen, hüpfen in die Höhe und verursachen einen ziemlichen Wellengang.

Tatsächlich wartet bei unserer Rückkehr das Staatsfernsehen. Es gibt eine wöchentliche Show, in der Menschen mit interessanten Geschichten vorgestellt werden. Zsolt erklärt mir den Ablauf. Er bespricht schon alles vorher. Nur scheint er viel nervöser zu sein als ich. »Gleich interviewe ich Dich, und vergiß nicht, den Motorradclub zu erwähnen, natürlich auch den ersten Vorsitzenden nicht. Du weißt schon.« Hoffentlich bekomme ich das alles auf die Reihe. Ich konzentriere mich, fahre langsam um den Heldenplatz, und was erwartet mich? »Nein, nein, das muß noch einmal gedreht werden. Du darfst nicht einfach da vorne über die Stufen fahren. Bitte bleib auf der Straße.« Ja, das muß ich dann noch einmal versuchen. Es klappt, dann Mikro, Kamera, ich erzähle, wie ich an den Job gekommen bin, wie die Reiseroute geplant ist, von Zsolt und dem ungarischen Motorradfahrerverband natürlich. Ein Motorradpolizist geleitet den gesamten Troß aus Budapest heraus. Irgendwo vor einem Hotel verabschieden wir uns. Ich bleibe mit Rudi zurück und trinke einen Kaffee. Wir können beide nicht glauben, daß diese Woche schon um ist. Mir wird plötzlich bewußt, was es bedeutet alleine zu reisen: Beziehungen zu Menschen, meist eine sehr kurze und sehr reiche Zeit miteinander verbringen; Abschied, alleine weiterfahren und die Suche nach einer neuen Begegnung.

Die Fahrt bis zur rumänischen Grenze verläuft zwiespältig. Zum ersten Mal ganz allein, Horrorgeschichten über Rumänien und die Wahrscheinlichkeit, viele Tage völlig allein zu sein, keine Reisenden zu treffen, keine Adresse von Bekannten oder Freunden. Diese Angst weicht aber dann doch einem unglaublich freien Gefühl: endlich allein, endlich keine Verabredungen, Versprechungen, Verpflichtungen, nur das Motorrad und ich. In Ungarn, vorher Österreich, benutze ich die Möglichkeiten, schnell einmal nach Hause zu telefonieren, noch einmal mit Freunden und Familie zu reden. Nur merke ich nach jedem Gespräch, daß ich noch mit einem Teil meiner Gedanken zu Hause bin und nicht ganz in Wien oder Budapest. Offensichtlich muß ich mich erst an die Straße gewöhnen. Ich brauche eine Anlaufphase, um nur in dem Augenblick selbst zu leben und mich nicht mit Dingen zu beschäftigen, die hinter mir liegen. Mir bleibt nicht viel Zeit, um solchen Gedanken nachzuhängen. Von weitem erkenne ich mehrere lange Autoschlangen und reihe mich geduldig hinten an. Ein deutsches Pärchen spricht mich an: »Hör mal, wenn Du die acht Stunden warten willst, bitte. Fahre doch einfach an der Schlange vorbei. Das ist für Motorräder kein Problem.« – »Ja wenn ihr meint.« – »He, kannst Du keine Schilder lesen, Du wartest hier gefälligst, bis ich Dich aufrufe. Denkst wohl, Motorradfahrer haben eine Sonderstellung.« Ich zeige dem Grenzer ein beeindruckendes Schreiben des Verlags. Ich fahre um die Welt, es soll mir doch bitte an den Grenzen geholfen werden. Er liest es, ruft seinen Kollegen, der sich das Papier ebenso ansieht und dann brüllt dieser mich an: »Dies hier Sozialismus, alle Menschen egal, keine Ausnahme!. – »Schon gut, schon gut, dann werde ich eben warten.« Eigenartige Sachen beobachte ich nun. Jeder Fahrer muß den gesamten Inhalt des Kofferraums auf einer langen Theke ausbreiten. Manche müssen für Kaffee, Zigaretten oder Alkohol Zoll bezahlen. Andere wiederum nicht, obwohl sie bedeutet größere Mengen dabeihaben. Das Geheimnis ist einfach: ganz oben liegt oft eine Plastiktüte bereit, mit Zigaretten, einer Flasche Schnaps und einem Kilogramm Kaffee. Das sollte doch reichen, um die Zollformalitäten befriedigend zu erledigen. Das Pärchen, Werner und Renate, hat mich mittlerweile eingeholt: »He, hat das mit dem Vordrängeln nicht geklappt?. – »Nein, nicht ganz, nee.« – »Egal, wir warten auf Dich. Wenn Du Lust hast, kannst Du bei Verwandten von uns wohnen.« – »He, Weltreisender, jetzt bist Du dran!« Gerade packe ich einen Koffer leer, da gibt er mir zu verstehen, daß es reicht. Er möchte nur noch einmal in den Tankrucksack sehen. »Irgendwelche Waffen, Pornohefte, Alkohol?« Ich verneine und traue meinem Glück. Es verläßt mich. Er findet das Gasspray. »Was ist das?« – »Oh, Achselspray.« – »Mitkommen!« Ich

22

folge ihm in ein düsteres Gebäude. Wir betreten einen kaum beleuchteten Raum und ich muß alles aus meinen Taschen leeren. Dann klopft er mich ab. »Kann ich das Gasspray wenigstens nach Hause schicken?« – »He, entweder Du hierlassen oder Du nicht nach Rumänien!« – »Dann ich lieber hierlassen.« Renate und Werner warten auf mich. Sie stehen insgesamt neun Stunden in der Schlange. Sie besuchen Verwandte und klären mich erst einmal über einige Dinge auf. Offizieller Wechselkurs ist 1 DM zu 5,5 Lei. In Deutschland bekommt man bei der Bank 20 Lei. Natürlich darf keine Währung eingeführt werden. Der durchschnittliche Verdienst liegt bei 1.500–2.000 Lei pro Monat. Ein Kilo Kaffee wird mit 1.500 Lei auf dem Schwarzen Markt gehandelt. Es wird dunkel. Wir suchen ein Hotel. »Laß mich das einmal machen«, meint Renate, kramt eine Schachtel Lord-Extra und zwei Bier aus dem Koffer. Ich darf die Honda in die Empfangshalle stellen. So, ich will mal eben die Hotelgäste beeindrucken und in lässiger Manier die Stufen hochfahren. Bis zur dritten Stufe schaffe ich es, dann setzt der Ölwannenschutz auf. Ich kippe um und kann froh sein, mir nicht ein Bein zu brechen. Ich glaube kaum, jemanden beeindruckt zu haben. Im Restaurant gibt es eine reichhaltige Speisekarte. Aber nur ein Gericht: Kartoffeln, ein undefinierbares Gemüse, Fisch. Werner überzeugt mich mit einigen Bieren, Bockwurst und Brot Marke Aldi. Unendlich viel Personal schwirrt im Restaurant herum. Einer stellt Teller hin, der Nächste rückt sie ein wenig zurecht, der Dritte entdeckt, daß irgendwo ein Messer fehlt und beauftragt den Vierten, eines zu holen. Es stimmt, Arbeitslosigkeit gibt es nicht.

Ich möchte mir die Gegend in Ruhe ansehen und fahre allein bis Sibiu, wo ich mich mit den beiden wieder verabrede. Die Straßen sind miserabel, viele Löcher, nur Schnellfahren hilft. Ich fliege praktisch über die Löcher. Verkehr gibt es kaum. Die Gegend ist sehr grün und hügelig. Plötzlich tauchen vor mir die Hohen Karpaten auf, mit bis zu 3000 Meter hohen schneebedeckten Bergen. Pferdegespanne begegnen mir öfter als Autos. Die kleinen Dörfer machen einen Eindruck, als befände man sich im Jahr 1950. Vor vielen Häusern stehen Brunnen, eine alte Frau dreht die riesige Holzkurbel, um einen Wassereimer hochzuziehen. Zwei Männer sitzen auf den Holzstufen des Hauses und schwatzen. Sibiu befindet sich in Siebenbürgen, wo es angeblich über 200.000 deutschstämmige Einwohner gibt. Renate stellt mich ihren Verwandten vor. Natürlich sprechen alle Deutsch. »Unsere Kultur behalten wir. Hier heiraten die Leute nur untereinander und keinen, der....« In der Küche brennt ein kleiner Kohleofen, die Herdplatte ist blitzblank geputzt. An der Decke hängt Schinken, neben dem Ofen stapelt sich Brennholz. Den Rumänen sind die Siebenbürgener ein Dorn im Auge, weil sie sich nicht dem Sozialismus gemäß integrieren lassen wollen. Sie pflegen ihre Kultur, halten zusammen und helfen sich gegenseitig. Viele besitzen eine Kuh, manche haben ein Schwein oder einige Kaninchen, was

Schlange vor Geschäft, Rumänien.

angesichts des Futtermangels sehr schwierig ist. Aber so werden Engpässe bei Milch, Fleisch, Butter oder Käse mühsam umgangen. Es geht ihnen besser als dem Durchschnittsrumänen, der in einem Hochhaus wohnt und auf Lebensmittelzuteilungen angewiesen ist. Im Schuppen entdecke ich eine alte Java. »Natürlich fährt das Motorrad, aber wie weit soll ich denn kommen mit drei Litern Benzinzuteilung pro Monat?. Einem Autofahrer stehen 18 Liter zu! Die meisten sammeln, um dann einmal im Jahr einen Ausflug zu machen. Ich bekomme in den Shops, die sich meist in den größeren staatlichen Hotels befinden, Benzingutscheine – den Liter für etwa 1,50 DM. Ich lasse einen Fünfliter-Kanister als Gastgeschenk zurück. Die meisten Siebenbürgener möchten nach Deutschland. Aber Ausreiseanträge dauern. Zuerst dürfen die Großeltern ausreisen – Bearbeitungsdauer etwa fünf bis zehn Jahre. Am Ostermontag nimmt mich ein Nachbar mit in die Kirche. Die Predigt wird auf Deutsch gehalten. In der Mitte sitzen die Frauen, alle in Trachten und mit Käppchen auf dem Kopf. Quer dazu Männer in schwarzen Anzügen. Von der Decke hängt ein großes Banner. »Ich blühte wie eine Rose und fiel wie eine Eiche, 1915 – in Gedanken an unseren Sohn.« – Ich betrete einige Geschäfte, oft halbdunkel. Außer Maismehl, und Gummijakken kann ich nichts entdecken. Vor einem anderen Laden steht eine lange Schlange an. Vielleicht kann ich meinem Gastgeber etwas schenken. »Was gibt es denn hier bitte?. – »Weiß ich nicht, vielleicht Milch, vielleicht sogar Fleisch.« Werner erzählt mir später, daß die Leute alles kaufen, sobald etwas auf dem Markt erscheint, um es dann als Tauschware einzusetzen. Trotz

24

dieser miserablen Verhältnisse strahlen die Leute eine unglaubliche Laune aus, sie lachen viel. Ich werde jeden Abend woanders eingeladen. Die Tische sind voll mit Speisen, selbstgemachtem Wein; gebrannter Korn macht die Runde. Wir tanzen viel, lachen herzlich und manchmal frage ich, wie sie bei solchen Verhältnisse so ausgelassen sein können. »Was sollen wir denn machen, solange wir etwas zu essen haben und zu trinken, sind wir immer noch tausendmal besser dran als die meisten Rumänen. Vielleicht dürfen wir irgendwann sogar zurück in die Heimat.« Auf einem Plattenteller drehen sich deutsche Schlager. Jedes Lied wird laut mitgegröhlt und irgendwann um drei Uhr morgens wanken wir nach Hause. Eine Polizeistreife hält uns an, ob wir getrunken hätten. Au Backe, das wird schiefgehen. »Aber Polizist, wollen Sie nicht erst einmal eine Malboro rauchen?« Ich glaube das alles einfach nicht. Eine Hand greift nach der Schachtel und dann hören wir ein »Gute Nacht«. Das war's. Werner gibt mir zwei Packungen Zigaretten, falls ich einmal in einer ähnlichen Situation stecke.

Es fällt mir schwer, weiterzufahren. Aber mein Gefühl sagt mir: Nichts wie raus aus diesem riesigen Käfig. Nach drei Wochen verbringe ich in Brau die erste Nacht alleine. Es ist eiskalt, auf meinem Zimmer steht ein kleiner Kachelofen, den ich mit Holz feuere. Beim Tagebuchschreiben denke ich darüber nach, daß ich gerade vor diesem ersten Teil der Reise ein bißchen Angst hatte, niemanden zu treffen, viel allein zu sein. Aber genau das Gegenteil war der Fall. Ich lernte schnell Menschen kennen. Diese Erfahrung ist sehr wichtig für den weiteren Verlauf der Reise. Vor allem für meine innere Ruhe. Ich genieße es heute richtig, einen ganzen Tag nur für mich zu haben, die vielen Dinge zu verarbeiten, die ich bisher gesehen und erlebt habe. Ein langer Spaziergang führt zum Schloßpark Brau. Ein Gemäuer, wie aus Draculafilmen, an einem Hang gelegen, dunkel und von hohen Bäumen umgeben. Kleine enge Wege führen zum Schloß. Es ist nicht fair, nur über die eine Seite Rumäniens zu schreiben; – Lebensmittelknappheit, Korruption – und Orte wie Predeal oder Sinaia nicht zu erwähnen, die Kurorten in der Schweiz gleichen. Predeal liegt auf 1000 Metern Höhe, am Straßenrand liegt überall Schnee. Hotels mit unglaublichem Blick auf die Berge, aus großen Lautsprechern ertönt klassische Musik. Noch viel schöner erscheint Sinaia, ein Wintersportgebiet. Hier stehen Häuser, Hotels mit einer so grandiosen Architektur, wie ich sie in Deutschland noch nie gesehen habe: voller Stuckarbeiten, Balkonen und kleinen Türmchen, weißen Markisen, breiten Eingangstreppen, fünf Meter hohen Drehtüren, Angestellte in Hoteluniformen. Manche Häuser erscheinen wie kleine Schlösser. Natürlich finden hier nur die Obersten aus Partei und Wirtschaft, besonders Verdiente aus Sport oder Arbeit Platz – oder Touristen, die mit DM bezahlen. Von meinem Zimmer aus sehe ich direkt auf weiße Gipfel. Das Hotel erinnert mich mit dem großen Innenhof, den Fachwerkbauten und seinen meterdikken Mauern an eine Burg. An der Rezeption arbeitet ein Student. Er muß aus wohlhabenden Verhältnissen kommen, denn er fährt eine 50iger Sobra. Es ist gerade 21.30 Uhr, und ich möchte Essen gehen. »Da wirst Du nicht viel Glück haben. Um diese Uhrzeit hat alles geschlossen.« Wir teilen seine Brote. Ich hole eine Flasche Wein. Die Brote sind mit Fleisch belegt. Michail erzählt mir von einem Pferdemarkt, der am nächsten Tag irgendwo auf dem Land stattfindet, und den ich mir auf gar keinen Fall entgehen lassen dürfe.

Zwischen Sinaia und Brau kommen mir auch schon die ersten Gespanne entgegen. Auf einer großen Wiese sind die Tiere angepflockt. Fleisch wird gegrillt, Salate Obst und Gemüse verkauft. Überall die unglaublichsten Menschen: Männer mit zerfurchten Gesichtern, Vollbärten, hohen Stiefeln, dicken Lammfellen um die Schultern, breitkrämpigen Hüten, gestrickten Mützen, löchrigen Handschuhen und einem offenen, herzlichen Lachen. An einem Bach werden die Tiere auf ihre Stärke geprüft. Sie müssen einen Wagen ziehen, der einen riesigen Baumstamm an einer Kette hinter sich schleift. Der Besitzer steht auf dem Trittbrett und treibt sein Pferd an. Mit Zurufen, Versprechungen oder – wenn gar nichts mehr nützt – mit der Peitsche. Männer stehen im Schlamm herum, sitzen auf Ästen, schlagen sich vor Freude auf die Schultern, als ein Pferd das gesamte Gespann zum Umstürzen bringt und der Wagen wie ein Kartenhaus auseinanderfällt. »He, Du gesehen, Fotos.« Jemand haut mir lachend seine Pranke auf den Rücken, daß ich einige Schritte nach vorne machen muß, um nicht der Länge nach in den Matsch zu fallen.

Rumänen verabschiedet sich genauso wie Ungarn. Ich fahre zu schnell und mißachte außerdem ein Überholverbot. Das wird ein Problem geben, wie die Polizeistreife unmißverständlich andeutet. Ich soll etwa 40 DM bezahlen, viel zu viel wie mir erscheint. Aber was kann ich machen? Mir fällt die Schachtel Lord Extra ein. Mal sehen. Der Polizist notiert sich meine Paß-nummer, schreibt 200 Lei auf und reißt den Abschnitt aus seinem Block. Er will ihn mir gerade überreichen, da schiebe ich ihm die Zigaretten zu und bekomme sofort den Paß zurück. Das Knöllchen wird zerrissen. Mein Freund und Helfer stoppt den Verkehr und winkt mich auf die Straße, wünscht mir »Drum bum«; »gute Reise«.

Bei der Ausreise bin ich der einzige Tourist. Ich warte erst einmal eine halbe Stunde vor einem Schlagbaum. Ein großes gelbes Stop ist auf die Straße gepinselt. Dort halte ich mit dem Vorderreifen auf der Schrift. Ein Beamter stolziert in Uniform heraus: »Können Sie lesen, das heißt Stop! Stop ist international!« Er dreht sich um und verschwindet wieder in einen Raum. Sag bloß, Stop, was war das denn schon wieder für eine Einlage? Ein anderer Offizier erbarmt sich und erklärt mir, daß ich nicht auf der Auf-schrift halten dürfe. Also rolle ich 20 Meter zurück. Jetzt nur ruhig bleiben. Nach einer weiteren halben Stunde klopfe ich respektvoll an die Tür des

Gespann, Bulgarien.

Grenzhäuschens, um meinen Fehler einzugestehen und den Beamten davon in Kenntnis zu setzen, daß die Honda vorschriftsmäßig vor dem Stophinweis steht. »Alles auspacken. Paß hergeben. Zigarette!«- »Nein, ich rauche nicht!« Nachdem ich alles aus den Koffern und Rucksäcken geholt habe, darf ich es wieder einpacken. Der Herr sitzt nur einfach da und säubert sich die Fingernägel.

Die Campingplätze in Bulgarien sind Ende April alle geschlossen. Wild Zelten steht unter Strafe, aber was bleibt mir anderes übrig, nachdem es im angeblich netten, romantischen Örtchen Balcic kein Zimmer gibt. Das romantische Örtchen erweist sich als bulgarisches Ferienzentrum; irgendwelche Kongresse, die das Verhältnis der arbeitenden Bevölkerung zum Sozialismus erörtern, belegen sämtliche Hotels. Ich schlage mein Zelt zwischen Büschen auf, köpfe eine Flasche Wein, setze mir den Walkman auf und lasse den Sozialismus Sozialismus sein. Liegt es an mir, sehe ich so furchterregend aus, daß alle Vorbeikommenden gleich ihre Schritte beschleunigen, als sie mich vor dem Zelt sitzen sehen, ein Topf mit kochendem Wasser auf dem Kocher? Oder stimmt es wirklich, daß Bulgaren nicht lachen können? Ich hebe die Hand: »Guten Morgen, hallo, hallo!« Keine Reaktion. Wegdrehen, bloß nicht antworten oder stehenbleiben. Später habe ich mehr Glück, und finde tatsächlich ein Zimmer im Ort Vlas. Ich muß wohl etwas anders aussehen als die Urlauber hier, denn als ich in Motorradklamotten, seit zwei Nächten nicht besonders gut geschlafen und unrasiert an der Rezeption stehe, zögert die Dame, antwortet dann aber ganz schnell mit ja, als ich angebe, das Zimmer in DM bezahlen zu können.

Gleich in der Nähe befindet sich Nessebar, eine kleine alte Fischerstadt mit einer Burg über dem Ort. Ich spaziere am Strand entlang und werde von einem Bulgaren angesprochen. »Du Dollars, oder Mark tauschen?« – »Ja. Wie ist der Kurs?«, frage ich ihn, denn ich habe absolut keine Ahnung, wie der Schwarzmarktpreis für die DM liegt. »120 Lewa für 100 DM – 47 Lewa zahlt die Bank.« – »Das ist viel zuwenig. Ich habe kein Interesse.« – »Wieviel willst Du?« – »Mehr!« Er bietet mir 160 an, ich versuche es mit 170, aber er läßt sich auf nichts ein und ich kann ziemlich sicher davon ausgehen, daß ich nirgendwo mehr bekomme. Schwarz zu tauschen stellt für uns beide ein ziemliches Risiko dar. Falls ich an einen Spitzel gerate, kann ich mit einem Monat Gefängnis rechnen, wird er mit Westwährung erwischt, wandert er zwei Jahre ins Gefängnis. Gerade wollen wir das Geld tauschen, da raunt er mir zu: »Hier nicht. Dort oben steht die Polizei.« Ich sehe nichts, bis er mich auf ein gelbes Fahrzeug aufmerksam macht. Zwei Männer sitzen unauffällig gekleidet und gucken ebenso unschuldig wie bei uns die Zivilstreifen in dunkelblauen Passats, bei denen auf der Ablage immer die Polizeimütze liegt. Na, ja, jedenfalls scheint mein Partner kein Spitzel zu sein. Wir spazieren weiter. Er gibt mir 80 Lewa, ich ihm 50 DM. Ich zähle das Geld, dann bekommt er den Fünfziger. Nach einigen Schritten wird er sehr nervös. Ich solle ihm schnell das Geld wiedergeben. Jetzt werde ich mißtrauisch und vermute, daß er irgendeinen Trick drauf hat und lasse mir zuerst die 50 Mark geben. Tatsächlich entdecke ich das gelbe Fahrzeug wieder. Nach einer Stunde tauschen wir schließlich das Geld zwischen den Ruinen der Burg. Ich fühle mich nicht allzu gut dabei. Doch irgendwie liebe ich das Kribbeln und die Ungewißheit dieses Augenblicks. Im Hotel Burgas bedient mich eine Frau, Viki. Sie spricht ein bißchen Englisch. Wir unterhalten uns lange und verabreden uns für morgen. Viki ist staatenlos und stammt aus Makedonien, heute teilweise Jugoslawien, teilweise Rumänien. Hinter der Rubrik Nationalität steht in ihrem Paß nichts. Sie macht einen sehr deprimierten Eindruck, glaubt an gar nichts mehr und haßt die Bulgaren. Gerade hat sie von den Behörden ihren Gesundheitspaß bekommen, nachdem sie vier Tage wartete und jedes Mal mit der Frage, warum sie kein Geld, kein Geschenk mitgebracht habe, wieder zurückgeschickt wurde. Endlich konnte sie auf dem Schwarzmarkt eine Flasche Whisky kaufen und erhielt sofort die Papiere. Mitten im Gespräch fängt sie an zu weinen und meint, lieber nicht mehr leben zu wollen, als unter diesen Verhältnisse zu vegetieren. Auf dem Weg in mein Hotel spüre ich eine unglaubliche Wut, Trauer, Hilflosigkeit.

28

Wie aussichtslos stellt sich das Leben für viele Menschen dar. Ein Moped rast an mir vorbei. Die beiden Jungs tragen keine Helme, sehen ängstlich und gehetzt aus. Wenige Minuten darauf folgt ein Polizeifahrzeug. »He, Moto, Moto.« Ich bejahe: »Moto da vorne«, und zeige in die falsche Richtung.

Viki wohnt im siebenten Stock des Hotel Burgas. Ich kann sie nicht besuchen, weil man am Eingang eine Karte zeigen muß, die nur Gäste erhalten. Also ziehe ich einfach in ihr Hotel. Jedenfalls nehme ich mir das vor. An der Rezeption bekomme ich den Zimmerschlüssel, einen Raum in der 8. Etage. Aber jemand will mit mir aufs Zimmer. »Nein, nein, ich finde das ganz bestimmt allein. Ja wirklich, das schaffe ich schon.« In der 8. Etage steige ich aus. Sehe mir schnell das Zimmer an, okay. Dann laufe ich die Treppe runter und klopfe bei Viki an. »Hallo, ich wohne auf 8, 126. Sehen wir uns später?« – »Mein Gott, bist Du völlig verrückt? Die kommen dahinter. Wenn sie mich mit Dir sehen, bin ich meinen Job los. Bitte gehe sofort.« Ich nehme den Aufzug und will den Schlüssel zurückgeben, als mich zwei Herren empfangen und mich fragen, wo ich gewesen sei. »Habe mir mein Zimmer...!« – »Nein, Sie in 7. Etage sein. Sie lügen, sofort verschwinden oder wir Sie festnehmen. Haben verstanden?« – »Ja, ja das Zimmer gefällt mir sowieso nicht!«

Ich fühle mich sehr angespannt, fahre zurück, hole Werkzeug aus den Koffern und beschäftige mich zur Beruhigung mit dem Motorrad. Kette fetten, spannen, Schrauben nachziehen.

Eine englische Reisegruppe wohnt im Hotel. Was um alles in der Welt machen die hier? Ich unterhalte mich mit einigen. Sie buchen die gesamte Reise pauschal, unternehmen schöne, organisierte Ausflüge, immer ist ein Führer dabei. Nein, mit Einheimischen haben sie noch nie gesprochen. Ihnen fehlt nichts, Strand, Sonne, gutes Essen, Zimmer mit Blick aufs Meer. Ja, ihnen gefalle es recht gut hier. Sie kommen auf jeden Fall wieder und den Leuten hier geht es ja auch viel besser als sie immer gedacht haben. »Ja, denen geht es wirklich gut«, seufze ich. Mein restliches bulgarisches Geld gebe ich für zwei Flaschen russischen Champagner aus, fahre dann Richtung Burgas und weiter zur türkischen Grenze.

Ein Radfahrer strampelt gegen den Wind an. Sein klappriges Rad ist mit Plastiktaschen vollgepackt. Oben drauf befinden sich zwei Ersatzreifen. Ich hebe die Hand, wir grüßen uns. Es gibt tatsächlich Individualisten in Bulgarien, denke ich, als mir auffällt, daß die strohblonden Haare und der freundliche Gruß nicht hierherpassen. Ich drehe um, tuckere im ersten Gang neben ihn, und frage, wo er herkommt. Olof antwortet auf Deutsch: »Das kann ich Dir genau sagen und warne Dich davor, die selbe Richtung zu versuchen.« Olof kaufte sich für 20 DM ein Rad, startete vor wenigen Wochen in Deutschland und möchte Richtung Indien. Wir benutzen die gleichen Straßenkarten, er wollte so wie ich eine Nebenstrecke fahren, die

zur türkischen Grenze führt. Nur geht sie direkt durch militärisches Sperrge-
biet. Er wird verhört, darf anschließend mit dem Hauptmann zu Mittag
essen, aber das beschwichtigt Olof auch nicht. »Mann, ich will raus hier, bloß
in die Türkei!« – »Wie wäre es mit einem heißen Kaffee? Anschließend
spendiere ich Champagner.« Nach zwei Flaschen Krimsekt sieht alles ganz
anders aus. Wir beschließen, zusammen zu fahren. Zuerst ziehe ich Olof, er
versucht sich an einem Spanngurt festzuhalten, der am Gepäckträger befestigt wird. Einmal fällt er vorne über den Lenker. Wir ändern die Taktik. Er
hält sich an meiner linken Schulter fest, bis seine Hand verkrampft und
meine Schulter gefühllos wird. »Irgendwie klappt das alles nicht.« Wir
machen erst einmal eine zweite Pause, überlegen uns eine neue Strategie.
Olof fährt vor, versucht eine möglichst hohe Geschwindigkeit zu erreichen;
das gibt mir Zeit den zweiten Gang einzulegen. Ich rolle von rechts an ihn
heran und nehme seine rechte Hand in meine linke. Das klappt ganz gut, wir
schaffen heute 60 Kilometer zusammen. Der Tacho zeigt oft 50 km/h an, sein
Vorderrad springt auf dem Pflaster hin und her. Bei Steigungen lasse ich
mich zurückfallen, Olof muß einen Augenblick die Geschwindigkeit halten.
Ich wechsele in den ersten Gang und hole ihn wieder ein. So funktioniert das,
bis wir die türkische Grenze erreichen.

Ich bereue es nicht, diesen Umweg über die sozialistischen Staaten
gemacht zu haben. Vieles verstehe ich erst jetzt richtig und kann es einschät-
zen. Wie etwa eine Meldung im Wirtschaftsteil einer deutschen Zeitung:
»Rumäniens Politik trägt Früchte. Das Außenhandelsdefizit wird von 16
Mrd. Dollar auf 6 Mrd. Dollar abgebaut.« – Ja, aber auf Kosten der
Bevölkerung. Denn das kann nur erreicht werden, indem weniger eingeführt
wird und mehr, vor allem hochwertige Güter, auch landwirtschaftliche
Erzeugnisse exportiert werden. In Rumänien und besonders Bulgarien habe
ich immer ein beklemmendes Gefühl, fühle mich nicht frei. Oft meiden die
Menschen ein Gespräch, haben Angst, über Politik zu reden, würden am
liebsten gar nicht angesprochen werden.

Blaue Moschee, Istanbul.

Türkei

Es schien Anfang 87 unmöglich, ein iranisches Visum in Bonn zu bekommen.
Immer wieder vertröstete mich die islamische Vertretung auf nächste Woche.
Ich solle doch Montag wieder kommen, dann würde ich bestimmt eines
kriegen! Insgesamt fuhr ich vier Mal nach Bonn, immerhin über 100 km von
Bochum entfernt. Jedesmal die selbe Antwort: nächste Woche. Wahrschein-

lich hätte ich jetzt, nach über eineinhalb Jahren, immer noch kein Visum. So habe ich mich entschlossen, es in der Türkei zu versuchen. Vielleicht klappt es ja hier im Nachbarstaat besser. Die Iraner sind offensichtlich mit anderen Dingen viel beschäftigter, als mit dem Ausstellen von Touristenvisa.

Alle Reisenden, denen ich begegne, fliegen von der Türkei direkt nach Indien. Motorradfahrer, die auf dem Landweg durch den Iran möchten, treffe ich keine. Hier in der Türkei gibt es drei Möglichkeiten, um eventuell ein Visum zu bekommen: die Konsulate in Istanbul und Erzurum im äußersten Osten oder die Botschaft in Ankara. Deshalb führt mich der erste Weg Richtung Istanbul – oder Sstanbul, wie die Türken es aussprechen. Gleich bei der Grenzabfertigung bekommen wir einen Vorgeschmack auf die herzliche Art der Türken. Die Zöllner überschlagen sich vor Freundlichkeit. Ob sie einmal auf dem Motorrad sitzen dürfen. »Was, damit willst Du bis Erzurum?« – »Ja, sogar bis Indien und weiter!« Indien versteht niemand. Das muß irgend ein kleinen Dorf sein, von dem sie noch nie gehört haben. Aber Erzurum, das liegt über 1000 Kilometer weiter im Osten, Schnee auf den Bergen, viele Banditen. Ich solle lieber an der ägäischen Küste bleiben oder ans Mittelmeer oder das Schwarze Meer, Badeurlaub machen. Niemand interessiert sich fürs Gepäck, und als wir gemeinsam losfahren und ich Olof wieder in Schlepp nehme, johlen sie und rufen uns zurück, wir möchten doch bitte warten, das müßte sich der Chef unbedingt ansehen. So etwas habe er noch nie gesehen! Gleich im ersten Dorf hinter der Grenze setzt sich der Unterschied zu Bulgarien eindrucksvoll fort. In einem winzigen Geschäft kaufen wir Oliven, Käse, Eier, Wein. Der Ramadan-Monat wird gerade gefeiert oder vielleicht besser, »gefastet«. Einen Monat lang dürfen Moslems nur vor Sonnenaufgang und nach Sonnenuntergang Nahrung und Getränke zu sich nehmen. Am Tage nichts. Rauchen zählt ebenso zur Enthaltsamkeit wie Sex, und selbst Gedanken an eine Frau sind verboten.

Selbst im winzigsten Ort gibt es immer ein Café. Eigentlich sollte ich besser Teehaus sagen. In der Mitte steht ein altes Ölfaß auf angeschweißten Füßen und dient als Ofen. Nur Männer sitzen hier, wärmen sich auf. Als wir von außen hereinschauen, winken sie uns gleich zu. Immer spricht jemand ein bißchen Deutsch. »Ich haben Ford gearbeitet!«. Wir müssen ganz nahe am Ofen Platz nehmen. Tee wird in kleinen Gläschen mit sehr viel Zucker gereicht. Jeder fragt nun den früheren Gastarbeiter irgendetwas, das er nun bitte übersetzen soll. Er erzählt ihnen dann auch jede Menge, wie mir scheint zwar nicht immer das, was wir sagen, aber was spielt das für eine Rolle? »Du, ich vier Jahre in Frankfurt arbeiten. Deutschland gut. Jetzt auch viel kalt.« – »Das stimmt. Wie kalt ist es jetzt im Osten?« – »Ja, gut, viel kalt hier. Du noch Tee?« Es ist herrlich, die nasse Regenkombi drehe ich auf Links, hänge sie zum Trocknen über einen Hocker, ziehe die Schuhe aus, die Socken über das Ofenrohr, bis sie richtig qualmen. »Du kennen Jupp Derwall?« Einige wiederholen den Namen ehrfurchtsvoll und bewundernd. »Jupp. Welcher Jupp?« – »Ja. Mensch. Jupp Derwall! Früher Deutschtrainer, jetzt hier Istanbul trainiert!« – »Ach so, ja, der Jupp!« So vergeht ein Nachmittag. Der Regen draußen kann warten. Gleich am Ortsausgang bauen wir das Zelt neben einem kleinen Bach auf. Ein Bauer kommt vorbei, füllt zwei Eimer mit Wasser. Als er uns sieht, gibt er uns die Hand und redet lange auf Türkisch. Wir verstehen nicht viel. Ich lege die flachen Hände zusammen, führe sie an den Kopf und zeige auf das Zelt. Er schüttelt mit dem Kopf und meint, wir sollten mitkommen. Er bietet uns an, lieber doch in seinem Haus zu schlafen, zeigt auf seinen Eimer mit Wasser und dann zum Himmel. Ja, das verstehen wir. Bald wird es wohl wieder wie aus Eimern gießen. Wir bleiben aber doch am Flüßchen, zünden ein Feuer an. Später erscheint der Bauer mit einem riesigen Stoß Holz, einer Teekanne, Zucker und Gläsern. Er schiebt ein paar glühende Holzstücke aus dem Feuer, stellt die Kanne mit Wasser darauf. Wir rücken ganz nahe an die Wärmequelle, denn die Nächte werden ziemlich kalt. Niemand redet viel, wie auch. Der Tee muß lange ziehen. Jeder genießt drei Gläser, wir sitzen lange, fast bewegungslos und hängen eigenen Gedanken nach.

Gegen die Kälte hilft ein Hamam, ein türkisches Bad, das es in jeder Stadt gibt. Meist erkennt man es an der großen runden Kuppel, die von Glasbausteinen durchsetzt wird, um den Baderaum auszuleuchten. Es gibt nur getrennte Bäder für Männer und Frauen. Am Eingang bekomme ich zwei

Handtücher, eins, um es mir umzubinden, das andere, um mich später damit abzutrocknen. Der Boden ist heiß, weil die Steine von unten durch ein Holzfeuer erhitzt werden. Die Luft ist sehr feucht. Alles wirkt wie in einer Waschküche. Kleine Wasserhähne sind in Kniehöhe in die Wände eingelassen, davor stehen Holzstühle. Ich wasche mich erst einmal und beobachte meine Nachbarn, um herauszufinden, wo denn nun das eigentliche Geheimnis und die Faszination des Bades liegt. Ein etwas gebückter älterer Mann fragt, ob ich eine Massage wünsche. Ja, warum nicht. Zuerst übergießt er mich mit heißem Wasser, dann seift er mich von unten bis oben ein, schrubbt mich mit einer harten Bürste ab. Einmal rutscht mir das Handtuch von der Hüfte, gleich dreht er sich etwas zur Seite, wartet bis ich es wieder umbinde. Niemand sauniert hier völlig nackt. Ich muß mich ausgestreckt auf den heißen Boden legen, schließe die Augen und spüre, höre, wie die Fingergelenke knacken. Nach dem Regen und der Kälte im Zelt und auf dem Motorrad kann ich gar nichts Besseres bekommen.

Ständig werden wir angesprochen, gefragt, wo wir herkommen. Viele Männer arbeiteten einige Jahre in Deutschland und wollen jetzt gern ihre paar Sätze anbringen. Mich erstaunt immer wieder, wie positiv sie über ihre Zeit dort reden. Von Wut oder Haß gar keine Rede. Die meisten würden jederzeit wieder zurückgehen, wenn sie eine Arbeits- und Aufenthaltsgenehmigung bekämen. Vom ersparten Geld bauen sie sich ein eigenes Geschäft auf, ein kleines Restaurant, kaufen ein eigenes Taxi, Café oder – wie unser Gesprächspartner – einen eigenen Lkw. Achmed hat einige Jahre als Lkw-Fahrer in Deutschland gearbeitet. Einmal blieb er in der Nähe von Nürnberg mit seinem Fahrzeug liegen und hatte nichts zu Essen. Er ging bis zum nächsten Ort und klopfte an verschiedene Türen. »Bitte Brot, mit Lkw Panne, hier Geld!« Niemand half ihm weiter. »Aber warum sagst Du dann, daß es Dir in Deutschland gefallen hat?« Achmed ist etwa 30 Jahre jung. »Weißt Du, viel Geld verdienen, nachts viel los, Kneipen, Frauen. Hier gar nichts. Guck mal, nur alte Männer und Teehäuser. Frauen kannst Du hier vergessen, oder Du mußt heiraten!« – »Und warum bist Du dann zurückgekommen?« – »Hier Familie, dort war ich einsam. Deutsche sind wie Roboter. Nur Geld verdienen, kaufen, vergessen zu leben. Keiner spricht mit Nachbarn. Hier alle sitzen vor dem Haus, jeder hilft.« Wir genehmigen uns einige Efes-Biere, dann wird Tabla gespielt. Die Würfel liegen noch nicht, da setzt er auch schon seine Steine. Ich brauche immer etwas länger, und oft nimmt er meinen Zug zurück und setzt andere Steine. Ich brauche wohl nicht zu erwähnen, wer fünfmal hintereinander gewinnt. Achmed wettet mit einem Nachbarn um zwei Päckchen Zigaretten, ich lehne mich zurück und beobachte die beiden. Die Spannung läßt sich beinahe anfassen. Sofort stehen andere Männer um den Tisch. Achmed verliert offensichtlich. Er knallt die Würfel aufs Brett, setzt die Steine so hart aufs Holz, als wolle er es spalten. Das veranlaßt seinen Gegner erst recht dazu, langsamer zu würfeln, ihn vor allem aber zu necken. »He, zwei Schachteln, wenn Du weiter wie ein alter Mann spielst.« Die Männer lachen, hauen Achmed auf die Schultern. »He, jetzt endlich mal einen Sechser-Push.« Zuerst bin ich erschrocken über diese Verbissenheit, doch dann wird mir klar, daß all das dazugehört. Nie würde das Match aggressiv werden. Tatsächlich wendet sich Achmeds Pech, er liegt nun vorne. Die gleichen Gesten nun bei ihm, er strahlt, würfelt genüßlich, schüttelt lange die Würfel. »Ha, jetzt bist Du dran, alter Ziegenbart.« Die Lacher stehen auf seiner Seite. Nach einer Stunde steht der Sieger fest. Er bestellt zwei Schachteln Zigaretten, läßt sie herumgehen. Die Männer sitzen rauchend, lachend herum. Ich darf zum 439. Mal meine Geschichte von der Weltreise erzählen.

Mittlerweile vergesse ich ganz die Wochentage, weiß nicht ob heute Montag oder Sonntag ist, denn die Tage selbst unterscheiden sich nicht voneinander. Jeder ist so voller neuer Begegnungen, ich erlebe so viel, sehe Orte, Menschen, Landschaften, daß mir jeder Tag wie ein Sonntag vorkommt. Vielleicht sollte ich manchmal auf den Kalender gucken, so wie jetzt in Istanbul. Ich komme Freitag abend an. Das Wochenende beginnt, ich bewege mich im Schrittempo zwischen hupenden Autos. Mal berührt ein Auto die Koffer, dann habe ich mich natürlich verfahren und finde erst nach zwei Stunden die Jugendherberge. Alle Betten belegt. Die Luft ist kaum zu ertragen. Abgase stehen förmlich zwischen den Häuserschluchten. Ich muß hier ganz schnell wieder heraus, muß das Motorrad irgendwo abstellen und mich zu Fuß bewegen. Etwa 20 Kilometer außerhalb der Stadt befindet sich ein großer Campingplatz. Er wird bewacht, und gleich in der Nähe hält der Zug, der in wenigen Minuten Istanbul erreicht. In großen Städten tendiere ich dazu, in Hotels zu übernachten, weil ich das Gepäck in einem Zimmer abschließen und ich mich dann frei in der Stadt bewegen kann und nicht immer Angst haben muß, zum Zelt zu kommen und außer diesem nichts mehr vorzufinden. Mir bleibt nun ein langes Wochenende, bis ich am Montagmorgen endlich zum iranischen Konsulat kann, um mir vielleicht das Visum zu besorgen. Es lohnt sich in Istanbul nicht, mit dem Motorrad die Stadt zu erkunden. Es scheint unmöglich zu sein, anhand eines Stadtplanes etwa von der Galata-Brücke aus zur blauen Moschee zu kommen. Zwar erkennt man von der Brücke die sechs Minarette der Moschee, aber nach einigen Metern taucht man im Gewühl von Menschen, Eselskarren, Taxis und Bussen unter. Die Straße knickt dann in die andere Richtung ab, und man befindet sich auf der falschen Spur. Gefahren wird hier nach dem Motto: hupen, jetzt muß mit allem gerechnet werden. Die Autos wechseln mit hoher Geschwindigkeit die Spuren, schießen in Lücken hinein, bremsen ab, natürlich oft ohne funktionierende Leuchten, biegen nach links, wobei eine herausgehaltene Hand den zersplitterten Blinker ersetzt. Eine Fahrt mit dem Taxi kostet etwa 2 Mark. Wie herrlich, sich anzulehnen und das Hupkonzert, das Gestikulieren der Fahrer, kleinere Karambolagen mit anzusehen. Oft sind Fahrer und Beifahrer so ernst im Gespräch vertieft, daß sie es gar nicht mitbekommen, wenn sie jemandem leicht in die Seite fahren. Auch ich werde angerempelt. Der Alukoffer ist eingedrückt. Ich schaue ins Auto, aber keiner scheint etwas gemerkt zu haben. Die Unterhaltung mit Händen und gestenreichem Ausdruck geht weiter. Ich lasse das Motorrad freiwillig auf dem Campingplatz stehen, setze mich in die Bahn und lande in der Nähe der Galata-Brücke. Sie führt über das sogenannte Goldene Horn, einer riesengroßen Bucht, die von zwei Flüssen gespeist wird und ans Marmara-Meer anschließt. Den Namen hat sie zum einen der Form wegen, zum anderen bezieht sich »Gold« auf die reflektierende Sonne, die beim Untergang die Wasseroberfläche golden erscheinen läßt. Mittlerweile ähnelt die Oberfläche mehr einem ständigen Regenbogen – durch Industrieabwässer der Fabriken und Schiffswerften, die sich an beiden Ufern des Horns ansammeln. Fische gibt es hier kaum noch. Die türkische Regierung sieht sich gezwungen, Maßnahmen zu ergreifen, um diese Verschmutzung zu bekämpfen und dem Süßwasserarm die alte Attraktivität wiederzugeben. Die Galata-Brücke ruht auf vielen Betonpfeilern. Unter der Brücke befindet sich eine Fußgängerpassage mit Kebab-Ständen und kleineren Restaurants direkt am Wasser. Ich will nur auf ein Bier mit Olof hin, aber schließlich verbringen wir den ganzen Nachmittag dort. Immer wieder kommen Menschen vorbei, setzen sich für ein paar Minuten, wir quatschen, jeder erzählt seine Geschichte. Das Efes-Bier tut es einem Afrikaner besonders an. Aber jetzt braucht er auf einmal einen türkischen schwarzen Kaffee, um etwas klarer denken zu können. Oje, der Kaffee wird in einer Minitasse serviert. Unser afrikanischer Freund ist entsetzt, glaubt, daß der Ober sich über ihn lustig machen will. »He, und das soll 1,10 DM kosten? Ein großes Bier dagegen 1 Mark! Glaubst Du, nur weil ich aus Kenia komme, kannst Du das mit mir machen?« Die Bedienung versteht kein Wort, zuckt mit den Schultern und setzt einem anderen Gast den Kaffee vor. »He, German, was meinst Du dazu. Würde in Deutschland ein Kellner wagen, für 1,10 DM so einen kleinen Schluck Kaffee zu servieren?« – »Weißt Du, das wäre zu schön, für das Geld eine Tasse Espresso zu bekommen.« – »Ich glaube, die Weißen spinnen!«

Die Stadt spielt an diesem Wochenende verrückt. Heute stehen sich zwei Istanbuler Fußballclubs in einem entscheidenden Meisterschaftsspiel gegenüber. Der Taxim-Platz im Zentrum der Stadt verwandelt sich in ein Tollhaus. Autos rasen hupend vorbei, Fans hängen aus den Fenstern, schwenken Fahnen, singen, sorgen für ein einziges Verkehrschaos. Jede Menge Polizei und Soldaten erscheinen. Aber sie greifen nur ein, wenn es nicht anders geht. Einmal öffnet ein Fan die Tür, er scheint ziemliche Gleichgewichtsprobleme

36

zu haben. Er fällt mit einer Flasche Raki aus dem Auto. Zwei Polizisten schieben ihn wieder hinein, gehen gemächlich auf den Bürgersteig zurück und setzen ihre Unterhaltung fort.

Am Montagmorgen stehe ich früh auf und fahre zum iranischen Konsulat. »Kein Visum! Versuche es in Ankara.« Ich bin wütend über diese kurze Abfertigung. Niemand kann mir sagen, ob ich in Ankara bessere Chancen habe.« Vielleicht, kann sein, warten.» Diese Worte bringen mich zur Weiß-glut. Ich überlege, ob ich nicht gleich von Istanbul aus fliegen, die Honda in ein Cargo-Flugzeug verfrachten soll und mir so eventuell die Fahrt bis in die Osttürkei ersparen kann. Falls ich dort auch kein Visum bekomme, müßte ich den ganzen Weg wieder zurückheizen und mir bliebe nur die Möglichkeit, über den Iran fliegen, bis Pakistan oder gleich nach Indien.

Die Entscheidung fällt mir nicht schwer. Die wenigen Tage in der Türkei machen mich neugierig auf andere Gebiete dieses wunderschönen Landes. Ich möchte am ägäischen Meer entlangfahren, dann etwa auf der Höhe von Kusadasi das Inland erkunden und weiter bis Erzurum im Osten fahren. Aber wie komme ich jetzt erst einmal aus Istanbul in Richtung Westen? Vor mir sehe ich einen Motorradpolizisten, setze mich neben ihn und brülle unter dem Helm »Izmir« zu. Er gibt mir ein Handzeichen. Ich folge ihm nun etwa fünf Kilometer durch verwinkelte Gassen, einmal verkehrt herum durch eine Einbahnstraße, bis das Schild der Stadtautobahn auftaucht.

Bis Kanakale verläuft die Straße oft am Meer entlang mit vielen Kurven und kleineren Steigungen. Links befinden sich Wälder oder kleine Bäche. Es ist eine Gegend zum Verlieben. Die Fähre setzt über die Dardanellen, die Verbindung zwischen dem Marmara-Meer und der Ägäis, somit Teil des Mittelmeers. Heute bin ich genau einen Monat auf der Straße und möchte

Ägäis, Türkei.

diesen Tag ein bißchen feiern. In einem Dorf kaufe ich warme Fladenbrote, Schafskäse, Oliven und türkischen Wein. Ich folge einem kleinen Weg zum Meer. Es geht steil herunter. Einmal blockiert beim Bremsen das Vorderrad und ich stürze. Die seitlichen Alu-Koffer sind relativ hoch angebracht, so daß das Motorrad beim Umkippen völlig flachliegt. Ich habe sie extra etwas höher angebaut, um in tiefen Fahrrillen, etwa in Sand, nicht hängen zu bleiben. Jetzt kann ich die rund 300 Kilo kaum aufrichten und fluche laut vor mich hin. Der Vorteil von tiefer gelegenen Packkoffern ist der, daß das Motorrad von ihnen abgefangen wird, und ich es nur ein Stück hochhebeln muß, anstatt, wie jetzt, es ganz aufzurichten. Alles Fluchen hilft nicht viel. Es gibt nur eine Lösung – ich darf eben nicht so häufig stürzen. Mein Übernachtungsplatz ist herrlich, direkt am Wasser, hinter mir die Berge. Auf dem Meer angeln zwei Männer. Ich baue das Zelt auf, esse das noch warme Brot und köpfe den Wein. Ich fühle mich sehr glücklich. Ich brauche überhaupt nichts mehr, möchte den Moment so lange festhalten wie es geht. Die Angler kommen zurück, sie haben sechs etwa 20 Zentimeter lange Fische dabei. Wir schütteln die Hände. Ich biete ihnen Wein an. Nein, Ramadan. Sie zeigen auf die Sonne. Naja, dann müßt ihr eben warten, bis die Sonne untergegangen ist. Ob ich Fische haben möchte? Nein danke, das kann ich wirklich nicht annehmen. Aber es ist ein Geschenk, es abzulehnen kommt einer Beleidigung gleich. Sie schenken mir drei Fische, nehmen sie aus und erklären mir, daß ich sie auf einen Stock stecken solle und über dem Feuer grillen. »Gute Nacht. Nein, hier ist alles sicher. Mach's gut.« – »Ihr auch.« Ich sitze stundenlang am Feuer, lege die nackten Füße auf heiße Steine, lehne mich gegen das Motorrad. Nach einem Monat erscheint mir Bochum ganz weit weg; ich habe das Gefühl, viel länger unterwegs zu sein als nur gerade vier Wochen.

Durch den Sturz hat sich der Bremshebel verbogen. Ich befürchte, daß er ganz bricht, wenn ich ihn zurückdrehe. Ich säge einfach die Spitze ab, gleichzeitig auch das Ende des Kupplungshebels. Wenn das Motorrad jetzt noch einmal umkippt, fällt es nur auf das Lenkerende und die Griffe bleiben ganz. Nach wenigen Kilometern entdecke ich vor einem kleinen Café eine MZ, auf Enduro umgebaut und mit jeder Menge Gepäck beladen. Die Türkei wird immer mehr Reiseland. Es vergeht kein Tag, an dem mir nicht Motorräder, Reisemobile oder Tramper entgegen kommen. Klaus und ich haben das gleiche Ziel: Cesme, am westlichsten Zipfel der Türkei. Wir verlassen die Küstenstraße und fahren durch Pinienwälder zu einem winzigen Ort, Kozak, zu den über 2000 Jahre alten Ausgrabungen Bergama, dem früher griechischen Pergamon. In Kozak halten offensichtlich nie Touristen. Ein älterer Türke führt uns zum einzigen Restaurant, der Besitzer trägt einen der beiden Tische vor die Tür. Innerhalb weniger Minuten steht das halbe Dorf um die Motorräder und dann vor uns. Wir genießen gefüllte Fladenbrote, in die eine Joghurt-Knoblauchsoße hineingelöffelt wird, holen eine Karte hervor und zeigen auf die Orte, wo wir bis jetzt gewesen sind. Dann will jeder unbedingt wissen, wo Ankara liegt? Wie weit ist Istanbul? Was, in Bulgarien warst Du? Die Motorräder stehen auf der gegenüberliegenden Straßenseite. Wir können sie nicht mehr erkennen, weil so viele Menschen um sie stehen. Helme, Handschuhe, Jacken ließen wir auf den Sitzen liegen. Hier, in kleinen Ortschaften wie diesen, würde nie jemand etwas stehlen, werden wir beim Bezahlen nicht übers Ohr gehauen und die Restaurantbesitzer sind nicht sauer, wenn wir zwei Stunden lang nur bei einem Kaffee sitzen. Die Gegend ist so schön, daß wir nie große Entfernungen zurücklegen können. Gerade brachten wir 30 Kilometer hinter uns, als wir eine kleine Halbinsel entdecken, die sich weit ins Meer zieht; in der Mitte Palmen, Wiesen und ein kleines Restaurant mit Terrasse. Das Ganze wiederum wird von einer großen Bucht eingeschlossen, wir brauchen uns nur anzusehen: »Ja, laß uns noch einen Kaffee hier trinken.«

Eine der berühmtesten Städte ist Ephesus, etwa 50 Kilometer von Izmir entfernt. Ephesus war neben Alexandria vor 2000 Jahren die wichtigste Hafenstadt der Antike. Über 200.000 Menschen lebten hier, und von den Bauten, die für damalige Verhältnisse einmalig waren, sind viele dank einer internationalen Hilfsaktion in einem sehr guten Zustand erhalten (Österreichische Grabung). Die Stadt besaß ein riesiges Freilufttheater für 25.000 Menschen, mit einer so perfekten Akustik, daß man auf der obersten Stufe eine Stecknadel hören konnte, die auf der Bühne fallen gelassen wurde. Ephesus verlor seine Bedeutung, als im Laufe vieler Jahre der Fluß immer mehr Sand in die Hafenbucht spülte und sie für große Schiffe unbefahrbar machte. Tausende von Touristen laufen heute die ehemalige Hafenstraße entlang, die vom großen Theater direkt zum Hafen führt. Es gibt hier kein Wasser mehr, nur noch hohes Gras und Büsche auf sandigem Untergrund. Eine Schulklasse, die Mädchen etwa 16 Jahre alt, kommt auf mich zu. Ein Gekichere setzt ein, bis eine Schülerin mich in gebrochenem Deutsch anspricht, ob ich mich zusammen mit einigen von ihnen fotografieren lassen würde? Warum nicht. Zuerst stellt sich eine links, die andere rechts neben mich. Dann wollen alle aufs Foto. Warum eigentlich? »Du schöne blaue Augen.« Ich überlege, ob und wie ich mich mit ihnen verabreden kann, als sie genauso schnell wieder lachend weiterziehen. Deutsch wird an vielen Schulen als freiwilliges Fach angeboten – viele möchten die Sprache unbedingt lernen.

Nur einige Kilometer südlich von Efes habe ich eine Einladung eines Deutschen bekommen, Peter, der in Kusadasi ein Bikers Inn managt. Ich kann die Adresse nicht finden und will die Suche gerade aufgeben, als ich einige Enduros mit Hamburger Nummernschildern entdecke. Ich möchte wirklich nur einen Kaffee trinken, aber aus dieser Tasse Kaffee werden vier

Tage. Peter kam vor einigen Jahren im Urlaub hierher und verliebte sich sofort in diesen Ort. Später zog er ganz hierher und eröffnete einen Treff für Motorradreisende, denen er mit Informationen über das Land, bei der Hotelsuche und Ersatzteilbeschaffung aushilft. Er nimmt sich frei und zeigt mir bei Tagestouren die Umgebung. Überall wird gebaut. Er bestätigt meine Annahme, daß die Türkei das künftige Reiseland sein wird. Die Abende verbringen wir bei seinem türkischen Freund Ihan (auf Deutsch »Fuchs«). Der Name paßt bestens, denn Ihan handelt mit Teppichen und versteht etwas von Verkaufspsychologie. Jeden Abend lädt er Gäste in sein Haus. Auf einer langen Tafel stehen Schüsseln mit Lammfleisch, Salate und Wein. Neben mir sitzen zwei ältere Damen aus Deutschland, etwa 60 Jahre alt, halten verliebt Händchen mit einem Türken im gleichen Alter, aber ganz auf Playboy gestylt, mit Goldkettchen, gepflegtem Schnauzer. Alle sind unheimlich gut drauf. Gegen 3 Uhr morgens zeigt mir Ihan einige Teppiche: »Rudi, ich will Dir nichts verkaufen, sondern Dir zeigen, daß ein Teppich nicht nur ein Stück voller Knoten ist.« Er breitet einen nach dem anderen aus. Es liegen wohl an die 30 übereinander. Aber ich will wirklich keinen kaufen. Jetzt schaltet er eine andere Lampe an: »Siehst Du, wie sich die Farben ändern.« Wir trinken Raki und können kaum noch stehen. »Aber jetzt zeige ich Dir Stücke, die würde ich nie verkaufen. Sie sind alt und sind für meinen Sohn. In 10 Jahren werde ich sie ihm zur Hochzeit schenken, dann sind sie ein Vermögen wert.« Jedenfalls schafft er es und ich kaufe einen Teppich und schicke ihn am nächsten Tag nach Hause mit der Bemerkung, daß meine Eltern doch bei verschiedenem Licht das Farbenspiel auf dem Teppich beobachten sollen. Als ich wieder halbwegs nüchtern bin, fällt mir ein, daß ich wohl besser eine längere Erklärung mit ins Paket gelegt hätte.

Der Abschied von Peter fällt mir besonders schwer. Am nächsten Morgen klebt auf dem Lenker ein Wunsch »Viel Glück. Peter und Jutta.« Er schenkt mir einen Glücksbringer, ein magisches Auge. »Als ich vor vier Jahren hierher kam, hat es mir ein Türke geschenkt. Es wird Dir immer Glück bringen, wenn Du es bei Dir hast.« Ich möchte es nicht annehmen, weil es ihm soviel bedeutet, schließlich verspreche ich, es ihm wieder zurückzubringen, wenn ich die Reise beende. Während der nächsten Tage erlebe ich etwas Unerklärliches mit dem Auge, das etwa so groß wie ein Fünfmarkstück, hellblau und in der Mitte weiß ist. Ich befestige es an meinem Schlüssel und muß abends feststellen, daß ich es verloren habe. Die Öse muß sich losvibriert haben, was mache ich jetzt? Bestimmt ist es ein schlechtes Omen. Einige Stunden später komme ich aus einem Restaurant und finde die Hälfte des Auges zwischen den Armaturen, stecke es ein und überlege, welche Bedeutung es haben könnte. Zwei Tage später checke ich die Honda durch. Beim Zündkerzenwechsel entdecke ich die zweite Hälfte im Kanal zwischen Kerze und Stecker.

40

Bauer, Anatolien.

Landeinwärts steigt das Land immer weiter nach Osten an, bis zur höchsten Erhebung dem Büyük-Agri Dagi, kurz Ararat genannt. Zu den bekanntesten Natursehenswürdigkeiten zählt mit Sicherheit Pamukkale, übersetzt Baumwollschloß. Schon von weitem erkenne ich die Kalkterrassen, die schneeweiß leuchten. Wasser sammelt sich in kleinen Becken. Ergiebige Thermalquellen mit hohem Kalkgehalt haben im Laufe von Jahrtausenden Ablagerungen gebildet, die sich in breiter Front wie die Stufen eines erstarrten Wasserfalls den zirka 100 Meter hohen Hang herunterziehen. Ich verbringe einen Tag damit, in den Becken zu baden. Nur wird die Ruhe gestört. Busse öffnen ihre Türen, 45 mit Fotoapparaten und Videogeräten ausgerüstete Touristen stürmen die Terrassen. »Entschuldigung, könnten Sie einmal eben aus dem Becken. Ich möchte hier ein Foto machen.« Ich traue meinen Ohren nicht. »Oh Finlands, no you understand. Nuu Finlands.« – »Mist, der Junge spricht kein Deutsch, Paul, Du hast doch gesagt, Du sprichst Englisch.

41

Nu mach doch mal.« Ich tauche schnell mit dem Kopf unter, dann ertönt das erlösende Signal der Bushupe und die Touristen rennen weiter zum nächsten Ziel.

Richtung Osten bleibt die Gegend zuerst noch grün, dann wird es jedoch zunehmend trockener. Einzelne Bergseen tauchen auf, im Hintergrund schneebedeckte Berge, wie etwa der Berg Davras mit 2.600 Metern Höhe, davor der kleine Ort Egridir, direkt am Wasser. Eine schmale Landzunge führt 100 Meter in den See hinein. Hier steht eine kleine Pension, davor entdecke ich ein Motorrad mit Bochumer Kennzeichen. Wir kennen uns. Vor einigen Jahren habe ich Ralf einen großen Tank für seine Enduro verkauft. Wir können es beide kaum fassen.

Das Wasser ist ganz klar, türkisfarben und spiegelt die gegenüberliegenden Seen. Zwei Türken überholen mich auf ihrer Jawa, halten an, geben mir die Hand und fahren weiter. Die Straßen sind sehr gut, nur weht ein ständiger Wind, oft voller Staub und Sand. Männer schützen ihre Gesichter beim Traktorfahren durch ein vorgebundenes Tuch, Kinder kommen zur Straße gerannt, eine Hand immer wieder zum Mund geführt. Sie möchten Zigaretten.

Die Straße verläuft schnurgerade entlang ausgedörrter Felder und oftmals Vulkanbergen. In einer verfallenen Karawanserei halte ich, fahre in den Innenhof, um mir einen Kaffee zu kochen und die Ruhe zu genießen. Aus dem Nichts tauchen Kinder auf, ein kleiner Junge und drei Mädchen. Die Mädchen haben riesige schwarze Augen, schwarze Locken und kichern ununterbrochen hinter vorgehaltener Hand. Der Junge, vielleicht acht Jahre alt, versucht es wie ein Erwachsener. Er zeigt auf die Honda und hebt die Hand zur Brust, Daumen an Zeige- und Mittelfinger, was soviel wie »gut, ganz ausgezeichnet« bedeutet. Er guckt durch mein Fernglas, hält es verkehrt herum, aber das spielt keine Rolle. Die gleiche lässige Handbewegung. Das Lachen der Mädchen tut er überlegen ab, faßt sich mit der Hand an die Stirn.

Vor mir liegt eine Landschaft, wie ich sie noch nie gesehen habe: Göreme. Der Boden besteht aus Tuff, der seine Farbe aufgrund der in Lava vorhandenen verschiedenen Mineralien ändert. Am Anfang gab es hier eine Reihe von Vulkanen, die lange Staub, Asche und Lava in die Umgebung speiten, die sich in den Seen und Tälern des Gebietes sammelten. Unter dem Einfluß von Wind, Regen und Temperaturunterschieden wurden die Substanzen abgetragen, wodurch unterschiedlichste Gebilde entstanden. Das Gestein ist relativ weich und diente Christen wie auch Moslems als Zufluchtsort vor römischen Verfolgungen. Öffnungen wurden so angelegt, daß sie nicht ohne weiteres gesehen werden konnten. Enge und komplizierte Türen und Durchgänge wurden mit Mühlsteinen verbarrikadiert, Belüftungslöcher und Fenster wurden so angelegt, daß sie von außen unsichtbar waren.

Göreme, Türkei.

Im Osten des Landes ist der Muslimische Einfluß viel stärker als etwa in großen Städten wie Istanbul, Izmir oder Ankara. In den Restaurants bekomme ich tagsüber nichts zu Essen. Einmal kann ich eine Tüte Datteln kaufen, ich esse sie genüßlich auf der Straße. Ein alter Mann kommt auf mich zu, schlägt mir die Tüte aus der Hand und schreit hysterisch auf mich ein. Ich verstehe nur das Wort »Ramadan« und mache mich aus dem Staub. Entlang der Straßen entdecke ich immer wieder kleine Werkstätten. Geschweißt wird ohne Gesichtsschutz oder Handschuhe. Da mir eine Flügel-schraube abbrach, möchte ich das abgebrochene Teil wieder anschweißen lassen. Ganz egal, was gerade anliegt, sofort ruht die Arbeit erst einmal, und die ganze Werkstatt wendet sich meinem kleinen Problem zu. Nach 5 Minuten ist die Schraube wieder fertig. Ich kann sie befestigen, nur komme ich nach solchen Begegnungen nicht sofort weiter. »Tchah?« – »Ja gerne einen Tee.« Sie tun mir schon leid, denn ich bin der einzige, der nun etwas

Anatolien.

trinkt. »Ach, das macht nichts. Wußtest Du, daß im Monat Ramadan mehr Fleisch verkauft wird als in jedem anderen Monat?« – »Verstehe ich nicht.« – »Tja die Leute sind durch das Fasten am Tag so ausgehungert, daß sie sich am Abend unglaubliche Mengen reinhauen.«

Auf den Hochebenen Anatoliens ist der Verkehr ziemlich ruhig. Die meisten Fahrzeuge, die mir entgegenkommen, haben entweder iranische oder bulgarische Kennzeichen; riesige Lkws, die offensichtlich leer aus dem Iran abfahren und sich in den Ostblockstaaten mit Gütern eindecken. Das macht mir Hoffnung, denn somit müßte die Grenze zwischen der Türkei und dem Iran offen sein. Dafür spielen Autofahrer und Fußgänger in den Städten verrückt. Ohne ständig zu hupen, hätte ich wohl öfter jemanden angefahren. Einmal springt eine Kuh aus dem Gebüsch, mir bleibt nicht der Bruchteil einer Sekunde Zeit, um zu reagieren. Sie fegt nur Millimeter vor mir auf die andere Straßenseite. Oder die Mofafahrer am Straßenrand. Es sieht so aus,

44

als würden sie ein Fahrzeug reparieren, plötzlich aber fährt einer auf die Straße, ich hupe, er dreht in allerletzter Sekunde ab in den Straßengraben. In einem Ort reißt sich ein Ochse los und rennt wie gestochen vor mir her. Will ich rechts an ihm vorbei, rast er in diese Richtung und umgekehrt. Ich hupe mittlerweile bei jeder Gelegenheit, egal ob nur jemand am Straßenrand steht oder ich ein Auto überhole. Das einzige, worauf ich mich wirklich verlassen kann, ist die absolute Unberechenbarkeit der Fahrer, Tiere und Fußgänger. Ich rechne im Grunde mit den unmöglichsten Dingen. Nie quere ich eine grüne Ampel, ohne nach beiden Seiten zu gucken, muß aber bei einer roten genauso in den Spiegel sehen, weil mein Hintermann gar nicht anhalten will. Manchmal verlaufen Manöver so haarscharf, daß ich wütend mit der Faust fuchtele, mit dem Ergebnis, daß der Fahrer freundlich winkt. Er ist sich keiner Schuld bewußt.

Hinter Göreme verlaufen die Straßen nun sehr kurvig, teilweise fahre ich höher als schneebedeckte Hänge. Ich muß über einen Paß, die Straße ist über weite Strecken mit losem Geröll ausgelegt. Mit etwa 100 km/h fliege ich über die löchrige Straße. Plötzlich schwimmt die Honda wie verrückt, ich muß den Lenker unglaublich festhalten, um nicht zu stürzen. Zuerst denke ich an einen Platten und bremse ab. Das Schlingern nimmt zu und ich erkenne, daß der Untergrund nur aus losem Schotter besteht und gebe wieder Gas, um aus dem seitlichen Aufschaukeln herauszukommen. Vor mir liegt eine Kuppe, und ich kann nicht erkennen, was dahinter kommt. Dann sehe ich es, und mein Herz setzt aus. Ein Lkw, daneben ein überholender Bus. Für mich bleibt kein Platz. Alles läuft jetzt wie in einem Film ab. Ich rede laut »na ja, das war es dann wohl« und bremse im gleichen Augenblick, was die Klötze hergeben. Der Bus drückt sich an den Lkw, Spiegel krachen. Ich schramme mit einem Koffer leicht an einer Stoßstange vorbei und komme schaukelnd, schlingernd wieder ins Leben zurück. In der Situation selbst bin ich völlig cool, registriere sogar, daß der Spiegel des Busses am Lkw zersplittert. Sehe wie der Lkw-Fahrer eine Hand hochwirft und mich anstarrt. Als ich dann vorbei bin und anhalte, kann ich die Füße nicht ruhig bekommen, nur die Fußspitzen stehen zitternd auf dem Boden. Ich werde von unten bis oben durchgeschüttelt und lasse mich neben das Motorrad fallen.

In Erzurum erwartet mich die übliche Arroganz der iranischen Vertretung. Der Konsul ist nicht da. Aus dunklen Räumen kommt mir ein widerlicher Gestank entgegen. Vergilbte Poster hängen an den Wänden. Ich erkenne, daß hier niemand für irgendetwas zuständig ist. Ich solle mir von der deutschen Botschaft in Ankara ein Empfehlungsschreiben holen. Dann wiederkommen, um auf jeden Fall das Visum zu erhalten. Nur liegt Ankara 800 Kilometer entfernt, und ich möchte mir die Fahrt hin und zurück ersparen. Außerdem beginnt in zwei Tagen das Wochenende, und Erzurum ist nicht die Stadt, wo ich tagelang bleiben möchte. Es gibt einen Nachtbus, mit dem ich tatsächlich nach 10 Stunden Fahrt morgens in der Hauptstadt ankomme. Die deutsche Botschaft schickt mich zum deutschen Konsulat. Hier stehen 200 bis 300 Türken, die alle eine Einreisegenehmigung für Deutschland beantragen möchten. Ich muß mich wohl oder übel vormogeln. Das Konsulat füllt mir ein vorgedrucktes Formblatt aus. »Dieses Zertifikat bestätigt, daß Herr Rudolf Kretschmer, geb. am 4.7.1955 im Besitz des Passes Nr. H2849507 ist. Er ist Deutscher.« Das wäre es. Dafür also 800 Kilometer. Trotzdem versuche ich es hier bei der iranischen Botschaft in Ankara. Ich muß meinen Paß durch eine schmale Öffnung schieben, bekomme ihn wieder. »Warten.« Nach einer Stunde erscheint tatsächlich ein Angestellter und meint in überheblichem Ton, ich müsse 1–2 Monate warten, weil die Angelegenheit über Teheran liefe. Diese Geschichte habe ich doch schon einmal in Deutschland gehört. Ich gebe die Hoffnung auf, der Bus bringt mich zurück nach Erzurum. Selbst jetzt – nach über eineinhalb Jahren – werde ich richtig wütend über dieses Hinhalten der Iraner. Ich steige in Erzurum also wieder in den 5. Stock eines Hochhauses und gebe den Paß mit dem Empfehlungsschreiben ab. »Nein, es gibt kein Visum für Touristen.« Was soll der Ärger, denke ich mir, bestenfalls hätte ich ein Zehntages-Transitvisum bekommen und sowieso nichts vom Land gesehen. So kann ich die Schwarzmeerküste der Türkei kennenlernen und habe mit Sicherheit eine angenehmere Zeit.

Der Busfahrer schwärmt mir etwas von Aziklar Kalvesi vor, schreibt es mir in türkisch auf einen Zettel. Hier wird von abends bis früh morgens türkische Musik gespielt. Ich lande in einem kleinen Lokal. Stuhlreihen, vereinzelte Tische an den Wänden, eine kleine Bühne. Die Instrumente ähneln Gitarren, nur besitzen sie große Hohlbäuche und längere Hälse. Der erste Spieler nimmt Platz, stimmt sein Instrument lange und erzählt dabei die Geschichte seines Liedes. Der Gesang erscheint schwermütig, richtig traurig. Im Lokal sitzen nur Männer. Außer Tee gibt es keine Getränke. Viele sitzen Hand in Hand oder legen den Arm auf die Schulter ihres Nachbarn. Neben mir sitzt ein »österreichischer« Türke. Er verbringt seinen Urlaub hier in der Heimat. Ich traue mich, ihn zu fragen: »Sag mal, sind die eigentlich alle schwul oder was?« Er kann sich vor Lachen kaum halten. »Warum, wie kommst Du darauf?« – »Naja, viele halten Händchen, sitzen Arm in Arm nebeneinander.« – »Du bist lustig. Nur weil sie sich wie Freunde verhalten, müssen sie doch nicht gleich schwul sein.« Tatsächlich spielt Körperkontakt in arabischen Ländern eine große Rolle zwischen Männern. Viele gehen Hand in Hand spazieren, wenn sie sich unterhalten, lassen sie lange den Arm auf der Schulter ihres Freundes. Das Konzert ist zu Ende, nur kann ich jetzt den Weg zum Campingplatz nicht mehr finden und frage einen Polizisten. Er geht mit. Als wir eine Straße überqueren, nimmt er meine Hand, ich soll aufpassen.

Ich versuche, sie vorsichtig aus seiner herauszuziehen, was sollen andere Touristen denken, wenn ich Hände haltend mit einem Polizisten über die Straße gehe. Dann muß ich über mich selbst lachen. »Warum lachen?« »Ach nur so.« – »Was so?« – »Ach egal.« – »Ja alles viel egal. Gute Nacht.«

Eine Straße von Erzurum nach Rize ans Schwarze Meer stellt mich dann auf eine harte Probe. Bis zur Hälfte läßt sich die Piste wundervoll fahren. Kleine Schmelzbäche folgen dem Weg, winzige Bergdörfer kleben an den Hängen – ich genieße jeden einzelnen Meter. Schließlich steigen die letzten 20 Kilometer bis zum Paß ständig an. Der höchste Punkt liegt etwa auf 3.000 Metern. Rechts und links türmen sich Schneemassen, tauender Schnee fließt über den Weg und verwandelt ihn in eine Rutschbahn. Nebel zieht aus dem Tal und ich kann keine fünf Meter weit sehen. Dazu kommt eine unglaubliche Kälte. Die Finger in den Sommerhandschuhen laufen blau an, die Honda quält sich im ersten Gang. Hoffentlich hält sie durch. Was kann ich hier oben am Ende der Welt machen? Für die 300 Kilometer lange Tagesetappe nehme ich natürlich kaum Lebensmittel mit. Wasser gibt es glücklicherweise genug.

Das muß ich erstmal fotografieren. Die Kamera dreht nun durch. Alle roten Kontrolleuchten sind an, der Auslöser funktioniert nicht mehr. Die Sicht wird immer schlechter. Nichts wie runter ins Tal, an die Küste, dies ist nicht gerade der romantischste Ort. Jetzt reicht es offensichtlich auch dem Motor. Er springt nicht mehr an. Bis zum Paß fehlen etwa 100 Meter. Ich kann meine Finger nicht mehr bewegen und bin nicht in der Lage, einen Schraubenschlüssel zu halten. Die letzten Meter schiebe ich die Honda auf den Paß. Dann rollen wir etwa 15 Kilometer bergab. Langsam ändert sich die Vegetation und zum Glück auch die Temperatur. Die Hänge werden grüner, ich entdecke die ersten Teeanpflanzungen, Holzhäuser, Wasserfälle und endlich die Asphaltstraße. Wie im Allgäu, denke ich und wäre hundert Prozent glücklich, wenn der Motor anspringen würde. In einer Scheune stelle ich mich unter, koche einen Tee und packe das Werkzeug aus. Aber was soll eigentlich kaputt sein? Die Gänge lassen sich schalten, Benzin kommt an. Es muß mit der dünnen Luft zu tun haben. Ich trinke in Ruhe einen Tee, packe alles ein und drücke den E-Starter. Der Motor schnurrt, als wäre nie etwas gewesen. Zur Belohnung verspreche ich ihm neues Öl und eine Wäsche.

Mitten am Tag entdecke ich ein verstecktes Restaurant. »Ungläubige« essen Fleisch, Salat und Brot, dazu ein Bier. »Allah kann nicht durch die Decke sehen«, meint einer lachend. Mir soll es recht sein.

Die Straße windet sich nun immer an der Küste entlang. Durch winzige Ortschaften mit Fischerhäfen. Rechts das Meer, links Steilhänge mit Teeanbau. Fischer sitzen auf dem Rand ihrer Boote und flicken die Netze. Männer bauen ein Holzgerüst für ein Haus, Kinder treiben Schafe und Kühe auf die Wiesen. In einer senkrechten Felswand entdecke ich das Sumela-Kloster. Von Trabzon führt eine Straße zum Kloster aus dem 4. Jahrhundert, das

Kloster Sumela bei Trabzon.

mitten in den Fels gebaut ist. Die letzten Kilometer führen über unbefestigte Wege, immer an einem reißenden Bach entlang, einmal über eine schmale Holzbrücke aus Baumstämmen, ein anderes Mal durch den Fluß selbst. Eigentlich wollte ich am nächsten Tag wieder zur Küste, aber erinnere mich daran, was ich mir vorgenommen habe: wenn es mir irgendwo gut gefällt, muß ich bleiben und darf nicht in der Hoffnung weiterfahren, daß es am nächsten Ort genauso schön ist. Ich lasse mein Zelt aufgebaut und mache einen langen Spaziergang in die Berge. Der Pfad folgt immer dem Fluß, mal rechts, dann wieder links von ihm. Ich gehe über behelfsmäßige Brücken: Bretter sind über zwei Baumstämme genagelt, manche fehlen oder sind verfault, überall stehen Tannen, kleine Schmelzbäche laufen in den Hauptfluß. Nach einigen 100 Metern hört der Baumbewuchs auf, Steine und eine dünne Grasschicht bedecken den Boden. An einer geschützten Stelle entdecke ich Häuser. Das Wellblech auf den Dächern wird mit dicken Steinen beschwert, eine kleine Tür und ein winziges Fenster lassen kaum Licht in den einzigen Raum. Irgendwo drinnen hängt Wäsche. Ein alter Mann treibt zwei Kälbchen aus einem Haus. Als ich näher komme, verschwinden die Menschen in den Wohnungen, nur ein kleines Mädchen bleibt neugierig an der Tür stehen. Auf dem Rückweg begegnen mir Frauen, die Brennholz auf dem Rücken schleppen. Das Gewicht drückt sie soweit herunter, daß sie mich gar nicht sehen können. Oft setze ich mich, lege mich auf den Boden und nehme die Natur ganz bewußt auf.

Motorradfreunde, Abant-See, W-Türkei.

In meinem Reiseführer lese ich von einem See, dem Abant-See, etwa 300 km östlich von Istanbul, wo ich ja nun wieder zurück muß, um über den Iran zu fliegen, dort soll er liegen. Nach endlosen Serpentinen, Steigungen und Gefällstücken erreiche ich tatsächlich den See. Eine Straße umgibt ihn. Außer einem Nobelhotel, 80 Mark für eine Nacht, entdecke ich keine Häuser. Ich halte unentschlossen an, um mir zu überlegen, ob ich hierbleiben soll. Sechs türkische Mopedfahrer halten an. Einige tragen keinen Helm. Niemand besitzt Motorradbekleidung, auch keine Stiefel und schon gar kein Regenzeug. Plastikplanen dienen als Schutz. Alle sind bis auf die Haut durchnäßt, aber in unglaublich guter Stimmung. Wir suchen uns einen Zeltplatz, keiner der Fahrer hat ein Zelt, doch die Planen werden über Äste gelegt. Jemand holt eine Axt, ein ganzer Baumstamm wird zerkleinert und sofort brennt ein Feuer. Es ist das Ende des Ramadan-Monats, ein Freitag. Die Motorradclique verbringt das dreitägige Wochenende gemeinsam. Auf dem Gepäckträger eines Mopeds steht eine Kiste Efes Bier. Aus Satteltaschen werden Brot, Tomaten, Zwiebeln und Fleisch hervorgekramt. Die Taschen sind aus Stoff genäht. Nur das Wichtigste haben sie dabei: Teegläser, eine riesige Kanne, eine Axt und Lebensmittel. Wir grillen das Fleisch und bereiten das Essen auf einer Plastikfolie aus. Alle fahren Zweitakter – Puch, Jawa und andere mir völlig unbekannte Marken. Immer wieder fasziniert mich das Verhältnis von Aussehen und tatsächlichem Alter: Einige sind 30 Jahre alt, sehen aber viel jünger aus. Ein anderer wiederum sieht wie 50 aus und gibt sein Alter mit 30 an. Richtig organisierte Motorradclubs gäbe es kaum in der Türkei, sie könnten sich sowieso nie ein Auto leisten, eine großvolumige Maschine schon gar nicht. Der »Mechaniker« holt das gesamte Werkzeug heraus – Schraubenzieher, Hammer, Zange, Kerzenschlüssel – abends wird repariert. Nachts regnet es stark, die Zeltkonstruktion aus Ästen und Plastik bricht zusammen. Ich wache auf und sehe die sechs unter einer Tanne sitzen. »Warum kommt ihr nicht ins Zelt?« Irgendwie passen wir zu fünft nebeneinander. Jeweils einer schläft unter der Apsis und dem Zeltvordach. Damit wäre die Frage nach der wirklichen Größe eines Zweimannzeltes beantwortet.

Anfang Juni bin ich wieder in Istanbul. Es fasziniert mich, wie vollkommen anders die Westtürkei ist: Olivenhaine, Kirschbäume, Felder mit Kartoffeln und Blumenkohl. Ich fahre mit der Bahn ins Zentrum. Der Campingplatz liegt ganz in der Nähe des Flughafens, wo ich voraussichtlich Richtung Pakistan fliegen werde. Der Zug hält an vielen Stationen. Jedes Mal steigt ein fliegender Händler ein, öffnet seine Plastiktasche und zaubert Kugelschreiber, Süßigkeiten, Pflaster, Schraubenzieher, Werke des Koran oder Kaugummi hervor. Die Fahrgäste lassen alles in stoischer Ruhe über sich ergehen. Manchmal kauft einer etwas. Ein Händler preist Nähnadeln an. Er überzeugt mich davon, daß ich zu meinem Set unbedingt noch eins dazukaufen muß. Ein kleiner Junge, nicht älter als sieben Jahre, bietet Kaugummi an und singt dazu ein Lied. Er legt den Leuten unaufgefordert ein Päckchen auf den Schoß. Beinahe jeder zahlt die 25 Pfennige, wohl mehr für die Gesangseinlage. Ein Mann liest in einer Zeitung, eine nackte Schönheit ziert das Titelblatt. Nur zwei kleine weiße Balken bedecken ihren Körper. Neben ihm sitzt ein Bärtiger, ganz in Schwarz gekleidet studiert er seine Koranschrift. Manchmal fällt ein zufälliger Blick in die teuflische Ausgabe seines Nachbarn. Hübsche Frauen mit kurzem Rock und hochhackigen Schuhen sitzen neben strenggläubigen Moslemfrauen in Schwarz, das Gesicht ist bis auf Augen und Nase verdeckt. Ein Mann mit ziemlich verschlissenen löchrigen Sachen setzt sich mir gegenüber, neben ihm ein Junge, sein Arm ist verkrüppelt. Der Kleine lacht, sprüht vor Energie und will sich aus der offenen Tür lehnen, wie andere Kinder auch, doch sie schieben ihn zurück. Er setzt sich verletzt zu seinem Vater, zieht zerknäulte Geldscheine aus der Tasche, Münzen und reicht sie ihm stolz rüber. Wir sehen uns an. Ich gucke freundlich, was ihn gleich dazu veranlaßt, mir die geöffnete Hand entgegenzustrecken. Der Vater zählt ausdruckslos das Geld. Aus seiner Tasche fällt eine zerbrochene Zigarette. An der Bruchstelle klebt er sie mit nassem Papier zusammen, steckt sie hinter ein Ohr. Die Bahnfahrt erscheint mir wie ein Kinofilm. Vor lauter Szenen verpasse ich auch glatt mein Ziel und muß wieder zurück.

Istiklal Caddesi ist die Hauptgeschäftsstraße in Istanbul, und es gibt keine Boutiquen, die man nicht genauso in München finden könnte. In einer Seitengasse entdecke ich eine reine Bierpassage; Straßencafés und Tische mit Bierkrügen, feiernden Fans vom Club Galatasaray. Eine betrunkene Frau versucht einen Tanz, Kinder rennen hinter Katzen her und bewerfen sie. Straßenmusiker ziehen von Tisch zu Tisch und spielen, wenn sie herangewunken werden. Ich folge einem Strom von Menschen, ausschließlich Männern. Es ist bereits dunkel. Eine steile Straße wird kaum beleuchtet. Schließlich endet sie in einer Gasse. Neben dem Eingang stehen Polizisten, klopfen die Durchgehenden ab und lassen sie eintreten ohne Eintritt zu verlangen. Das muß ich mir näher ansehen. Vor großen Fenstern bilden sich Männertrauben und starren hinein. Gelangweilte Frauen, halbnackt, sitzen in roten Plüschsesselchen, rauchen, trinken Tee und unterhalten sich. Sie sind recht gut proportioniert. Ab und zu traut sich ein Mann hinein, verhandelt vor den Augen der Zuschauer und beide verschwinden hinter einem Vorhang. Fünf Minuten später kommen sie wieder hervor, dem Mann scheint es etwas peinlich zu sein. Er vergißt seine Hose zu schließen, und die Frau zeigt einen Gesichtsausdruck, wie jemand, den absolut gar nichts interessiert. Die Gasse besitzt leider nur einen Eingang und ich muß den gesamten Weg wieder zurück.

Turkisch Airlines verkauft mir gern einen Flug nach Karachi, in den Süden

Pakistans. Nein, nein das Motorrad nimmt mir ganz sicher eine der vielen Cargo-Fluggesellschaften mit. Leider muß ich zuerst ein Ticket vorzeigen, sonst bekomme ich die Honda nicht durch den Zoll. Ich werde am Flughafen erst einmal von einem Offizier angehalten, nicht etwa, weil er mich kontrollieren möchte, sondern weil er seine Französischkenntnisse anwenden muß. »Du bist der erste Deutsche, der Französisch spricht.« Ich bin besser nicht unhöflich, denn vielleicht brauche ich seine Hilfe. »Nein, dies hier ist der Militärflugplatz,« meint er nach einem halbstündigen Palavern über den Eiffelturm und die belles Femmes von Paris.

Die Domestic, Abteilung Inlandsflüge, ist für mein Problem nicht zuständig. Die Zollbehörde schickt mich zur Cargosektion. Hier soll ich die nächsten Stunden zwischen Hoffnung und Verzweiflung versuchen, einen Cargo-Platz nach Karachi zu bekommen. Pakistan-Airlines verlangt eine Holzkiste oder eine Palette, mit einem Holzrahmen herum, damit das Motorrad nicht beschädigt wird. Mittlerweile ist es 15.00 Uhr und in drei Stunden schließt der Zoll, abends wollte ich bereits nach Pakistan fliegen. Es ist unmöglich, zurück nach Istanbul zu fahren oder irgendwo eine Holzkiste zu bauen. Die Lufthansa-Abteilung erweist sich als sehr hilfsbereit. Alle sprechen Deutsch und Englisch. »Warten Sie bis der Chef kommt, dann werden wir das Problem lösen.« Nach einer Stunde macht mich ein lautes Gespräch aufmerksam. »Moto, Karachi, Aleman.« Es scheint um mich, besser das Motorrad zu gehen. Gleich im nächsten Büro nimmt sich eine türkische Spedition professionell meines Problems an: Ein Ventilator kreist unter der Decke, zwei Türken, dick, unrasiert und schwitzend, brüllen gleichzeitig in mehrere Telefone. Irgendwer nimmt meinen Paß, die Hondapapiere und das Flugticket und verschwindet. Eine Kuckucksuhr macht mich darauf aufmerksam, daß mir noch eine Stunde Zeit bleibt. Ich kann nicht mit der Kreditkarte bezahlen. Also schnell ins Flughafengebäude und Geld tauschen. Vor dem Eingang kontrolliert ein Soldat die Papiere. Mein Paß befindet sich im Cargo-Büro, wie komme ich nur an ihm vorbei? Ich fahre den Bürgersteig hoch, direkt auf ihn zu, gebe ihm die Hand, erzähle alles mögliche auf Deutsch, klopfe ihm auf die Schultern und bedanke mich. Er guckt mir irritiert hinterher.

Die Honda wird ins Zollgebäude gefahren, niemand kontrolliert, ob Benzin oder Öl abgelassen wurde, das Motorrad wird auch nicht gewogen, und so gebe ich die 170 Kilogramm Nettogewicht an.

In der Zwischenzeit erledigt die Spedition den gesamten Papierkram, ich habe alles überstanden. Denkste! Bei der Einreise in die Türkei hat der Grenzbeamte nur das Kennzeichen eingetragen und vergaß die Chassisnummer. Ich solle wieder zur bulgarisch-türkischen Grenze und das mal eben nachtragen lassen. Ich hole meinen Agenten. Nur minutenlanges Zureden, eine kleine Aufmerksamkeit und das mitleidige »Toursit Alemania« helfen.

52

Er gibt mir den letzten Stempel. In der Spedition füllt ein Angestellter die Frachtpapiere aus: »Wohin?« – »Karachi.« – »Woher kommst Du in Deutschland?« Ich sage meist Frankfurt, weil jeder diese Stadt kennt. Und als ich die Frachtpapiere entgegennehme, steht glatt Frankfurt unter der Rubrik Destination – Zielort. Er verbessert lachend den kleinen Irrtum. Ich muß dann noch die Batterie abklemmen, den Schlüssel abgeben – warum, das kann niemand beantworten. Manchmal ist es sowieso hoffnungslos, alles genau wissen zu wollen. Hoffen, Warten und immer freundlich sein führt meistens zum Ziel. Ich schaue der Honda noch einmal hinterher. Ich kann mir eigentlich nicht so richtig vorstellen, daß wir uns in Karachi wiedersehen werden. Das Verladen des Motorrads kommt mir unglaublich kompliziert, nervenaufreibend vor. Aber da weiß ich ja schließlich auch nicht, welches Chaos in Pakistan auf mich wartet.

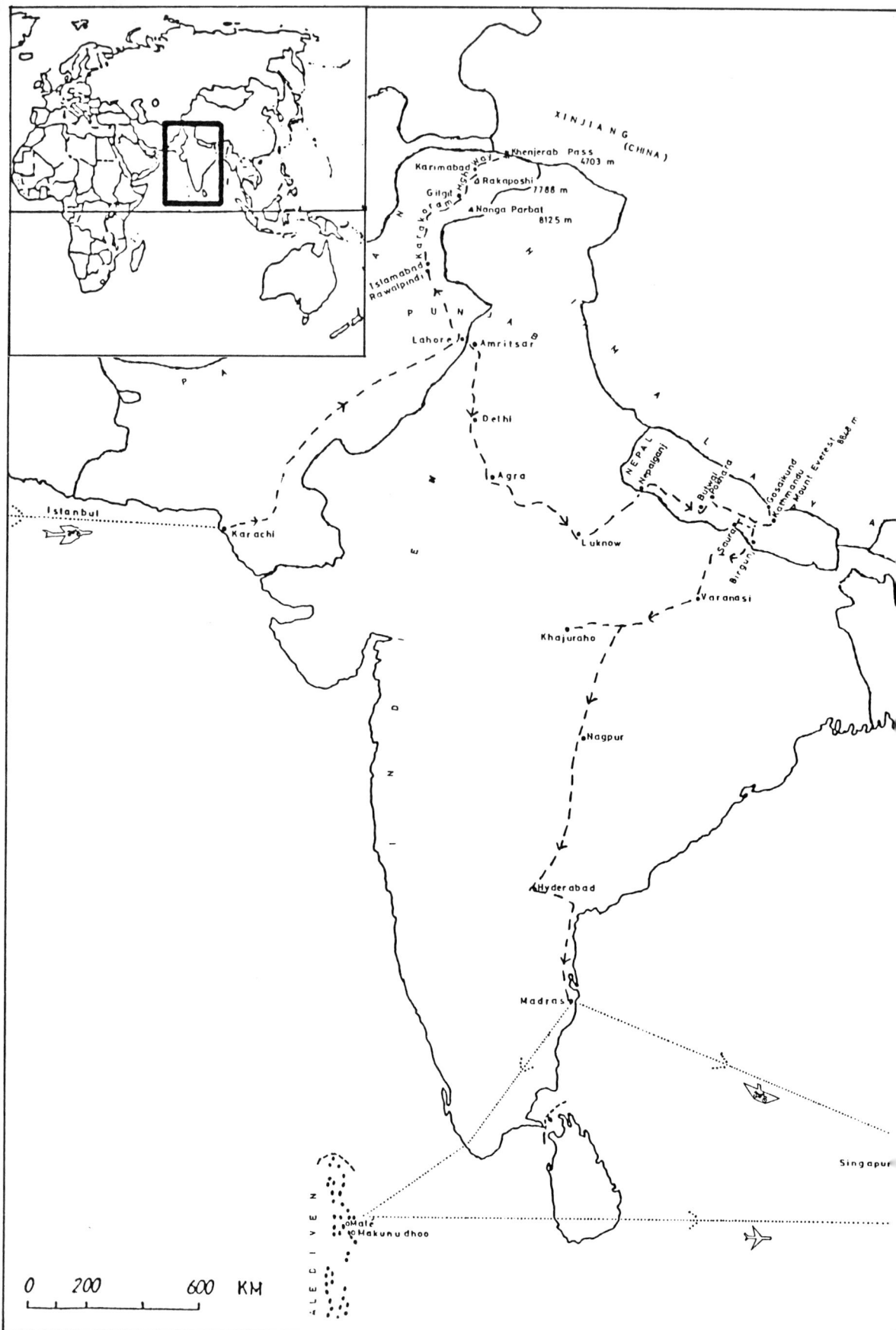

XINJIANG (CHINA)

Khenjerab Pass
4703 m

Karimabad

Rakaposhi 7788 m

Gilgit

Nanga Parbat
8125 m

Istanbul

Karachi

Islamabad
Rawalpindi

P U N J A B

Lahore • Amritsar

• Delhi

• Agra

• Luknow

NEPAL
Nipalganj

Butwal
Pokhara

Gosaikund
Kathmandu

Mount Everest 8848 m

Saurajt
Birgunj

• Varanasi

• Khajuraho

• Nagpur

• Hyderabad

• Madras

Singapur

MALEDIVEN

Male
Makunudhoo

0   200   600 KM

Pakistan, Indien, Nepal, Malediven

In Abu Dhabi ist Zwischenstop auf dem Flug nach Karachi. Ich schlafe ein wenig, denn das Flugzeug ist beinahe leer. Pakistanische Gastarbeiter mit Familien steigen nun zu und bringen ihren halben Hausrat mit. Kinder schreien, Männer organisieren Plätze, Frauen schleppen Taschen, Koffer, Haushaltsgeräte und blockieren die Gänge.

Mein Nachbar schiebt mir sofort seine Imigrationskarte mit dem Paß rüber. Anscheinend kann er nicht schreiben. Ich suche also seinen Namen, Beruf und Alter heraus. Gründe für die Rückkehr? Er versteht nicht. Ich trage Familienbesuch ein. Jetzt muß er nur noch unterschreiben. Er guckt mich hilflos an: »Also gut, gib noch mal her«. Ich mache seine Unterschrift auch noch, und jetzt kommt er sicher problemlos durch die Einreisekontrolle. Sein Nachbar beobachtet mich verstohlen. Als wir gerade in die Sitze gepreßt werden, steckt er mir unauffällig seine Papiere zu. Es soll nur niemand wissen, daß er Analphabet ist. Ich kann jetzt sowieso nicht schlafen und finde es ganz witzig. Die Überraschungen halten an. Rachid, so der Name meines Nachbarn, weiß mit dem eingeschweißten Essen nicht so richtig etwas anzufangen. Er beginnt ahnungsvoll mit der »Suppe« und löffelt den Orangensaft, öffnet dann das Päckchen mit Butter und schluckt es ganz hinunter. Vielleicht haben Pakistaner hier etwas andere Eßgewohnheiten? Auf jeden Fall andere Tischmanieren. Nach dem Essen zieht er das Stoffach des Vordersitzes nach vorne und spuckt eine lange braune Brühe rein. Vielleicht sollte ich ihm jetzt meinen Ärmel zum Schneutzen geben?

Es ist unglaublich schwül in Karachi. Ich trage natürlich Motorradhose, Stiefel und Jacke. Das Wasser steht in den Schuhen, mein Hemd klebt am Körper, die Hose ist vollkommen naß. Kein Windchen weht. Bereits am frühen Morgen knallt die Sonne erbarmungslos. Am schlimmsten empfinde ich die Luftfeuchtigkeit. Völlig erschöpft lasse ich mich im klimatisierten Flughafenrestaurant nieder. Gleich kann ich die Honda aus dem Zoll holen,

Schatten, Karachi S-Pakistan.

dann kühlt mich der Fahrtwind einige lange Tage auf der Straße und ich bin im kühlen Norden des Landes. Schön wär's. Das Motorrad wurde von Istanbul über Frankfurt geschickt! Dort wird es umgeladen und in einigen Tagen soll es hier sein. Ich solle doch am Donnerstag wiederkommen, in sechs Tagen! Das überfordert mich. Ich nehme gar nicht richtig wahr, was mir im Lufthansabüro gesagt wird, verstehe nur soviel, daß ich das Motorrad heute nicht bekomme und lande völlig deprimiert irgendwie in der Jugendherberge von Karachi. Ich fühle mich orientierungslos, von allen verlassen. Ich dusche, lege mich aufs Bett und dusche gleich noch einmal. Einem Pakistaner erzähle ich von meinem Streß und fühle mich bedeutend besser, als er mir berichtet, daß er nachts auf dem Bürgersteig schläft, weil er sich keine Wohnung leisten kann. Auf dem Zimmer spüre ich wieder mein Tief. Ich kann nachts nicht eine Sekunde schlafen. Ich versuche, bewegungslos unter den surrenden Flügeln des Ventilators zu liegen. Er wirbelt lediglich die schwüle Luft durch den Raum. Der einzige Moment, der angenehme Kühlung verschafft, sind die zwei Minuten nach der Dusche, wenn ich nackt und naß unter dem Fan liege und die Verdunstungskälte einsetzt. Ich stehe wohl mehr unter der Dusche als im Zimmer. Endlich kommt der Donnerstag. Mit einer Motorrikscha jage ich zum Flughafen. Dieses dreirädige Geschoß bewegt sich im Verkehr als würde plötzlich jemand einen Film von normale auf doppelte Geschwindigkeit schalten. Manchmal rast der Fahrer so plötzlich in eine seitliche Lücke, daß ich fast aus der Rikscha geschleudert werde. Den Preis muß ich immer vor der Fahrt aushandeln. Eine halbstündige Strecke kostet 1,50 DM. Das Motorrad kommt tatsächlich an. Ich muß nur noch schnell rüber zum Zoll. Naja, wenn das so einfach ist, will ich die fünf Tage Warterei vergessen. Der Beamte guckt erst gar nicht von seiner Zeitung auf. »Hier bist Du falsch, gehe ins nächste Büro!« – »Nein, was willst

Du hier, gehe ins...!« Ich kann den Namen nicht verstehen, glücklicherweise erbarmt sich jemand und zeigt mir den Weg. Nach einer halben Stunde erscheint der Principal, so etwas wie ein Chef oder Vorgesetzter. »Nein, Du mußt erst dort vorne ins Büro, zum Exportzoll.« Wieder zeigt mir ein Pakistaner den Weg und eröffnet mir, daß er ein Agent ist und mir für 50 Mark gerne helfen wird. Mir platzt der Kragen, und ich gehe allein weiter. Ich will es selbst schaffen und meine Erfahrungen sammeln. Der Weg zum Exportbüro dauert wieder 30 Minuten, eine halbe Stunde bei etwa 45° im Schatten und annähernd 100% Luftfeuchtigkeit! Ich bekomme schnell heraus, daß ich immer sofort nach dem Senior, dem Chef fragen muß. Ohne zu warten, platze ich in die Zimmer. Überall werde ich freundlich empfangen, rede meinen Gegenüber mit Sir an, entschuldige die Störung und erkläre mein Problem. Das wiederholt sich drei Mal. Immer finde ich volles Verständnis. Aber jedes Mal muß ich in ein anderes Büro, bis ich wieder beim ersten Senior lande und den Verzweifelten spiele, dessen Schicksal ganz in seinen Händen liegt. Wir unterhalten uns über die Weltreise, irgendwann greift er zum Telefon. Ein Beamter in weißer Uniform führt mich später ins Zollgebäude. Die Honda steht zwischen den Paketen dort. Mir kommen fast die Tränen. Hier überträgt nun jemand die Werte, wie Zylinder, Hubraum und Gewicht auf einen Handzettel und schlurft damit zu seinem Chef. Der Chef zeigt sich über das Gekrakel äußert unzufrieden und fordert ihn auf, alles noch einmal ganz ordentlich aufzuschreiben. Nach einer halben Stunde geht es weiter. Ich bekomme einen Tee angeboten. Die sauberen Eintragungen finden nun vollste Anerkennung und landen auf dem Schreibtisch, wo sie erst einmal vergessen werden. Der Senior schüttelt Hände, erkundigt sich nach der Familie eines Freundes, dann ruft seine Frau an und beansprucht seine ganze Aufmerksamkeit. Ich weise ihn auf mein kleines Problem hin: »Ach, ja warum sagst Du denn nichts. Ich muß doch nur unterschreiben.«

Beim Zoll muß ich die Koffer öffnen. Die Kontrolle verläuft oberflächlich und schnell. Mittlerweile hat sich ein zentimeterdicker Papierstoß angesammelt, der auf einem neuen Schreibtisch landet. Eine Seite kommt hinzu, eine ganze Seite Text handgeschrieben: »Herr Kretschmer reist mit einer Honda von Istanbul... Alter, Familienstand...« Jedes Detail erscheint, alles im Zeitlupentempo. »Jetzt mußt Du nur noch zum Hauptzollgebäude. Aber das schaffst Du heute nicht mehr.« Das Gebäude liegt 25 Kilometer entfernt am Hafen. Um 16.00 Uhr schließt das Zollgebäude hier am Flughafen. Vielleicht kann ich es in den verbleibenden zwei Stunden schaffen. Der Taxifahrer rast wie ein Verrückter, mir soll es recht sein. Aber warum sollte es hier schneller gehen? Ich muß erst einmal drei riesige Blätter ausfüllen. Mein Gegenüber will sich so kurz vor Feierabend und vor dem freien Tag – freitags wird in islamischen Ländern nicht gearbeitet – auf gar keinen Fall überarbeiten. »So, jetzt noch eine Unterschrift vom Chef, dann bekommst Du das Motorrad heute bestimmt aus dem Zoll. Warte einen Augenblick.« Ich bin zu müde und mache einen gravierenden Fehler: ich warte, warte wieder eine halbe Stunde, dann platze ich ins Zimmer des Chefs. Er sieht sich die Stadt an, Beine auf dem Schreibtisch, eine Nagelfeile in der Hand. Es gelingt ihm, die Augen wieder zu heben. »Was...« – »Hier, nur unterschreiben!« Er setzt seine Unterschrift darunter und verfällt wieder in eine meditative Phase. Die Uhr zeigt 15.45 h an. Vielleicht hat der Zoll ja noch geöffnet. Hat er nicht. Ich komme zehn Minuten zu spät! Am übernächsten Tag schaffe ich es tatsächlich, entgehe aber nur knapp einem Herzinfarkt. Ich schließe die Batterie an, ein Teil der Papiere bleibt in der Halle, den Rest muß ich am Ausgang des Zollgebäudes abgeben. »Das reicht nicht, Du mußt noch zum...« Ich lasse die Papier fallen, gebe Gas und weiß, daß ich in den nächsten Monaten keinen Senior, keine Chefs, keine Unterschrift oder Stempel mehr sehen werde. Am Freitag hatte ich die Honda in Istanbul verladen. Nach acht Tagen bin ich endlich wieder auf der Straße. In der gleichen Zeit wäre ich durch den Iran gefahren und hätte wohl eine Menge Geld und Nerven gespart.

Ich will jetzt nur heraus aus der Stadt und in den Norden. Juni und Juli sind sehr gute Monate für die Berge, dort sind die Temperaturen angenehm.

Während der nächsten Tage stehe ich meist eine Stunde vor Sonnenaufgang auf, starte sofort, frühstücke gar nichts und trinke lediglich das lauwarme Wasser aus dem Kanister. Die Straße in den Norden ist gut. Sie führt durch wüstenähnliche Gegenden mit wilden Kamelen – wenig Vegetation und sandigem Boden. Es dauert nicht lange und die Temperaturen steigen auf 40 bis 50 Grad. Entlang der Straßen befinden sich Eß-Stops, die

Strand, Karachi.

Neugier, S-Pakistan.

gleichzeitig als Rastplätze dienen. Den Pakistanern ergeht es nicht besser als mir. Lkw-Fahrer liegen lang ausgestreckt im Schatten eines Strohdaches. Ihre Fahrzeuge sehen Schiffen nicht unähnlich. Über dem Fahrerhaus ragt eine Art Bug aus Holz. Das gesamte Fahrzeug ist mit bunten Metallplättchen beschlagen, dazwischen Bilder islamischer Heiliger oder Filmhelden. Rambo erscheint auf der Rückseite. Ein islamischer Spruch ziert die Fahrertür: »Hab Vertrauen zu unserem Gott.« Von der Stoßstange hängen Ketten herunter, am Ende ein Herz oder Anker. Die Lkws oder Busse sind mit bunten Lämpchen ausgerüstet, nachts erinnern sie mich an fahrende Tannenbäume.

In der Nähe der Flüsse ziehen sich lange Bewässerungsgräben zwischen Feldern. Als Zugmaschine dienen Ochsengespanne, die einen hölzernen

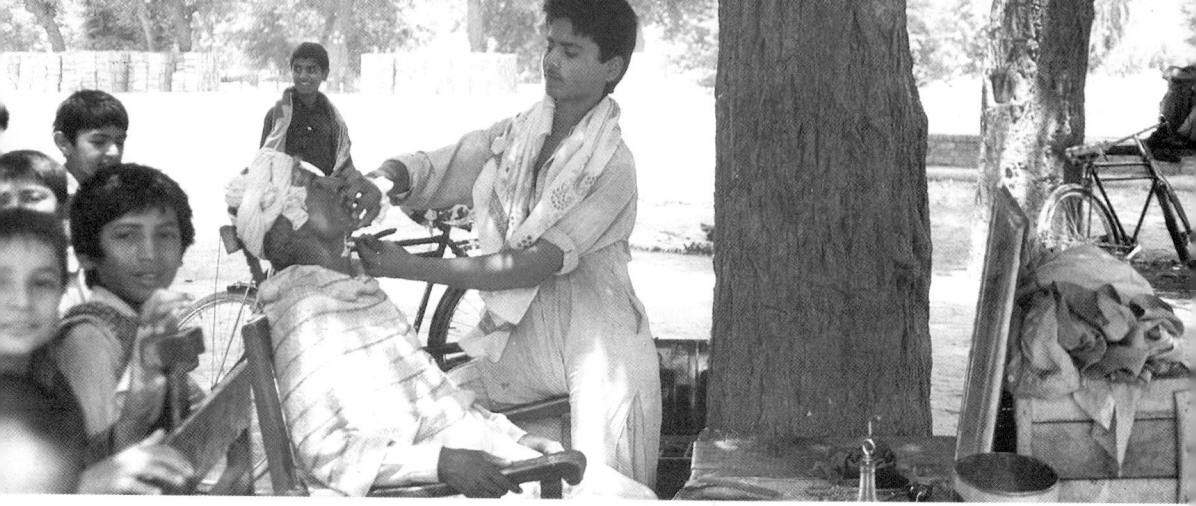

*Straßen-Frisör,
Mittel-Pakistan.* ▲

*Teestube
Mittel-Pakistan.*

60

Pflug bewegen. Der Bauer steht bis zu den Knien im Wasser. Frauen pflanzen Reis, schlagen mit einer primitiven Hacke ein Loch und setzen die Pflanzen ein. Zwischen den Städten begegnen mir Eselskarren oder Wagen, die von einem Kamel gezogen werden. Wasserbüffel stehen bis zu den Nüstern im Wasser, kleine Jungen planschen daneben, liegen auf dem Rücken der bewegungslosen Tiere. Esel stehen mitten auf der Straße und weichen selbst nicht einem Lkw, der mit seiner schiffsähnlichen Sirene ankommt. Der Fahrer muß um das regungslose Tier fahren.

Ich wechsle das Öl nachts. Tagsüber reicht meine Energie zu nichts mehr, als den Gasgriff zu drehen. Ich benutze Einbereichsöl SAE 40, aber der Motor erhitzt sich trotzdem so stark, daß ich manchmal damit rechne, daß er jeden Augenblick explodiert. Ich darf einen solchen Gedanken gar nicht weiterverfolgen. Was passiert, wenn ich bei dieser Hitze einen Unfall habe,

Unerträgliche Hitze, Mittel-Pakistan.

eine Panne? Ich zwinge mich dazu, erst gar nicht so weit zu denken. Das darf hier einfach nicht passieren!

Der sogenannte Superhighway zwischen Karachi und Lahore ernüchtert mich. Immerhin verbindet der Highway die beiden wichtigsten Städte des Landes miteinander. Gerade zwei Lkws oder Busse passen nebeneinander. An vielen Stellen ist die Straße in ihrer gesamten Breite aufgerissen. Es gibt keine Umleitungen. Der Verkehr quält sich über eine staubige Spur. Meist mache ich nach 200 Kilometern eine Pause, trinke einen Saft; Hunger verspüre ich absolut keinen. Ich schütte mir eine Kanne Wasser über Kopf, T-Shirt und Hose. Der heiße Fahrtwind läßt es verdunsten und für Augenblicke wird mir sogar kalt. Auf den ersten Stücken mache ich Fahrfehler. Natürlich will ich morgens möglichst viel fahren und die niedrigen Temperaturen um 30 Grad ausnutzen. Die Tachonadel liegt immer bei 80 oder 90 km/h. Entgegenkommende Busse stören sich nicht an Motorradfahrer und überholen fleißig. Oft bleibt mir nur noch scharfes Bremsen und das Ausweichen auf den Schotter oder in ein Feld. Hinzu kommt der Linksverkehr, der völlig neu für mich ist. Während der ersten Tage starte ich morgens oft auf der falschen Seite, wundere mich, warum der Lkw-Fahrer so ein Theater macht. Ich unterschätze einmal die Geschwindigkeit zweier entgegenkommender Busse. Mir bleibt keine Zeit mehr, um zu bremsen. Aber pakistanische Fahrer kennen solche Manöver, sie rücken eng aneinander, ich kann außen vorbeifahren.

Meist fahre ich zu nah auf, wenn ich einen Lkw überholen will, taste mich leicht nach rechts, um zu sehen, ob die Gegenseite frei ist. Ich schiebe den Kopf etwas zur Seite, gehe aber sofort wieder zurück, weil meist Gegenverkehr auftaucht. Ich lerne aus diesem falschen Verhalten und versuche, lässiger und vorausschauender zu agieren. Schon lange vor dem Überholen gehe ich auf die rechte Seite, um mich der freien Spur zu vergewissern, oder ich zähle die entgegenkommenden Autos, nähere mich dem Lkw langsam und gehe dann aus seinem Windschatten, wenn das letzte Fahrzeug vorbei ist. Ich kann so die Geschwindigkeit immer beibehalten. Nach den ersten 500 Kilometern stelle ich mich auf den Verkehr gut ein und fühle mich nicht mehr ganz so unsicher wie bei der Abfahrt in Karachi. Aber es gibt immer Augenblicke, die noch nicht einmal theoretisch für mich existieren: Plötzlich schießt ein Pferdekarren über die Straße, dahinter ein Lkw. Was ist passiert? Der Bauer scheint heruntergefallen zu sein oder das Pferd gestochen, oder, oder... Jedenfalls rennt der Wagenlenker hinter seinem Tier her. Das Verkehrschaos ist perfekt.

Nach beinahe 2000 Kilometern erreiche ich total geschafft Islamabad, die Reißbretthauptstadt Pakistans. Ab hier, genauer gesagt 30 km südlich in Ravalpindi, beginnt der Karakoram-Highway (KKH), eine asphaltierte Serpentinenstraße, die sich bis auf den 4.703 Meter hohen Khenjerab-Paß

Beginn Karakorum Highway.

windet. Der KKH zieht sich durch das zerklüftete Karakoram Gebirge, durch Kohistan, Gilgit und Hunza. Er ist Teil der alten Seidenstraße, auf der Karawanen Seide, Tee und Porzellan aus China brachten, das gegen Gold, Elfenbein, Gewürze und Edelsteine aus dem Subkontinent getauscht wurde. Solche Karawanen müssen beschwerlich und gefährlich gewesen sein. Wer wollte da so verwegen sein, hier eine Straße zu bauen? Wenn die Pakistaner stolz vom achten Weltwunder sprechen, so ist das wohl nicht übertrieben. Die pakistanische Armee arbeitete 20 Jahre lang an der fast 1000 Kilometer langen Straße. Chinesische Bautrupps halfen aus, vor allem beim komplizierten Bruckenbau oder der Sprengung von Trassen in überhängendem Gestein. 15.000 Arbeiter waren ständig beschäftigt. Über 400 kamen ums Leben, bis endlich diese Verbindung Pakistans mit der Xinjiang Provinz in China fertiggestellt wurde.

Zu Beginn der Straße, etwa auf den ersten 100 Kilometern ist die Landschaft erfrischend grün. An den Hängen Reisterrassen, die Berge werfen lange Schatten und sorgen zusammen mit der Höhe für angenehme Temperaturen. Schnell tauchen die ersten schneebedeckten Gipfel auf. Ich habe den Streß vom Süden schon lange vergessen und freue mich jetzt riesig auf diese Traumstraße und ihre Landschaft. Braun schlängelt sich der Indus unterhalb der Straße. Der Straßenbelag ist glatt. Das Fahren ist unglaublich schön: leichte Kurven, ständige Steigungen. Manchmal spült Wasser Steine auf die Fahrbahn, Buldozer schieben den Erdrutsch sofort ins Tal. Aus Seitentälern

Transportmittel, Pakistan.

Moslem-Frauen, N-Pakistan.

schießt hellblaues, türkisfarbenes Wasser in die braune Brühe des Indus. Zwischen den Bergflanken ziehen Täler kilometerweit ins Hinterland. Am Ende bauen sich Schneemassive auf.

Südlich von Jaglot an der Riakot-Brücke lasse ich das Motorrad stehen und suche einen Führer, weil ich zum Basislager des Nanga-Parbat (8125 m) trekken möchte. Zusammen mit Nabi, einem 17jährigen Guide, stelle ich das notwendige Gepäck zusammen. Die Träger und Führer sind gut organisiert. Da ich 30 kilo nicht über 4 Tage schleppen, sondern die Gegend genießen will, muß ich noch einen Träger bezahlen, Rachid. Er bindet die Kisten mit Lebensmitteln und meinen Rucksack zusammen, kauert sich mit dem Rücken dagegen und legt zwei Schlaufen um die Schulter. Dann marschiert er los, kontinuierlich und ohne Pause. Ich trage einen kleinen Rucksack mit Kamera und Wasser, Sonnenschutz und einen Stock. Ein schmaler Pfad führt am Berghang entlang. Oft müssen wir über glatten Stein, dann wieder überqueren wir Geröllawinen oder Brücken, die aus einem einzigen Baumstamm bestehen. Ein Fehltritt bedeutet mit Sicherheit den Tod. Das erste Tagesziel ist Tatu, ein winziger Ort auf einer Hochebene. Bis jetzt ist die Landschaft ohne Vegetation, die Hänge steil und die Berge vollkommen verwittert. Hier auf der Ebene stauen sich Gebirgsbäche, kleine Felder mit

Gemüse und erste Bäume tauchen auf. Ziegen, Schafe und Kühe grasen den Boden ab. Bereits im Hintergrund erkenne ich das Nanga-Parbat-Massiv, beinahe unwirklich weiß. Kinder erscheinen, stehen vor mir und starren mich wortlos an, unter dem Arm eine Schreibtafel. Sie sehen sehr arm aus, keine Schuhe, schmutzige zerrissene Kleider, viele offene Wunden, auf die sich Fliegen setzen. Unverständlich: Hier oben gibt es Quellen, sogar eine heiße sprudelt aus dem Berg, aber das Wasser liegt einige Minuten entfernt, also beugen sie sich lieber über Bewässerungskanäle – etwas oberhalb stehen Tiere im Wasser.

Hinter Tatu wird es nun immer grüner. Reisfelder, kleine Bäche – oft gehen wir auch durch Wälder. Das Laufen macht viel Spaß. Wir legen jede Stunde eine Pause ein. Der Träger scheint die Strecke weit besser zu kennen als mein junger Führer, bald schon folgen wir ihm. Die sagenumwobenen Fairy meadows, die Märchenwiesen, sind der Nachtplatz am zweiten Tag. Warum dieser Name? Das schneeweiße Massiv im Hintergrund, davor ein kleiner türkisfarbener See und von Bäumen umgebene Wiesen. Tiere grasen hier oben, Kinder und Erwachsene liegen in der Sonne.

Ein wunderschöner weißer Vogel fliegt genauso verträumt zwischen den Bäumen, wie ich hier unten auf der Wiese liege. Ein Junge holt eine Flinte und schießt auf das Tier, trifft einen Flügel. Jeder will nun das verschreckte Tier anfassen, zieht den Hals lang. Dann werfen sie es achtlos weg. Nabi kocht eine Suppe. Ich habe absolut keinen Hunger, bekomme starke Kopfschmerzen und fühle mich nicht gut. Es muß die Höhenkrankheit sein. Der Nanga Parbat spiegelt sich im Wasser. Noch lange nachdem die Sonne hinter dem Massiv verschwunden ist, leuchtet er ganz hell. Ich schlafe schlecht. Das Zelt steht schräg. Ich rolle von meiner Luftmatratze. Die Kopfschmerzen lassen nicht nach, oft verliere ich die Orientierung, habe kein Gefühl mehr, wo oben oder unten ist. Offensichtlich passe ich mich der Höhe nicht langsam genug an. Morgens würge ich einen Tee hinunter, die Kopfschmerzen sind immer noch stark. Kleine Kinder treiben Ziegenherden auf die Wiese. Ein Alter wickelt selbstgesponnenes Garn auf, setzt sich vor mich hin und nickt ununterbrochen. Frauen und Mädchen verlassen ihre Hütten, um auf den Feldern zu arbeiten. Sobald sie mich entdecken, wenden sie sich ab und bedecken ihr Gesicht.

Nabi schlagt vor, bis mittags zu warten, dann soll ich selbst entscheiden, ob ich ab- oder aufsteigen möchte. Ich lege mich in die Sonne, döse im Halbschlaf, dann schaffe ich es, Eier mit Käse und Reis zu essen und fühle mich viel besser. Es geht weiter. Wir verlassen diese grüne Zone. Die Gegend wird trocken und kahl. Manchmal können Schmelzwasser-Bäche nur überbrückt werden, indem wir große dicke Steine hineinwerfen. Als wir das Basislager auf etwa 4.400 Meter erreichen, vergesse ich bei der Aussicht meine Kopfschmerzen. Wie eine Wand türmt sich das über 8.000 Meter hohe

Massiv auf. Die Spitze starrt einen herausfordernd an. Wir bauen das Zelt im Windschatten eines riesigen Steins auf. Anschließend steigen wir noch höher. Jeder Schritt in der dünnen Luft ist anstrengend. Welchen Willen braucht man erst bei der doppelten Höhe! Nachts friert es. Ich krieche mit Socken, Hose, und Pullover in den Schlafsack. Der Rückweg dauert nur einen Tag. Meine Füße sind wundgelaufen, ich kann kaum noch auftreten.

Endlich wieder auf dem Motorrad. Das Fahren entspannt mich. Auf dem Weg nach Gilgit entdecke ich einige Serpentinen über mir ein schwerbepacktes Motorrad mit zwei Leuten drauf. Wouw, andere Biker, denke ich und gebe Gas, um sie einzuholen. Als ich näherkomme, stellt sich das große Motorrad als eine 100 Kubik-Honda heraus. Ein riesiger Rucksack ist mit zwei Gummis auf dem Gepäckträger befestigt. Dr. Israr trägt den zweiten auf dem Rücken. Chalid und Israr sind Pakistaner und wollen vier Wochen in den Bergen verbringen. Beide arbeiten als Ärzte. Wir werden die nächsten Wochen zusammen reisen. Die Bergorte werden immer fantastischer. Von Karimabad etwa sieht man in allen Richtungen Berge, die über 6.000 Meter hoch sind. Der Ort und die Menschen strahlen eine totale Ruhe aus. Wir folgen zu Fuß einem Gletscher; das abbrechende Gestein färbt die Oberfläche braunschwarz. Bereits um 5.00 Uhr morgens leuchten die Berge so hell, daß einem fast die Augen wehtun.

Wir wollen heute einen Ausflug zum Ende des KKH machen, dem Khenjerab-Paß auf 4.700 Meter Höhe. Zwischen Felswänden zieht sich die Straße hoch, immer an einem Fluß entlang. Neben dem Asphaltband manchmal Gletscherzungen, in greifbarer Nähe die Achttausender. Der Fluß begleitet uns. Anfangs im gewohnten Braunton, ändert sich nach einigen Kilometern die Farbe in ein Grau und plötzlich leuchtet das Wasser blaugrün, weil es kein Erdmaterial mehr mitführt. Mitten im Nichts befindet sich eine Tankstelle. Ein freundlicher Pakistaner erscheint, wirft einen kleinen Generator an und füllt die Tanks mit Regular (Normal). Die Luft bis zum Paß wird nun immer dünner. Der Motor stottert, ich drehe das Gas höher, will ihn auf gar keinen Fall ausgehen lassen. Am chinesischen Checkpoint rennen drei Grenzer auf uns zu, umarmen uns stürmisch, fragen, ob wir nicht eine Zigarette hätten? Auf dem Rückweg schneit es. Wir rollen die ersten Kilometer im Leerlauf, geben dann Gas, um schneller in wärmeren Regionen zu sein. Nach insgesamt neun Stunden fühlen wir uns total erschöpft. In einem winzigen Restaurant essen wir fettige Pommes und ein Gummihähnchen. Wir schlafen am Tisch ein.

Heute habe ich Geburtstag und werde mir selbst ein Geschenk machen. Bereits während der Fahrt auf dem KKH sehe ich das senkrechte Massiv des Rakaposhi (7.788 m) und später blättere ich in Bildbänden. Immer wieder erscheinen Fotos von diesem Massiv. Ich verliebe mich regelrecht in seinen Anblick. Als ich höre, daß man in einer relativ einfachen Tagestour das

Basislager erreichen kann, weiß ich, was ich zum Geburtstag möchte. Ich erzähle Chalid und Israr nichts von diesem besonderen Tag, genieße meinen Kaffee in dem Bewußtsein, ganz allein um diesen Augenblick zu wissen. Es soll mein intensivster Geburtstag überhaupt werden.

Ganz in der Nähe von Karimabad liegt der winzige Ort Minapin. Wir verladen einen Teil des Gepäcks auf mein Motorrad, denn Minapin erreichen wir nur über eine schwierige Piste. Die kleine Honda meiner Freunde quält sich auch ohne Gepäck, nur mit Israr und Chalid beladen, genug. Von der Straße aus erkennen wir den Berg sehr gut, doch er verschwindet dann hinter Hügeln. Wir können uns im Gewirr tausend verschiedener Wege nicht zurechtfinden. Diesmal tragen wir unser Gepäck selbst und bezahlen nur einen Führer. Mit Isrars Kondition ist es nicht gerade zum Besten bestellt. Nach einer Stunde bleibt er stehen und meint, er wolle lieber zurück, sich in die Sonne setzen und die Fotos im Bildband ansehen. Oft halten Chalid und ich an, weil es immer steil bergan führt; ich spüre den Unterschied zwischen einem kleinen Rucksack mit Fotoapparat und einem mit 15 Kilogramm Gewicht sehr. Die Sonne verschwindet schnell hinter den Bergen. Bis jetzt haben wir noch keinen Rakaposhi gesehen. Das zerrt ziemlich an den Kräften. Dann endlich erscheint am Ende eines Tales der Berg. Wir spüren neue Kraft und stapfen weiter. Ich bin erschöpft, nehme den Blick nicht mehr vom Boden, sehe nicht mehr nach vorne, denn wir kommen offensichtlich nicht näher. Ich zähle die eigenen Schritte, nach 200 bleibe ich stehen und mache eine kurze Pause. Der Puls rast. Ich keuche, wie am Ende eines 100 Meter-Sprints und denke »nur bis zum letzten Kamm«. Dann stehen wir am Ende der letzten Steigung – und sind überwältigt vom Anblick. Auf einer geschützten Ebene entdecken wir eine blaue Zeltstadt. Drei Japaner empfangen uns ausgelassen, kochen einen Tee zur Begrüßung. Ihre Gesichter zeigen schlimme Verbrennungen, die Lippen sind geschwollen. Sie haben 20 Tage in der Wand verbracht, um den Gipfel zu bezwingen. Schließlich gingen ihnen die Seile aus, kurz vor dem Ziel mußten sie aufgeben. Wir sitzen unter einem Zelt. Die Höhe scheint high zu machen, denn wir sind total aus dem Häuschen, lachen albern wie kleine Kinder. »Sag mal, wie alt bist Du eigentlich?« – »Das kann ich Dir genau sagen, heute werde ich 32 Jahre alt.« – Oh nein, ich wollte es doch für mich behalten. Aber jetzt ist es heraus. Ich werde aufgefordert, für eine halbe Stunde das Zelt zu verlassen. Der Koch der Expedition brät einen Eierauflauf. Auf dem Tisch liegt ein Geschenk, beim Aufmachen erscheint eine Flasche Sake, japanischer Reiswein. Ich versuche die Tränen zurückzuhalten.

In Gilgit trenne ich mich von Chalid und Israr nach über zwei Wochen gemeinsamer Reise. Ich breche auf in Richtung Lahore, wo sich der einzige geöffnete Grenzübergang nach Indien befindet.

Ich muß einfach ohne Helm fahren, das erste Mal während der Reise.

Aber es geht nicht anders. Ich will die Luft um mich herum spüren, einen größeren Ausschnitt sehen, als immer nur das rechteckige Loch im Helm. Was für ein Gefühl! Mit 60 Stundenkilometern rolle ich wie im Traum über die Straßen. Die unendlichen Kurven fährt die Honda wie auf Schienen, es gibt keinen Verkehr. Das ist Motorradfahren in seiner ganzen Vollkommenheit. Mitten in der Einöde tastet sich jemand mit einem langen weißen Stab am Straßenrand entlang. Ich wende. Es ist ein Blinder. Er hört das Fahrzeug, streckt eine Hand aus und vollkommen weiße Augen gucken mich an. Ich gebe Geld, ohne hinzusehen, wieviel. Mir erscheint das Papier im Augenblick so vollkommen gleichgültig, bei soviel Elend und Hoffnungslosigkeit. Der Blinde drückt lange meine Hand und sagt etwas. Ich kriege kein Wort heraus und muß schnell weg. Meine Augen tränen. Plötzlich rase ich. Die Tachonadel steht auf 120 Stundenkilometern, ohne daß ich es bemerke. Manchmal glaube ich, daß ich viel zu sensibel bin, mich manche Dinge zu sehr beeindrucken und mich oft tagelang in Gedanken verfolgen. Das macht Reisen in Ländern wie Pakistan und Indien sehr hart. Auf der anderen Seite führt es bei mir dazu, daß ich ein Bewußtsein entwickle für das eigentliche alltägliche Leben in solchen Ländern – viele Menschen kämpfen ums Überleben und halten nicht nur die offene Hand hin, weil gerade ein Tourist vorbeikommt. Für ein bißchen Geld können sie sich Reis kaufen, Nahrung für vielleicht eine Woche oder länger. Mitten in meine Überlegungen kommt Freund Autofahrer in einer Kurve entgegen. Viel Gas, wenig Rücksicht. Er ist ganz auf meiner Seite, mir bleibt kein Platz, um auszuweichen. Der Pakistaner verzieht überhaupt keine Miene, reißt das Steuer herum, gurkt verdächtig nah am Abgrund. Dabei findet er immerhin genügend Zeit, um auf die Hupe zu drücken. Vielleicht will er grüßen oder andeuten, daß ich an allem Schuld sei. Ich setze den Helm wieder auf, sehe ein, daß ich nicht der einzige Träumer auf der Straße bin. Gleich hinter der nächsten Kurve sitzen Kinder auf einer Wiese. Ich winke ihnen zu und fühle mich einfach wundervoll, möchte das jeden spüren lassen. Die Kinder lassen mich auch etwas spüren: eine Ladung aus Gras und Steinen landet im offenen Visier. Das erscheint mir nun nicht gerade angebracht. Ich drehe um, jage hinter ihnen her, stelle die Honda ab und nehme einen dicken Stein in die Hand. Das nimmt zuviel Zeit in Anspruch, die Plagegeister sind verschwunden, lediglich der Kleinste bleibt zurück, stürzt in seiner Panik und schreit wie verrückt als er mich über sich sieht, den Stein in der Hand. Ich lasse ihn fallen, fuchtle wütend in Richtung der Kinder und schwinge mich in den Sattel. Der rechte Fuß findet keinen Halt. Da wird doch wohl kein Loch in der Straße sein? Schon stürze ich, liege unter dem Motorrad, höre die Kinder schreien, lachen und rufen. Meine Wut kennt keine Grenzen. Ich krieche unter dem Monstrum hervor, wuchte den Wackeleimer hoch. Wenn ich die erwische! Doch nach einigen Metern erscheinen im Hintergrund die Berge, unter mir glänzt der vertraute Indus und plötzlich verschwindet meine Wut, ich lache laut über mich selbst. Die Hitze wird wieder stärker und die Luftfeuchtigkeit nimmt zu. Zurück in Lahore, sehne ich mich schnell nach den Bergen im Norden. Aber in den großen Städten warten ja Fünfsterne-Hotels mit ihren Swimmingpools. Man darf die Swimmingpools benutzen, auch wenn man einmal keine 200 Mark für eine Übernachtung übrig hat. Nur kostet das Benutzen einen Fünfer. Dafür aber könnte ich soviel auf dem Markt essen, bis ich platze. Also umgehe ich die Rezeption des Hilton und gehe durch die Shops, tauche dann in der Empfangshalle wieder auf. Für solche Gelegenheiten habe ich mir immer ein sauberes Hemd und leichte Stoffschuhe dabei. Ein unauffälliger Blick genügt und ich strebe zielbewußt dem Pool zu. An der Bar liegt ein Buch aus, wo sich jeder mit Namen und Zimmernummer einträgt. Dr. Schäfer, Zi. 111 ist mein zweiter Name. »Ach bitte, bringen Sie mir ein Handtuch und ich möchte hier draußen frühstücken.« – »Aber selbstverständlich Herr...« – »Schäfer, Dr. Schäfer.« »Aber natürlich Dr. Schäfer.« Ich springe ins kühle Wasser, kraule ein paar Runden, schreibe Tagebuch und genieße Eier mit Schinken, Orangensaft und einen richtigen Kaffee. Die größte Hitze am Mittag überstehe ich mit angenehmen Dingen, dusche heiß, – und lasse das große Badehandtuch schließlich noch mitgehen.

Die Grenze zwischen Pakistan und Indien öffnet nur an drei Tagen, dem 2., 12. und 22. jeden Monats. Die Gründe liegen in den jahrelangen Spannungen zwischen beiden Ländern und der Angst, daß jedes Land unkontrolliert viele Fremde einschleusen könnte, die die eigene Politik unterwandern. Ich habe Glück, überhaupt diese Grenzstation passieren zu können, denn auf indischer Seite liefern sich Sikhs und Hindus blutige Auseinandersetzungen. Fünf Tage vorher haben Sikh-Terroristen im Punjab einen Bus zum Anhalten gezwungen, indem sie mit einem Personenwagen die Fahrbahn blockierten. Im Bus befanden sich Hindu-Pilger. Die beiden einzigen Sikhs, Fahrer und Schaffner mußten den Bus verlassen. Dann setzte eine fünfminütige Schießerei ein. Von den 73 Fahrgästen wurden 38 ermordet, darunter 11 Frauen und 3 Kinder. Die Terroristen kämpfen für einen unabhängigen Sikh-Staat, Khalistan, mit der Hauptstadt Amritsar. In der Hauptstadt werden Straßensperren errichtet, die Polizei verfügt über ein Versammlungsverbot. Die Straße nach Neu-Delhi führt durch das Krisengebiet des Punjab. Am Tag, an dem die Grenze geöffnet hat, sammeln sich die Reisenden. Blaugekleidete indische Kulis heben sich von den Offiziellen in brauner Uniform ab. Sikhs bedecken ihr langes Haar unter einem zusammengebundenen Tuch, einem Turban gleich. Ich muß etliche Stationen an kleinen Tischen durchlaufen, überall schüttle ich Hände, wie gehts, was macht die Familie? Die Grenzer erscheinen freundlich. Man glaubt kaum, daß sie im gefährlichsten Gebiet des Landes arbeiten. Ein Sikh antwortet auf meine Frage nach den Ursachen für die Auseinandersetzungen zwischen den verschiedenen Religionsgruppen, daß es gar keine gäbe. Ob ich nicht bemerkt hätte, daß hier Hindus und Sikhs wirklich zusammenarbeiten? Ein Hindu steht in der Nähe, als er sich entfernt, meint mein Gesprächspartner leise, er könne nicht reden, natürlich wollten Sikhs endlich ihren eigenen Staat und sich aus der Abhängigkeit von der Hinduregierung befreien. Aber er arbeite nun eben für die Zentralregierung und dürfe sich nicht dazu äußern. »Paß auf! Fahre nie nachts.«

Am späten Nachmittag setzt sich ein Konvoi in Bewegung: ein Bus, ein Ford Transit aus Holland, ein Overland-Reiseunternehmen und ein Motorrad. Bereits nach einem Kilometer halten wir wieder an, um auf die militärische Begleitung zu warten. Ein klappriger Kleinbus soll für die Sicherheit sorgen. Fünf ältere Inder mit einer Whisky-Fahne und schwankendem Gang, mit Gewehren, die noch von den Briten stammen, geben mir das unvergleichliche Gefühl, nie besser und sicherer beschützt gewesen zu sein. Ein besonders fetter Sikh nervt mich. Er stellt einen Fuß auf die Raste des Motorrads, sein Wabbelbauch schmeißt mich fast vom Sitz und seine ständigen Fragen kann ich kaum ertragen: »Bist Du verheiratet? Was willst Du in Neu Delhi? Warum bist du Tourist?« Ich beantworte seine Fragen geduldig. Es ist zu riskant, sich mit Leuten anzulegen, denn man weiß nie genau, ob man gerade den Chef der Imigration oder einen Cola-Verkäufer vor sich hat. Jeder muß den Paß abgeben, damit man den Konvoi nicht verlassen kann. Es wird mittlerweile dunkel. Ich sehe unter der getönten Cross-Brille wenig und orientiere mich an den Rückleuchten des Fords. Wir fahren 70 km/h, ständig müssen wir an Straßensperren stoppen. Soldaten leuchten in die Autos, halten Maschinenpistolen schußbereit. Bei einer Kontrolle fehlt plötzlich der Bus. Das Militärfahrzeug hält, die Männer springen aus dem Wagen, Lichter aus, Magazine ins Gewehr. Niemand spricht. Die Anspannung läßt sich förmlich greifen. Nach endlos erscheinenden Minuten tauchen zwei flakkernde Lichter auf. Der Bus hatte eine kleine Panne. Drei Stunden später geben uns die Soldaten die Pässe wieder. »Fahrt noch 50 Kilometer ohne anzuhalten, dann dürft Ihr machen, was Ihr wollt. Gute Fahrt.« Nachts zu fahren ist in Indien nicht zu empfehlen. Da die Straße die Wärme des Tages speichert, legen sich Kühe und Büffel mitten auf die Fahrbahn, Inder stellen ihre Betten an den Rand und liegen unter einem dünnen Tuch, das sie vor den Fliegen und Moskitos schützen soll. Ochsengespanne haben genausowenig ein Rücklicht wie die meisten anderen Fahrzeuge. Ein Lkw-Fahrer klebt ein überdimensionales »horn please« auf die Ladefläche, bitte hupen. Wie originell, denke ich. Doch dann stelle ich fest, daß es sich um eine Aufforderung handelt. Jeder Lkw oder Bus besitzt sie, horn please oder use dimmer, Lichter benutzen.

Meine Angst vor großen Städten und ihrem Chaos legt sich. Durch die Erfahrungen in Istanbul und Karachi, Lahore und Ravalpindi entwickle ich

eine Vorgehensweise, die mir die einzig richtige erscheint: Ich informiere
mich im Reiseführer über ein günstiges Hotel und suche es auf dem Stadt-
plan. Natürlich kennt niemand diese Herberge, also frage ich nach einem
Punkt, der sich in der Nähe befindet, z. B. dem Bahnhof oder einer großen
»Moschee« Von dort aus gibt es nie Schwierigkeiten. Oft fahren Mopeds vor
und bringen mich bis zur Tür. Das Motorrad lasse ich im Garten oder im
Innenhof stehen. Wenn es gar nicht anders geht, packe ich das ganze Gepäck
ab und schiebe die Honda direkt ins Zimmer. Die Stadt erkunde ich zu Fuß,
oder benutze Busse und Rikschas. Allerdings dauert es lange, bis ich meine
erste Fahrrad-Riksha miete. Ein Inder tritt in die Pedale des dreirädigen
Fahrzeugs, manchmal geht es bergauf, dann steigt er ab und schiebt. Ich
empfinde es entwürdigend, aber ein Gespräch mit einem Inder läßt mich das
Ganze von einer anderen Seite sehen. Es ist ihr Job, sie verdienen ihren
Lebensunterhalt damit und »wo ist der Unterschied zu einem Taxi-Fahrer in
Deutschland?« Ich sehe schon einen gewaltigen Unterschied, aber ich unter-
stütze sie und helfe wohl mehr, als wenn ich zu Fuß ginge oder ein richtiges
Taxi benutzen würde. Die Tatsache, daß es sich um Fahrräder handelt,
bedeutet aber nicht, daß die Fahrer rücksichtsvoller sind. Eine Riksha

Agra, Heilige Kuh, N-Indien.

Taj Mahal, Agra, N-Indien.

streift mich, die Hose bleibt an der Radnabe hängen und zerreißt. Der Fahrer kommt aus dem Lachen nicht heraus, verschwindet im Menschengewühl der Straße.

Die Altstadt in Neu-Delhi wirkt sehr ernüchternd auf mich: Kleine Kinder liegen auf der Straße, Mütter sitzen daneben, halbverhungerte Männer halten einen Blechnapf hin, Ausländer hängen in Cafés herum, viele Gesichter sind eingefallen, die Arme und Beine dünn wie Streichhölzer, die Augen völlig leer und ausdruckslos.

Das India-Gate, ähnlich dem Triumpfbogen in Paris, erinnert an die Erlangung der Unabhängigkeit 1947. Es ist von Grasflächen und Parks umgeben, die von »indischen Rasenmähern« geschnitten werden: Ein Wasserbüffel zieht eine Mähmaschine hinter sich her. Ein winziges Männlein dirigiert das Tier mit einem kleinen Stöckchen.

In der Stadt Agra entdecke ich ein interessantes Zusammenspiel zwischen Rikscha-Fahrer, Fahrgast und Geschäftsleuten. Der Fahrer fragt meist, ob er auf dem Weg zur Taj Mahal nicht einen kleinen Umweg beim Goldschmied oder Teppichhändler machen dürfe. »Nein, danke, ich will nichts kaufen.« – »Kein Problem, Du brauchst für die Rikscha-Fahrt nichts zu bezahlen, aber sieh Dir wenigstens die Boutiquen an.« Er bekommt vom Ladenbesitzer drei Rupis (40 Pfennig) für jeden Touristen, den er anschleppt, außerdem 1% von dem Verkaufserlös. Ich bekomme meist einen Tee oder ein kaltes Getränk im Laden, genieße für Augenblicke den Schatten, dann stelle ich fest, leider das Geld im Hotel vergessen zu haben. Auf jeden Fall komme ich aber morgen wieder.

Kurz vor Sonnenuntergang erreiche ich das berühmteste Grabmal der Welt: Taj Mahal. Vor 13 Jahren sah ich es zum ersten Mal, seitdem habe ich immer diese Bilder im Kopf. Der Mogulherrscher Shahjadan ließ das Grab für seine Frau errichten, die 1631, bei der Geburt des 14. Kindes, starb. Mahal bedeutet Palast. Nach 19 Ehejahren scheint der Ehemann noch eine so tiefe Liebe empfunden zu haben, daß er diesen Marmorpalast erbaute. Das Taj steht auf einer erhöhten Marmorplattform mit weißen Minaretts an jeder Ecke. Sie dienten nur zur Dekoration, kein Muezzin rief jemals von dort zum Gebet. Der Marmor ist mit verschiedenen Edelsteinen bestückt. Von 1632 bis 1653 wurde gebaut. Bis zu 20.000 Arbeiter waren beschäftigt, außerdem europäische Architekten. Im Inneren befinden sich die beiden Gräber von Mumtaz Mahal und ihrem Mann. Licht fällt durch riesige feine Gitter aus Marmor. Das Gebäude liegt am Yamanu-Fluß und wird an beiden Seiten von roten Sandstein-Moscheen flankiert. Ich sitze lange auf den Stufen und sehe, wie die Sonne hinter dem Taj langsam untergeht. In zwei Tagen sehe ich mir das Taj Mahal viermal an. Ich könnte wochenlang morgens und abends hierher kommen. In Agra gibt es wenige Autos, fast nur Fahrradrikschas oder Fahrräder. Oft bewegen sich zehn Stück gleichzeitig nebeneinander. Manche sind mit zentnerschweren Strohballen beladen,

Dehli, Büffelgespann, N-Indien.

andere tragen vier Personen: Auf dem Lenker ein Kind, jeweils ein Erwachsener auf Stange, Sattel und Gepäckträger.

Zwischen Agra und Lucknow passiert dann das, wovor ich ständig Angst habe und was mir beinahe als unausweichlich erscheint. Keine Fahrzeuge auf der Straße, meine Geschwindigkeit beträgt etwa 70 km/h. Eine ältere Frau steht am Straßenrand. Es gibt Tausende von ähnlichen Situationen. Immer hupe ich, wechsle, wenn möglich, zur rechten Fahrbahn. Ich drücke also den Schalter. Die Frau überquert trotzdem die Straße, sieht überhaupt nicht zur Seite, vielleicht hört sie nichts. Ich bremse und ziehe nach links. Ich befinde mich abrupt auf Höhe der Frau, als sie noch stehenbleibt und vielleicht den Schatten des Motorrads sieht, vielleicht das Motorrad zum ersten Mal wahrnimmt. Sie rennt plötzlich zurück, ich habe keine Möglichkeit mehr, auszuweichen oder zu bremsen und erwische sie mit dem Vorderrad. Als sie stürzt, knallt der Alu-Koffer ihr gegen den Körper. Ich verliere die Kontrolle und lande in einem Reisfeld, kann das Motorrad aber abfangen und wieder auf die Straße zurückrollen. Die Frau liegt bewegungslos. Ich stehe etwa 20 Meter dahinter, entdecke Blut auf der Fahrbahn. Meine Gedanken überschlagen sich. Was soll ich machen? Ich muß helfen; doch wenn ich hierbleibe und die Frau tot oder schwerverletzt ist, werden mich Verwandte oder Freunde aus Wut umbringen. Ich müßte eigentlich sofort weiter. Aber was passiert mit der Frau? Ich bin wie gelähmt. Leute kommen von den Feldern mit Hacken, Gabeln in den Händen. Ein vollbesetzter Bus hält neben der Frau. Ich gucke den Fahrer hilfesuchend an: »Verschwinde, bleib bloß nicht hier stehen, die Leute lynchen Dich.« – »Fahr schnell weiter, Du kannst der Frau nicht helfen!« rufen andere aus dem Bus. Ich starte wie in Trance, zittere am ganzen Körper. Nur weg hier, weiter, immer weiter, nie mehr halten!

Eine Ewigkeit später höre ich die Sirene eines Militärfahrzeugs hinter mir. Es überholt und hält mich an. Ein Zivilist und zwei bewaffnete Soldaten steigen aus. Es ist besser so. Ich kann ihnen ja sagen, daß ich aus Angst weitergefahren bin und nur bis zu nächsten Polizeistation wollte. Der Zivilist redet mich freundlich in sehr gutem Englisch an. Die Soldaten gucken ziemlich grimmig, scheinen darauf zu warten, die Antworten mit ihrem Gewehrkolben herauszuprügeln. »Haben Sie einen Unfall mit einer Frau gehabt?« – »Wie bitte, was für einen Unfall?« – »Dort hinten soll ein Motorrad eine Frau verletzt haben.« Bei dem Wort verletzt fällt mir ein Stein vom Herzen. Dann ist sie bestimmt nicht tot. Ich verstehe ihn immer noch nicht. »Haben Sie einen Unfall gehabt? Kann ich Ihnen helfen?« – »Nein, warum ich, Leute haben uns gerufen, weil ein Motorrad eine Frau angefahren hat.« – »Nein, ich habe keinen Unfall gehabt. Bitte untersuchen Sie das Motorrad.« – »Ja, aber die Leute haben es gesehen.« – »Ich weiß wirklich nichts. Was ist denn mit Ihrer Frau? Ist sie tot?« – »Es ist nicht meine Frau

Slums, Nähe Lucknow, N-Indien.

und ich glaube, weiß es nicht, nein. Woher kommen Sie?« – »Aus Germany. Ich mache eine Reise und...« – »Also, Sie haben keinen Unfall mit einer Frau gehabt.« Die Frage klingt immer noch freundlich, aber ich weiß, daß sie mir zum Verhängnis werden kann, wenn mir mein Gegenüber nicht glauben will. »Nein, ich hatte keinen Unfall. Ist dies die Straße nach Kanpur? Wo beginnt die nach Lucknow?« – »Immer geradeaus.« Ich gehe aufs Ganze und starte das Motorrad. »Also, dann werde ich jetzt weiter. Ich möchte unbedingt morgen nach Nepal.« Ich versuche so lässig und unbeschwert wie möglich, so selbstverständlich und freundlich zu klingen wie es eben geht. »Ja, also dann. Auf Wiedersehen.« – »Good bye.« Ich spüre seinen Blick und weiß, daß er mir nicht glaubt. Warum zwingt er mich nicht einfach, ihnen zum Unfallort zu folgen und stellt mich den Leuten gegenüber? Vielleicht weiß er, daß er dann selbst nichts als Ärger bekommt, aufgebrachte Inder zurückhalten, vielleicht einen Bericht schreiben muß... Ich starte langsam. Jetzt bloß nicht vor lauter Nervosität den Motor abwürgen. Der Jeep bleibt eine Zeitlang hinter mir, ich drehe mich um, winke. Vielleicht überlegen sie sich gerade, ob sie mir diese Geschichte glauben sollen oder nicht.

Fix und fertig suche ich mir in Lucknow ein Hotel, lasse mich aufs Bett fallen. Mein erster Gedanke ist: Ich werde die Reise abbrechen. Das verkrafte ich einfach nicht. Ständig das Bild der Frau vor Augen, nicht helfen können, sie möglicherweise getötet haben. Aber ich konnte den Unfall nicht vermeiden, hätte ich mich der Polizei stellen sollen? Ich fühle mich schuldig und absolut beschissen. Drei Tage verbringe ich im Hotelzimmer, kaufe verschiedene Zeitungen und suche nach einer Unfallnotiz. Aber nichts. Die drei Tage machen mich ruhiger. Die Reise abzubrechen ist keine Möglichkeit, mich mit dem Geschehen auseinanderzusetzen. Ich werde nach Nepal reisen und einige Wochen mit Ausflügen und Spaziergängen verbringen, mir ein Fahrrad leihen.

In Nepal verläuft das Leben viel ruhiger, das bemerke ich sofort auf den ersten Kilometern. Die Straße – eigentlich gibt es nur eine einzige, von Nepalganj über Pokhara nach Katmandu und weiter nach Birgunj zur indischen Grenze – ist eng und beim Überholen von Lkws bleibt nicht viel Platz. Gleich beim ersten Mal wundere ich mich, daß der Lkw vor mir langsamer wird und zur Seite rückt, um mich vorbei zu lassen. Manchmal drückt der Fahrer die Hand nach unten, ein Fahrzeug kommt entgegen, oder ich solle aufpassen, weil er einem Schlagloch ausweichen muß. Oft entwickelt sich eine kurze Unterhaltung. Ich hupe und warte auf die winkende Hand des Fahrers, dann taste ich mich langsam vorbei. Der Fahrer beugt sich aus dem Fenster und ruft mir zu: »Woher.« – »Deutschland.« – »Suzuki?« – »Honda.« – »Pokhara?« – »Ja.« Die Straßen erscheinen mir regelrecht verlassen, wenn ich an Pakistan oder Indien denke. Und wenn mal ein Nepali auftaucht, springt er sofort zu Seite, wenn er die Hupe hört! Auch die Mentalität überrascht mich positiv. In einem kleinen Ort setze ich mich auf einen Kaffee ins Restaurant und warte auf den Andrang des Dorfes. Doch niemand kommt, jeder geht seiner Beschäftigung nach, ab und zu ein Blick aufs Motorrad und ein suchender nach dem Fahrer. Ich werde entdeckt, und das reicht ihnen auch. Hier bin ich derjenige, der neugierige Fragen stellt, anstatt zum hundertsten Mal die gleichen Fragen zu beantworten.

Mädchen hüten Wasserbüffel, N-Indien.

Zwischen Juni und Oktober setzt die Regenzeit ein. Mal wieder, denke ich. Eigentlich hatte ich bei der Abfahrt geplant, nach zwei Monaten in Nepal zu sein, etwa Ende Mai, Anfang Juni. Das sah auf den Karten durchaus machbar aus. Die Entfernungen erschienen realistisch, aber dann kam die Tatsache hinzu, die ich nie berücksichtigt habe: Es ist unmöglich, eine so lange Strecke zeitlich einzugrenzen, wenn man etwas sehen möchte. Und das möchte ich. Natürlich hätte ich in zwei Tagen in der Türkei sein können, nach einem Monat an der pakistanischen Grenze, hätte den KKH links liegen gelassen und wäre pünktlich vor der Regenzeit in Nepal erschienen. Mir gehen oft solche Gedanken durch den Kopf – soll ich mehr fahren – und beinahe hätte ich auch gesagt: mehr sehen? Genau da liegt der Irrtum, und mir wird schnell bewußt, daß ich eine Weltreise nur machen kann, wenn ich entweder kein Zeitlimit setze oder die Route auf die Zeit abstimme. Ich entscheide mich für letzteres. Natürlich gibt mir der Verlag das Zeitlimit vor und natürlich stört mich das gewaltig. Aber bereits nach wenigen Monaten weiß ich, daß nach eineinhalb Jahren mein Kopf so voller Eindrücke und Bilder sein wird, daß ich nichts mehr aufnehmen kann und eine Pause brauche, um die Reise zu verarbeiten. Oft passiert an einem einzigen Tag so viel, daß ich abends in Gedanken sitze und mich frage, ob ich das alles in 12 Stunden erlebt habe oder in 12 Tagen?

Tropischer Regen sieht ein bißchen anders aus als die paar Tropfen in Deutschland. Mir fällt nur ein passender Vergleich ein: Das ganze Land liegt unter einem riesigen Wasserfall. Hinter der Grenze bleibe ich in Butwal, weil ich nicht weiterfahren kann. Der Ort wirkt vor allem abends im Regen etwas geisterhaft. Fast nirgendwo brennt Licht, die Straßen stehen unter Wasser, Matsch und Abfälle treiben auf der Oberfläche und verbreiten einen üblen Gestank. Ich komme an einem Hauseingang vorbei, ein Topf knallt hinter mir in tausend Stücke, jemand lacht. Kleine Eßstände befinden sich unter einem Wellblechdach, Töpfe stehen auf einem Holzfeuer, eine Kerosinlampe erhellt das Minirestaurant, Nepali sitzen mit geöffnetem Schirm beim Dinner. Die Straße besteht eigentlich nur aus Kurven. Um 13.00 Uhr hört tatsächlich der Regen auf. Riesige Felsbrocken liegen auf der Strecke oder Pfützen breiten sich über die gesamte Straße aus. Oft sind sie so tief, daß ich die Beine waagerecht hochhalten muß, bis auf Höhe der Blinker. Hellbrauner Schlamm lagert sich in tiefen Lkw-Spuren ab, Wasser bildet hier für kurze Zeit kleine Sturzfluten. Je weiter ich fahre und je höher ich komme, umso besser wird es jedoch. Die Schönheit der Landschaft entschädigt mich für alles. Hänge sind mit tropischen Pflanzen und Bäumen bewachsen, die Reisfelder leuchten in einem hellen Grün. Nepali arbeiten in den Feldern. Ihre bunten Kleider wirken wie Farbtupfer in dem einheitlichen Grün der Umgebung. Tief im Tal braust ein brauner Fluß, reißt tonnenschwere Steine mit. Ich versuche mir vorzustellen, wieviel guter Boden sich hier im Wasser

78

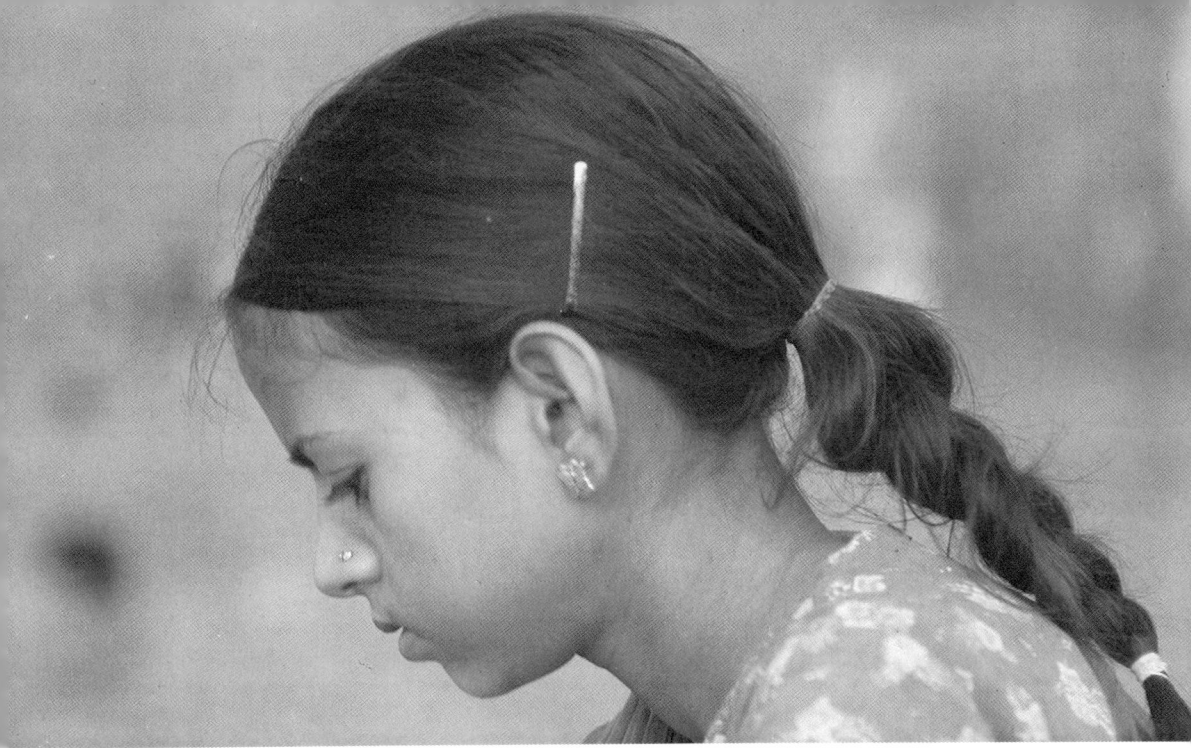

An der Grenze von Indien zu Nepal.

befindet, der von den Feldern geschwemmt wird und später im Meer endet – die Ursache läßt sich überall an den kahlgeschlagenen Hängen ablesen, die den Regen nicht mehr aufnehmen können und oft bis auf den nackten Fels abgetragen werden. Kinder spielen barfuß in den Pfützen. Manche hocken sich über den Boden und machen ihr Geschäft. Mit der Hand wischen sie sich den Hintern ab, spülen mit Wasser noch einmal nach und lassen bei dem Ganzen nie ihre Spielkameraden aus den Augen, um nur nichts zu verpassen.

Von der grandiosen Bergwelt sehe ich nichts, denn die Wolken hängen fast bis auf den Boden. Aber ich habe ja im Norden Pakistans genug davon mitbekommen. Die Regenzeit hat den Vorteil, daß sich wenige Touristen im Land aufhalten. Selbst eine Stadt wie Pokhara wirkt fast ausgestorben, viele Hotels und Restaurants sind geschlossen. Die Nepali haben sich völlig auf den Strom von Ausländern eingestellt: Es gibt Buchgeschäfte, in denen Bände in allen Sprachen die Regale füllen. Die meisten sind gebraucht. Gegen zwei gelesene bekommt man ein anderes oder kann sich auch Bücher ausleihen. Im Restaurant Hungry eye (hungriges Auge), versuche ich ein nepalisches Gericht zu bestellen – erfolglos. Dafür gibt es Pizza, Steak, Frühlingsrolle oder Quiche Loraine. Vielleicht einen Mandelkuchen mit Kaffee und Cognac als Nachtisch? Rockmusik oder Blues spielt dazu, beim Frühstück kommt Klassik aus den Lautsprechern.

All das erscheint wie ein Traum. Zuerst als angenehmer, nach den Entbeh-rungen in den Nachbarstaaten, aber nach einigen Tagen empfinde ich es

Frühmorgens, Nepal.

mehr als Alptraum. Ich bin schließlich nicht nach Nepal gekommen, um heißen Apfelstrudel mit Likörsoße zu essen, womöglich noch von einer österreichischen Bedienung im Dirndl: »Woas hättens dänn gärn?«

Vor über zehn Jahren habe ich Nepal zum ersten Mal gesehen, die Veränderungen sind erschreckend: In Katmandu erkenne ich kaum etwas wieder. Breite Straßen sind gebaut worden, mehrstöckige Betonbauten, ein Stadion, Verkehrsampeln, beinahe mehr Hotels und Souvenirläden als Wohnhäuser. Filmentwicklung innerhalb einer Stunde, Lederjacke nach Maß, Leih-Motorräder, Reiseagenturen – alles kein Problem. Aber der ganze Rummel schafft es nicht, Katmandus Reiz zu nehmen. Überwältigende Holzschnitzereien an Türen, Balkonen oder Hauspfeilern. Tempelanlagen und vor allem die Menschen haben sich kaum verändert. Eine alte Frau zieht an ihrer Zigarette, dreht den Kopf zur Seite und spuckt zu Boden. Auf dem Fleischmarkt liegen Tierhälften auf dem Boden, gleich daneben drei schwarze Ziegenköpfe in einer Reihe. Im nächsten Shop liegen Gedärme auf einem riesigen Haufen, der fast völlig von Fliegen bedeckt ist. An einer Ecke kann man seine Zahnschmerzen auf einfache Art loswerden: man nimmt eine Münze und nagelt sie an einen dicken Holzpfahl, der dem Gott der Zähne gewidmet ist. Falls aus irgendeinem Grund die Schmerzen noch immer dasein sollten, befindet sich die Zahnklinik gleich nebenan: modernstes Gerät liegt bereit – eine Schlagbohrmaschine mit Feinbohrern! Ein

Zahnarzt-Fenster, Katmandu.

Handleser sitzt mit überkreuzten Beinen auf einer kleinen Decke, vor sich jede Menge Hilfsmittel: Reiskörner, Knochen, Tierfelle. Er spricht kein Englisch und holt einen alten Brahmanen zum Übersetzen. Ich muß mich vor ihn setzen, er streut mir zuerst einige Reiskörner auf die Handfläche und liest aus ihrer Anordnung: »Du machst eine Reise um die Welt. Viele Leute werden Dich kennen. Du wirst immer viel Glück haben, darfst aber nie leichtfertig mit Deinem Leben umgehen!« – Er schließt die Augen, wirft Reis auf meine Haare, berührt mich mit einem Knochen. Dann schwenkt er das glückbringende Mantra, ein kleines buntes Stück Stoff mit verschiedenen Wollfäden vor meinem Gesicht. Er bläst dagegen, dann soll ich das Gleiche tun. Mittlerweile stehen etwa 50 Leute um uns drei. Sie schütteln die Köpfe, lachen und versuchen aufzufangen, was der Wahrsager dem Brahmanen erzählt.

Ich erkundige mich bei der deutschen Botschaft nach Post. In Abständen von zwei bis drei Monaten gebe ich Kontaktadressen an, immer die der deutschen Botschaft in der jeweiligen Hauptstadt des Landes. Katmandu war die erste, und ich rechne mit einer Menge Post. Die Botschaft zeigt sich nicht gerade hilfsbereit, meint, sie wäre kein Postamt und ich müßte mir alles an der Hauptpost abholen. Leider geht es dort recht chaotisch zu – stapelweise Briefe müssen geordnet werden, erscheinen dann unter dem jeweiligen Buchstaben in einer Holzkiste. Nur scheint dem Angestellten, der die Einteilung vornimmt, nicht immer klar, welches denn jetzt der Name ist. Ich gucke vorsichtshalber immer unter vier verschiedenen Buchstaben nach: A, H, R, K – für An Herrn Rudolf Kretschmer und finde in jedem Fach Nachrichten. Die deutsche Botschaft bittet mich, eine Frau im Gefängnis zu besuchen, und, wenn ich Zeit hätte, ihr einige Dinge auf dem Markt zu kaufen. Mit zwei Päckchen Zigaretten und Streichhölzern mache ich mich erst einmal auf die Suche nach dem Frauengefängnis. Eva ist etwa 40 Jahre alt. Sie freut sich über Besuch und scheint froh darüber, mit jemandem reden zu können. In Hongkong wurde sie angesprochen, ob sie nicht ohne jedes Risiko schnell 2000 US-Dollars verdienen möchte? Gemeinsam mit anderen Reisenden schmuggelte sie 10 Kilogramm Gold, das sie als gepreßte Plättchen um ihre Hüfte trug: über China bis zur nepalesischen Grenze. Ganz ohne Risiko erwies sich der Schmuggel dann doch nicht. Sie wurde entdeckt und ohne Verhandlung zu zwei Jahren Gefängnis verurteilt. Die Hälfte hat sie bereits abgesessen.

Eva macht einen gefaßten Eindruck, lacht viel. Die Frauen dürfen selbst kochen, beschäftigen sich mit Handarbeiten. Sie ist die einzige Ausländerin unter den Gefangenen. Im Innenhof spielen Kinder. Meist verlassen die Männer die Familie. Um Katmandu von den vielen Bettlern zu befreien, greift die Regierung zu einer eigenwilligen Methode und nimmt sie einfach fest – Aktion sauberes Katmandu. Ich kann kaum glauben, was mir Eva erzählt. Pro Tag stehen einer Person 3 Rupees zu (25 Pfennig), die aber nicht jede Frau bekommt. Im Gefängnis gibt es eine Hierarchie. Der »Ranghöchsten« – einer Frau mit fünf Morden – müssen die Bettlerinnen jeden Tag ihre Rupees abgeben. Die Frau selbst genießt außergewöhnliche Freiheiten und darf etwa das Gefängnis verlassen, um auf dem Markt einzukaufen. Eva bittet mich, Kerosin für den Herd zu besorgen.

Im Katmandu-Guest House, wo ich übernachte, mache ich eine interessante Beobachtung. Es gibt viel mehr Einzelreisende als Gruppen oder Pärchen, und wenn ich auf zwei oder drei Leute stoße, stellt sich fast immer heraus, daß sie sich unterwegs kennengelernt haben. Ich bin eigentlich nie allein, oft sitze ich beim Frühstück und jemand fragt, ob er sich dazusetzen kann. Auch das deutsche Nummernschild veranlaßt viele, mich anzusprechen. Nach einigen Tagen in Katmandu kenne ich eine ganze Gruppe Leute. Heute miete ich mir ein Fahrrad und radle mit zwei Freunden zum Swayambhunath-Tempel, einem buddhistischen Heiligtum hoch über der Stadt. Von der Ostseite führen mehr als 300 Stufen zum Top des Affentempels, wie der Swayambhunath auch genannt wird. In den Bäumen oder auf dem Treppengeländer turnen die Tiere, manche kommen verdächtig nahe und mir fällt die Story ein, die mir ein Engländer gestern erzählt hat: als er seinen Rucksack über einen Ast legte, um zu fotografieren, war dieser plötzlich verschwunden. Weit und breit war kein Mensch zu sehen. Und während er noch darüber nachdachte, rieselten plötzlich Filmdose, Reiseführer, Brieftasche

Buddha, Nähe Katmandu.

und zum Schluß die Reste seines Rucksacks auf ihn herunter. Zwei Affen hatten ihn gründlich nach Eßbarem durchsucht...

Der Stupa (Tempel) ist das älteste und bedeutendste buddhistische Heiligtum in Nepal und hatte ursprünglich die Form eines halbkugeligen Erdhügels. Später errichtete man auf dem höchsten Punkt einen Turm mit quadratischem Grundriß und Dach. Seine vier Seitenwände sind mit den alles sehenden Augen Buddhas bemalt. Nach einer Legende erschien an der Stelle des Heiligtums der Gott Swayambhu, der schon Licht war, als alles um ihn herum im Dunkel lag. Es gab hier einen See, der das Katmandutal ausfüllte. Der Gott selbst erschien in Form einer Lotusblüte. Der Bodhisattwa Manjushri (ein Wesen, das freiwillig darauf verzichtet, ins Nirwana einzugehen um Menschen zu helfen, die dazu aus eigener Anstrengung nicht imstande sind) erblickte das göttliche Licht und erkannte in ihm Buddha. Mit seinem Flammenschwert schlug er eine Bresche in die Berge, so daß das Wasser des Sees ablief und Menschen den fruchtbaren Boden besiedeln konnten. König Prachandadeva ließ über der Lotusblume eine Stupa erbauen, der Swayambhunath benannt wurde. Die tolerante Mentalität der Nepali spiegelt sich nicht zuletzt im problemlosen Nebeneinander verschiedener Religionen wider, dem Hinduismus als Hauptreligion neben dem Buddhismus. Zu den größten Hinduheiligtümern zählt Pashupatinath am Heiligen Fluß Bagmati. Für Hindus in Nepal ist es gleichbedeutend mit Benares für die Inder. Das Zentrum der Tempelstadt ist der Shiva-Tempel, dessen Betreten Andersgläubigen verboten ist. Shiva wird hier in seiner Inkarnation als Pashupati, Herr der Tiere, verehrt. Am Ufer des Bagmati finden an bestimmten Stellen Leichenverbrennungen statt. Alte und kranke Menschen leben in winzigen Räumen, um auf den Tod zu warten. Jeder Hindu, der in Pashupatinath stirbt und am heiligen Fluß verbrannt wird, erlangt sein Seelenheil. Zwischen dicken Holzstücken liegt der Leichnam einer Frau, ein Fuß guckt hervor, Zehen sind noch zu erkennen. Über das Feuer wird nasses Stroh geschichtet, damit die Hitze nicht entweicht. Männer stehen in Gruppen herum, Frauen sind bei einer Verbrennung nicht zugelassen. Ein Angehöriger ist damit beschäftigt, den Holzstapel im Gleichgewicht zu halten, um zu verhindern, daß die Frau herunterfällt. Plötzlich schnellt eine Faust aus der Glut, Armreifen sind zu erkennen, auch Ringe an den Fingern. Ein gruseliger Anblick. Offensichtlich verbrennen Sehnen und Bänder zwischen Ober- und Unterarm.

Ich nutze die Ruhe in Katmandu, um ein bißchen am Motorrad zu schrauben. Als ich in Bochum startete, zeigte der Tacho gerade 300 km an. Ich mußte den Motor bis Istanbul langsam einfahren. Manchmal denke ich, daß nach über vier Monaten strapaziösen Teilstrecken über Pässe, durch Schlamm, manchmal mehrere Kilometer nur im ersten Gang und ständig mit schwerem Gepäck, doch etwas kaputtgehen müßte und bekomme beinahe ein schlechtes Gewissen, wenn mir andere von gebrochenen Speichen oder zerrissenen Zügen, gleich mehreren Platten an einem Tag oder Kolbenklemmern erzählen. Die Honda ist dagegen richtig langweilig, außer Ölkontrollieren und Tanken brauche ich nichts zu machen. Ich wechsle das Öl und den Ölfilter allerdings sehr oft, etwa alle 2000 Kilometer, kontrolliere die Ventile, säubere den Luftfilter, tausche die Zündkerze viel häufiger aus als vorgesehen und wasche das Motorrad. Viele Biker erklären mich für verrückt, wenn ich ihnen das berichte oder wenn sie mich mit einer Dose Farbe Kratzer ausbessern sehen: »Ein Motorrad, das um die Welt fährt, muß auch so aussehen«. Im Laufe der Zeit entwickle ich ein ganz eigenes Verhältnis zu dieser Maschine und glaube, daß nur wenige dies nachvollziehen können. Es ist beinahe ein persönliches Verhältnis. Es gibt Situationen, in denen ich über den Tank streichle und den Motor berühre, um mich für eine schlechte Strecke zu entschuldigen und mich gleichzeitig bedanke, weil er mich nicht im Stich läßt. Außerdem glaube ich daran, daß Gegenstände nicht tot sind, irgendetwas in sich tragen. Sie verhalten sich mir gegenüber so, wie ich sie behandle. Natürlich gibt es technische Gründe, warum der Motor auf dem Paß in der Türkei abstirbt. Aber er springt nach einer Pause sofort wieder an und bestätigt meine Vermutung, daß ich ihn überfordert habe und er nur eine Pause wollte. Ich weiß, daß jetzt Motorradfahrer die Augen rollen und sich an die Stirn tippen. Oft liege ich abends neben dem Motorrad, lege die ausgestreckten Beine auf die Fußraste und freue mich über einen wunderschönen Tag, der nicht zuletzt deswegen so intensiv war, weil ich ihn mit einem Motorrad erlebt habe. Ich bedanke mich dafür »Gute Nacht, morgen werden wir wieder einen wunderschönen Tag verbringen«. Es gibt viele Augenblicke, wo ich mich von Freunden verabschiede, nachdem wir einige Tage, Wochen verbringen und uns sehr gut verstehen. Ich fühle mich dann oft sehr einsam, alleine, bin traurig. Sobald ich aber im Sattel sitze ist dieses Gefühl verschwunden. Plötzlich dreht sich meine Stimmung und ich habe die Gewißheit, gar nicht allein zu sein. Ich denke lange darüber nach, was diesen schnellen Wandel verursacht, bis ich erkenne, daß es das Motorrad ist.

In meine Gedanken platzt Yves, ein Franzose: »He, wie willst Du denn die Endloskette aufziehen?« – »Das frage ich mich auch gerade. Aber weißt Du, ich will sie nicht öffnen und ein Schloß dazwischen setzen.« Wir sitzen auf dem Boden, alles hilft nichts, ich muß das Federbein unten und die ganze Schwinge lösen, außerdem die Hinterradachse herausziehen. »Weißt Du, das scheint mir aber ein bißchen kompliziert zu sein.« Yves leiht sich eine 250iger Enduro, nachdem ich ihm von den Traumstraßen und einem Nationalpark im Süden, dem Chitwan Nationalpark erzählt habe, wo man Krokodile, Nashörner und Elefanten beobachten kann. Wir nehmen nur einen Rucksack mit und rollen durch kleine Dörfer, zwischen Reisfeldern und auf Straßen, von denen wir eine grandiose Aussicht auf Flüsse sowie tropische Hänge genießen. Vor Saura stoppt uns ein tiefer Bach. Der Nationalpark beginnt nur drei Kilometer dahinter und wir stellen die Motorräder in einem Restaurant ab. Ein Ochsenkarren soll uns durch den Bach ziehen. Das hört sich einfach und unkompliziert an. Etwa in der Mitte des Wassers wollen die Tiere nicht mehr. Der Fluß steht ihnen bis zum Hals, sie müssen die Köpfe in den Nacken legen, um überhaupt atmen zu können. Der Karren steht unter Wasser. Wir heben die Rucksäcke auf die Knie. Die Strömung versetzt die Tiere in Panik, sie stehen in umgekehrter Richtung zum Wagen, drohen sich selbst zu strangulieren. Wir werden gleich umkippen, das ist völlig klar und ich überlege, wie ich wenigstens die Kamera trocken halten kann. Der Nepali sieht alles nicht so ernst und lacht ununterbrochen: »Hi, hi no problem, no problem. Much water, hi, hi.« Er stochert mit einem Stöckchen zwischen den Beinen der Tiere, immer auf die Hoden. Das hilft tatsächlich. Sie drehen sich in die gewünschte Richtung und ziehen den Wagen ans schlammige Ufer.

Wir erkunden den Park auf dem Rücken eines Elefanten: dichtes Gehölz, nasse Zweige schlagen uns ins Gesicht. Der Elefant wird gesteuert, indem ein Nepali mit seinen nackten Füßen die Ohren berührt und ihn so in die gewünschte Richtung lenkt. Ein Schlag mit dem Stock auf den Kopf, schon traben wir gemächlich los, sehen aber keine Tiere und steigen in einen schmalen Einbaum um. Das Boot schaukelt, Wasser reicht fast bis zum Rand und läuft manchmal hinein. Auf einer Sandbank sonnt sich ein Krokodil, ein anderes gleitet ins Wasser und taucht unter. Wir passieren eine Stromschnelle und vermeiden es gerade noch zu kentern. Pech fürs Krokodil.

Später folgen wir einem schmalen Weg. Unser Guide flüstert die ganze Zeit, wir sollen keinen Lärm machen, es gäbe viele Nashörner und wenn sie ein Junges hätten, seien sie besonders gefährlich. Würden wir doch einmal eines sehen! Zwischen Büschen taucht tatsächlich eins auf, hebt kurz den Kopf, kaut dann aber gelangweilt weiter und trottet weg. Was für ein Anblick: An den Hinterbeinen hängen Häute so dick wie Panzerplatten, zwischen den Augen ein bedrohliches Horn. Ein etwa zweijähriges Jungtier kommt dazu. Jetzt kennt unsere Begeisterung keine Grenzen mehr: »He, wir müssen zurück! Vorsichtig! Kommt!« – »Nein, wir wollen Fotos machen.« Die Nashörner ziehen sich zurück. Die naiven Touristen folgen. Unser Führer versucht es noch einmal. Er sitzt auf einem Baum. »Bitte, im letzten Jahr wurden fünf Leute von Nashörnern zertrampelt.« Als wir zwischen dichten Büschen hervorkriechen, stehen uns die beiden Nashörner auf einer Lichtung gegenüber. Neben uns hören wir ein Krachen und sehen uns erschrocken um. Ein Elefant kommt angetrabt. Auf einer Holzplattform sitzen zwei Touristen, der Führer davor. Wir fühlen uns jetzt sicher und nähern uns den Nashörnern. »Hier nimm meine Kamera, ich will zusammen mit den Tieren drauf sein.« Die Nashörner stampfen mit den Füßen, senken die Köpfe und rennen los. »He, Du hast gesagt, sie haben Angst vor Elefanten.« – »Ja, vielleicht sind sie blind oder was.« Das darf alles nicht wahr sein. Im gleichen Augenblick trabt der Elefant aus dem Dickicht, schlägt wütend mit den Ohren und stellt sich zwischen uns und die Rinos. »Seht Ihr, wie gefährlich die sind«, hören wir von oben. Wir halten uns ganz dicht hinter dem Elefanten und sind froh, als wir die Rinos verschwinden sehen.

Den Rückweg wählen wir über Hetauda und fahren auf einem etwa 100 Kilometer langen Stück wieder eine unglaubliche Motorradstrecke: Kurve an Kurve, meist kann man die nächsten zwei oder drei überblicken und erkennen, ob ein anderes Fahrzeug kommt. Es geht leicht bergauf, ständig im zweiten oder dritten Gang, manche Kehren rollen wir wieder zurück, um sie ein zweites Mal zu genießen. Yves meint bei einer Pause: »Ich wünschte, die Strecke wäre 1000 km lang.«

Während des ganzen Monats in Nepal habe ich nicht einmal die Berge des hohen Himalaya gesehen und versuche es jetzt ein letztes Mal in Nargakot, etwa 50 km nördlich von Katmandu. Es gibt hier einen Aussichtspunkt. Morgens um 5.00 Uhr krabble ich aus dem Schlafsack, steige die Treppe zu einer zehn Meter hohen Plattform hinauf und sehe in 100 Kilometer Entfernung das gewaltige Massiv der Sieben- und Achttausender: Everest, Lhotse, Makalu, Maslu, Gangtang. Ich kann gerade zwei Fotos schießen, da schieben sich Wolken davor. Mittlerweile habe ich mich an die Monsumregen gewöhnt und finde heraus, daß sie sehr regelmäßig fallen. Morgens sind sie besonders stark, lassen während des Tages oft ganz nach, um gegen Abend wieder loszubrechen. Natürlich kann man sich nicht auf diese Beobachtung verlassen, und so dient mir Katmandu als Basisort, wo ich Gepäck zurücklasse, um mehrtägige Ausflüge in die Berge zu unternehmen. Ich könnte problemlos ein halbes Jahr hierbleiben – für mehrere Tage der Hauptstadt entfliehen, in den Bergen trekken, mich nach dem guten Essen in Katmandu zurücksehnen, nach zwei Tagen dort die Nase voll haben und die Stadt wieder verlassen.

Unbewußt spielt aber auch die Tatsache eine Rolle, daß ich wieder nach Indien muß. Ich habe den Unfall zwar verarbeitet und sehe ein, daß ich ihn nicht verursacht habe und mich gar nicht anders verhalten konnte, aber die Angst, vor allem Unsicherheit bleibt. Hier in Nepal fahre ich völlig unbeschwert, fühle mich nicht verkrampft und denke viel darüber nach, welche Route ich durch Indien wählen soll. Mit bleibt noch genügend Zeit, um eine Lösung zu finden, denn ich will unbedingt noch einmal in die Berge zu einem Sadu-Festival und – falls möglich – eine Wildwasserfahrt auf dem Trisuli-Fluß machen.

Das Sadu-Fest findet im Norden von Katmandu statt, die letzten 50 Kilometer auf extrem schwieriger Piste und von dort nach zwei Tagesmärschen zu erreichen. Sadus sind gläubige Hindus, die durch Meditation und Askese in der Lage sind, Hunger, Durst, Hitze oder Kälte zu widerstehen. Manche erreichen den Zustand des »inneren Feuers«, wobei sie mehrere Wochen mit einem Schluck Wasser auskommen, nur mit einem Tuch um die Hüfte in einer eiskalten Höhle sitzen und meditieren.

Bis Betrawati ist die Straße relativ gut. Ich schraube das Top Case in Katmandu ab, lasse außer einem Alukoffer das gesamte Gepäck zurück. Auf dem Beifahrersitz findet Henk, ein Holländer, Platz. Wir begegnen uns zufällig an der pakistanisch-indischen Grenze und sehen uns nach einigen Wochen wieder. Er wiegt gute 80 km, die Honda ist jetzt sogar schwerer als mit meinem ganzen Gepäck.

Hier in Betrawati warten wir auf einen Lkw, um die letzten 48 Kilometer bis Dhunche zurückzulegen. Wir dürfen eh nicht die Schranke passieren, weil wir ein road-permit, eine Sondergenehmigung für die Straße, die sehr nahe an die chinesische Grenze reicht, brauchen.

Wir hängen zwei Stunden herum, aber die Leute mißverstehen uns offensichtlich. Alle Fragen beantworten sie mit yes und wir stellen zufällig solche, bei denen wir immer ein Ja erwarten: »Fährt heute noch ein Lkw?« – »Yes.« – »Können wir da mitfahren?« – »Yes, yes.« – »Gibt es in Dhunche ein Hotel oder Pension?« – »Yes, yes.« Das hört sich recht gut an. Nach langem Warten fragt Henk, wann denn nun der Lkw komme: »Yes, yes.« »Oh ne, ich glaube sie verstehen uns nicht ganz richtig, Rudi – Wann Lkw, Uhr.« – Yes, oh yes.« Wir bitten den Posten, uns mit dem Motorrad vorbeizulassen. Das scheint er nun zu verstehen: »No!« Übermorgen Nacht soll das Festival zu Ende gehen. Wir würden es verpassen, wenn wir wirklich hier übernachten und auf einen

Lkw am anderen Tag warten müßten, den es vielleicht gar nicht gibt. Also hilft nur eine Überfallaktion. Wir packen unsere Klamotten zusammen, verschnüren sie auf dem Motorrad, Henk zeigt dem Posten Fotos von seiner Familie, ich drücke mit der Hand die Schranke hoch und tauche darunter weg. »He, he – no, no.« Henk läuft hinter mir her und springt auf das Motorrad und noch ehe etwas passiert, verschwinden wir hinter der nächsten Kurve. Zwischen einzelnen Sperren gibt es keine Funk- oder Telefonverbindungen. Wir werden nur Schwierigkeiten bekommen, wenn wir nach vier Tagen wieder hier aufkreuzen. Aber dann haben wir das Festival gesehen und wer weiß, vielleicht gibt das dem Posten reichlich Zeit, um uns zu verzeihen.

Die ersten 24 Kilometer sind halbwegs okay, grobe Schotterpiste und ständig im ersten Gang bei halbgezogener Kupplung die Steigungen hoch. Manche Kurven sind so eng, daß ich allein herumfahre, weil ich auf dem weichen Untergrund und dem hohen Gewicht die Kupplung nicht zum Qualmen bringen möchte. Gerade beglückwünschen wir uns, als das Desaster erst richtig beginnt. Die Schotterpiste hört auf und eine Erdstraße fängt an. Regen weicht die tiefen Spuren auf, ich rudere mit den Füßen nebenher, Henk steigt oft ab. Die Honda quält sich durch tiefe Schlammassen, oft reicht das Wasser bis zum Motor, Wasserdampf steigt mir in die Augen. Der Regen wird immer stärker, Nebel verschlechtert die Sicht, außerdem wird es dunkel. Zur linken Seite fällt es oft mehrere 100 Meter senkrecht ab. Wir tasten uns im Schrittempo vor, ich muß sogar das Licht ausschalten, weil es vom Nebel reflektiert wird und ich gegen eine weiße Wand starre. Irgendwo taucht ein weiterer Militärposten auf und kontrolliert die Papiere. Er interessiert sich für das Motorrad, wir können ihn in ein Gespräch verwickeln, bewundern sein riesiges Gurkamesser und bezahlen 5 Mark Eintritt für den Langtang Nationalpark. Wir starten gerade wieder als ihm das road permit einfällt. »Haben wir, haben wir, auf dem Rückweg zeigen wir es. Gute Nacht.« – »Ja, aber...«

Was für eine Erleichterung endlich anzukommen. Aus einem Haus kommt mir eine Stimme entgegen: »He, Rudi! Bist Du es etwa?« Wir trauen unseren Augen nicht. Es ist tatsächlich der Freund, der uns vor einigen Tagen von dem Festival erzählte. Er bestätigt unsere Vermutung, daß es nicht möglich ist, diese Piste im Augenblick mit einem Lkw zu fahren. »Ich bin die ganze Strecke zu Fuß gegangen, 12 Stunden.« 40 Kilometer! Ein Lehrer stellt sein Haus zur Verfügung. In einem Raum zieht sich ein großes Podest von einer Wand zu anderen, davor ein bißchen Platz für das Gepäck. Neben uns schläft die ganze Familie.

Trotz der schwierigen Piste genieße ich heute den Tag. Es sind immer wieder dieselben Faktoren, die selbst aus einem verregneten Tag einen sehr intensiven machen können. Natürlich spielt es eine Rolle, mit wem ich die

Zeit verbringe. Aber viel wichtiger ist meine Einstellung geworden: Ich kann am Regen nichts ändern, er gehört nun einmal dazu und ich bekomme eine Vorstellung davon, wie stark ein Monsunschauer sein kann, welche Zerstörungen er anrichtet. Alles empfinde ich als einen Teil der Reise, einen Teil des Landes, in dem ich mich befinde. Natürlich ist Motorradfahren an der Küste Kaliforniens schöner und entspannter.

Nach einem Tag wie heute sitze ich auf der Terrasse unter einem Dach, einen heißen Tee vor mir, die nassen Klamotten beim Trocknen, die letzten warmen Sachen an. Draußen regnet es wie verrückt. Ich genieße die verdiente Pause nach einem harten Stück Arbeit. Ein befriedigendes Gefühl, das Ziel erreicht zu haben. Ich denke nicht einen Augenblick daran, daß ich mich ziemlich abgekämpft habe. Gerade das ist es, was dieses intensive Gefühl entstehen läßt: Ich kann einen trockenen Raum erst dann richtig schätzen, wenn ich vorher das Gegenteil kennengelernt habe. Ich freue mich sehr darüber, daß mir widrige Umstände wie Regen, schlammige Pisten, Wind oder Straßensperren kaum noch etwas ausmachen. Sie gehören eben dazu. Sich aufzuregen oder miese Laune veranlassen den Schleusenwärter kaum dazu, den Vorhang zu schließen und Sonne herauskommen zu lassen. Es ist aber auch die Umgebung, vor allem der Unterschied zur Stadt – mit den unzähligen Touristen, dem ganzen Verkehr und dem völlig untypischen Charakter für Nepal, der mich Tage wie heute so bewußt erleben läßt. Dhunche liegt 1.960 Meter hoch, es gibt keine Elektrizität, Kinder laufen halbnackt herum, Menschen nehmen sich Zeit und gehen nicht nach einem kurzen »Hallo« aneinander vorbei. Manchmal beobachte ich Männer und Frauen, die sich auf der Straße begegnen und über eine Stunde unter einem Schirm stehen und palavern. Am nächsten Morgen stolpern wir um 4.00 Uhr los, ich ziehe meine Regenkombi an. Überall stürzen ganze Bäche von den Hängen, manchmal 100 Meter tief. Wir müssen über wacklige Brücken, natürlich ohne Geländer und oft fehlen Bretter. Nach einer Stunde ununterbrochener Bergauffahrt entdecke ich einen Blutegel an Philips Hals. Diese verfluchten Leeches sehen ursprünglich aus wie winzige schwarze Tausendfüßler, etwa 1–2 cm lang und ganz dünn. Sie sitzen im Gras oder Wasser, in den Blättern der Bäume und reagieren blitzschnell auf den Geruch von Körperschweiß. Auf der Haut setzen sie sich fest und bohren den Kopf regelrecht hinein, dann saugen sie sich mit Blut voll bis sie so fett werden, daß sie einer Schnecke ähneln. Es gibt verschiedene Methoden, sie zu entfernen: Mit dem Feuerzeug herausbrennen, Öl darauf träufeln und sie ersticken lassen oder wie jetzt, wenn sie schwer und vollgesogen sind, mit dem Finger abschnippen. Es bleibt ein Loch und eine minutenlang blutende Wunde. Auf meiner Brust entdecke ich einen anderen. Er muß durch die Öffnung der Regenkombi am Hals gefallen sein und sich durch das Hemd bohren. Wir ziehen alle Sachen aus, untersuchen uns jetzt jede halbe Stunde auf die kleinen netten Blutsaugerchen. Nach 5 Stunden durch knöcheltiefen Schlamm erreichen wir Chandanbari. Hier oben befindet sich eine Käsefabrik, wohl so ziemlich der ungeeignetste Ort der Welt dafür. Alle Produkte müssen zu Fuß ins Tal getragen werden. Wir übernachten bei einer Familie. Die Küche des Holzhauses scheint gleichzeitig Schlaf- und Wohnzimmer zu sein. In einer Ecke steht ein Backofen aus gebranntem Lehm, gefeuert wird mit Holz. Auf dem offenen Herd steht ein Topf mit heißem Wasser für Tee. In einem anderen werden Nudeln gekocht. In einer Pfanne Dhalbat, ein Reis-Linsen-Gericht. Eine Frau knetet Teig zu kleinen Fladen, die auf dem Ofen zu leckeren flachen Broten garen. In einer anderen Ecke befindet sich hinter einem Vorhang das elterliche Schlafzimmer, daneben das Kinderzimmer in Form eines großen Bettes. Zwei kleine Kinder mummeln sich eng aneinandergekuschelt in eine Decke. Wir sitzen auf einer langen Bank, vor uns ein Tisch; abgesägte Baumstämme dienen als Hocker. Die Nepali öffnen die Holzverschläge, um Licht hineinzulassen. Das macht den Raum trotz des Ofens sehr kalt, und wir rücken die Hocker neben den Herd. Viele Pilger und Besucher des heiligen Sees sind unterwegs und machen kurz Rast. Bis früh am Morgen wird gekocht, Tee gereicht, immer wieder fegt eine Frau den Dreck zusammen und verbrennt ihn im Ofen.

Gosainkund, der Ort des Sadu-Festivals, ist ein See auf einer Hochebene von kahlen Hängen umgeben. Der See wurde von Shiva geschaffen, indem er seinen Dreizack in den Berg rammte und mit den drei Quellen nun den See speisen ließ. Bei klarem Wetter leuchtet der Grund weiß, angeblich wohnt Shiva selbst dort. Leider ist das Festival bereits seit einem Tag zu Ende und wir treffen nur noch 3 Sadus an, die uns freundlich einladen, doch etwas mit ihnen zu essen. Hier oben ist mir sehr kalt. Ich lasse die dicken Bergschuhe an, auch die Regencombi, meine Hose und den Pullover. Ein Sadu sitzt nackt auf dem Boden, sein Körper ist mit grauer Asche eingerieben und meint, er sei von innen ganz warm. Nein, kalt sei es ganz bestimmt nicht. Ein anderer hüllt sich in ein orangefarbenes Tuch. Er trägt ein gelbes Stirnband und singt ununterbrochen vor sich hin. Wir verstehen außer Shiva nicht viel. »Er meditiert und dankt Shiva für diesen herrlichen Tag«, meint ein anderer Sadu und ergreift unsere Hände, beginnt zu weinen. Dann schüttet er uns Tee ein, dreht aus fünf Blättchen einen überdimensionalen Joint und fällt in eine tiefe, zufriedene Abwesenheit.

Der Regen wird nun immer stärker, ganze Stücke brechen aus der Piste heraus und rutschen wie ein Stück Butter den Hang hinunter. Wenn ich jetzt nicht zurückfahre, passiert mir vielleicht das Gleiche, was mir ein Einheimischer berichtet hat: Im letzten Jahr wurde die Strecke vom Wasser auf einer Länge von 500 m einfach weggespült. Es dauerte einen Monat, bis die ersten Fahrzeuge passieren konnten. Henk legt die ersten 20 km zu Fuß zurück, wir verabreden uns in 6 Stunden am Eingang des Nationalparks. Ich will später

mit dem ganzen Gepäck nachkommen. Oft kann ich nur neben dem Motorrad herlaufen, lasse die Kupplung im ersten Gang schleifen und brauche für
einen Kilometer Matschstück allein 10 Minuten, weil ich ständig bis zu den
Knöcheln im Matsch versinke. Irgendwann lasse ich sogar ein bißchen Luft
aus den Reifen – die Auflagefläche wird breiter und ähnlich den Fahrbedin-
gungen im Sand der Sahara tut sich das Motorrad leichter. Ich treffe Henk.
Der Militärposten scheint sich heute seinen freien Tag zu nehmen oder nicht
zu kontrollieren, weil die Piste nicht befahrbar ist.

Kurz vor Trisuli fahren wir an einer langen Schlange wartender Lkws und
Busse vorbei. Ich vermute, daß das erste Fahrzeug defekt ist und jetzt
repariert werden muß. Auf der engen Piste können nicht zwei aneinander
vorbei. Leute rufen uns etwas zu. »Stop, Stop – keine Durchfahrt.« Ich weiß,
daß sie uns nur fragen möchten, woher wir kommen und wie schnell das
Motorrad fährt. Die Tür eines Lkws steht offen. Ich schlage sie zu und die
ganze Piste liegt vor uns. »He, warum halten die wohl alle hier?« »Weiß
nicht, vielleicht hatte der Lkw eine Panne.« – »Ja, aber die ganzen Fußgänger...« In etwa 100 Meter Entfernung entdecke ich einen riesigen Felsbrok-
ken, der die ganze Straße versperrt. Das ist also der Grund denke ich, aber
die Fußgänger könnten wirklich darüber klettern. Komisch, ob vielleicht
gesprengt...? Ich kann die Überlegung nicht weiterdenken, eine Detonation
reißt uns vom Motorrad. Es regnet kleine Felsbrocken, Steine schlagen vor
uns auf. Verdammter Mist, nichts wie zurück. Wir wuchten das Motorrad
hoch und drehen um. »Warum habt ihr nicht gehalten, als wir geschrien
haben?« – Die offene Lkw-Tür und der kurze Augenblick des Anhaltens und
Zuschlagens retten uns. Zwei weitere Dynamitladungen gehen hoch. Tatsächlich fehlt anschließend ein Teil des Felsbrockens. Die Arbeiter winken
mich mit einer Fahne heran. Mir bleiben etwa 30 Zentimeter Platz. Rechts
neben mir poltert 100 Meter tiefer der Trisuli-Fluß. Ich halte vor dem Felsen,
den rechten Fuß kann ich nicht von der Fußraste nehmen, weil er keinen
Halt findet. Entweder der linke seitliche Gepäckträger paßt vorbei, oder ich
verliere das Gleichgewicht, weil ich den Fels berühre. Das viele Überlegen
hilft nichts, es paßt und ich schwöre mir wieder einmal, auf solche riskanten
Manöver zu verzichten und nur noch Autobahnen zu fahren, achtspurig und
ohne Gegenverkehr oder lächerliche Felsbrocken, die immer dann gesprengt
werden müssen, wenn ich in der Nähe bin.

Zurück in Katmandu laden uns Freunde in ein »ursprüngliches« Restaurant ein. Ich bin neugierig und freue mich auf die nepalesische Küche. Es
muß ein Mißverständnis sein. Der Raum ist in Eiche rustikal eingerichtet.
Romantische bunte Lampenschirme um Hirschgeweihe. Zur Begrüßung
wird Obstler serviert. »Na, wie war die Idee?« Ich sage nicht viel, lehne mich
zurück und weiß auf einmal, daß ich nun genug habe von dieser Stadt und
ganz schnell weiter fahren muß. Ich flüchte zum Bagmati-Fluß, setze mich

auf die Stufen von Pashupathinat, um Ruhe zu finden. Ein Bus hält, eine Gruppe Italiener stürzt heraus. Die Frauen in Hot-Pants und engen T-Shirts. Die Männer sind mit 2 Kameras bewaffnet, beide hängen lässig und professionell über den Bauch. Viele tragen zusätzlich eine Video-Kamera. Jetzt geht es darum, die günstigste Position für die Aufnahmen zu finden, ein originelles Motiv zu entdecken, da kommt es ja schon – ein Sadu nähert sich gemächlich in seinem orangefarbenem Gewand, in der Rechten sein Eßgeschirr, in der anderen Hand einen langen Wanderstab. Er scheint die Gruppe noch nicht wahrzunehmen, als plötzlich ein ununterbrochenes Klicken einsetzt. Die Touristen stehen wie eine Wand vor ihm. Eine Frau stellt sich daneben – »He, schnell, nimm das auf.« Ich komme von diesem erdrückenden Anblick nicht los, dann muß ich lachen als ich den Sadu sehe – er sieht die Gruppe an, etwa so wie ein Betrachter in einem Museum vor einem Bild steht, studiert sie von unten bis oben, lächelt und geht weiter. Das Leben ist eben nichts als eine Illusion. Wir bilden es uns nur ein, nichts existiert wirklich. Ich wünschte, ich hätte nur einen Bruchteil seiner Erhabenheit und Lebenseinstellung.

Das Motorrad steht fertig bepackt auf der Straße, gerade will ich losfahren, als mich ein Bekannter fragt, ob ich keine Lust auf Rafting – Wildwasser – habe? Und wie! Die Flüsse steigen durch den Regen stark an. Normalerweise nimmt niemand das Risiko auf sich, umso erfreuter bin ich jetzt, als ich von dieser Möglichkeit erfahre. Wir fahren mit einem Jeep zum Trisuli-Fluß und pumpen ein riesiges Schlauchboot auf. Es ist etwa 4 Meter lang, ringsherum von dicken Luftkammern umgeben. Ein Gestell aus Metallrohren befindet sich in der Mitte des Bodens und zieht sich bis auf die seitlichen Ränder. Hier werden die Ruder befestigt, dazwischen sitzt ein Nepali etwas erhöht und bedient die Steueranlage. Unsere Klamotten können wir in eine Kunststofftonne legen, die mit einem großen Deckel verschraubt wird. Die Strecke ist etwa 30 Kilometer lang und dauert 3 Stunden. Das Wasser fließt recht schnell. Der Bootsführer läßt das Schlauchboot oft quertreiben, immer mit dem Strom in Richtung äußerem Ufer, wo die Flußgeschwindigkeit am niedrigsten ist. Einige Male legen wir an, um Stromschnellen vom Ufer aus zu beurteilen. Wir sitzen auf dem Rand des Bootes und halten uns an einer Schnur fest. Es ist faszinierend, jetzt auf einem Teil des Flusses entlangzufahren, den ich vor einigen Tagen von oben gesehen habe. Oft schießt er zwischen senkrechten Felswänden durch, dann wird er wieder so breit und langsam, daß wir fast nebenherschwimmen könnten. Über eine Stromschnelle bewegt sich das Boot stromlinienförmig, schlängelt exakt mit den Wellen auf und ab. Es ist ein Gefühl wie beim Achterbahnfahren.

Auf einer Sandbank machen wir eine Pause. Kinder liegen im Sand. Einer sagt Paisa – Geld. Ich hole eine Handvoll Sand, lege sie in seine geöffnete Hand – »Hier, paisa.« Wir brüllen vor Lachen. Jeder möchte jetzt Geld von mir. Schließlich endet der Tag in einer Schlamm- und Sandschlacht. Ich beobachte die Kinder – sie beschäftigen sich untereinander, es gibt kein Spielzeug, nur Sand, keinen Streit, nur lachende und glückliche Gesichter. Auf dem Weg Richtung Indien halte ich in Daman, wo ich für 2,50 Mark einen ganzen Turm für mich miete. Ein früherer Wasserturm wird zu einem Aussichtspunkt umgebaut, die Wände teilweise durch Glas ersetzt. Vier Betten stehen direkt an den Fenstern. Ich habe von hier oben, etwa 2.300 Meter, eine herrliche Aussicht auf die Berge des Himalaya. Ich habe kaum Lust aufzustehen, drehe mich im Bett herum und schaue direkt in ein Tal, wo sich eine Serpentinenstraße den Hang hochquält. Tagsüber mache ich lange Spaziergänge in den Reisterrassen und spüre, welchen beruhigenden Einfluß diese Gegend, ganz Nepal, auf mich ausübt. Ich sammle genug Energie und Kraft, um mich wieder ins Chaos der indischen Straßen und Städte zu stürzen. Auf jeden Fall werde ich die stark befahrenen Küstenstraßen meiden und durch das zentrale Hochland den Hafen von Madras ansteuern, d.h. über Varanasi, Nagpur und Hyderabad.

Die Liebenswürdigkeit der Inder kennt einfach keine Grenzen. Ein Inder gibt lieber eine falsche Antwort als einzugestehen, daß er die Frage nicht beantworten kann. Leider gibt es nicht besonders viele Straßenschilder, so daß ich oft nach der Richtung fragen muß. Ich lerne bald, daß ich nicht nur einfach Varanasi sagen kann, sondern alle möglichen Betonungsarten aus-probieren muß – die Hauptbetonung auf dem ersten a – nur verständnisloses Staunen. Was will der von uns? Anfangs vermute ich, daß sie mir nicht sofort antworten, weil sie darüber nachdenken, in welche Richtung das denn nun liegt und ich deute in die östliche Richtung. »Varanasi dort?« – »Ja, ja dort.« Nach 30 Kilometer hört die miserable Straße auf und endet an einem überschwemmten Fluß. Ich hole die Karte heraus und zeige auf den Namen »Ah, Varanasi.« – »Ja, das habe ich doch gerade gesagt.« – »Nein, Du hast Varanasi gesagt, Du mußt aber das zweite a betonen.« – »Also, wo liegt den Varanasi?« »Da bist Du völlig falsch.«

Ich gehe von nun an auf Nummer sicher und frage in Abständen von einem Kilometer drei verschiedene Leute. Nach drei gleichen Antworten glaube ich, was ich höre. Neben der Straße entdecke ich ein Schild mit einem aufgemalten Bett. Viele Lkws parken, Holzbetten mit Bast bespannt stehen unter freiem Himmel. Vorbeifahrende Autos lassen die Betten vibrieren. Ich stelle meins unter ein Strohdach, parke die Honda daneben und spanne mein Moskitonetz auf. Auf offenen Feuern stehen riesige Töpfe, der Koch hebt die Deckel und löffelt mir kleine Portionen mit Curryreis, Hähnchen und Linsen auf einen Teller. Dazu frische Fladenbrote, die hauchdünn gebacken werden. Die Brote legt man zusammen und löffelt damit das Essen vom Teller. Es ist nicht üblich, Essen mit Besteck zu servieren. Genauso fremdar-tig und exotisch erscheint die Frage nach der Toilette »da vorne«. Ich stapfe mit der Rolle Toilettenpapier los und finde außer kleinen Häufchen mit Fliegen nichts – jeder benutzt die ganz große Toilette, d.h. überall dort, wo man gerade muß. Das Essen ist extrem scharf, ich schwitze aus allen Poren. Wasser kann man sich selbst aus einem großen Behälter schöpfen, es ist das einzige, wovor ich wirklich Angst habe und entweder entkeime ich es mit Desinfektionstabletten oder versuche es mit Tee. Cola oder andere Softdrinks kann ich nicht herunterkriegen. Die indische Regierung erschwert den Import von Gütern aus dem Ausland und versucht alle Produkte selbst herzustellen. Eine Kamba-Cola sieht so ähnlich aus wie eine Cola. Aber außer der Farbe erinnert nichts daran. Mir schmeckt sie wie Wasser plus Zucker plus Farbstoff. Das gleiche bei anderen Getränken. Mineralwasser habe ich fast nirgendwo bekommen. Einzig das Bier – hier King-Fisher, das angeblich mit Hilfe eines deutschen Braumeisters produziert wird – schmeckt mir. Aber den Morgen oder die Mittagshitze mit Bier zu begrüßen ist nicht angebracht. Das Bett soll 3 Mark kosten. Das erscheint mir unglaublich viel. Ich frage einen Lkw-Fahrer – 70 Pfennig – ja, einverstanden, ich zahle 3 Mark dafür will ich dann aber soviel essen, wie ich möchte und genug Tee trinken. Der Besitzer lacht: »In Ordnung.« Ich weiß, daß ich auf jeden Fall zuviel bezahle. Nach einiger Zeit vergesse ich die Preise in Europa und denke nicht mehr darüber nach, was ein Essen in einem Bochumer Restaurant kostet, sondern überlege mir die Relation zwischen dem verlangten Preis und dem Einkommen. Vielleicht verdient ein Angestellter hier 100 DM im Monat, eher noch weniger. 3 Mark entsprechen einem ganzen Tageslohn.

Gleich nach der Ankunft in Varanasi fährt mich eine Rikscha zum Ganges. Ich möchte heute abend ein paar Eindrücke sammeln und morgen wiederkommen, um mir denselben Ort tagsüber anzusehen. Was für ein Chaos hier: Ein einziges Gewimmel von Fahrrädern, vereinzelten Autos, schreienden und schwitzenden Rikschafahrern und gestikulierenden Fußgängern. Auf einer erhöhten Verkehrsinsel versucht ein Polizist in weißer Uniform, weißen Handschuhen und Schirmmütze den Verkehr zu regeln. Aber wie soll das gehen, wenn sich aus allen Straßen Menschenströme auf ihn zubewegen? Andere Polizisten schlagen mit langen Holzknüppeln auf Rikschas oder Fahrräder, wenn sie nicht die Anordnungen befolgen: »Weiter, weiter.« Aber es geht nicht weiter.

Ich komme glücklicherweise während der größten Mittagshitze an. Jetzt sind die Straßen beinahe leergefegt. Wenn die Sonne tief steht und lange Schatten wirft, erwacht die Stadt. Ich sitze auf dem Rücksitz einer Rikscha und genieße dieses Durcheinander. So muß es wohl sein, wenn man mit einem Fahrrad durch die Ränge eines vollbesetzten Stadions fährt.

Ach ja, ich vergesse die Kühe. Als heilige Tiere sind sie unantastbar. Für sie gelten keine Regeln – wenn drei nebeneinander auf der Straße liegen, wird eine Spur gesperrt, bis die Kühe sich erheben.

Ich komme immer mehr zu dem Urteil, daß dieses Durcheinander eigentlich nur zu ertragen ist, indem die Inder, wie ich inzwischen selbst auch, alles als gegeben ansehen. Was hilft herumschreien, aufregen? Die meisten wirken richtig gleichgültig, fast einschläfernd. Ich versuche mir einen deutschen Verkehrspolizisten vorzustellen und muß lachen bei diesem Gedanken. Er würde wohl nach wenigen Minuten schreiend in eine Irrenanstalt überwiesen werden. Eine ältere Frau prügelt sich mit einer jüngeren wegen einem Stück Holz, das beide in einem Abfallhaufen entdeckten. Ein Inder füttert sein Kamel mit Gras, er wirft es mitten auf die Straße, ganz gleich, ob sich der Verkehrsstrom bewegt oder steht.

Das Manikarnikaghat ist die berühmteste Verbrennungsstelle am Ganges. Lange Holzboote, fast alle ohne Motor, stehen am Ufer. Der Fluß bewegt sich langsam, nachts wirkt er richtig erhaben und stellt vielleicht den einzigen ruhigen Platz in der Stadt dar. Ein Inder rudert mich zur Mitte des Wassers, dann gleiten wir langsam mit der Strömung. Was für eine unglaubliche Stelle. Zum ersten Mal spüre ich ein bißchen von der immensen Ausstrahlung und Bedeutung, die dieser Strom für die Inder besitzt. Auf zwei verschiedenen Ebenen brennt Holz. Ein Mann, nur mit einem feuchten Tuch bekleidet, rennt zwischen den Feuern umher, schichtet blitzschnell mit einer langen Bambusstange Holz um und rettet sich dann wieder in die kühlere Nähe des Ufers, wo er sich Wasser über den Körper schüttet. Eine Gruppe trägt einen eingewickelten Leichnam und läßt ihn zur letzten Reinigung ins Wasser um ihn dann dem endgültigen Feuer zu übergeben.

Ich verbringe drei Tage in Varanasi oder auch Benares genannt. Imtiag, ein Rikscha-Fahrer bietet mir an, mich für umgerechnet 7 Mark den ganzen Tag herumzufahren. Ich schlage ein, auch wenn ich genau weiß, daß er es für weniger auch tun würde. Imtiag spricht Englisch und zeigt mir Plätze, die ich allein nie gefunden hätte. Die Rikscha gehört ihm nicht, jeden Morgen verläßt er seine Hütte, in einem 22 Kilometer entfernten Vorort und kommt mit dem Rad zum Boß. Dort mietet er um 5.00 Uhr eine Rikscha und gibt sie nachts zurück; das kostet ihn etwa 1,30 Mark Gebühren. Imtiag lebt in einem winzigen Raum, etwa 8 qm, mit seiner Frau, zwei Brüdern und dem blinden Vater. Alle schlafen auf dem Boden. Die Behausung kostet 7 Mark Miete im Monat. Er verdiene jetzt etwa 85 Mark im Monat, das sei nicht schlecht im Vergleich zu seinem letzten Job als Koch, wo er nur 50 DM bekommt. Sein Traum ist eine eigene Rikscha, die etwa 400 DM kosten würde.

Nach Sonnenaufgang pilgern Frauen in langen Saris und Männer nur mit einem Tuch um die Hüfte bekleidet zum Ganges. Manche stehen am Rand, trinken das geheiligte Naß. Andere seifen sich ein und tauchen ganz unter, Kinder springen von erhöhten Stufen, schwimmen gegen die Strömung. Mit einem Stöckchen rubbeln Inder sich die Zähne sauber. Hindus sitzen bewegungslos und gehen Yoga-Übungen nach. Das Wasser ist eine unglaublich schmutzige Brühe, an vielen Stellen werden die Abwässer der Stadt direkt eingeleitet. Abfälle werden genauso in den Fluß geworfen, wie tote Kühe, die hier bestattet werden. Gerade treibt eine, aufgequollen wie ein Ballon, vorbei. Hindus trinken im selben Augenblick Wasser. »Wie kann ein heiliger Fluß Krankheiten übertragen? Völlig unmöglich.« Auf flachen Steinplatten, die extra am Rand angebracht sind, arbeiten professionelle Wäscher, meist Männer, denn das Auswringen und Trockenschlagen erfordert viel Kraft.

Der Fluß dient sowohl der Reinigung als auch dem Übergeben der Toten. Genauso wie Pashupatinat in Katmandu sehnt sich jeder Inder danach, hier sein Leben zu beenden. Imtiag erzählt mir etwas über die Abläufe bei den Verbrennungen: Die Leichen werden von Männern auf einem Bambusgestell zum Fluß getragen, Frauen sind in ein rotes Tuch, Männer in weißen Stoff gewickelt. Die Toten in weiter entfernten Gegenden werden in ihren Dörfern verbrannt und die Asche zum Fluß getragen. Täglich bestatten Angehörige etwa 100–200 Verwandte. Die Feuer brennen 24 Stunden. Eine Bestattung kostet etwa 400 Rupees (50 DM) wovon hauptsächlich das Holz bezahlt werden muß. Unmittelbar nach dem Tod wird der Leichnam im Haus des Verstorbenen mit einer Mischung aus Butter und Wasser gereinigt und ein letztes Mal dann im heiligen Fluß. Nur Hindus werden so bestattet, jedoch findet nicht jeder die Erlaubnis, sein Leben im heiligen Ganges zu beenden: Kinder bis zum 10. Jahr etwa (weil sie wie Blumen sind), Pockenkranke (übertragen die Pest), von Cobras getötete (heiliges Tier) oder heilige Sadus (haben keine Familie). Ich beobachte einen Vater, der sein kleines Kind zu einem Boot trägt, das Bündel mit Steinen beschwert und zur Mitte des Flusses rudert, wo er es Mutter Ganges übergibt.

Beim Tod des Vaters leitet der älteste Sohn die Zeremonie, wenn die Mutter stirbt, der Ehemann. Frauen sind nicht anwesend, da sie angeblich den Schmerz nicht ertragen können. Etwa 3 Stunden, nachdem der Tote dem Feuer übergeben wurde füllt der Sohn bzw. der Ehemann einen Krug und gießt ihn über die Glut. Das geschieht fünfmal, dann läßt er ihn über seine rechte Schulter nach hinten fallen und er zerbricht – Schluß, Ende des Lebens. Die Reste der Leiche, der zusammengeschrumpfte Korpus, wird in den Fluß geworfen und treibt für Augenblicke an der Oberfläche.

Die Anwesenden waschen sie an einer anderen Stelle im Fluß, kaufen auf dcm Markt Süßigkeiten, die sie opfern. Nach der Verbrennung muß sich der Sohn 13 Tage zurückziehen, darf nicht arbeiten und mit niemandem sprechen weil er unrein ist. Anschließend wäscht er sich im Ganges rein, eine dreizehntägige Feier beginnt, der letzte Tag dieses Festes wird jedes Jahr wiederholt.

Ich lege meine Kamera auf die Knie und mache einige Fotos, was streng

Start, Stuttgart. ▶

96

Cesme, Ägäis.

Trinkbrunnen, Rumänien. ▲

Konya, D-Türkei. ▼

Pamukkale.

Teppiche trocknen, Kusadasi, Türkei.

99

Karakorum Highway, N-Pakistan.

Typischer LKW.

100

Nanga Parbat, N-Pakistan.

Träger zum Nanga Parbat.

Gletscher am Nanga Parbat.

Nagar Tal,
N-Pakistan ▲

Vergitterte
Busfenster.

Kameltransporter, Pakistan.

Kleiner Junge, N-Pakistan.

Schule, N-Pakistan. ▲

Geschäft, N-Pakistan. ▼

Verbrennung, Varanasi, N-Indien.

Totengeleit zum Ganges.

Manikarnika – Ghat, Varanasi.

Varanasi, Ganges.

*Reiseterrassen,
nördlich Katmandu.* ▶

Mönch, Katmandu, Nepal. ▲

Ganesh-Festival
Hindus, Hyderabad. ▶

◀ Markt-Frau, Katmandu, Nepal.

Markt, Katmandu, Nepal. ▼

Baden, Waschen im Ganges.

◄ *Auf dem Weg zum Fluß.*

Waschen im Ganges.

Heilige Mutter Ganges.

Morgens am Ganges.

Luftaufnahme, Malediven.

Doni-Fahrt, Malediven.

verboten ist. Zwei Inder müssen mich beobachtet haben, denn plötzlich stehen sie neben mir und machen ganz auf Empört und Pflichtbewußt. Sie müßten mich mit zur Polizei nehmen. Dort würde der Film entwickelt und wehe ich hätte gelogen und es befänden sich Fotos vom Ghat auf den Negativen. Ich höre mir alles an, packe die Kamera in den Rucksack und verlasse den Fluß. Die beiden Inder reden auf mich ein, drohen, gestikulieren, aber alles nicht sehr laut, denn schließlich wollen sie ein Geschäft machen. »Also wieviel?« – »Na endlich verstehst Du. Weißt Du, wir möchten nicht, daß Du Schwierigkeiten bekommst. Schließlich sind wir ja Freunde und – 500 Rupees sollten nicht zuviel sein, um Ärger mit der Polizei...« Ich ziehe einen 50 Rupee-Schein aus der Tasche (7 DM) und reiche dem Wortführer die Hand: »Hör zu, hier sind 50 Rupees, nimm sie, oder nimm sie nicht. Auf jeden Fall laßt mich bitte allein.« – Er steckt das Geld ein »Du sollst nicht denken, daß wir korrupt sind, nein wir wollen Dir nur helfen.« – »Das weiß ich doch. Vielen, vielen Dank für die Hilfe.« Diese Szene wiederum beobachtet ein anderer Inder und gerade sind meine beiden Freunde weg, da nähert er sich »Guten Abend, Du kannst Vertrauen zu mir haben.« – »Wie bitte, ich verstehe nicht.« – »Ich weiß, daß Du den beiden Geld gegeben hast. Wofür, hast Du Fotos gemacht?« – »Nein, ich habe gar keine Kamera dabei.« Sei ein netter Junge und zeig mir, wo ich einen Friseur finde.« Ich kann Indern nie richtig böse sein wenn sie versuchen, mich hereinzulegen. Schließlich liegt es nicht an ihrer Bösartigkeit, sondern nur an meiner Naivität, wenn ich ihnen auf den Leim gehe. Hinzu kommt die Art, mit der sie etwas verlangen. Es kommt mir immer vor, wie ein Versuch – na, ja, vielleicht treffe ich einen Touristen, der gerade in Indien ankommt und noch nicht so genau weiß, was hier abläuft; wenn nicht, macht es auch nichts. Mein Gegenüber sieht ein, daß bei mir nichts zu holen ist und spaziert mit mir zu einem Frisierladen. Gleich neben der Straße steht ein Bretterverschlag auf Rädern, darin zwei Holzsessel für die Kunden, ein Dritter vor einem blinden Spiegel. Ich werde sofort behandelt, wohl weil ich mehr bezahlen soll, aber ich kann gerade noch sehen, wie der Haircutter 40 Pfennig vom letzten Kunden einsteckt. Die Haare fallen bis auf Stoppellänge. Ob ich eine Kopfmassage möchte? Ich überlege noch ein »eh...«, da fliegen schon seine Finger und jetzt hat es keinen Zweck mehr, denn ich bekomme kein Wort heraus. Mir kommen Zweifel, ob bei einer Kopfmassage die Schädeldecke fast eingeschlagen werden muß, die Augen eingedrückt und die Schläfen gequetscht werden. Immer wieder haut er die flachen Hände auf meinen Kopf. »Ist gut, nicht wahr.« Ich möchte ihn nicht enttäuschen und bejahe – ein Fehler, denn nun klatscht er mir in kurzen schnellen Abständen, die Hände gegen Stirn und Backen. Ich taumele aus Sahibs Hairshop. Imtiag empfängt mich den Worten: »He, Du siehst plötzlich so müde aus.«

Mein Magen dreht durch, vielleicht weil ich gestern sämtliche Vorsichtsmaßnahmen über den Haufen schmeiße und Eis gegessen habe. Ich fühle mich nach den Monaten wohl zu sicher und glaube, daß sich mein Magen an alles gewöhnt hat, denn egal was ich aß, immer war die Verdauung okay. Selten halte ich mich in einem Restaurant auf, genausowenig benutze ich meinen Kocher, denn das Essen an der Straße in winzigen Garküchen schmeckt mir gut. Vor allem ist es billig. Oft grillen Inder Fleischstücke und ich halte an, Obst gibt es überall reichlich – Mangos und Bananen sind meine Lieblingsfrüchte. Ich gewöhne mich daran, morgens einen Kaffee zu trinken und mich beim Fahren überraschen zu lassen. Nicht selten esse ich erst und frage anschließend, was es gewesen ist – einmal sind es gegrillte Heuschrekken, dann wieder Kamelfleisch oder in Fett gebratene Ochsenfrösche. Beim Verspeisen schmeckt es mir immer vorzüglich, also empfinde ich es als unlogisch, wenn ich anschließend ein flaues Gefühl bekommen soll, nur weil ich erfahre, etwas heruntergeschluckt zu haben, was ich nicht unbedingt bestellt hätte, wenn ich es auf einer Speisekarte vorgefunden hätte. Ich verbringe die halbe Nacht auf der Toilette. Die ersten Stücke kommen unverdaut wieder heraus. Ich verkrieche mich tagsüber ins Bett, esse hartgekochte Eier und Schokolade. Der Durchfall ist nach 24 Stunden vorbei. Wenn das die einzige Krankheit sein soll, ist es mir recht.

Wassergefäße, Zentralindien.

114

Sexuelle Tempeldarstellungen, Khajuraho, N-Indien.

Südlich von Varanasi führt die Straße nun wirklich durch entlegene Gebiete. Es gibt wenig Verkehr und oft zeigt die Nadel 70 oder sogar 80 km/h an. Schneller traue ich mich während der gesamten Zeit in Indien nie zu fahren. Meist beträgt meine Geschwindigkeit sogar nur 50–60 km/h und selbst da habe ich oft noch das Gefühl, zu schnell zu sein. Ich fühle mich angespannt, rechne ständig damit, daß irgendjemand ins Motorrad läuft. Die Gegend wird trockener, statt Reisfelder nun einzelne Äcker, viele brachliegende Landstriche, meist von rotem steinigem Boden bedeckt. Die Landschaft steigt an, zweimal fahre ich auf riesige Plateaus. Schließlich befinde ich mich auf dem Dekanhochland, das einen großen Teil Zentralindiens ausmacht.

Einer der unglaublichsten Tempel befindet sich in Khajuraho. Die Anlage stammt aus dem 10. Jahrhundert, als Khajuraho religiöse Hauptstadt der Chandelas war. Die Tempelwände sind voller sexueller Darstellungen ohne jegliche Tabus: Drei Frauen vergnügen sich mit einem Mann, ein Esel ist mit einer Frau zu sehen, Männer lieben sich. Über die Bedeutung streiten sich die Wissenschaftler: Die Skulpturen könnten Pilger bei ihrer Meditation auf eine harte Probe stellen.

Genauso könnten sie aber auch Darstellungen des täglichen Lebens gewesen sein oder einem Fruchtbarkeitskult huldigen. Ich entdecke später Szenen von Menschen bei der Jagd oder der Feldarbeit, Frauen, die sich die Hände vors Gesicht halten.

Es ist dunkel als ich zum Zelt zurückgehe. Der Weg ist etwa 4 Kilometer weit. Heute Morgen genoß ich den langen Spaziergang, als die Sonne gerade aufging und es halbwegs kühl war. Jetzt erscheint mir der Weg endlos lang, außerdem ist es so dunkel, daß ich die Straße kaum erkenne und sogar einmal in einen Graben falle. Ein Inder rollt auf seinem Fahrrad vorbei und nimmt mich auf dem Gepäckträger mit. Nach einem halben Kilometer ist er zu Hause und meint, ich solle sein Rad nehmen, morgen müsse er sowieso in meine Richtung, er würde es sich dann abholen. Ich lehne ab, jedoch ohne Erfolg und strample zum Campingplatz.

In keinem anderen Land passieren mir soviele unterschiedliche und überraschende Dinge wie in Indien. Einmal entdecke ich einen Minibus im Rückspiegel, will ihn aber nicht vorbeilassen, weil er sich dann vor mich setzen würde und die Insassen mich nur anstarren und Staub und Steine mir gegen den Helm fliegen würden. Ich kann so schnell fahren, wie ich will. Der Bus muß mich unbedingt überholen. Wie nicht anders zu erwarten, verringert er die Geschwindigkeit. Der Fahrer gibt mir ein Zeichen anzuhalten. Manchmal habe ich nicht viel Lust, den Animateur zu spielen und suche schnell nach einer Ausrede. Aber seine Frage überrascht mich so, daß mir nichts einfällt. »Du schlauchlose Reifen oder Schläuche?« – »Wie? Schlauchlose.« – »Kein Problem, nimm Flicken, Du brauchst Klebstoff, dazu das passende Set, um den Flicken von Außen durch den Mantel zu schieben. reicht das?« – Er gibt mir eine Kiste, etwa in Schuhkartongröße, und ist weg, bevor ich auch nur etwas sagen kann. – Was soll ich jetzt damit anfangen? Naja, es wiegt nicht viel und ein Karton mehr oder weniger spielt auch keine Rolle mehr.

Andere Begegnungen verlaufen noch extremer, und vor Staunen und Begeisterung bekommen manche meine Fragen gar nicht mit. So etwa als ich mich verfahre und nach 200 Kilometern einer matschigen Piste, die nur aus tiefen Wasserlöchern und Wellblech besteht in einem winzigen Kaff ankomme. Ein Mann lehnt an einer Mauer. »Hallo, kannst Du mir bitte sagen, ob es hier ein Hotel gibt?« – »He, was ist das?« Er zeigt auf das Motorrad. »Ein Motorrad. Bitte, ich bin total müde, gibt es hier ein Hotel?« – »Ein Motorrad. Ach so. Woher kommst Du?« – »Ich suche ein Hotel, komme aus Khajuraho.« – »Wieviele Motoren hat das Motorrad?« – Es ist zwecklos. Ich starte. »Nein, es gibt hier kein Hotel.« Nachts stürzen sich Mücken, dicke fliegende Käfer Richtung Scheinwerfer oder zerklatschen auf der Crossbrille wie Geschosse. Ich ziehe den Schirm vom Helm ganz tief runter und sehe nur noch durch einen winzigen Spalt. Irgendwie lande ich auf der Terrasse eines Restaurants, ich darf dort übernachten. Mit einer Flasche Brandy und indischer Cola vergesse ich den heutigen Tag und muß wieder einmal über mich lachen: Gerade will ich über diese scheiß Straßen fluchen, Typen, wie diesen blöden Inder von vorhin, die ganzen Mücken, da wird mir wieder bewußt, daß ich gerade deshalb diese Reise mache. Ich möchte Länder in ihrer ganzen Alltäglichkeit sehen! Auf der gegenüberliegenden Straßenseite entdecke ich morgens ein stolzes Schild: Mister Akrutis Camera-Repair. Außer meiner Pocket-Kamera nehme ich die Spiegelreflex mit Autofocus und einem einzigen Objektiv (ein 28/135 mm Zoom) mit. Einige Schrauben vibrierten sich am Zoom los und ich konnte es nicht mehr benutzen. Herr Akruti sitzt neben einem Küchentisch, unzählige auseinandergeschraubte Gehäuse vor sich, dazwischen ein defekter Toaster und zwei Uhren, die er ebenfalls repariert. An der Wand brennt eine 25 Watt Leuchte. Seine Arbeit unterbricht er oft, weil Kunden kommen oder das Telefon klingelt. Er widmet sich dann ganz den Gesprächen und legt die Schrauben irgendwo zur Seite. Meine Hoffnungen sinken auf den Nullpunkt, als ich das Zoom vorlege. Er hat noch nie ein Autofocus-Objektiv gesehen, ob er es auseinanderschrauben dürfe? Seine Begeisterung ist riesengroß, er nimmt das Zoom auseinander und meint fast enttäuscht, daß nur einige Schrauben locker seien. Beim Zusammenbau bleibt eine einzige Schraube übrig, das Objektiv funktioniert trotzdem. »Nein, das kostet nichts, ich habe dabei etwas gelernt.«

Anfang September findet in Hayderabad das Ganesh-Festival statt zu Ehren des Lieblingsgottes der Hindus, die ihren Gott in drei verschiedene Gottheiten unterteilen: Brahma der Schöpfer, Vishnu der Erhalter und Shiva der Zerstörer und Wiederaufbauer. Shiva lebt im Himalaya und verbringt die meiste Zeit damit, Gras zu rauchen. Er trägt das dritte Auge auf der Stirn und in der Hand sein Symbol, einen Dreizack. Shivas Begleiterin ist Parvati, beide haben zwei Kinder, davon ist einer Ganesh, der Gott mit dem Elefantenkopf. Er verkörpert Weisheit und Rechtschaffenheit. Ganesh verdankt seinen Kopf dem Temperament seines Vaters. Als Shiva von einer langen Reise nach Hause kommt, entdeckt er seine Frau mit einem jungen Mann im Haus. Er vergißt, daß sein Sohn in der Zwischenzeit gewachsen sein könnte und schlägt dem Fremden den Kopf ab. Parvati klärt ihn über dieses Mißverständnis auf und Shiva bittet die Götter, seinem Sohn das Leben zu schenken. Diese Bitte wird ihm gewährt, jedoch wird Ganesh den Kopf des Tieres tragen, dem Shiva zuerst begegnet – ein Elefant.

Etwa eine Million Inder nehmen am letzten Tag des zehntägigen Festivals teil. Die Straßen sind hoffnungslos blockiert. Überall Lkws, buntdekoriert mit einer überlebensgroßen Darstellung des Gottes. Die Hindus tragen orangefarbene Kappen und Gewänder – ihre heilige Farbe. Sie werfen Beutel mit Farbtupfern in die Menge. Ehe ich mich retten kann, zerplatzt einer an mir, ich huste in einer orangegelben Wolke.

Über 4.000 Fahrzeuge wollen ihren Gott in den heiligen See begleiten. Ich springe auf die Ladefläche eines Lkws, jemand drückt mir eine orangene Fahne in die Hand, das weiße T-Shirt passe nicht, mir werden Farbbeutel gegen den Rücken geschmissen, damit ich passend gekleidet bin. Wir schieben uns Zentimeter um Zentimeter weiter, die ganze Veranstaltung erinnert an Karneval. Riesige Tonbehälter mit Reis stehen auf den Autos, Wasser befindet sich in anderen. Reis wird in Zeitungspapier gewickelt und in die

Menge geworfen. Vorbeigehende Hindus trinken aus einer Schöpfkelle. Der Lkw schleicht an aufgebauten Bühnen vorbei. Ein kleiner Junge mit angeklebtem Bart und riesigem Holzschwert am Gürtel führt etwas auf. Er reicht allerdings nicht ganz bis ans Mikrophon. Niemand kann ihn verstehen, nur seine Gesten und sein sich bewegender Mund sind auszumachen. Aber das wirkt viel lustiger, die Inder klatschen und werfen Geldscheine und Münzen auf die Bühne. Immer wieder fragen mich Inder, ob mir Indien gefalle. Ich kann nur mit Ja antworten und bin also begeistert. Die Geschichten von Verkehrschaos, Korruption und Hitze lasse ich aus. Außerdem stimmt es, wenn ich sage, daß Indien das fantastischste Land ist, das ich je gesehen habe. Nichts ist wie Indien, kein anderer Staat ist so einzigartig und vielfältig. – Diese Antwort gefällt ihnen und ich bekomme eine 5 kg schwere Gipsfigur des Ganesh-Gottes geschenkt. Oje, wie soll ich ihnen erklären, daß ich sie nicht transportieren kann? Meine Sorgen sind umsonst, denn ich opfere ihn genauso wie sie ihre mehrere Zentner schweren Figuren. Am Hussainsagar-See stehen vier riesige Autokräne, die je eine große eiserne Plattform bewegen. Die Lkws fahren vor und eine Figur wird vorsichtig abgeladen und zusammen mit den Hindus über den See geschwenkt. Ganesh taucht in den heiligen Fluten unter, symbolisch, denn sein Vater lebt ja auf dem Grund des heiligen Sees im Himalaya. Das Abladen und Verabschieden des Gottes zieht sich bis in den Morgen hinein.

Bibi ka Alam, Moslem Festival, Hyderabad.

Hayderabad besitzt einen relativ hohen moslemischen Bevölkerungsanteil, etwa 25%. Einige Tage vorher werde ich Zeuge der Bibi ka Alam Prozession, die so völlig anders verläuft als die bunte lebensbejahende Veranstaltung der Hindus. Die Straßen der Altstadt sind vollgestopft mit schwarzgekleideten Moslems und Frauen, bis auf die Augen ganz verdeckt. Hazrat Imam Hussain, ein Enkel des Propheten Mohammed, wurde im Irak von dem Tyrannen Yazid hingerichtet. An diesem Tag zeigen die Gläubigen ihre Trauer und unterstreichen ihr Leid und ihre Verehrung durch selbstzugefügte Schmerzen. Männer, auch Kinder schlagen sich zu einem gesungenen Rhythmus, »Hasan Hussain Wa waila«, mit den Fäusten auf die nackte Brust. Sie ritzen die Haut mit einem Messer auf, um den Schmerz zu erhöhen. Das Blut spritzt aus der Wunde und läuft über Gesicht und Brust. Die Zuschauer stehen mit Tränen in den Augen am Straßenrand. Manche sprengen Rosenwasser auf die Wunden. Die Männer sind im tiefen Trancezustand, die Kinder verziehen oft das Gesicht vor Schmerz, aber strecken ihre Brust heraus und genießen offenbar die Ehre, teilnehmen zu dürfen. Zwischendurch erkennt man den Stolz in ihren Kinderaugen, sich wie Männer verhalten zu können. Ich bin bestürzt angesichts von soviel selbstzugefügtem Schmerz, auch wenn mich der Anblick dieser einzigartigen Prozession beeindruckt.

Ich denke über die beiden Veranstaltungen nach. Natürlich kann ich mir kein Urteil über Moslems oder Hindus bilden, aber die verschiedenen Darstellungen – einmal das absichtliche Zufügen von Qualen bei den Moslems, dann die ausgelassene Freude bei Hindus – passen zu den Beobachtungen, die ich ständig mache: Selten sehe ich Moslems lachen, Frauen verbergen ihre Gesichter, Männer tragen Schwarz. Wie anders dagegen Hindus, die selbst dann noch lachen oder zumindest freundlich bleiben, wenn sie einmal wieder in eine kleine Karambolage auf der Straße verwickelt werden.

Ich weiß, daß ich nie zu einem endgültigen Schluß kommen kann und auch nicht darf. Viele Dinge, Menschen und Gegenden lerne ich nur oberflächlich kennen und werde sie wohl nie begreifen. Mit diesem Anspruch darf ich eben nicht reisen – nach wenigen Wochen bekommt man nicht den großen Durchblick. Ich glaube, daß ich viel erreiche, wenn es mir gelingt, das Beobachtete zu registrieren, aufzunehmen und Menschen mit möglichst wenigen Vorurteilen zu begegnen.

Alle meine Gedanken konzentrieren sich auf Madras. Hier verkehrt ein Schiff regelmäßig nach Singapur. Etwas sagt mir, daß dann der Urlaub erst richtig anfängt, Motorradfahren nicht ständiges Aufpassen bedeutet.

Nach dem Ganesh-Festival halte ich eine Rikscha an, um nicht den langen Weg zum Hotel zu Fuß zurücklegen zu müssen. Außerdem weiß ich sowieso nicht, wo ich mich gerade befinde. Vorher erkundige ich mich nach dem Preis: »Oh, gib mir soviel, wie Du möchtest, Sir.« Der Inder trampelt mit einem unglaublichen Tempo, wir unterhalten uns ein bißchen, erreichen das Hotel. Sein Hemd klebt ihm am Körper. Als ich bezahlen will, nimmt er absolut kein Geld an, reicht mir die Hand und bedankt sich. Ich bleibe lange an der Straße stehen und schaue ihm nach. Was veranlaßt ihn zu so einer Haltung? Fast immer endet eine Fahrt mit einem kurzen Streit, meist soll ich mehr geben als ausgemacht. Aber jetzt? Das bestätigt mein Bild über Indien: Ein ständiger Kontrast und ein einziges Rätsel, keine Aussage besitzt Gültigkeit. Gerade noch fluche ich über die Rikscha-Fahrer, weil sie mir zuviel Geld abnehmen wollen, da passiert so etwas.

Madras ist nun nicht mehr weit entfernt, liegt etwa 2 Tage hinter Hyderabad. Je näher ich der Hafenstadt komme, desto nervöser werde ich, umso vorsichtiger verhalte ich mich auf der Straße. Ich will jetzt Indien nur noch mit heilem Motorrad und heilen Knochen verlassen. Nur wenige Kilometer hinter Hyderabad blockiert ein Lkw die Fahrbahn, darunter ein Inder mit völlig zermatschtem Kopf. Eine Blutlache läuft über den Asphalt. Ein Mann sitzt ausdruckslos daneben, einen Helm zwischen den Füßen. Ich komme ganz langsam und nah vorbei, kann meinen Blick einfach nicht losreißen. Was passiert, wenn ich selbst einen Unfall habe und hier liege? Es kann nicht passieren, weil es nicht passieren darf. Ich reduziere die Geschwindigkeit und rolle mit 50 km/h. Die Bilder wollen mir einfach nicht aus dem Kopf.

Die Gegend im Süden wird noch trockener. Überall hohe Kokospalmen, kaum noch Reisfelder. Die Böden sind ausgedörrt. Beim Pflügen zieht das Ochsengespann eine lange Staubwolke hinter sich her. In einem winzigen Ort sehe ich den zweiten Unfall. Jetzt bekomme ich Angst. Ist es eine Warnung, ein Zeichen, werde ich beim Dritten selbst beteiligt sein? Vielleicht trägt die Nähe und das Vorhandensein der Götter im indischen Alltag, die vielen mystischen Geschichten, fantastischen Tempel auch dazu bei, daß ich mir diese Frage stelle. Vielleicht ist Indien eine Welt, die nicht wirklich existiert. Vielleicht gibt es hier Dinge, die einfach nicht zu erklären sind. Ich schlage die Faust gegen den Helm. Mir fällt ein, was ich in einem Tempel lese: Nur die Dinge existieren, an die Du glaubst. – Also, ich glaube nicht daran, so kurz vor Madras in einen Unfall verwickelt zu werden. Außerdem habe ich offensichtlich Glück, denn es erwischt den Wagen vor mir. Aus einer unübersichtlichen Seitenstraße, eher einer Hofeinfahrt, schießt ein Bus heraus und zerquetscht den Jeep. Die Fahrerin wird aus der Scheibe geschleudert, bleibt mit den Beinen hängen und liegt nun schreiend in einem Haufen Blech, Glas und Blut. Wieder kann ich meinen Blick nicht losreißen, nehme diese Szene völlig in mich auf. Jeden Schrei, jede Bewegung präge ich mir ein, um immer gewarnt zu sein. Ich darf nicht eine Sekunde unüberlegt handeln. Aber was nützt das, es hätte mich genauso treffen können und ich wäre absolut ohne Chance gewesen. Ich muß gegen die Erwartung eines Unfalls ankämpfen. Keine Stunde ist vergangen, seit ich Hyderabad verlassen habe, trotzdem bin ich schon reif für eine lange Pause. Aus dem Nichts taucht ein kleines Mädchen vor dem Motorrad auf. Ich weiß, daß ich es überfahren werde und reagiere gar nicht mehr bewußt. Alle Handlungen sind nur blitzschnelle Reflexe. – Voll in die Bremsen, gerade genug, um die Räder nicht blockieren zu lassen, selbst zum Hupen bleibt mir keine Zeit mehr, aber das hilft jetzt sowieso nichts. Ich erinnere mich genau an meine Gedanken: »Komisch, wie ruhig ich bin. Jetzt passiert eben das, womit ich im Unterbewußtsein rechnete. Aber warum so kurz vor Madras?« Der Hinterreifen quietscht, plötzlich reißt das Mädchen den Kopf hoch. Wir sehen uns für den Bruchteil einer Sekunde an. Ich empfinde eine Trauer, weil ich sie jetzt ganz schwer verletzen werde. Das Zusammenspiel von Gedanken und Handlungen beschäftigt mich noch heute: Im selben Augenblick, völlig automatisch ziehe ich die Kupplung, bremse, nicht zu hart, weil sich das Motorrad querstellt und ich sonst mit der ganzen Breite auf sie zukäme. Wenn es überhaupt eine Chance geben soll, dann muß ich irgendwie an ihr vorbeifahren. Und dann die Überlegungen, fast ruhigen Beobachtungen. »Wie jung sie noch ist. Wie schade, daß ich sie verletzten muß, wie kurz das vor Madras passiert!« Das Mädchen läßt sich nach hinten fallen. Ich schließe die Augen und warte auf den Knall – nichts. Ich muß an ihr vorbeigekommen sein und lasse das Motorrad ausrollen. Hinter der nächsten Kurve folge ich einem kleinen Fußpfad, lege meine Matte auf den Boden und lasse mich fallen. Solche Tage sind hart.

Dann endlich Madras, die letzte große Stadt in Indien, das Ende der Straße und der Anfang einer ruhigen, entspannten Zeit. Das weiß ich und sollte auch recht behalten. Die Stadt interessiert mich nicht. Ich habe keine Lust mich zu vergewaltigen und gegen meinen Willen hier etwas zu unternehmen. Nur die Schiffspassage buchen und eine lange Überfahrt nach Singapur genießen. Ach ja, dieses schöne Passagierschiff. Zwei Wochen an Deck liegen, viel lesen, mit Reisenden Erfahrungen austauschen, Reiseführer über Südostasien studieren, Briefe schreiben, wie schön wird das werden. Wie schön wäre das geworden. Ich muß wohl den Konjunktiv benutzen. Es gab tatsächlich dieses eine Schiff, das sowohl Passagiere als auch Fahrzeuge mitnimmt. Nur brannte eben dieses eine Schiff vor Wochen aus. Ich zucke mit den Schultern, typisch Indien, Hoffnungen sind eben zu trügerisch.

Im Büro der NOL (Neptune Orient Lines) begegne ich einem alten Inder, der vor 15 Jahren mit einer Enfield Bullet, diesem sagenhaften Einzylinder mit 350 cm^3, eine Fahrt nach Europa und zurück machte. Ich solle ihm die Papiere des Fahrzeugs dalassen, morgen wiederkommen. Das Verfrachten kostet 300 DM. Ich kann das Motorrad in ca. 2 Wochen in Singapur aus dem Zoll bekommen. Aber zwei Wochen möchte ich weder in Madras noch in Singapur bleiben und strolche nachdenklich durch ein Geschäft mit Bildbänden: Malediven, Trauminseln im indischen Ozean. Ich blättere durch und sehe auf der Karte, daß der Ministaat südwestlich von Indien liegt. Ein Flug Madras-Malé (Malediven) Singapur kostet nicht viel mehr, als der Direktflug Madras-Singapur. Ohne zu überlegen buche ich den Flug auf die Malediven. Irgendwie werde ich schon meine Trauminsel dort finden. Herr Paramasivan bei der NOL-Gesellschaft erweist sich als Schatz. – Nach zweieinhalb Tagen schiebe ich die Honda in einen riesigen Container, wo wir noch etwas Ladekapazität entdeckt hatten. Dann bleibt mir noch ein einziger Abend in Indien.

Auf der Dachterrasse eines Restaurants genieße ich ein Bier, sehe auf das chaotische Treiben der Straße und fühle mich wie befreit. Ein Inder setzt sich zu mir, erzählt von einem Ravi Shanka-Konzert heute abend. Ich frage, ob er mich mitnähme. Ja, ganz klar. Ob er mir eben schnell eine Karte besorgen soll? Ich könne dann zu Ende essen und er hole mich ab. Das ist wirklich eine gute Idee, ich gebe ihm 14 DM für die besten Plätze und lehne mich gutgelaunt zurück. Was für ein Glück. Ich sitze also eine halbe Stunde und warte. Eine Stunde vergeht, die vierte oder fünfte Flasche King-Fisher kommt, aber mein indischer Freund nicht. Ich weiß nicht, ob ich lachen oder weinen soll. An einem Brett im Hotel entdecke ich später einen Hinweis: Achtung! Seit Tagen verkaufen Inder Konzertkarten für Veranstaltungen, die gar nicht stattfinden, also noch einmal: Michael Jackson oder Ravi Shanka spielen weder heute noch nächste Woche.

Das Flugzeug rollt an, ich starre lange aus dem Fenster. Was für ein Land, wieviel Dynamik, die ständige Nähe von Tod und Leben. Indien ist mehr als ein Kontinent, mehr als eines von vielen Ländern, durch das man eben durchfährt. Ich glaube man muß Monate oder besser Jahre hier reisen oder leben, um es ein ganz kleines bißchen zu verstehen. Die kurze Zeit auf dem Subkontinent reicht, um mir klarwerden zu lassen, daß Indien nicht unbedingt der Platz zum Erholen ist, schon gar nicht mit dem eigenen Fahrzeug. Indien ist auf jeden Fall das Land, das alle anderen, selbst Pakistan, erst recht die Türkei oder Nepal, wie sichere, wohlbehütete Staaten erscheinen läßt. Jeder Tag bringt unerwartete Begegnungen, stellt mich oft vor die Frage, wie bei so viel Chaos, so vielen Menschen überhaupt noch etwas funktioniert. Wie können sich die Menschen in diesem hoffnungslosen Durcheinander, dem Kampf ums Überleben so lässig geben, beinahe völlig unbeeindruckt zeigen? Die Zeit hier erinnert mich an viele Augenblicke in der Wüste: Oft war ich kaputt, körperlich am Ende, haßte dann die Gegend und fragte mich, was ich hier überhaupt wollte. Sobald ich aber durch war und die Strapazen hinter mir lagen, sehnte ich mich zurück, wurde wie ein Magnet wieder angezogen. Genauso ergeht es mir jetzt im Flugzeug. Natürlich ist die Erleichterung da, keine ständige Anspannung und Angst mehr, aber ich weiß auch, daß ich wieder zurück muß, mir viele Dinge intensiver und länger ansehen und auf mich einwirken lassen muß.

Ich freue mich jetzt erst einmal riesig auf die zwei Wochen. Sie stellen eine Möglichkeit dar, um über die Zeit auf der Straße nachzudenken. Viel zu oft geschahen Dinge, erlebte ich Situationen, traf ich Menschen, wo mir gar keine Zeit zum Nachdenken blieb. Manchmal blättere ich in meinem Tagebuch und frage mich ernsthaft, ob das wirklich alles vor ein paar Tagen passierte. Mir wird klar, daß eine Weltreise, eigentlich jede lange Reise ohne solche Ruheetappen nur zu einem Trip ausarten würde, der einen völlig überfordert, weil absolut keine Zeit bleibt, etwas zu verarbeiten. Ohne solche Stops würde ich abstumpfen, nicht mehr aufnahmefähig für Neues sein und irgendwann nur noch von Ort zu Ort rasen, weil mein eigentliches Ziel nur darin bestünde, abends in A zu sein und morgen unbedingt B zu erreichen. Ich werde mein eingeschlagenes Tempo, den Wechsel von Fahren und Abschalten einhalten, aber ich werde wohl einen Teil der geplanten Route streichen müssen. Wahrscheinlich den größten Teil von Südamerika vergessen können.

Unter mir tauchen die ersten Inseln auf, klein und mit einem Außenatoll umgeben. Um die Inseln ziehen sich, wo das Wasser niedrig ist, helle Streifen, um hinter einem Korallenriff dunkelblau und endlos tief zu werden. Auf keiner der vielen Inseln erkenne ich größere Bauten. Manche scheinen völlig unbewohnt, ein weißer Sandstrand umgibt den grünen Fleck aus Kokospalmen und Sträuchern wie ein Ring. Das Archipel der Malediven erstreckt sich über eine Länge von 800 und einer Breite von 130 Kilometer. Von den 1190 Koralleninseln sind nur 202 von 160.000 Maledivern bewohnt. 56 der Inseln sind für Touristen erschlossen. Die Regierung nimmt eine strikte Trennung vor – auf den Touristeninseln dürfen keine Einheimischen leben, nur Personal, während Touristen sich auf keiner der anderen Inseln länger aufhalten dürfen. Gleich am Flughafen bekomme ich eine Übersicht aller erschlossenen Inseln. Meine Wahl fällt auf Makunudhoo. Die Insel liegt 43 Kilometer vom Flughafen entfernt. Ich rufe dort an. Es ist möglich, für 40 Mark pro Tag einen Bungalow zu mieten, einschließlich drei Mahlzeiten.

Am nächsten Tag schaukelt mich ein Doni an unzähligen Inseln vorbei nach Makunudhoo. Nach über 3 Stunden taucht das Korallenriff auf, die Insel ist gerade 200 Meter lang und 150 Meter breit. Es gibt kein Süßwasser hier, aus den Duschen kommt das salzige Meerwasser. Gleich zwei Meter vor meinem Bungalow beginnt das Meer. Ich lasse den Rucksack vor meinem Häuschen liegen und falle ins Wasser, nein ich falle in eine überdimensionale Badewanne so warm erscheint es mir. Außer mir befinden sich noch etwa zehn Touristen hier. Deutsche Ehepaare, die bereits zu Hause 2 Wochen pauschal buchen. Nach einem 10minütigen Rundgang habe ich das ganze Paradies erkundet – es gibt nur Kokospalmen, weißen Strand und ein Wasser, das unglaublich klar ist. Alle Touristen liegen in derselben Bucht, so daß mir praktisch der Rest der Insel allein gehört. An einem kleinen

Taucherlebnis, Makunudhoo, Malediven.

Bretterverschlag entdecke ich den Hinweis auf eine Tauchschule. Ibrahim, ein Malediver, schaukelt in seiner Hängematte und klagt, daß die Gäste hier nur an Sonne interessiert sind, aber überhaupt nicht an Sport, dabei gäbe es nichts Faszinierenderes als das Tauchen. »Sag mal, ich habe vor 10 Jahren einen Tauchkurs im Schwimmbecken gemacht. Erkennst Du den als Qualifikation an?« – »Kannst Du Dich denn noch an irgend etwas erinnern? Weißt Du, wie man unter Wasser eine vollgelaufene Brille ausbläst?« – »Ja, wie war das doch gleich noch?« Wir einigen uns, daß er mir drei Einweisungen mit dem Gerät gibt, danach erklärt er sich bereit, mich zu Tauchfahrten außerhalb der Insel mitzunehmen.

Unter Wasser schwimmt man nicht, sondern schwebt mit Hilfe einer Tarrierweste, die mit der Sauerstoffflasche verbunden ist. Auf einen Knopfdruck öffnet sich das Ventil, die Weste bläst sich auf, ich schwebe und stehe auf der Stelle. Ein Druck auf das Ventil und ich sinke – was für eine Welt erwarte mich unter der Wasseroberfläche: Korallentäler und -berge, -tunnels, Korallen in den unterschiedlichsten Formen, etwa wie große Fächer oder weitgeöffnete Pilze, riesige Kerzen oder Windungen eines Gehirns. Wenn ich bewegungslos im Wasser schwebe, kommen Fische bis an die Brille, gucken neugierig. Ich bin völlig gefangen von dieser Umgebung und gehe jeden Tag zum Tauchen. Ein Boot fährt uns mitten aufs Meer, wo an einigen Stellen die Riffe bis nahe an die Oberfläche wachsen, wir uns rücklings hineinfallen lassen und für eine Stunde in eine Phantasielandschaft sinken.

124

Ich komme ganz schnell in meinen eigenen Inselrhythmus: Um 9.00 Uhr wird auf einer Muschel zum Essen geblasen, ich unterhalte mich mit Ibrahim übers Tauchen, frage ihn, wann wir denn nun die versprochenen Haie sehen. Das Herumliegen in der Sonne halte ich nicht lange aus und bin froh, als ich auf einem großen Haufen 5 Surfbretter, Segel und Masten entdecke. Alles hat schon einmal bessere Zeiten gesehen. Ich kann aus dem ganzen Material tatsächlich eins zusammenbauen und segle bei 1–2 Windstärken gemächlich um die Insel. Dann bleibt mir noch Zeit, etwas ins Tagebuch zu schreiben oder vielleicht einen Brief anzufangen. Jetzt wird es Zeit fürs Mittagessen. Meist gibt es Fisch, den der Koch selbst fängt. Abends rudert er mit einem winzigen Boot hinaus, läßt eine Nylon-Schnur ins Wasser und wartet. Gestern z.B. zog er einen 20 Kilogramm schweren Fisch ans Ufer. Er befestigte die Schnur am Rand des Bootes, zog das Boot auf den Sand und mußte zwei Männer holen, um mit ihnen gemeinsam den Fisch zu erlegen! Es gibt zwar jedes Mal eine andere Bezeichnung fürs Essen, aber der Fisch

Trauminsel, Makunudhoo, Malediven.

bleibt für 3 Tage immer derselbe: Einmal gekocht als Filet in kleinen Stücken mit Reis und Ananas gemischt, gebraten mit eingelegten Knoblauchstückchen oder gegrillt. Die Malediver sind ausgezeichnete Köche. Nach dem Mittagessen hänge ich mich in eine Schaukel, genehmige mir einen Kaffee vor dem Tauchen. Ibrahim erscheint: »Wollen wir los?« – »Und ob!« Beinahe bekomme ich Streß auf der Insel. Nach dem Tauchen spiele ich Volleyball mit Maledivern. Zwischen zwei Palmen wird ein Netz gespannt, natürlich treten alle barfuß auf dem sandigen Boden an. Die Grundlinien bestehen aus kleinen Muschelstückchen. Der Tag endet nach dem Abendessen – Fisch, aber diesmal ein ganz anderer, versichert der Koch und serviert den Rest des letzten Fangs. Ibrahim und ich müssen uns an der Bar beeilen, denn der Generator auf der Insel wird um Mitternacht abgeschaltet und dann schaltet auch das Kühlfach mit dem Eis ab.

Es gibt nicht viele Tiere auf der Insel: drei abgemagerte Hühner stolpern über den Strand, nach Sonnenuntergang buddeln sich tausende von Strandläufern aus dem Sand, Echsen mit bunten Köpfen rennen die Stämme hoch. Tatsächlich entdecke ich vor einem Bau Kaninchen. Regelmäßig fegen die Malediver die Blätter zusammen und verbrennen sie. Der Boden sieht zwar sehr gepflegt aus, aber er wird nie mit einer Humusschicht bedeckt werden.

Am ersten Vormittag lag ich eine Stunde im flachen Wasser und unterhielt mich mit einer deutschen Tauchlehrerin, die hier für einige Tage Urlaub machte. Dabei verbrannte ich mich so stark, daß ich mich nie wieder ohne T-Shirt in die Sonne wagte. Am nächsten Tag sah ich die Auswirkungen: Die Unterlippe war völlig aufgesprungen. Die dicken Löcher wurden nur von einer feinen Schleimhaut bedeckt, der Rücken tat so weh, daß ich nicht einmal mit der Hand hinter den Kopf greifen konnte. Als ich die Sauerstoffflasche umhänge, schneiden die Träger wie heiße Eisen. Glücklicherweise drückt das Gewicht unter Wasser kaum, und die Sonne kann mir dort ebenfalls nichts anhaben.

Bei einem Gespräch mit Mohammed, der als Kellner arbeitet, kommen mir die ersten Zweifel, ob der Tourismus wirklich so positiv für die Einheimischen ist, obwohl er ja Arbeitsmöglichkeiten schafft: Mohammed – der islamische Name ist nicht Zufall, denn fast 100 Prozent der Bevölkerung ist muslimisch – kommt von den südlichen Atollen, etwa 2–3 Tage mit dem Doni, dem breiten Holzboot mit Wellblechdach und Außenborder, entfernt. Seine ganze Familie lebt jetzt in der Hauptstadt in Male. Somit kann er sie an seinen freien Tagen – ein Wochenende im Monat – wenigstens einmal sehen. Schulgeld, Miete in der Hauptstadt und andere feste Kosten betragen 280 DM. Mohammed verdient aber als Kellner nur 100 DM und ist auf Trinkgelder angewiesen. Er bereut den Wechsel hierher, weil er keine freie Zeit mehr hat, seine Familie nie sieht und sich auch nicht richtig wohl fühlt bei den Städtern. Ein Zurück gibt es in den nächsten 10 Jahren nicht. Er möchte, daß seine sechs Kinder erst die Schule beenden und dann einen Job finden. Welche Möglichkeiten es gibt? Fischer oder ein Beruf im Hotelgewerbe. Was er wählen würde, wenn er es noch einmal könnte? Fischer, tagelang draußen sein, auf unbewohnten Inseln übernachten, selbstgefangene Muscheln und Krebse am Strand zubereiten. Ob wir morgen Nacht nicht herausrudern wollen? Gesagt – getan. Wir paddeln etwa eine Stunde, es ist dunkel und nur der Mond erhellt die Umgebung. Die Anglerschnur ist um eine Plastikflasche gewickelt, in Abständen von einem Meter hängen dicke Haken, manche lassen wir aus, an die anderen stecken wir dicke Fischstücke. Wir fangen drei Barakudas, alle etwa einen Meter lang, und einen kleinen Hai mit vielleicht 60 Zentimetern. Alles innerhalb von 2 Stunden. Es ist ein prickelndes Gefühl, plötzlich den Druck an der Leine zu spüren, wenn der Fisch am Köder zieht. Man reißt dann die Schnur hoch, um den Haken tief ins Maul hineinzubohren und zieht schnell die Leine ins Boot. Zum Aufrollen bleibt keine Zeit. Wir ziehen den Fisch an Bord. Mohammed wirft ihn unter die Bodenbretter, wo er verendet. Es scheint nicht üblich, ihm mit einem Stück Holz das Leiden zu ersparen.

Einmal sitze ich mit den anderen Gästen zusammen und wir unterhalten uns übers Reisen. Ich erzähle von meiner Tour. Für mich ist es nichts Besonderes, mit dem Motorrad unterwegs zu sein. Dadurch, daß ich jeden Tag auf der Straße bin und extreme Situationen erlebe, wird Reisen beinahe so etwas wie eine Selbstverständlichkeit. Ich berichte über meinen Urlaub so wie mir hier Leute von ihrem letzten zweiwöchigen Urlaub auf Sri Lanka erzählen. Nur stelle ich fest, daß sie mich nicht verstehen. Oft schweigen sie, weil sie vielleicht meinen, ich übertreibe. Meistens habe ich aber das Gefühl, daß sie gar nichts darüber wissen wollen, weil es sie selbst an eigene Träume erinnert, die sie gehabt haben. Ich wechsle schnell das Thema und bin genauso erleichtert wie sei. Es ist ein ziemlicher Unterschied, ob ich mich mit Marina unterhalte, die seit sechs Jahren eine eigene Tauchschule auf den Malediven besitzt oder mit einem Paar, das hier einen Pauschalurlaub verbringt. Vielleicht bin ich aber auch nicht in der Lage, die Reise überzeugend darzustellen, das glaubhaft zu machen, was ich so wahnsinnig finde: Es bedeutet nichts Besonderes, um die Welt zu fahren. Man muß nicht Superman oder Rambo sein. Das scheinen aber leider die Vorstellungen vieler zu sein. Auf einmal bin ich nicht mehr der Verrückte, der drei Stunden in der Sonne liegt und sich den ganzen Körper verbrennt, der abends mit dem Tauchlehrer säuft und nicht genug Geschichten über Haie hören kann. Ich bin jetzt der, der ganz allein mit dem Motorrad um die Welt fährt. Ich bereue es, überhaupt davon erzählt zu haben und lerne daraus für die Zukunft.

Ibrahim fühlt sich von den vielen Brandys etwas angeschlagen und fragt, ob ich nicht alleine mit Marina tauchen möchte! Ich habe absolutes Vertrauen zu ihr und wir tauchen ab. Marina läßt sich bis auf 40 Meter Tiefe fallen. Nun ja, ich habe keinen Tiefenmesser und absolut keine Ahnung, ob wir uns in 15 Metern oder in 50 Metern Tiefe befinden. Außerdem ist es mein dritter Tauchgang und ich fühle mich so sicher und stark wie es nur Anfänger in ihrem Überschwang tun. Marina zeigt auf den Boden, ich folge der Richtung ihrer ausgestreckten Hand, kann aber nicht viel sehen. Wir lassen mehr Luft ab und kommen näher, dann entdecke ich die Haie. Ich bin begeistert, an eine Gefahr denke ich nicht. Wir schweben ohne Schutz über ihnen und zählen 13 Tiere. Einige schwimmen, die meisten liegen in Abständen von wenigen Metern auf dem Grund und bilden einen großen Kreis. Es sind Weißspitzhaie, etwa 2 Meter lang. Keiner nimmt von uns Notiz. Als wir uns ihnen nähern, schwimmen sie weiter. Beim Auftauchen bin ich völlig euphorisch, will morgen sofort wieder zur gleichen Stelle zurück, vielleicht näher herankommen. Abends fragt uns Ibrahim, ob ich jetzt endlich meinen ersten Hai gesehen habe? Marina stößt mich an und meint, ja, einen. Wir waren 25 m tief. Als wir allein sind sagt sie: »Es ist besser, wenn er nicht weiß, daß ich Dich als Anfänger bis auf 40 Meter Tiefe mitgenommen habe.« Während der nächsten Tauchgänge sehe ich eine etwa 2 Meter große Schildkröte. Sie rudert majestätisch mit ihren Flossen vorbei, scheint nicht sehr beeindruckt von uns zu sein und verschwindet. Ein noch größerer Adlerrochen folgt – oder besser fliegt vorbei, seinen meterlangen Schwanz nach sich ziehend. Er bewegt sich mit einer Leichtigkeit, die ans Schwerelose erinnert. Große Seesterne schlingen sich wie ausgelaufenes Wachs über Korallenformationen. In einem Kanal ist die Strömung so stark, daß wir uns an den Korallen festhalten müssen und uns auf dem Boden Meter für Meter vorziehen. Ein Kugelfisch bläst sich so dick auf, wie ein Fußball und wird nun so groß, daß er unmöglich aus einer Korallengasse entweichen kann, in der er vor uns flüchtet. Beinahe noch schöner, auf jeden Fall unheimlicher, ist ein Nachttauchgang. Fische schlafen, den Kopf in Richtung Wasseroberfläche oder zum Boden geneigt. Manche spinnen sich regelrecht ein, liegen bewegungslos in einer Höhle und reagieren nicht auf das Licht der Lampe. Andere verlieren die Orientierung als sie plötzlich in ihrem Tag-Nachtrhythmus gestört werden, schwimmen schlaftrunken gegen Korallen. Wir können sie anfassen, streicheln. Ihnen scheint alles egal zu sein.

Am letzten Abend macht Ibrahim einen Fehler und erzählt von einem Kanal, wo es immer Haie gibt. Manche kämen bis auf einen Meter heran, seien nicht besonders gefährlich. Wir trinken noch, dann kann ich ihm das Versprechen aufschwatzen, morgen an meinem letzten Tag, dort zu tauchen. Ein Schweizer möchte ebenfalls mit. Nach einer eineinhalbständigen Bootsfahrt erreichen wir das Riff. Daumen und Zeigefinger bilden ein O, das Zeichen für »Alles in Ordnung«, dann tauchen wir ab. Ich rücke meine Brille zurecht, schwebe in etwa 10 Meter Tiefe über einer kleinen Hirnkoralle und beobachte winzige bunte Fische, die in den Windungen und Gängen umherschießen, wie Autos auf Straßen. Ibrahim und Richard müssen in der Zwischenzeit weitergetaucht sein, denn ich entdecke sie nirgendwo. Irgendwo müssen sie aber sein, vielleicht sind sie über mir – ich sehe hoch, genau in das Auge eines Hais. Er schwimmt etwa einen Meter über meinem Kopf, dreht die Schnauze leicht zu mir, sein bewegungsloses Auge starrt mich an. Mir läuft es eiskalt den Rücken runter. Wenn jetzt irgendetwas passiert, die Maske verrutscht, oder was weiß ich was, dann verliere ich die Nerven, schieße an die Wasseroberfläche – und bestimmt nicht alleine. Der Hai kreist über mir, ich kralle mich an den Korallen fest, traue mich nicht zu atmen wegen der Luftblasen und denke an Ibrahims Ratschläge abends an der Bar nach dem fünften Bier. »Du mußt dem Hai auf die Schnauze hauen, wenn er Dich angreift, da ist er am empfindlichsten.« Bitte Hai, verschwinde jetzt. Ich habe in diesem Augenblick richtige Todesangst. Der Hai dreht ab, Ibrahim kommt zurückgeschwommen, er beobachtet die Szene und fragt mich, ob alles okay sei. Ich bilde das Okay mit der einen Hand und schiebe einen Finger durch, zeige ich in Richtung Hai. An Bord kann er sich die Frage nicht verkneifen, ob ich jetzt genug Haie gesehen habe.

Das Doni tuckert mich nach zwei Wochen zurück nach Male. Ich weiß, daß es gar nicht zwei Wochen gewesen sein können, sondern ich morgens nach Makunudhoo komme und abends wieder zurückkehre. Zwei Wochen vergingen wie ein einziger Tag. Sollte ich jemals einen Wunsch offen haben, ich erfüllte ihn mir so, in einem solchen Augenblick die Zeit anzuhalten.

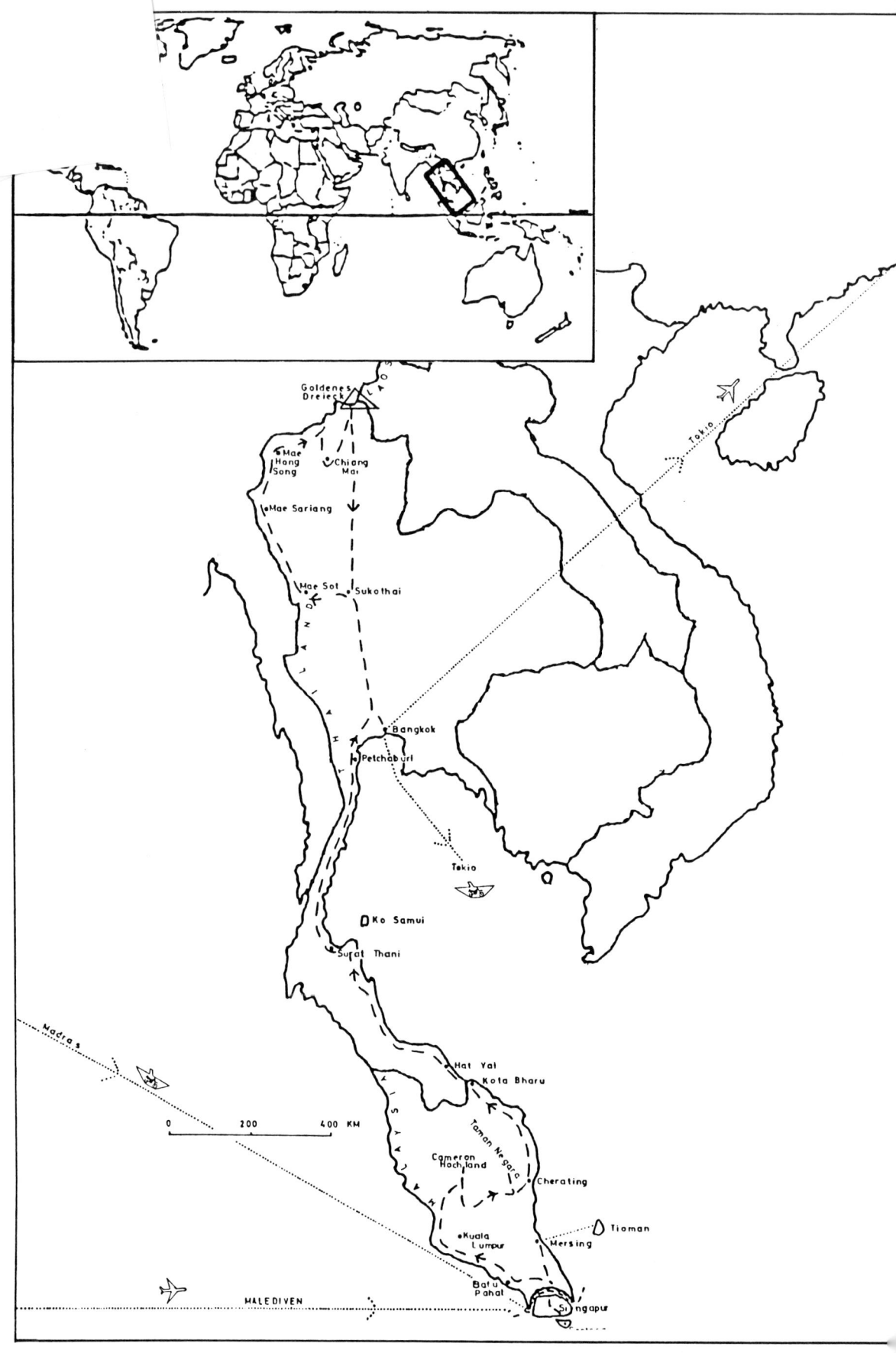

Goldenes
Dreieck

• Mae
Hong
Song

Chiang
Mai

• Mae Sariang

Mae Sot • Sukothai

Bangkok
• Petchaburi

Tokio

Madras

Tokio

Ko Samui

Surat Thani

0   200   400 KM

Hat Yai
Kota Bharu

Taman Negara

Cameron
Hochland

Cherating

Tioman

Kuala
Lumpur

Mersing

Batu
Pahat

MALEDIVEN

Singapur

Singapur, Malaysia, Thailand

Makunudhoo, die winzige Insel auf den Malediven, und Singapur haben immerhin eine Gemeinsamkeit: Auch Singapur ist eine Insel. Damit aber hören auch schon alle Ähnlichkeiten auf. Singapur besteht aus einem Meer von Hochhäusern, Einbahnstraßen und Lichtreklamen. Gleich am Flughafen wird der erwartungsvolle Reisende auf die Gepflogenheiten des wohlhabenden Stadtstaates hingewiesen: »Herzlich willkommen, Touristen, wir wünschen Ihnen einen angenehmen Aufenthalt. Auf Drogen steht die Todesstraße!« Neben der Bushaltestelle ein Hinweis, daß man fürs Spucken in der Öffentlichkeit oder Wegwerfen einer Zigarettenkippe über 200 DM Strafe zahlt. Oje, das kann ja was werden! Der Großteil der Bevölkerung ist chinesischen Ursprungs. Vielleicht findet man in Chinatown noch ein biß-chen von dem, was diese Stadt früher einmal so reizvoll gemacht hat. Ich suche mir ein kleines Hotel und setze mich in ein Straßenrestaurant. Enten hängen an einem Haken, sämtliche Schriftzeichen sind auf Chinesisch, kleine Läden mit Papierlampen, Plastikdrachen zum Aufziehen, Miniradios samt eingebautem Fernseher, Obststände und vor allem Menschen, die immer in Bewegung zu sein scheinen. Es geht in Chinatown wie in einem Ameisenhau-fen zu. Und noch gelten hier viele Gesetze nicht – ein Koch beugt sich aus der Küche und spuckt auf die Straße, ich entdecke Zigarettenkippen auf dem Bordstein. Das Essen wird grundsätzlich nur mit Stäbchen serviert, selbst die Schale mit Gemüsesuppe und Garnelen essen Chinesen mit diesem Besteck. Die Gemüsestücke picken sie heraus und trinken dann die Flüssigkeit. Damit erst gar keine Fragen aufkommen, kassiert die Bedienung, sofort nachdem sie den Teller auf den Tisch setzt. Anders dagegen die Hauptgeschäftsstraße, die Orchard Road, das Einkaufsparadies. Hier geht es von morgens bis nachts täglich zu wie bei uns vor Weihnachten. Touristen sind mit Plastiktü-ten bepackt, es herrscht ein unheimliches Gedränge. Wenn ich einmal stehenbleibe, rammt mir gleich jemand einen Karton in den Rücken – »Oh,

Entschuldigung, eh, sorry, meinte ich.« – »Ja, ja Sie können ruhig Deutsch sprechen.« Kaum jemand hält sich länger als ein oder zwei Tage hier auf, zum Ausruhen sicherlich niemand. Mir wird klar, daß ich bestimmt keine Reisenden treffen werde, auch wenn ich länger bleibe. Das Motorrad ist gerade angekommen, erfahre ich von der Hafenbehörde. Aber ich drücke mich einfach davor es abzuholen, weil ich keine Lust auf die ganzen Formalitäten habe. Mir bleiben außerdem noch 3 Tage Zeit, dann besucht mich ein Freund aus Deutschland. Wir wollen eine Woche gemeinsam verbringen. Ihm scheint Singapur der geeignete Platz dafür zu sein. Ich kann die zwei Tage kaum abwarten und werde dann wohl direkt vom Flughafen zur Grenze von Malaysia starten, keinen Tag länger hier, in dieser anonymen Millionenstadt, bleiben. Bei einem Anruf in Bochum ändern sich die Pläne meines Freundes. »Hör mal, ich komme erst in einer Woche, d. h. wir kommen zu zweit. Annette und ich.« Oh ne, noch einmal eine Woche hier herumhängen, dazu habe ich nicht viel Lust, aber was bleibt mir sonst übrig?

Also stürze ich mich selbst in den Einkaufsrummel. Ich wollte mir sowieso einen Walkman kaufen, denn in Nepal wurde mir meiner gestohlen. Musik vermisse ich jedoch sehr. Im Sim Lim Shopping Centre gibt es auf sieben Etagen nichts anderes als Musikgeräte, Telefone, Fernseher, Anrufbeant-

Chinatown, Singapur.

Skyline, Singapur.

worter und Lautsprecher. Gleich im ersten Laden erstehe ich einen Walkman, zwei Aktivlautsprecher und Batterien. Die chinesische Verkäuferin ist
so unschlagbar nett, daß ich ihre Versicherung selbstverständlich glaube –
dies sei das günstigste Angebot in Singapur überhaupt! Ich verhalte mich
ganz wie jemand, der gerade von einer romantischen kleinen Insel kommt,
voller Glauben an die Gutmütigkeit und Ehrlichkeit der Menschen. Ach ja,
ob ich nicht die besonders langlebigen Batterien brauche? Natürlich – was, 4
Mark für eine Batterie, ist das nicht teuer? Nein, natürlich glaube ich Ihnen,
ja, wenn sie extra stark sind, geben Sie mir doch einen Viererpack! Ich
vergleiche kein einziges Mal die Preise in einem der hundert anderen Shops,
lege meine Singapurdollars auf den Tisch und will jetzt schnell irgendwo eine
Blues-Kassette kaufen, die beiden Boxen über mein Bett hängen und Musik
hören. Im Gewühl des Hochhauses verlaufe ich mich, stehe plötzlich vor
einem Geschäft mit Batterien – jetzt erwacht der schläfrige Tourist –. Mein
ganzer Glaube an die Menschlichkeit stürzt zusammen. Genau die gleichen
Batterien muß ich entdecken, aber nicht eine kostet 4 DM, sondern ein
Paket mit 4 Stück! Ich kaufe ein Viererpack und koche vor Wut. »Ach, haben
Sie noch etwas vergessen, vielleicht interessiert Sie die Videokamera...« –
»Hier, was ist das? Genau dieselben Batterien!« Ja, das sei ein Irrtum
gewesen, natürlich bekomme ich das Geld zurück. Wie konnte ihr das nur
passieren? Ich lasse mich noch einmal einlullen und vergebe ihr. Eine Etage
höher bleibe ich vor einer Auslage mit Walkmans stehen. Mal sehen, um

133

wieviel billiger ich meinen bekommen habe. Geschickt und unnachgiebig wie ein Berber handele ich den Preis von 230 DM auf 170 DM runter. »Was soll dieser hier kosten?« – »Naja, sagen wir mal 120 DM.« Es muß ein anderes Modell sein, denke ich und packe meinen aus. Es ist aber kein anderes Modell! Dieses Mal scheint es ganz unmöglich, mein Geld wiederzubekommen und ich verlange den Manager. »Tut mir leid, mein Herr, Sie haben bereits bezahlt.« – »Hören Sie, ich bestehe darauf, mein Geld zurückzubekommen!. – »Das wird nicht gehen!« – »So, das werden wir doch einmal sehen!« Ich bleibe im Geschäft, warte, bis die ersten Touristen kommen, glücklicherweise Deutsche, der Manager verfolgt etwas gespannt unsere Unterhaltung. »Hallo, auch eine Videokamera kaufen? Ich habe gerade eine von diesem Herrn erstanden.« Und zeige in seine Richtung. Der Manager winkt mich zu sich und zischt mich an. »Hör zu, laß die Kunden zufrieden.« – »Hör zu, gib mir das Geld zurück, sonst werde ich ein bißchen von Euren Verkaufspraktiken berichten und ich schwöre Dir, daß heute niemand etwas kauft!« – »Gib die Rechnung und die Geräte, nimm Dein Geld und komm ja nicht wieder.« – »Darauf kannst Du Dich verlassen.. – »Auf Wiedersehen, schöne Ferien in Singapur, übrigens ist dies hier der teuerste Laden«, kann ich mir beim Herausgehen nicht verkneifen.

Heute will ich mich in den Zollstreß stürzen und die Honda aus dem Hafen holen. Ich zögere mein Frühstück bewußt in die Länge, aber es hilft nichts. Ein Bus fährt mich zur Marina Wharf, zum Kai Nr. 17. Meine Ängste vor dem Verladen und dem anschließenden Papierkrieg beim Zoll bleiben auf der ganzen Reise. Allein wenn ich daran denke, daß ich vielleicht einige Tage herumrennen muß, von Büro zu Büro, hier eine Bescheinigung und dort eine Erledigung, dreht sich mein Magen um. Oft schlafe ich tagelang schlecht und träume, daß sich das Motorrad aus irgendeinem Grund nicht wiederfinden läßt.

Am Haupttor zum Kai erfahre ich, daß ich eine Erlaubnis benötige, um das Gelände betreten zu dürfen. Na sicher, ich wußte doch, daß der Ärger gleich losgeht. Ein Lkw-Fahrer nimmt mich zur Hafenbehörde mit. Eine halbe Stunde später stehe ich in der großen Verladehalle und sehe die Honda.

Jetzt läuft alles so schnell und unkompliziert, daß ich glaube, irgendwo in der Schweiz beim Zollamt zu sein. Ich zeige mein Delivery order (Aushändigungsschreiben), ein einziges Papier wird ausgefüllt, Stempel drauf, Chassis-Nr. kontrollieren, 7,50 DM keine Gepäckkontrolle, »Gute Reise«. Das waren genau 10 Minuten. Ich schließe die Batterie an, drücke den roten Knopf und fahre zum Ausgang. Man benötigt eine Einreiseerlaubnis, die der Motorclub Singapur ausstellt. Also Taxi, eine halbe Stunde auf die Aushändigung warten, wieder zum Marina Kai zurück. Jetzt nur noch das Carnet de passage abstempeln – nach über zwei Wochen ohne Motorrad endlich wieder im Sattel. Ich werde die restliche Zeit bis meine Freunde kommen, mit kürzeren Ausflügen verbringen.

Der East-coast-parkway führt an die Ostküste Singapurs. Ich entdecke auf einmal, daß es nicht nur Häuser und Geschäfte gibt. Hier draußen vor der Stadt säumen lange Sandstrände die Straße, befinden sich gepflegte Parkanlagen und endlose Reihen mit Palmen. Es gibt aber trotzdem Kommerz. Gleich hinter dem Strand etwa, den Big Splash, die Riesenwasserrutsche. Alleine, um bis zur Plattform zu gelangen, muß man einige Minuten aufsteigen, dann erscheint das Wasserbecken eher wie eine kleine Schüssel. Ich muß mich sofort in die Plastikrinne fallen lassen, sonst traue ich mich später nicht mehr. Ich werde so schnell, daß ich mir den Hintern verbrenne obwohl die Bahn mit Wasser besprüht wird. Südlich von Singapur liegt die Insel Sentosa, die man mit einer Gondelbahn erreicht. Die kleine Kabine schaukelt 100 Meter über dem Meer. Von hier hat man einen Blick auf die Stadt. Trotz der Anonymität der City finde ich diesen Anblick überwältigend: Auf der einen Seite eine Wolkenkratzerfront, die an Manhattan erinnert, weiter entfernt der riesige Hafen, wo es so zugeht, wie auf einem Autobahnknotenpunkt. Der Hafen steht, was die Zahl und Größe der einlaufenden Schiffe betrifft, an zweiter Stelle in der Welt. Es ist der günstige geographische Standort, der diesen Platz so wichtig macht. Auf dem Weg zwischen Europa und Südostasien passieren sämtliche Schiffe diesen Punkt. Anfang Oktober ist das Klima in Singapur nicht sehr angenehm. Es ist heiß, kaum Wind, die Luftfeuchtigkeit ist unerträglich hoch. Glücklicherweise regnet es beinahe jeden Tag. Zum ersten Mal weiß ich den Regen zu schätzen. Für eine Stunde kühlt er ein kleines bißchen und wenn es nicht stundenlang schüttet, kann man sogar mittags den Schatten eines Cafés verlassen! Oft entscheidet sich der Wettergott für die beiden Extreme: Entweder heiße feuchte Luft, die lähmt und jeden Schritt zu einem Schweißbad macht oder ununterbrochener Regen, so daß das Wasser bis in die Busse hineinläuft, Schirme unter der Wucht der Tropfen zusammenklappen und Männer die Schuhe und das Hemd ausziehen, um über die Straße zu laufen. Das scheint mir nicht die beste Zeit für das Timithi-Festival der Hindus in Singapur zu sein. Sie sind übrigens eine Minderheit gegenüber den buddhistischen Chinesen. Das Firewalking (über Feuer gehen) findet im Sri Mariamman Tempel statt. Die Geschichte dazu: Jedes Jahr gedenken Gläubige der Standhaftigkeit von Draupaudi, einer Göttin. Der Prinz Arjuna soll im Krieg den Vater besiegt haben, als Beute nahm er Draupaudi. Die Mutter von Arjuna bestimmte, daß seine 4 Brüder jeweils ein Jahr mit ihr verbringen dürften. Draupaudi folgte dem Befehl. Am Ende eines Jahres ging sie, ohne eine Verletzung an den Füßen, über brennende Kohlen, um ihre Reinheit und Unschuld zu beweisen. Hindus glauben, daß nur diejenigen ohne sich zu verbrennen über Feuer gehen können, die rein im Geist sind. Der Tempel ist hoffnungslos mit

Feuerlaufen, Singapur.

Teilnehmern, Polizei und Zuschauern überfüllt. Ich muß mir etwas einfallen lassen, um vorbei zu dürfen. »He, Presse!« – »Ja, zeig Deinen Ausweis!« – Mist, ich gehe zum Hotel zurück und finde auf dem Kopf eines HB-Schreibens, den Aufdruck »HB-Zigarettenfirmen-Presseabteilung«. Das müßte reichen. Ich schneide den Ausschnitt aus, klebe ein Paßbild daneben. In jedem Stempelgeschäft in Deutschland kann man Datumsstempel oder welche mit einem Adler oder der Schrift German-Embassy bestellen. Der Bundesadler ist selbstverständlich rechtlich geschützt aber – das Wappen eines Schützenvereins wird's wohl auch tun. Der Adler sieht zwar wie ein hungriger Geier aus, aber hier in Singapur wird die Polizei kaum den Bundesadler vom Schützenvereinsgeier unterscheiden können. Diese Stempel helfen mir oft in kleinen Situationen wie dieser jetzt, oder bei selbstgefertigten Empfehlungsschreiben für unnachgiebige Grenzbeamte. Eine halbe Stunde später halte ich den Presseausweis einem Polizisten unter die Nase mit der typischen Hektik und Ungeduld der Journalisten. Und siehe da: »Bitte folgen sie mir! Machen Sie doch Platz, der Herr ist von der Presse.« Jedenfalls finde ich einen grandiosen Platz unmittelbar neben dem etwa 6 x 3 Meter langen Becken. Der Boden wird auf dieser Größe abgetragen, mit glühender Holzkohle gefüllt, immer wieder geglättet, damit der Untergrund hart ist und die Gläubigen nicht einsacken oder vielleicht stürzen. Eine Schlange mit Wartenden zieht sich bis auf die Straße, dann endlich dürfen sie ihrer Göttin huldigen, vor allem aber ihren unfehlbaren Charakter öffentlich beweisen. Mit einem orangenen Tuch um die Hüfte geht der erste beinahe in Zeitlupe über die Hitze, ohne einen Ausdruck im Gesicht. Andere rennen in 3 Schritten und mit schmerzverzerrtem Gesicht zum erlösenden Wasserbecken am Ende. Wieder andere scheinen vollkommen weggetreten, die Augen starren wild und weit aufgerissen irgendwo in weite Fernen. Sie tanzen regelrecht auf den Kohlen und schreien dabei wirres Zeug. Ein Vater zerrt seinen älteren Sohn über diese Marterstrecke, der Junge schreit vor Schmerz und weint. Das ist dem Vater unangenehm, denn die Zuschauer honorieren die Aktionen mit begeisterten Rufen und einem anfeuernden Klatschen oder peinlichem, allessagendem Schweigen. Manche Männer reihen sich ein zweites, sogar drittes Mal ein. Frauen sind nicht zugelassen. Sie gehen später um das Becken und werfen Blüten aufs Feuer.

Die Hitze ist so groß, daß die Helfer am Rand des Beckens ständig mit Wasser überschüttet werden. Mich beeindruckt dieses Schauspiel sehr.

Noch am gleichen Abend landen meine Freunde in Singapur. Es ist schon komisch. Seit Wochen freue ich mich darauf, sie wiederzusehen, vertraute Gesichter, persönliche Gespräche mit Menschen, die ich lange kenne und es ist ein richtiges Kribbeln, als wir uns umarmen – praktisch ein Stück Bochum hier in Singapur. Aber was kann man in einer Woche unternehmen? Diese Frage stelle ich mir lange vorher. Auf gar keinen Fall in Singapur bleiben und genauso wenig jeden Tag in einen anderen Ort reisen. Meine Wahl fällt auf die Insel Tioman vor der Ostküste Malaysias – angeblich eine der zehn schönsten Inseln der Welt!

Es ist interessant, einmal öffentliche Verkehrsmittel zu benutzen, einen Rucksack zu schleppen und einen Teil der Zeit damit zu verwenden, den Abfahrtsort herauszufinden, Karten zu kaufen oder das Gepäck zu verstauen. Allein das nimmt so viel Zeit in Anspruch, daß ich mit dem Motorrad bereits schon in Mersing angekommen wäre, der Stadt, von der aus ein Boot zur Insel übersetzt, wir aber immer noch um Bustickets anstehen. Ein Miniboot setzt uns nach 4 Stunden auf der Insel ab, wir laden das Gepäck, hauptsächlich 6er-Packs des leckeren Tigerbeers aus Singapur an den Strand. Die Insel ist recht groß. Es ist die Landschaft, die uns sofort begeistert: pulverfeiner Sandstrand, Palmen überall, Berge steigen bis auf 1000 Meter Höhe, tropische Vegetation, riesige Bäume, übergroße Sträucher und Felsbrocken, die einzeln herumliegen, als hätte sie jemand wahllos verstreut. Wir quartieren uns in einen Bungalow ein und spazieren am Strand entlang. Ich spüre das Bedürfnis, alles von zu Hause zu erfahren. Wie gehts es den und den Leuten, was macht euer Geschäft, sind die beiden immer noch zusammen? Aber was erwarte ich nach einem halben Jahr eigentlich? Natürlich ändert sich nichts, bleibt alles genauso wie vorher. Mir wird plötzlich klar, daß ich alles genauso unverändert vorfinden werde, alle Freunde und Bekannten die gleichen Sorgen und Gespräche haben werden, wie es vor meiner Abfahrt der Fall war. Ich vergesse viel zu häufig, daß meine Reise eine absolute Ausnahmesituation darstellt, weil sie eine Zeit darstellt, in der ich mich sehr oft und intensiv mit mir selbst beschäftigen kann, Zeit und Gelegenheit finde, um an mir selbst zu arbeiten, mir in Ruhe Gedanken machen kann und mich weiterentwickle. Unterwegs fallen die alltäglichen Kleinigkeiten weg, die mir in Deutschland gar keine Zeit zum Entspannen geben: Erledigungen in Büros, Rechnungen begleichen, regelmäßigem Job nachgehen, verpflichtende Verabredungen einhalten. Ich werde mir ganz plötzlich meiner Ausnahmesituation bewußt, in der ich mich befinde und nehme mir vor, das nie zu vergessen. Ein Tag im Dauerregen, in Matsch oder Hitze ist hundertmal besser als irgendein Alltag in Bochum.

Wir unternehmen stundenlange Spaziergänge. Es ist möglich, die Insel zu durchqueren und Juara auf der anderen Seite zu erreichen. Ein schmaler Dschungelpfad führt erst einmal zur Rollbahn eines kleinen Flugfeldes. Da nur am Mittwoch und Samstag ein Flugzeug landet und startet, benutzen Einheimische das Asphaltband als Fahrradbahn, zum Rollschuhlaufen für die Kinder oder als einziger Strecke überhaupt, wo Mütter den Kinderwagen schieben können, ohne daß das Baby ständig bis an den Rand des Wagens geworfen wurde. Die Inselpfade stellen nämlich eine einzige Ansammlung von tiefen Löchern dar. Das feuchte Klima läßt Pflanzen nicht nur schnell, sondern auch viel größer wachsen als üblich. Lianen hängen oft mehr als 20 Meter von dicken Stämmen herunter, manche Blätter sind so groß, daß man sich dahinter beinahe verstecken kann. Erdhörnchen springen zwischen Ästen, steuern ihren Flug mit dem dicken, buschigen Schwanz. Eine lange dünne Schlange kriecht über den Weg, ein Leguan, etwa einen halben Meter lang, watschelt im Unterholz. Ich habe noch nie eine so faszinierende Dschungelwelt gesehen. Die andere Seite der Insel ist beinahe menschenleer, einfache Hütten, irgendwo ein Restaurant im Haus einer malaysischen Familie und eine kilometerlange Bucht. Gleich hinter dem Strand steigt das Hochland an. Wir setzen uns auf die Holzstufen der Küche, essen gebratenen Reis mit Kokosstückchen darin und einen gegrillten Fisch dazu.

Ein Fischer startet seinen alten Kutter und schifft uns auf die andere Seite der Insel zurück. Er scheint von dieser Ruhe hier viel aufgesogen zu haben, setzt sich einen Kopfhörer auf und übergibt mir das Steuer: Ein Autolenkrad, das über Seile mit dem Ruder verbunden ist. »Komm nicht zu nah an die Küste, ich will ein bißchen schlafen.« Die Insel zieht in Zeitlupe an uns vorüber, wir erleben einen so unglaublichen Tag, daß wir uns nicht vorstellen können, erst vor zwei Tagen in Singapur gestartet zu sein! Wir wollen einen Tag Zeit sparen und kaufen uns deshalb ein Rückflugticket nach Singapur. Die Tickets bekommt man direkt an der Landebahn, wo sie ein Angestellter ausfüllt. Er sitzt an einem klapprigen Küchentisch, ein verrostetes Wellblechdach schützt vor der Sonne, die Schreibmaschine versagt bei verschiedenen Buchstaben. Er schreibt diese mit einem Kugelschreiber einfach nach. Die Landebahn ist für kleine Propellermaschinen gedacht. Beim Start nutzt der Pilot den letzten Meter der Piste aus, bei der Landung setzt er fast auf dem ersten Meter auf. Einmal beobachteten wir einen Start. Danach wollten wir unsere Tickets fast zurückgeben. Die Maschine kam kaum hoch und raste genau auf die Berge zu, erst langsam schien sie an Geschwindigkeit zu gewinnen und schwenkte kurz vor dem Felsen nach links ab.

Als wir uns in Singapur verabschieden, fühle ich mich plötzlich sehr einsam und allein. Es war eine sehr schöne und wichtige Zeit, die wir verbracht haben, aber nach all den Erinnerungen an zu Hause bekam ich beinahe ein bißchen Heimweh. Ich nehme mir vor, nicht mehr zu telefonieren und mich auch nicht mehr mit Freunden unterwegs zu treffen. Es reißt mich zu sehr aus dem Jetzt und Hier des Augenblicks heraus, läßt einen Teil meiner Gedanken in Deutschland sein und nimmt mir somit die Möglichkeit, hundertprozentig die Gegenwart zu genießen.

Ich sitze noch nicht lange auf dem Motorrad als mein Kopf frei wird von solchen Gedanken. Ich folge einer kleinen Straße nach Batu Pahat an der Westküste, vermeide den Super-Highway und spüre wie jeder Meter Fahren das schafft, was Gedanken und Überlegungen nicht können: Ich bin glücklich, will gar nichts anderes mehr machen als hier Motorrad zu fahren.

Rechts und links liegen Ölbaumplantagen, die sich mit Kautschukanpflanzungen abwechseln. Die Bäume sind in unendlichen Reihen so regelmäßig angepflanzt, daß ich glaube in Hunderte von langen Tunnels hineinzusehen. Als ich dann die Küstenstraße Nr. 5 erreiche und der Westküste folge, weiß ich, daß dieser Abschnitt wieder unter die Rubrik der schönsten Straßen der Welt gehört: Völlig gut ausgeschildert, rücksichtsvolle Fahrer – vor allem aber die Landschaft. Oft tauchen links kleine vorgelagerte Inseln auf, Kokospalmen und breite Sandstrände, Holzhäuser auf Steinpfeilern. Überall winken mir Menschen zu, Kinder beim Spielen, eine alte Frau, die auf den Stufen ihres Hauses sitzt. Mir wird plötzlich bewußt, wie ich am treffendsten diese Faszination beschreiben und vergleichen kann: In Indien oder im Süden Pakistans will ich so schnell wie möglich eine Strecke zurücklegen, nur ankommen und ohne Unfall überleben. Hier in Malaysia kann alles gar nicht lange genug dauern, dürfte die Straße noch viel weiter gehen und der Tag mehr Stunden haben. Ich fahre, weil es mir Spaß macht, nehme jeden Augenblick wahr und bin fast traurig, wenn der Nachmittag in den Abend übergeht und ich mir einen Platz für die Nacht suchen muß.

Ich kaufe mir ein Stückchen Kuchen, eine Flasche Kakao und suche einen abgelegenen Platz zwischen Kokospalmen, genieße jede Sekunde. Ein altes Ehepaar tuckert auf einem Moped vorbei. Sie kommen gerade von der Arbeit und halten neben mir. Wir schütteln die Hände, niemand spricht die Sprache des Anderen. Die zwei bestaunen ungläubig die ganzen Utensilien auf und an meinem Motorrad. Ich öffne einen Koffer und zeige ihnen, was ich dabei habe – einen Kocher. Das verstehen sie überhaupt nicht. Ich zünde ihn an, halte einen Topf darauf. Die Frau schüttelt den Kopf und lacht, zeigt auf die Streichhölzer und ein Stück Holz. Der Mann sieht mein Schweizer Taschenmesser, lacht ebenfalls und zieht seine große Machete aus dem Gürtel. Wir verabschieden uns herzlich. Wahrscheinlich bemitleiden sie den jungen Kerl, der sich noch nicht einmal ein vernünftiges Messer leisten kann und nicht weiß, daß man auf einem Feuer aus Holz kochen kann anstatt einen komplizierten Apparat zu benutzen.

Etwa 40 Prozent der Bevölkerung Malaysias sind Chinesen. Man kann sagen, daß sie die Wirtschaft des Landes leiten, während der malaysische Teil in Verwaltung und Regierung sitzt, was immer mehr zu Reibereien führt. Natürlich sind Chinesen nicht daran interessiert, plötzlich ihr Geschäft mit einem Malaysier zu teilen oder mehr malaysische Angestellte einzustellen, nur weil es die Regierung beschließt. Außerdem führen die verschiedenen Religionen – der Islam als Staatsreligion und der Buddhismus bei den Chinesen zu zusätzlichem Zündstoff. Bei vielen Gesprächen mit Chinesen drücken sie ihre Angst davor aus, daß die Regierung sie zu bestimmten Maßnahmen zwingen könnte.

Der Kontakt zur Bevölkerung, vor allem zur chinesischen, ist überhaupt

Fischer, W-Küste Malaysia.

keine Schwierigkeit. Ich sitze in einem Restaurant und bestelle etwas zu Essen. Meistens spricht niemand Englisch, ich suche mir deshalb den Fisch in der Küche aus oder schaue auf die Teller meiner Nachbarn und zeige auf verschiedene Gerichte. Sofort rückt jemand einen Stuhl hinzu und ich werde eingeladen, mich zu ihnen zu setzen. Es hilft sehr, die Sprachbarriere zu überwinden, indem ich die Straßenkarte herausnahme und die Orte aufzähle, die ich gesehen habe. Einer der Männer arbeitet als Fischer. Ich frage ihn, ob ich mal mit aufs Meer darf. Er nickt und zeigt auf die Uhr, morgen um 4.30 Uhr soll ich da sein.

Gleich hinter dem Restaurant liegen die Boote auf einem Fluß. Wir tapsen im Dunkeln auf Chins Kahn, der etwa 14 Meter lang ist. Chin wirft einen riesigen Spirituskocher an und kocht einen Kaffee, dann schließt er einen Cassettenrecorder an die Batterie und legt Musik von Rod Stewart auf, vermutlich für mich! Der Kaffee dampft in der Trinkschale, wir hocken an Deck und betrachten den Sonnenaufgang. Zwei Helfer übernachteten auf dem Boot, sie werden jetzt wach. Nach einer dreieinhalbstündigen Fahrt – außer dem Kapitän legen wir uns alle wieder schlafen – lassen die jungen Chinesen ein riesiges Netz ins Wasser. Das Boot setzt die Fahrt fort und zieht in etwa 50 Meter Entfernung die Fischfalle. Ich döse vor mich hin, Chin legt sich ebenfalls ins Steuerhaus und übergibt das Ruder. Schließlich stoppen wir, holen die Leinen ein und ziehen über Winden und einen hohen Ausleger einen großen Sack mit Fischen an Bord. Sofort beginnt das Aussortieren, die Quallen gleich wieder ins Wasser, Fische und Krabben je nach Sorte in unterschiedliche Körbe. Die ganze Prozedur wiederholt sich und gibt uns dazwischen Zeit, das Frühstück zu machen. Wir kochen drei Riesenkrebse und verspeisen das frische Fleisch mit einer Sojasoße. Mit einem Hammer zerschlagen wir die harten Panzer und schlürfen laut und genüßlich das zarte Fleisch. Nach 10 Stunden legen wir wieder im kleinen Flußhafen an. Chin liefert den Fang an eine Fischfabrik, wo er abgewogen, auf Eis gelegt, in Holzkisten verpackt wird und auf einem Lkw Richtung Kuala Lumpur landet. Er meint, das sei ein gutes Geschäft gewesen, heute habe er etwa 160 DM verdient. Aber oft sei das Wetter zu schlecht, um auf das Meer zu fahren. Als ich mich am nächsten Tag verabschiede, lädt mich Chin zum Frühstück ein, er muß heute seinen Motor reparieren und hat ein bißchen Zeit. Ein Chinesisches Frühstück besteht aus einer Schale mit heißer Suppe, dünnen Nudeln, die mit kleingehackten Peperonistückchen gewürzt ist. Gebratener Fisch, gekochter Reis und fettes Schweinefleisch in unglaublich scharfer Soße kommt hinzu. Vielleicht ist es heute ein besonderes Frühstück oder das Mittagessen wird auf 8.00 Uhr vorgezogen, auf jeden Fall bricht mir der Schweiß literweise aus.

Ich verlasse die Westküste und steuere das Cameroon Hochland im Inneren Malaysias an. Wieder überwältigt mich die Landschaft: Dieses Mal

142

säumen Bananenstauden die Strecke. Auf den letzten 60 Kilometern steigt die Straße ununterbrochen an. Eine Kurve folgt der nächsten und ich kann mich absolut auf den Mittelstreifen verlassen: Gestrichelt bedeutet, daß ich nicht langsamer werden muß – durchgezogen heißt; Gas wegnehmen und durch die Motorbremse automatisch zu niedrigerer Geschwindigkeit zu gelangen. Einer doppelt durchgezogenen Linie folgt immer eine spitze Kurve. Ich schalte am Eingang herunter, rolle durch die Kurve und beschleunige aus dem unteren Gang am Ausgang der Kurve. So verfliegen die Kilometer im wahrsten Sinne des Wortes. Nur einmal kommt mir ein Fahrzeug entgegen. Ich jubele unter dem Helm vor Begeisterung, bin regelrecht High von diesem Fahrspaß. Die Cameroon Highlands sind als Ausflugsgegend sehr beliebt, weil es hier auf 1.400 Metern Höhe angenehm kühl ist. Viele Leute wollen der Hitze von Großstädten und Küsten für ein paar Tage entfliehen. Hinzu kommt die landwirtschaftliche Bedeutung – ganzjährig werden Tee, Obst, Gemüse und Blumen angebaut und geerntet. An den Hängen erkennt man schmale Felder, auf denen Tomaten, Gurken und Paprika wachsen, an anderen Stellen Orangen, Apfel- oder Birnenbäume. An Straßenrändern verkaufen Malayen diese Luxusartikel. Wie lange habe ich schon keine Birne mehr gegessen? An einem kleinen Holzhaus entdecke ich den Hinweis: Frische Erdbeeren mit Sahne! Ich muß träumen, denke ich, als ich die Schale in den Händen halte!

Das Hochland wurde berühmt durch die Vielzahl der buntesten und größten Schmetterlinge. Nur kann man heute kaum noch welche finden, die meisten stecken hinter einem Glaskasten und warten darauf, die Wohnzimmerwände von Touristen zu schmücken. Ein Malaye lädt mich ein und zeigt mir seine Teefabrik. Die geschnittenen Blätter werden in einer Art Ofen getrocknet, später angebrannt, wodurch sie dann die schwarze Farbe bekommen. Die Blätter durchlaufen verschiedene Siebe mit unterschiedlich großen Löchern. Da werden nach Größe und Gewicht die Blätter der verschiedenen Teesorten herausgefiltert.

Pro Kilo gepflückter Blätter erhält eine Frau 24 Pfennig. Maximal erntet sie 50 kg am Tag, wobei sie 12 Stunden arbeiten muß. Das macht etwa 300–400 DM im Monat...

Ich bleibe weiter im Inland. Die Straße fällt ab und nähert sich Tembeling, Ausgangspunkt für Besuche in den Taman Negara Nationalpark. An vielen Stellen wird der Asphalt richtig schmal, von den Seiten wachsen Gras und Sträucher bis auf die Fahrbahn. Manchmal wachsen sie in einigen Metern Höhe zusammen – ich komme durch regelrechte grüne Tunnels. Den Nationalpark kann man nur in einem kleinen Boot erreichen, die Fahrt auf dem Fluß dauert etwa 3 Stunden. Gleich neben der Anlegestelle finde ich ein kleines Haus, frage dort die Familie, ob ich das Motorrad und das Gepäck bei ihnen unterstellen dürfte? Natürlich. Aber ich soll die Koffer abschrauben, im Haus seien sie sicherer. Wir schieben sie unter das Ehebett, da sollten sie wirklich gut aufgehoben sein. Ich packe meine Bergschuhe ein, die Kamera und trockene Klamotten zum Wechseln, denn ich möchte im Park ein oder zwei Tage wandern. Ein schmales langes Holzboot tuckert den Fluß hinauf, ich sitze tiefer als der braune Wasserspiegel. Der Urwald hier ist so alt und ursprünglich, wie nirgendwo auf der Welt – 130 Millionen Jahre. Am Ufer erscheinen einzelne Holzhäuser auf Stelzen, die vor Tieren und Wasser schützen sollen, mit Dächern aus Wellblech oder Palmblättern. Orang-Asli, wie die Urbewohner genannt werden, waschen sich im Fluß. Alle größeren Flüsse im Dschungel sind braun, weil Schlammteilchen in ihnen schweben. Kinder springen von der Treppe eines Hauses ins Wasser, Frauen sitzen im Gras und stillen ihre Babys. An den Ufern liegen Langboote, viele mit einem kleinen Motor. Sträucher wachsen auf Sandbänken. Der Bootsführer ist gezwungen, sie im Zickzack zu umfahren. Im Dschungel befinden sich Aussichtsplätze in Form von Baumhütten, in denen man übernachten kann. Ich entscheide mich für einen, der ungefähr einen Tag entfernt liegt und starte am nächsten Tag mit einem kleinen Rucksack, einem Liter Tee, Keksen und einem Fernglas. Ein Wildschwein begegnet mir, bleibt stehen und starrt mich an. Ich suche einen Baum, als das Schwein plötzlich im Busch verschwindet und von zwei anderen gefolgt wird. Die Bergstiefel schützen gegen Blutsauger. Ich binde mir ein Kopftuch um, weil ich Angst davor habe, daß sich welche in meine Kopfhaut bohren. Das Gehen ist angenehm, obwohl die Klamotten nach einigen Minuten bereits vollkommen durchgeschwitzt sind. Aber es macht einen großen Unterschied, ob die Kleidung nur ein bißchen am Körper klebt oder ob alles gleichmäßig naß ist und sowieso keine trockene Stelle mehr bleibt! Die hohe Luftfeuchtigkeit läßt den Schweiß nicht verdampfen, sondern drückt regelrecht auf ihn. Das Wasser läuft aus den Poren am Körper herunter. Der Pfad ist nicht zu verfehlen, oft kreuzen kleine Rinnsale und machen ihn sehr schlammig und tief. Ich bin froh, die festen Schuhe zu tragen. Ständig ertönen Geräusche, Stimmen im Busch aber ich sehe nie Tiere – oder fast nie, wenn man von Kleinen absieht: Tausendfüßler, Schmetterlinge, Riesenameisen oder Eidechsen. Die Schmetterlinge setzen sich auf Blätter, klappen ihre bunten Innenflügel gegeneinander und tarnen sich mit ihrer Außenhaut, die der Farbe von Bäumen und Blättern angepaßt ist perfekt. Vor mir liegt ein breiter Fluß, der Boden besteht aus Steinen und Sand, das Wasser ist ganz klar. Ich ziehe die nassen Sachen aus, spüle sie durch und lege sie zum Trocknen auf einen abgestorbenen Baum, kühle mich selbst ab und lehne mich gegen den Stamm. Die Strömung ist recht stark, das Wasser reicht mir etwa bis zu Hüfte. Ich wate nackt hindurch, den Rucksack über dem Kopf. Am späten Nachmittag erreiche ich das Baumversteck und steige eine Leiter hoch. In einem etwa 10 qm großen Raum befinden sich zwei Etagenbetten, drei Öffnungen in der

Wand zeigen genau auf eine Lichtung, in deren Mitte sich eine Wasserstelle und ein Futterplatz befinden. Nachts kommen Tiere hierher, man kann sie mit einer Taschenlampe beobachten. Ich spanne mein Moskitonetz über ein Bett und warte, höre auf Geräusche in den Bäumen, dann muß ich wohl eingeschlafen sein. Als ich wach werde, ist es pechschwarz draußen. Ziemlich unheimlich hier so allein. Zwischen den Stämmen flackert eine Taschenlampe auf und nähert sich meinem Baum. Jemand steigt die Stufen hoch, ich halte die Luft an, als sich die Tür öffnet. Die Lampe brennt nicht mehr. Er/sie stellt etwas neben die Tür und legt sich auf ein Bett. »Hallo.« Ich muß diese unerträgliche Stille brechen. »Oh, hallo, ich wußte nicht, daß jemand hier ist.« Manfred arbeitet an einem deutschen Projekt in der Landwirtschaft Malaysias mit und kommt nun schon seit einer Woche jede Nacht zu diesem Aussichtspunkt, aber nie sieht er Tiere. Wir wechseln uns alle zwei Stunden mit Schlafen ab. Ich liege gerade eine Minute unter meinem Netz, da tut sich etwas an der Wasserstelle. Zwei Tapire erscheinen. Die Tiere ähneln Pferden, sie haben aber einen weißen Rücken, der Rest des Körpers ist schwarz, und eine verlängerte Schnauze, die einem verkürzten Rüssel ähnelt. Die Augen der Tiere leuchten wie kleine Feuer, wenn sie vom Licht eingefangen werden. Aber das stört sie wenig beim Grasen.

Nach zwei Tagen bin ich zurück im Camp. Ziemlich geschafft, denn ich wählte einen anderen Pfad für den Rückweg und verlief mich um etwa drei Stunden. Dann ging die Sonne unter und ich mußte beinahe rennen, weil ich hier nicht übernachten wollte – ohne Zelt und Schlafmatte, irgendwo zwischen den Büschen. Zurück genehmige ich mir in einem kleinen Restaurant einige kleine Biere, erzähle Jakob, einem Dänen, von meinem Ausflug. Sehr häufig treffe ich andere Reisende. Wir entschließen uns meist, ein Stück zusammen zu reisen. Nur geht das zu zweit nicht auf dem Motorrad. Wir verabreden uns irgendwo im nächsten Ort und verbringen einige Tage. Dann setze ich mich wieder aufs Motorrad, die anderen reisen mit dem Bus oder Zug weiter. Mit Jakob verbringe ich so die nächsten fünf Wochen. Wir sitzen lange in den tiefen Stühlen des Restaurants und sind regelrecht gezwungen, ein Bier nach dem anderen zu trinken: »Hello, bill please!« – Bill heißt Rechnung und anstatt dieser bekommen wir ein Bier. Es lebe die Verständigung!

Die Ostküste Malaysias birgt Erdölvorkommen und ist voller Raffinerieanlagen, Bohrtürme und Kleinstädte, die sich in ihrer Nähe wie Pilze entwickeln. Ich suche mir deshalb meist einen Platz am Meer, der sich weit außerhalb der Ansiedlungen befindet. Kleine Holztäfelchen am Straßenrand weisen auf einen Camping-Platz hin oder auf einfache Bungalows, etwa wie Mak Long Teks, kurz vor Cherating. Der Name klingt vielversprechend. Für 8 DM miete ich einen Bungalow mit kleiner Veranda, großem Bett. Die Besitzerin, Frau Tek, lacht ständig mit vorgehaltener Hand. Sie scheint zwischen 30 und 50 Jahre alt zu sein. Der Grund für ihr verstecktes Lachen ist einfach: ihr fehlen sämtliche Zähne! Unter einer großen Regentonne kann man duschen, indem man einen Wasserhahn öffnet. Die Sonne wärmt das Wasser tagsüber auf, beim Duschen stehe ich in einem Meer von Topfblumen und -pflanzen, am Türpfosten kleben dicke Schnecken. Das Gepäck bleibt im Bungalow. Ich fahre den kilometerlangen Sandstrand entlang. Auf dem weichen Untergrund muß ich relativ schnell fahren, weil das Motorrad sonst einsinkt. Es ist herrlich, die Wellen brechen und ich folge in Bögen dem auflaufenden Wasser! Zwischen Palmen entdecke ich ein winziges Café. Als ich das Motorrad abstelle traue ich meinen Augen nicht: Zwei vollbepackte Ténérés mit schweizer Kennzeichen! Die letzten Motorradfahrer traf ich in der Türkei, abgesehen von Isra und Chalid, den Pakistanern! Die meisten scheuen wohl den ganzen Aufwand, denn auf dem Weg nach Singapur muß man mindestens zweimal verschiffen und nach Südostasien wieder ein Schiff oder Flugzeug benutzen: Viele Biker ziehen Kontinente wie Afrika oder Amerika vor, wo sie von Nord nach Süd können ohne vor verschlossenen Grenzen zu stehen.

Jean-Pierre und Michel sind Brüder und seit 10 Monaten unterwegs. Unsere erste Frage kommt fast gleichzeitig: »Woher kommst Du?« – Sie wollen Richtung Singapur, ich leider in die entgegengesetzte Richtung nach Bangkok. Wir bleiben zwei Tage am Strand und tauschen Erlebnisse aus. Es ist so vollkommen anders, mit Motorradfahrern zu reden. Die beiden wählten eine Route über Ost-Afrika und von Kenia mit dem Schiff nach Indien. Sie schwärmen die ganze Zeit von Afrika. »Sei froh, daß dieser Kontinent am Ende Deiner Reise liegt, denn er ist mit Abstand der schönste und interessanteste.« Es ist wirklich zu schade, daß wir nicht gemeinsam ein Stück verbringen können. Hier in Asien gebe ich den Gedanken jetzt auf, andere Motorradfahrer zu treffen. Michel bestätigt, daß auch ich der erste seit langem bin, dem sie begegnen. Wir frühstücken bei Miss Tek: gebratene Bananen, Toast, Marmelade, Weinblätter mit Reis gefüllt, Tee, Kaffee oder Schokolade, Fisch, Gewürze (bestimmt habe ich noch etwas vergessen). Natürlich versteht sich der Preis für den Bungalow inklusive Frühstück! Beim Abschied tauschen wir Adressen aus. Die Worte »Fahr vorsichtig« sind nicht nur so dahergesagt, sondern kommen von jemandem, der die Straße kennt.

Sie geben mir den Tip, vor der thailändischen Grenze unbedingt in Kota Bharu zu übernachten, im High Tech Hotel bei Mami: »Was ist das für ein Laden?« – »Laß Dich überraschen!« Es gibt nicht einen Hinweis in Kota Bharu und niemand hat etwas von High Tech gehört. Erst als ich Mami erwähne, versteht mich jeder. »Ach Mami, warum hast Du das nicht gleich gesagt!« Mitten auf einer Wiese steht ein kleines Haus, Touristen sitzen auf der Veranda, eine Dame, Alter zwischen 40–60 läuft zwischen ihnen herum. Sie ist bis zum Gehtnichtmehr aufgedonnert, trägt eine enge lila Gymnastikhose, hohe Schuhe. Ich bin noch keine 10 Minuten hier, da hat Mami mir schon einen Tee vorgesetzt und mir in groben Zügen ihr Leben geschildert: Tänzerin und Sängerin in einem Nachtclub in Singapur, dann stirbt ihr Mann, sie will sich vor Trauer aus dem Fenster stürzen, doch ihre Mutter überredet sie, nach Kota Bharu zu ziehen und ein Hotel zu eröffnen. Nach wenigen Jahren kennt jeder Reisende Mami, jeder Taxifahrer, jeder Polizist, jede Hausfrau! Mami genießt es, ständig mit neuen Menschen zusammen zu sein und findet in mir ein offenes Ohr. Sie schleppt schwere Fotoalben heran. Eins ist voller Paßbilder, die Gäste ihr zurücklassen. Zwei andere zeigen Mami mit Gästen, eng umschlungen, Männer aus allen Kontinenten. Ihr Englisch ist leider nicht gut, doch das hält sie nicht davon ab, ununterbrochen drauflos zu schwatzen. Ein winziger chinesischer Hund rast durchs Haus, springt auf den Tisch, und schmeißt Tassen um, zerfetzt am liebsten seitenlange, gerade zu Ende geschriebene Briefe, aber was kann man da machen: »Nicht böse sein, ich lieb Hund!« – »Ja, an dem Brief habe ich drei Stunden gesessen«, denke ich. Nach einigen Stunden bekommt man das Gefühl, mitten in einer kleinen internationalen Familie zu sein, Mami als Mittelpunkt. »Nein, morgen darf niemand weiter, wir sehen uns alle ein chinesisches Fest an!« – Den meisten Reisenden soll es wie mir ergehen. Ich will nur einmal vorbeischauen und bleibe 4 Tage.

Bei dem Festival handelt es sich um 9 Götter. Sie kommen zur Erde und werden mit einem großen Boot vom Fluß abgeholt. Das Boot wird an Land getragen, ein riesiger Drachenkopf ziert den Bug, bunte Lämpchen überall. Am Heck bildet ein Drachenschwanz das Ende. Während 9 Tagen finden Tänze, Opfer und Puppendarstellungen statt, um die Götter günstig zu stimmen. Dann werden sie wieder zum Fluß gebracht und das Schiff wird angezündet. Die Götter steigen in den Himmel. Im nächsten Jahr kommen sie wieder. Gläubige teilen kostenlos Essen aus, ein Becken wird für den Feuerlauf vorbereitet, meterhohe Räucherstäbchen, etwa 30 Zentimeter dick verbreiten einen süßlichen Duft. Große Trommeln werden geschlagen, dann gehen die ersten über die Glut. In einem Tempel setzt sich die Zeremonie fort. Ein Mann ritzt seine Zunge an, beugt sich über Zettel und leckt bestimmte Zahlen darauf. »Heilige Nummern«, meint mein Nachbar.

Der Drachentanz beginnt. Zwei Chinesen stülpen sich einen riesigen Pappkopf über und eine lange Stoffschärpe. Der Drache bewegt sich in wilden Sprüngen zum Rhythmus der Trommeln. In den Augenhöhlen leuchten zwei Lampen. Als Höhepunkt steigt das Ungeheuer auf ein Holzschild und wird von 10 Männern hochgehoben. Auf dem Schild knien drei andere und stemmen den Drachen schließlich in die Höhe. Das ist ganz nach dem Geschmack der Zuschauer. Ein Mann sticht sich eine lange Nadel durch die Wangen und tanzt völlig in Trance bis er schließlich zusammenbricht und weggetragen wird.

Wir verlassen den Ort und wollen irgendwo etwas essen. Überall in Südostasien gibt es Nachtmärkte, wo abends Stände aufgebaut werden und bis morgens Essen verkauft wird. An niedrigen Holztischen und Stühlen sitzen wir gleich neben der Küche: Das Angebotene liegt in großen Schüsseln auf einer Auslage, ein großer Vogue steht auf einem Feuer. Man zeigt auf verschiedene Fleischsorten und Gemüsearten. Der Koch schneidet alles in kleine Stückchen, wirft es in diese runde Pfanne mit dem hohen Rand: »Scharf gewürzt?« – »Oh, bitte nicht scharf!« Das reicht immer noch, um kaum atmen zu können.

Fast schlagartig ändert sich die Gegend als ich die Grenze nach Thailand passiere. Die Straßen sind breit und führen durch riesige Ebenen, ziehen sich nicht in endlosen Kurven durch den Dschungel, wie im Nachbarland. Reisfelder und manchmal auch Öl- oder Gummibaumplantagen bestimmen das Bild. Büffelgespanne durchpflügen die Felder, ein kleines Männchen mit einem riesigen spitzen Strohhut steuert das Ganze. Hier fühle ich mich bei 110 km/h sicherer als in Indien bei der halben Geschwindigkeit! Morgens ist es bereits so heiß, daß ich das Motorrad in kurzer Hose und barfuß bepacke, dann schnell noch einmal dusche und erst zu allerletzt Stiefel, lange Hose, Jacke und Handschuhe anziehe und den Helm aufsetze. Es fällt so verdammt schwer immer vernünftig zu sein. Am liebsten würde ich genauso aufs Moped steigen wie die Thais: Badeschlappen, freier Oberkörper und Shorts. Helm oder Handschuhe scheinen hier unbekannt!

Irgendwann bin ich auf einer kleinen Nebenstraße und überlege, ob ich ohne Helm fahren soll, vielleicht nur ein kurzes Stück, vielleicht mit Walkman? – Ich halte an, zurre den Helm am Rucksack fest, klemme den Walkman auf den Tankrucksack, stecke die Ohrstöpsel rein und drücke auf Start. Steve Winwood singt: »Ich sehe Dir einfach Deine miese Laune an, schon allein wie Du Dich bewegst. Was soll die ganze Unruhe, schieb den Mist zur Seite und gehe raus auf die Straße – hit the road!« Der Tacho zeigt exakte 80 km/h an. Ich fahre gar nicht, die Gegend rauscht an mir vorbei, ein riesiges Heißluftgebläse drückt mir den Wind ins Gesicht. Dann Stones: »Oh, Baby, es geht mir so gut. So gut, daß ich es kaum glauben kann und oft Angst habe, aus einem Traum aufzuwachen. Womit habe ich das verdient?« Immer noch liegt die Nadel bewegungslos auf der 80, und ich weiß, daß ich den Griff am Gas nur aufdrehen muß, ganz auf, um abzuheben und alles tief, ganz tief unter mir zu lassen.

Ich muß mich zwingen auf der Erde zu bleiben. Den Motor kann ich nicht hören nur die vollaufgedrehte Musik und den Sturm in meinen Ohren. Nie erlebe ich Motorradfahren so intensiv, bin so eins mit dem Motor, der Straße, der Landschaft. Alles verschmilzt zu einem Ganzen.

Jetzt muß Bruce Springsteen noch seinen Kommentar abgeben: »Es ist hart für einen anständigen Menschen in dieser Welt – er arbeitet bis zum

148

Umfallen und was hat er dann?« Als ich auf den Tacho sehe, stelle ich fest, daß aus den 80 mittlerweile 140 km/h geworden sind. Ich sitze immer noch weit zurückgelehnt gegen den Rucksack und singe laut mit! – Ich halte an und verstaue die Musik, setze den Helm auf, es wäre nicht lange gutgegangen. Ich bin einfach zu unvernünftig und muß mich oft selbst zwingen wie ein – ja wie eigentlich? – zu verhalten. Ich muß über mich lachen – Wie ein verantwortungsvoller Teilnehmer im Straßenverkehr. – Ein Moped überholt mich, drei Männer sitzen nur in Badehosen im Sattel!

Eine kleine Autofähre bringt Fahrzeuge von Hat Yai auf die Insel Ko Samui, die wohl zu den bekanntesten Plätzen in ganz Südostasien gehört. Es ist dunkel als ich ankomme und mich gleich im nächsten Bungalow einquartiere: Rainbow Bungalows. Im Restaurant läuft ein Video, »Krieg der Sterne«, gleichzeitig Rockmusik. Sämtliche Touristen hängen vor dem Fernseher. Als der Film zu Ende ist, verschwinden sie in ihre Hütten, ich sitze allein herum. Jeder Gast bekommt ein kleines Buch, in das er die Getränke, Speisen und Übernachtungskosten selbst einträgt, nach dem Aufenthalt zusammenrechnet und bezahlt! Es gibt Space Cookies (Weltraumplätzchen) oder Magic Mushrooms (magische Pilze), die auf der Speisekarte angeboten werden. Der Name deutet darauf hin, daß Haschisch mittlerweile überall zu den »Gewürzen« gehört, und mir wird klar, warum sich die Touristen so früh zurückziehen.

Um die Insel führt eine 60 Kilometer lange Straße, die asphaltiert ist. Überall deuten kleine Schilder auf Strände oder Bungalows hin. Viele Stellen sind noch unerschlossen, manchmal aber nur sehr schwer zu erreichen. Es gibt unzählige kleine Buchten mit Sandstränden und Kokospalmen. Vor der Küste befinden sich winzige Inseln. Auf einer Rundfahrt verlasse ich die Straße und folge einem ausgewaschenem Weg, ich rutsche in eine tiefe Rinne, dann wieder setzt der Motor auf einem Stein auf. Wasserdurchfahrten sind für Autos kaum möglich. Tatsächlich entdecke ich hier im Nordosten der Insel eine unglaubliche Bucht: breiter Strand, ganz feiner Sand, keine Touristen, 6 winzige Holzbungalows unter Palmen. Man kann höchstens am Strand entlanggehen und diesen Platz erreichen. Minibusse können die Piste nicht benutzen.

Ich muß wohl nicht erwähnen, daß ich abends meine Rechnung addiere und am nächsten Morgen dorthin überwechseln werde. Wie soll ich wissen, daß ich heute abend einer Frau begegnen werde, die ich innerhalb eines Jahres auf 4 verschiedenen Kontinenten wiedersehe, wobei der vierte Europa sein wird – Deutschland?

Ich schreibe Tagebuch, das Video kämpft laut über mir. Offensichtlich bin ich der einzige, der ihm den Rücken zukehrt. Zwei Tische weiter sitzt Maree und beobachtet mich. Ich spüre, daß mich jemand anguckt. Irgendetwas ist anders bei ihr als bei den Frauen, die ich unterwegs treffe, das fühle ich. Sie ist ebenfalls nicht besonders angetran von der Atmosphäre hier. Wir entfliehen dem Lärm, spazieren ans Meer. Maree ist Neuseeländerin und lebt seit einigen Jahren in Australien, nach 4 Tagen muß sie bereits wieder zurückfliegen, weil ihr Urlaub zu Ende geht. Manchmal sehen wir uns mit einem so intensiven Blick an, daß ich völlig vergesse, worüber wir gerade gesprochen haben. Es wird bereits hell, wir sitzen am Wasser und reden, sehen einem Fischer zu, der ein Seil auf einer Trommel aufrollt und ein Netz an Land zieht. Es fängt plötzlich an zu regnen. Wir rennen unter das Vordach ihres Bungalows und bekommen kaum mit, daß uns der Wind mit seinen Regenböen übergießt. »Laß uns zu Dir gehen!« – »Nein, bitte ich möchte heute Nacht allein sein. Es geht alles zu schnell. Hol mich morgen zum Frühstück ab, besser wohl zu Mittag!« Ich laufe zu meinem Bungalow zurück, kann nicht einschlafen. Ganz sachlich betrachtet erscheint mir die Situation vollkommen logisch: Wir haben überhaupt keine Chance zusammenzukommen, bzw. zu bleiben. Vier gemeinsame Tage, dann die Entfernung nach Australien, und schließlich werde ich noch ein Jahr reisen! Aber ich weiß, daß ich mich dagegen auflehnen werde und noch sind es nur Illusionen, die in meinem Kopf auftauchen: Ich werde Maree eben in Australien besuchen, wir könnten uns unterwegs wiedersehen – vielleicht bleibe ich in Sydney hängen? Alles nach einem halben Tag!

Mittags packe ich das Motorrad. Maree wechsel auch hinüber zum Choeng Mon Strand, mit uns noch drei weitere Leute, unter ihnen Jakob, mit dem ich mich hier verabrede! Das Motorrad dient als Taxi, ich transportiere zuerst das Gepäck, dann fahren wir zu dritt, quartieren uns endlich dort ein, wo es weder Video noch Radio gibt. Um 22.00 Uhr hört man die letzten Kolbenschläge des Generators, dann gibt es nur noch Kerzenlicht. Vom Bett aus sehe ich direkt aufs Meer, den Strand und die Palmen. Maree und ich nehmen getrennte Bungalows. Ich habe das Gefühl, als würden wir uns schon viele Monate kennen. Sie ist mir völlig vertraut, und ich weiß, daß es gar nicht gestern war als wir uns zum ersten Mal sahen – es muß vor Jahren gewesen sein.

Hank, die Besitzerin der Bungalows Resort, grillt Fisch süßsauer und macht überbackene Kalamaris und geröstete Bananen mit Honig. Dazu Maekong-Whisky mit Cola und Eis – das Nationalgetränk der Thailänder fehlt bei keinem Essen. So etwas wie Schnapsgläser gibt es überhaupt nicht; wenn man einen Maekong bestellt, fragt zwar die Bedienung, ob man einen kleinen oder großen möchte, aber das bedeutet nichts anderes als Flachmann oder 0,7 l Flasche. Beim Essen trifft mich Marees Blick oft und sagt: Laß uns nicht mehr lange hierbleiben. Komm mit zu mir. Es gibt wohl keine intensiveren Augenblick als die Zeit hier: Auf dem Bett liegen, den brechenden Wellen zuhören. Der Mond, spiegelt sich auf dem Wasser, über uns ein riesiges weißes Moskitonetz. Wenn wir uns auf die Ellbogen stützen, können wir all das durchs Fenster sehen, einer rechteckigen Öffnung in der Holzwand. Wir versuchen nicht darüber nachzudenken, wie es weitergeht. Einmal äußere ich, daß wir uns zur falschen Zeit begegnen, vielleicht am falschen Ort. Maree sagt nichts. Wir wissen beide, daß es mehr ist als nur ein Flirt, als nur eine kurze Urlaubsbekanntschaft. Aber wie tief unsere Gefühle wirklich sind, das wird die Zeit beweisen, die nach Thailand kommt. Ich bin wütend, weil uns äußere Umstände auseinanderbringen und wir Zwängen folgen. Sie muß wieder arbeiten und ich »muß« weiterreisen! Warum konnten wir uns nicht in Deutschland oder Neuseeland begegnen?

Wir versuchen uns gegenseitig Hoffnung zu machen, daß wir uns ja in Südamerika oder anderswo treffen könnten. Aber unsere Empfindungen füreinander sind viel zu stark, und wir wissen, daß wir uns nichts versprechen, uns keine Hoffnungen gegenseitig machen dürfen, die dann vielleicht zerplatzen und uns sehr verletzen würden. Ich kann es einfach nicht glauben als ich nun am Hafen stehe, Marees Rucksack an Bord werfe und wir uns gegenüberstehen: »Geh bitte, bleib nicht bis zur Abfahrt!« – »Sehen wir uns wieder?« – »Ja, ganz bestimmt!« – Ich setze einen Fuß vor den anderen und bleibe wie versteinert am Strand stehen. Das Boot legt ab, ganz langsam verschwindet es. Alles erscheint mir plötzlich so leer. Sinnlos. Warum schmeiße ich nicht die ganzen Pläne über den Haufen und folge ihr? Ganz tief in meinem Unterbewußtsein steckt die Antwort, nur erkenne ich sie jetzt noch nicht: Ich weiß, daß wir uns bald wiedersehen, wie, darüber bin ich mir vollkommen im Unklaren. Nur spüre ich, daß es gar keinen anderen Weg gibt, als eine längere Zeit miteinander zu verbringen, um herauszufinden, wie es weitergehen wird. Ich habe jetzt keine Angst, daß uns die Entfernung oder Zeit auseinanderbringt und bin ganz sicher, daß Maree die gleichen Gedanken hat.

Zum Glück bleiben Jakob und seine Freundin noch ein paar Tage auf der Insel und helfen mir über meine Trauer und Sehnsucht ein bißchen hinweg. Wir joggen am Strand entlang, folgen einem winzigen Weg ins Landesinnere. Die ganze Insel ist mit etwa 10 Meter hohen Kokospalmen bewachsen, dazwischen hüfthohes Gras, einzelne Holzhütten. Fast niemand lebt hier. Die meisten Familien zieht es an die Küste, direkt neben die Straße, wo sie immer sofort ein offenes Taxi stoppen können und schnell zum Markt gelangen. Ein Mann knattert uns auf einem Moped entgegen, ein Affe sitzt auf seiner Schulter mit einem Halsband und einer langen Schnur, die der Mann zu einer Rolle zusammengelegt hat und auf dem Gepäckträger befestigt hat. Der Affe klettert in wenigen Sekunden den Stamm einer Palme hoch und sitzt in der Krone. Hier dreht er die reifen Kokosnüsse so lange, bis sie sich lösen und ihm sein Besitzer mit einem leichten Ruck an der Schnur zu verstehen gibt, daß er wieder herunterklettern darf. Alles erscheint mir so unberührt. Die Menschen unglaublich glücklich und zufrieden, Aggressionen scheinen ihnen völlig fremd zu sein. Die einzigen Umgangsformen bestehen aus Liebenswürdigkeit und Entgegenkommen. Ich erlebe nie einen unbeherrschten Thai, nie eine Auseinandersetzung oder ein Schreien zwischen Personen. Dies gilt ausnahmslos, und selbst Polizisten vermitteln einem dieses Gefühl. Ich parke das Motorrad oft im Innenhof einer Station zwischen den Polizeimopeds, niemanden stört es, ganz im Gegenteil. Ich werde immer in Gespräche gezogen. Manchmal bleibe ich eine Stunde dort, jemand kocht Tee und wir schwatzen. Mir ist sowieso nicht ganz klar, welche Aufgabe die Polizei erfüllt. Grundsätzlich trägt kein Mopedfahrer einen Helm, die Schilder am Beginn einer Einbahnstraße haben absolut keine Bedeutung, und auf der Insel scheint im Augenblick das Training für den Wettbewerb anzulaufen, wieviele Personen auf ein 50 cm³-Moped passen. Vier sind keine Seltenheit. Die japanischen Hersteller berücksichtigen die Extrawünsche ihrer Kunden in Thailand, wo die Motorräder mit einer längeren Sitzbank verkauft werden. Mein Favorit ist die fünfköpfige Besatzung eines Fischerbootes, die morgens an meinem Bungalow vorbeiknattert, im ersten Gang, eine weiße Wolke hinter sich. Drei Männer sitzen auf der Bank, einer zwischen Sitz und Gepäckträger, der fünfte auf dem Gepäckträger selbst! »Das bei so wenig Kubik?«, frage ich mich und überlege, wie viele auf einer Sechshunderter Honda Platz hätten! Oft machen wir zu dritt Ausflüge. Beim Überholen einiger Mopeds schaffen wir es ständig, selbst die Thais etwas aus der Fassung zu bringen. Jakob thront mit seinen 1,96 m auf dem Topcase, was wohl so ähnlich wie eine Giraffe wirkt, die aus dem Schiebedach eines Käfers guckt.

Ein Festival an einem Buddhistischen Tempel unterstreicht, wie einfach und unkompliziert die Menschen das Leben sehen: Heute entledigen sich

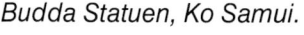

Budda Statuen, Ko Samui.

Kokosernte, Ko Samui.

Thais all ihrer Sünden, indem sie sie in selbstgebastelte Blumenkränze übertragen, sie auf einem Stück Styropor befestigen und das Schiff ins Wasser lassen. In der Mitte brennt eine kleine Kerze, und bald nimmt die Strömung alles Böse mit. Die Gestecke sind unterschiedlich groß. Ich kaufe mir auch eines und schicke es auf die Reise.

Auf Ko Samui erkrankten während der letzten Tage extrem viele Leute an einem Fieber. Niemand weiß Näheres darüber und ich sollte besser weiterfahren, um mich nicht selbst anzustecken. Als ich das Motorrad packen will, entdecke ich Jakob und Irene, die im Schatten eines Baumes ausgestreckt liegen. Wir messen Fieber – über 39°, beide hängen total apathisch und schlapp herum, überhaupt keine Energie. Hank massiert sie. Aber auch ihr Hausrezept aus Zitrone mit Salz hilft nicht viel. Taxis fahren die aufgeweichten Pisten erst gar nicht. Ich bringe beide in das einzige Krankenhaus auf der Insel. Irene muß gleich dort bleiben. Als ich sie am nächsten Morgen besuche, liegt sie völlig entnervt im Bett. Mücken schwirren in dem winzigen Raum, in dem acht Betten stehen. Besonders schwere Fälle werden durch einen fahrbaren Vorhang abgetrennt, Kakerlaken kriechen an einer Ecke der Wand hoch. Neben dem Bett steht ein Eimer voll blutiger Pflaster, Verbänden und Ameisen. Ein völlig überforderter Arzt erscheint. Irene erzählt ihm, daß sie stark blute! Er notiert sich etwas, dann fragt er, ob sie geblutet habe. Ich lege ihr die Hand auf den Arm, um sie zu beruhigen. Wir checken sofort aus und fahren zu den Bungalows zurück. Mittlerweile gleicht es hier einem

Lazarett. Ich fange mir einen starken Husten ein, spucke alles Mögliche, von Blut bis zu Essensteilen. Jakob schleicht mit müden Schritten zu einer Liege, Irene stöhnt ununterbrochen.

Maekong-Whisky und Zitrone helfen mir recht schnell wieder hoch. Ich kaufe Fährtickets, Buskarten nach Surat Thani und zwei Flüge nach Bangkok. Am nächsten Morgen helfe ich die Rucksäcke packen und begleite die beiden in einem Taxi zum Bootsablegeplatz. Ein Taxi ist hier nichts anderes als ein Pick-up mit einem Stoffdach über der Ladefläche und zwei langen gegenüberstehenden Bänken. Vorsichtshalber packe ich einen kleinen Rucksack, vielleicht ist es besser, bis nach Surat Thani mitzufahren und sie bis zum Flugzeug zu begleiten. Das scheint nicht nötig. Irene und Jakob meinen, sie schaffen es auf jeden Fall allein. Ich sehe dem Schiff lange nach, die Erinnerungen an Maree kommen sofort. Ich weiß, daß jetzt nur eins hilft: Zurück auf die Straße. Es wird Zeit, denke ich als ich durch den Ort gehe und das Motorrad suche. Drei Touristen kommen mir entgegen, jeder trägt einen kleinen, schwarzen Plastikpenis um den Hals. Ein ärmelloses Hemd unterstreicht ihre ganze Männlichkeit, auf den Oberarmen eintätowierte Drachenköpfe. Jeder hält eine Thaifrau im Arm, mir kommen sie vor wie nicht älter als 14 Jahre alte Mädchen«. Viele »mieten« gleich nach ihrer Ankunft in Bangkok eine »liebe, zärtliche« Frau, bezahlen ihr den gesamten Urlaub und als »Geschenk« noch einmal ein bißchen Geld. Dafür glauben sie, nun machen zu können, was sie wollen. Meistens sprechen die Frauen kaum Englisch. Ich unterhalte mich manchmal mit einigen Typen und weiß im ersten Augenblick nicht, ob ich mich verhört habe, oder mein Gegenüber es ernst meint: »Ich weiß gar nicht, was Du willst. Die Frauen sind richtig glücklich. Sie bekommen viel Geld und Arbeit kann man das ja wohl nicht nennen!« Ein ekelhaftes Lachen folgt. Die Frau versteht kein Wort und lacht mit. »Hast Du keine Angst vor Aids?« – »Hör bloß auf damit, das gibt es hier doch nicht. Das wird doch bloß hochgespielt!« Welchen Sinn macht es überhaupt, mit solchen Typen zu reden? Mich überkommt jedes Mal eine grenzenlose Wut, wenn ich sehe, daß sie die Frauen wie eine Ware behandeln und dabei noch positive Argumente anführen. Fünfzigjährige Männer spazieren mit kleinen Mädchen am Strand, ein Thaijunge sitzt auf einem Leihmotorrad hinter einem Touristen und hält sich eng umschlungen an dessen fetten Bauch.

Ich möchte unbedingt in den Norden des Landes. Dort ist es gebirgig und viel abgelegener und einsamer. Auf jeden Fall will ich Bangkok meiden und einen großen Bogen um diese Stadt machen.

Irgendwo an der Straße halte ich an einem kleinen Restaurant, keines der Mädchen spricht Englisch, alle kichern um die Wette. Ich frage wo die Toilette ist – Kichern. Wie soll ich ihnen beibringen, daß ich unbedingt muß? Ich stürze zur ersten Tür, nein dahinter ist die Küche. Dann muß ich es ihnen eben erklären und halte die Hand an den Hintern. Sie brüllen jetzt vor Lachen. Wahrscheinlich meinen sie, daß sei ein Motorradfahrergruß oder wer weiß was! Jedenfalls schaffe ich es gerade noch, die Rolle Papier aus dem Koffer zu holen und hinter einem Gebüsch zu verschwinden.

Hier im Süden regnet es nun immer häufiger. Der Norden ist aufgrund seiner Höhe und wegen der Entfernung zum Meer trockener. Irgendwo suche ich Schutz unter einem Scheunendach. Ein Schaf grast, ein Hund kommt auf drei Pfoten angehumpelt und bellt mich an. Dann guckt eine Frau um die Ecke, verschwindet wieder, aber nur, um den Rest der zehnköpfigen Familie zu holen und mich ins Haus einzuladen. Ich verstehe auch ohne ein Wort Thailändisch, daß ich von den gebratenen Nudeln, die mit Gemüse und Krabben gemischt sind, soviel essen soll wie ich kann. Anstatt zu reden, lachen wir uns nur an. Der Mann klopft mir auf die Schultern und schüttet mir einen Maekong ein. Das Wort verstehen alle: »Maekong gut!« Wieder setzt ein Lachen ein. Ich habe nicht das Gefühl, daß überhaupt eine Barriere zwischen uns besteht. Die gesamte Familie begleitet mich zur Straße und winkt mir lange hinterher.

An einer Tankstelle stürzt gleich die ganze Belegschaft zu mir, jeder will den Einfüllstutzen halten, in den Tank gucken. Nach 10 Litern hören sie auf. Nein, noch mehr, versuche ich zu erklären. Als die Säule 28 Liter anzeigt, können sie es nicht glauben. Zeigen immer wieder auf den Tank und die 28 Liter. Wahrscheinlich ist die Anzeige kaputt, versuche ich mit Hilfe des Wörterbuchs zu erklären. Sie nicken zustimmend und laufen weg. Dann tragen sie einen 20 Liter Kanister mit Motoröl heran! Irgendwie muß ich die falschen Worte benutzt haben. Die thailändische Sprache ist sehr einfach. Ein Wort besitzt oft mehrere verschiedene Bedeutungen und es kommt auf die Aussprache an, ob man Benzin oder Öl meint, Speiseöl oder Sonnencreme!

Ich halte in Petchaburi und stelle die Honda an einem Wat, einem buddhistischen Tempel ab. Alle Thais müssen für eine bestimmte Zeit in ein Kloster gehen. Die Haare werden ihnen ganz kurz geschnitten. Einmal am Tag nur dürfen sie essen und oft schreiben die Klosterregeln vor, daß sie nur das zu sich nehmen dürfen, was sie morgens in ihren Metalltopf gelegt bekommen. Viele Schüler entscheiden sich für immer für das Mönchsleben, das aus Beten und Meditieren besteht.

Manchmal wird mir das ständige Lächeln und Grüßen beinahe zu viel: Thais überholen mich mit dem Fahrrad: »Hallo, allright?« – »Yes, hello, allright!« Bauarbeiter rufen von einem Lkw oder Frauen aus einem Restaurant. »Hello.« – »Oh, hello!« Zwei Verkäufer in einem Eisenwarengeschäft oder eine zahnlose Oma sind erst dann richtig glücklich, wenn ich das fragende »Hello« auch mit einem ebenso freudigen »Hello« beantworte.

Drei junge Mönche begleiten mich auf meinem Rundgang durch die Stadt.

Lächelnder Buddha, N-Thailand.

Weit gefehlt, wenn man meint, sie hätten mit dem Weltlichen abgeschlossen! Einer sieht sich meine Kamera an und zeigt mir dann eigene Aufnahmen, die er mit einem Blitzlicht schießt. Ein anderer fragt, ob man für die Reise genausogut eine VFR 750 nehmen könnte? »Eine was?« – »Naja, das neue Straßenmodell von Honda, die Vierzylinder!« Er fährt selbst eine 100 cm³-Honda und dreht auf meiner eine Runde. Seine Glaubensbrüder strahlen. Ich wundere mich über nichts mehr.

Ich sehe viele Frauen arbeiten, als Straßenkehrerinnen oder auf den Baustellen. Sie tragen Plastikschlappen, einen Basthut und Mundschutz. Unter einem Baum sitzen Schulkinder, die Lehrerin winkt mich heran. Ein Junge faßt meine Haare an Armen und Beinen an, zieht die Hand fast erschrocken wieder zurück. Die Sonne bleicht sie völlig aus. Mir fällt ein, daß Männer hier kaum Haare auf Armen oder Beinen haben.

Süßwasserfischen, Thailand

An solchen Tagen wie heute bin ich unheimlich gut drauf. Ich fühle mich glücklich, weil ich ein bißchen vom Land sehe und Begegnungen mit Einheimischen habe. Dann empfinde ich überhaupt kein Bedürfnis noch andere Reisende zu treffen und möchte am liebsten alleine sein. Mit Reisenden würde ich sowieso nur immer wieder über das Gleiche reden: Woher, wohin, wie lange, was, mit Motorrad? Ich mache es mir zur Gewohnheit, Leuten sogar aus dem Weg zu gehen, wenn ich z. B. nur eine Nacht irgendwo bleibe, etwa in einem Hotel schlafe. Die schönen Eindrücke, die ich in mir habe, die durch die Menschen hier entstanden sind, werden schnell wieder verwischt, wenn ich in einer Gruppe von »erfahrenen Travellern« bin und jetzt jeder den anderen mit Geschichten überbietet, wo es am billigsten, am schönsten, am einsamsten ist. Es gibt eine Hierarchie unter den Reisenden, vor allem Rucksackreisenden: Auf der untersten Stufe steht der bemitleidenswerte Tourist, der seinen vierwöchigen Urlaub verbringt, ganz oben die »richtigen Reisenden«, die schon Monate oder Jahre unterwegs sind. Manchmal kann ich dieses Gehabe nicht ertragen. Bei Motorradfahrern habe ich nie dieses Gefühl. Wahrscheinlich spielt es eine große Rolle, daß die meisten viel allein sind, sie sich auch nicht ständig beweisen müssen, weil ihnen das Gefühl, abhängig von Verkehrsverbindungen zu sein, von langem Warten oder stressigen Bussen nicht bekannt ist. Ich denke auch, daß das eigene Fahrzeug ein Land viel näher bringt, weil ich überall halten kann, wo ich möchte, mich Leute bei Pausen ansprechen und einladen und natürlich das Motorrad ein schneller, unkomplizierter Aufhängungspunkt für ein Gespräch ist. Ich kann mich an eine Situation erinnern, wo ich mit fünf Reisenden am Tisch sitze, niemanden kenne und die erste Frage lautet: »Wie lange bis Du denn schon unterwegs?. – »Ich mache sieben Wochen Urlaub in Thailand!« – »Ah, ja!«, klingt die etwas mitleidige Antwort. »Und Du?. – »So drei bis vier Monate, je nachdem wie lange die Kohle reicht!« Plötzlich kommt ein Freund dazu, den ich aus Pakistan kenne: »He Alter, haben sie Dich tatsächlich in Pakistan und Indien nicht platt gefahren?. – »Nee, Glück gehabt.« – Meinem Nachbarn fällt fast das Glas aus der Hand! »He, Du bist durch Indien mit dem Motorrad gekommen? Wahnsinn!« – Ich weiß nicht, warum ich plötzlich seine ganze Aufmerksamkeit und Begeisterung verdiene. Ich dürfte mich doch in diesen fünf Minuten kaum verändert haben – oder?

Irgendwo bricht die Tachowelle, das ist nach Indien das zweite Mal und die größte Panne, die ich bis jetzt habe. Gleich in der nächsten Stadt halte ich vor einem Motorradgeschäft, ein Mechaniker schiebt die Honda in die Garage, ich soll solange einen Spaziergang machen, etwas essen, dann sei alles fertig! – Die neue Welle inklusive Arbeitslohn kostet 4,50 DM, außerdem waschen die Angestellten das Bike. Als ich ihnen 50 Pfennig mehr geben möchte, lehnen sie ab, auf gar keinen Fall. Wofür auch?!

In Sukhothai lasse ich einen Großteil des Gepäcks in einer Pension, denn

Schweine »Transporter«.

hier komme ich auf jeden Fall wieder vorbei – nach einem Abstecher in den Norden. Das ganze Kochgeschirr brauche ich in ganz Asien nicht ein einziges Mal – das Essen ist nicht nur billig, sondern so gut, daß ich bei meinen kulinarischen Kochkünsten – die aus Bratkartoffeln mit Eiern oder variationsweise aus Reis mit Eiern bestehen – gar nicht in die Versuchung komme, selbst etwas zu braten.

Ich möchte zum Goldenen Dreieck, dem nördlichsten Punkt in Thailand,

Verkehrsmittel Elefant, N-Thailand.

das hier mit Burma und Laos zusammenstößt. Viel reizvoller als der Number-one-Highway über Chiang-Mai erscheint mir die Straße direkt an der burmesischen Grenze entlang über Mae Sot, Mae Sariang und Mae Hong Song, einem Gebiet, wo es häufig zu Auseinandersetzungen zwischen den benachbarten Armeen kommt. Als ich ein Militärcamp entdecke, frage ich nach einer Übernachtungsmöglichkeit in der Nähe. Gleich neben dem Eingang steht ein Mitglied der Black-Warriors und hält ein M-16 Schnellfeuergewehr in meine Richtung! »Eh, Hotel?« Er versteht mich nicht, lehnt sein Gewehr neben die Schranke und holt den Kompanie-Chef, der ein wenig Englisch spricht. Er bietet mir an, die Nacht hier zu bleiben, denn bald würde es dunkel, zum nächsten Ort sei es über eine Stunde und die Piste sei schlecht. Die Schranke öffnet sich und ich rolle die Honda vor Bungalow Nummer 7. Eine Reihe von Holzhütten dient den Soldaten als Unterkunft. Der Hauptmann entschuldigt sich, es gehe ihm nicht besonders gut, weil ihn Malaria quäle, aber einer der Soldaten soll mir das Camp zeigen. Ich kann in einem Fluß baden und weiß nicht, ob sie übertreiben oder die Gegend wirklich gefährlich ist, denn zwei Männer begleiten mich mit Gewehren zum Wasser!

Auf der anderen Seite des Flusses, auf burmesischem Gebiet, kämpfen Karen, eine antisozialistische Untergrundarmee, gegen das linke Regime Burmas für eine eigene unabhängige Republik. Die Thais unterstützen oder tolerieren zumindest die Karen und lassen sie ungehindert über die Grenze, wo sie Lebensmittel, Medizin, Waffen kaufen und selbst Einrichtungen wie Krankenhäuser benutzen dürfen. Oft ziehen sich Einheiten der Karen nach Einsätzen gegen die burmesische Armee nach Thailand zurück, wobei es passiert, daß sie verfolgt werden. Die Aufgabe der Black-Warriors, der Thailänder besteht darin, die eigene Grenze zu kontrollieren, und sicherzustellen, daß sich nicht burmesische Einheiten nach Thailand verirren, wo sie die Karen verfolgen könnten. Von einer gespannten Lage bekomme ich jedenfalls nicht viel mit. Abends sitze ich mit Soldaten vor meinem Bungalow. Wir trinken Maekong mit warmer Cola. Über uns ein sternklarer Himmel, mit der winzigen Sichel des abnehmenden Mondes. Aus einem Kofferradio hören wir englische Popmusik. Jede Stunde ertönt vom Tor aus ein metallener Klang – Sekunden später das Antwortzeichen von einem Posten am Fluß. Vereinzelte Schüsse fallen. »Alles nicht so schlimm, wir müssen den Burmesen ab und zu zeigen, daß wir noch hier sind und schießen ein paar Magazine leer.«

Morgens lädt mich der Kompanie-Chef zum Frühstück ein. Heute läßt er seine Jungs im Dschungel trainieren, um 5.30 Uhr haben sie mit ihren Übungen begonnen: »Weißt Du, sonst exerzieren sie hier, auf dem Hof. Aber ich wollte Dich nicht wecken!« Zum Frühstück gibt es Reis, scharfes Fleisch und Gemüse.

Der Bergstamm der Karen wird durch die Grenze geteilt. Ich folge einem steilen Pfad und gelange in ein Dorf. Die Bewohner zeigen sich extrem freundlich. Vor einem Trödelladen bekomme ich Bananen geschenkt und ein paar Plätzchen. Die Menschen sind sehr klein, lachen kaum und machen einen sehr ernsten Eindruck. Kleine Kinder tragen ihre Geschwister auf dem Rücken, meist sind die Menschen in Schwarz gekleidet, wobei unglaublich bunte Farben von Armringen, Ohrschmuck und Kopftüchern, vor allem bei Frauen einen starken Kontrast bilden. An den Hängen stehen winzige Holzhäuser auf Pfählen, darunter angebundene Schweine, die mit Hausabfällen gefüttert werden. Alles erscheint mir so idyllisch. Plötzlich kommen mir Skrupel, in diese heile Welt einzudringen, Fotos zu schießen, später Dias zu zeigen und ein Vorreiter des Massentourismus zu sein. Vielleicht kommen bald ganze Busladungen voller Touristen, stehen die ersten Fernseher in den Hütten, knattern Mopeds entlang. Sehr oft befinde ich mich in solchen Gewissenskonflikten. Natürlich ist es unglaublich interessant in Gegenden zu reisen, wo kaum Fremde hinkommen, und die Menschen so ursprünglich leben wie vor Generationen. Nur, was haben sie von meinem Besuch? Mir bleibt immer ein schlechtes Gewissen, aber schließlich siegt meine Neugier, mein Verlangen danach, ein Land mit seinen Leuten intensiv kennenzulernen. Oft nehme ich gar keine Kamera mit, und wenn ich fotografiere, frage ich die Menschen vorher ob sie einverstanden sind, oder nehme sie in Augenblicken auf, wo sie es nicht bemerken.

Grenze, Thailand/Burma.

Zwischendurch hört die geteerte Straße auf und geht in eine staubige Piste über, mit scharfen Kurven und einem ständigen Wechsel von steilen Anstiegen und Talfahrten. Ich fahre oft nur im ersten oder zweiten Gang. Bremsen kann ich auf diesem staubigen und rutschigen Untergrund kaum. In einer Kurve schleudert mir ein Moped mit zwei Thais entgegen. Sie befinden sich auf meiner Seite. Nur mit Mühe kommen wir aneinander vorbei. Im Rückspiegel sehe ich, wie sie von der Piste abkommen, in ein Feld mit hohem Gras rasen und Sekunden später wieder auf der Piste sind. Ich winke ihnen zu. Selbst solche Augenblicke schaffen es nicht, sie böse werden zu lassen – sie lachen einfach, heben ebenfalls die Hände.

Die Sicht ist unglaublich. Links die Berge Burmas, dazwischen Täler, kleine Bäche, winzige Dörfer und grüne Getreidefelder. Ich fahre zwischen riesigen Flächen, Thais bündeln das getrocknete Getreide oder schlagen es auf dem Boden aus. Dann transportieren sie das Stroh ab und füllen das Korn in Säcke. Auf den Feldern befinden sich kleine Unterkünfte in Form von Strohdächern auf vier Pfosten, die den Bauern als Schattenplatz dienen oder zum Übernachten, um am nächsten Morgen direkt mit der Arbeit beginnen zu können.

In Mae Sariang folgt eine Piste Richtung Westen an den Grenzfluß Saluen, zu einem winzigen Dorf. Die Piste ist miserabel: tiefe Fahrrinnen, schlammige oft hundert Meter lange Durchfahrten. Oft graben sich Fahrzeuge ein und blockieren den schmalen Weg. Links fällt es senkrecht in ein Tal ab, rechts verhindern steile Felswände ein Ausweichen. Autos fahren grundsätzlich im Konvoi, um sich gegenseitig herausziehen zu können, besonders tiefe Spuren werden mit Steinen, abgeschlagenen Bäumen und Ästen gefüllt. Die Fahrer scheinen unbeeindruckt, eine Flasche Maekong macht die Runde. Die Kassettenrecorder spielen thailändische Rockmusik. Dann wieder folgen wir einem Flußbett. Das Wasser steht bis zum Motorblock. Endlich erreiche ich das Dorf. Während auf der anderen Seite des breiten Flusses nur einige burmesische Hütten zu erkennen sind, geht es hier geschäftig zu: Geschäfte, Restaurants, Langboote mit alten Lkw-Motoren. Die Schiffsschrauben befinden sich am Ende einer zwei bis drei Meter langen Stahlstange, die mit dem Getriebe verbunden ist. Der Auspuff des früheren Lkws ragt über einen Meter in die Höhe. Beim Starten quellen unglaublich schwarze Wolken hervor. Man muß sich vom Lärm regelrecht die Ohren zuhalten. Burmesen wechseln die offiziell gesperrte Grenze, es gibt keine Kontrollen. Die Karen der burmesischen Untergrundorganisation werden in ihren schwarzen Uniformen und den umgehängten Gewehren gar nicht mehr besonders wahrgenommen. Abends bringt mich ein Boot den Fluß abwärts zu einem Außenposten auf thailändischer Seite und läßt mich nach zwei Stunden irgendwo im Nichts heraus. Es ist dunkel, ich weiß nur, daß das Boot morgen Nachmittag wieder hier vorbeikommt. Ich folge einem Weg, komme mitten in der Nacht

Getreideernte, Thailand.

zu einem kleinen Haus, eher wohl einem Bretterverschlag. Jemand spielt Gitarre, lädt mich zu sich ein. An den Wänden hängen Magazine, Maschinenpistolen und Armeeanzüge. Die Soldaten freuen sich über eine Abwechslung. Sie fragen, wo ich denn jetzt herkomme. Ich interessiere mich für die Gegend, will etwas über dieses gefährliche Gebiet wissen. Sie aber wollen nicht unbedingt von ihrem Alltag berichten, sondern etwas über Europa erfahren. In der Mitte des Flusses verläuft die Grenze. Die Boote tragen die thailändische Flagge, um nicht aus Versehen beschossen zu werden; solche ohne Flaggen sind Karen, andere gibt es nicht. Die burmesische Armee traut sich offenbar nicht, hier zu patrouillieren. Als wir am Fluß sitzen, spielt ein Soldat Gitarre. Die Gewehre stehen im Sand, die Läufe liegen gegeneinander und zeigen in den Himmel. Mir wird die Perversion dieses Augenblicks bewußt: Alles wirkt so friedlich, beinahe unschuldig, selbst die Gewehre scheinen Alltag zu sein, nichts Besonderes. Aber hundert Meter weiter im Busch lauern sich Armeen von Regierung und Karen auf. Nun schon seit Jahrzehnten, ohne Hoffnung auf ein Ende.

Der Norden Thailands wird landwirtschaftlich stärker genutzt als der Süden, wo Kokospalmen und Ölbäume vorherrschen. Ständig begegnen mir Ochsengespanne oder nagelneue Traktoren. Bauern kommen von den Feldern zurück, alle winken mir, lachen und oft halte ich an. Mittlerweile lege ich mir einige Sätze auf Thailändisch zu: »Wie gehts – ich nicht viel Thai.« In keinem anderen Land begegnen mir die Menschen mit einer solchen Herzlichkeit wie hier. Die Bezeichnung »Land des Lächelns. trifft nirgendwo passender zu!

Es wird nachts so kalt, daß ich tief in meinen Daunenschlafsack krabble und so lange darin bleibe, bis die Sonne höher steht. Morgens oder abends fahren Thais in dicken Jacken auf den Mopeds, wickeln das Gesicht in einen Schal. Viele tragen Handschuhe. Hier im Nordwesten stecke ich mir manchmal eine Zeitung unter die Jacke, der kalte Wind macht ganz schön zu schaffen.

Meine romantische Vorstellung vom Goldenen Dreieck erleidet erst einmal einen ziemlichen Dämpfer als ich mit dem Motorrad an einer Steintafel halte mit der Aufschrift: »Golden Triangel, welcome tourists!« Ganze Busladungen halten plötzlich, eine lange Reihe mit Souvenir-Shops wartet. Jeder posiert neben dem Schild, läßt sich von Freunden fotografieren, eine Neckermann-Reisegruppe taucht auf, irgend jemand sieht mein Kennzeichen: »Mensch, aus Bochum bist Du? Wir sind aus Gelsenkirchen. Das ist ja ein Ding! Is datt nich allet toffte hier?« – »Ja, echt toffte!« Meine Stimmung ist miserabel. Aber es ist oft so, daß ich viel zu hohe Erwartungen habe, die dann oft nicht erfüllt werden. Ich bin enttäuscht, weil ich nicht genau das vorfinde, was ich mir in meinem Kopf vorstelle! – Nämlich einen einsamen Platz mit Blick über den Maekong-Fluß, abends auf einer Terrasse zu sitzen und der untergehenden Sonne zuzusehen. Daraus lerne ich eine Menge. Ich muß einfach versuchen, ohne allzu große Erwartungen an etwas heranzugehen. Dermaßen ernüchtert, rase ich beinahe durch ein Touristenknäuel. Ich hake diesen Ort ab. Fast völlig versteckt entdecke ich einen Hinweis: Kims Guesthouse. Das muß der Ort sein, von dem ich geträumt habe. Ich miete einen Bungalow mit einer Veranda, alles natürlich aus Holz. Das Spitzdach zieht sich bis auf den Boden, im Giebel gibt es kleine Fenster, die von einem Bambusstock aufgehalten werden: Blick auf Felder, meterhohes Gras und den braunen Maekong-Fluß. Auf der gegenüberliegenden Seite befindet sich Laos. Manchmal rasen Schnellboote vorbei. Ich lasse mich schnell von der Stimmung hier anstecken: Musik hören, lange schlafen, Backgammon spielen, kleinere Ausflüge mit dem Motorrad machen. Der Besitzer, Kim, zeichnet mir eine Karte, trägt winzige Orte ein und schreibt die Bezeichnung auf Thailändisch dazu. Ich halte sie oft Leuten vor und finde winzige Dörfer, abgelegene Klöster oder Wasserfälle. Dunkle Schweine laufen über die Straße, es sieht so aus, als seien sie recht selbständig. Eine Sau überquert den Weg, stört sich nicht ans Motorrad oder sonst jemanden, schiebt mit der Schnauze ein Tor auf, verschwindet in einem Stall. In den Dörfern treffe ich fast nur Kinder. Die Erwachsenen sind auf den Feldern zur Zeit wird Reis geerntet. Auf einem Berg leuchtet die vergoldete Spitze eines Wats. Ein ebenfalls mit Goldplättchen überzogener Buddha sitzt genüßlich in der Sonne und strahlt sein zufriedenes glückliches Lächeln. Kinder spielen mit

Bergstamm, N-Thailand.

Reifen aus Bambusrohren, Mütter stillen Babys, rauchen dabei eine Pfeife.

Die Pisten sind meist gut, nur einige provisorische Brücken machen mir zu schaffen. Baumstämme, die der Länge nach durchgesägt sind und nun mit der glatten Seite nach oben über einem schlammigen Fluß liegen. Genau zwei Hälften führen auf der Breite einer Autospur zu anderen Seite. Bei der ersten Brücke habe ich noch Angst, denn sie ist etwa 10 m lang, natürlich nicht gesichert. Langsam zu fahren scheint extrem schwierig – auf einer Breite von vielleicht 30 cm! Vor allem kann ich mich nirgends mit den Füssen abstützen. Ich zwinge mich, ganz entspannt zu bleiben. Mit etwa 40 km/h rolle ich über den Baum und stelle mir dabei vor, es sei eine breite Straße. Nach der dritten Brücke gewöhne ich mich an diesen Balanceakt. In Mae Ab halte ich in einem Dorf, in dem nur Chinesen leben. Eigenartig, denke ich, denn Thailand besitzt keine gemeinsame Grenze mit China. Während des Vietnam-Krieges unterstützten einige Chinesen die Amerikaner und blieben am Ende der Auseinandersetzungen hier hängen. Die Häuser sind aus Lehm, manche aus Ziegeln – ganz im Gegensatz zu den Bambus- und Holzhütten der thailändischen Dörfer. Alles wirkt unglaublich sauber. Um die Häuser ziehen sich kleine Zäune mit Blumen. Irgendwo kann ich sogar etwas essen – eine Nudelsuppe mit Hühnerfleisch. Es ist einfach nur schön hier im Schatten zu sitzen und den Menschen zuzusehen, die vielen Kinder beobachten. Eins spricht Englisch und ruft mir »Good morning« zu. Als ich antworte, lachen sie sich schlapp. Jeder ruft jetzt einmal »Guten Morgen«. Nach meiner Antwort immer die gleichen Reaktionen – Lachen, bis die

Tränen kommen! Auf dem Rückweg entdecke ich einen Wasserfall. Ein Mönch hat sein orangenes Gewand gewaschen und es zum Trocknen auf einen Stein gelegt. Er sitzt in einem Wasserbecken und freut sich, als er mich sieht. Seine Arme, Beine und der Rücken sind stark tätowiert. Ich verstehe kein Wort, antworte wohl genauso unverständlich auf Englisch. Welche Rolle spielt das schon. Wichtig ist nur dieser Augenblick. Ich bade mich auch, lege mich auf einen Stein in die Sonne.

Oft sehe ich kleine durchsichtige Plastikbeutel, die mit einem Gummiband zusammengebunden werden und aus denen ein Strohhalm herausguckt. Manchmal hängen sie am Lenker eines Mopeds oder die Leute tragen sie in der Hand. Als ich auf einem kleinen Markt halte und neugierig in die Töpfe gucke, finde ich die Lösung. Ob ich eine Suppe möchte? »Nein, danke!« – Ich schüttle mit dem Kopf, als die Frau einen Löffel füllt und auf einen Teller zeigt. Sie versteht, daß ich nicht hier essen, sondern das Gericht mitnehmen will. Die Dame hält eine Tüte auf, gießt die Suppe hinein, Strohhalm dazu, Gummiband darum – bitte sehr. Sie hält mir die heiße Flüssigkeit am Gummiband hin! Ich lasse sie von meinem Lenker baumeln und verliere sie glatt in der nächsten Kurve. Genauso trinkt man Cola mit etwas Eis. Nie sehe ich jemanden mit einer Flasche in der Hand.

Abends spiele ich mit einem Engländer Backgammon. Ein Stein fehlt mir und ich frage ihn, ob er nicht eine Münze dabei habe? Bruno kramt in seinen Taschen und findet eine rote 10 Cent-Münze aus Australien. Ich halte sie in der Hand – plötzlich wird mir klar, daß das ein Zeichen ist: Ich werde nach Sydney fliegen und Maree besuchen. Sobald ich in Bangkok ankomme, muß ich mir einen Flug kaufen. Die ganzen Wochen nach Ko Shamui denke ich viel an sie, aber nie quält mich der Gedanke, ob ich sie besuchen soll, ob das überhaupt auf meiner geplanten Route liegt. Die Antwort wird mir irgendwann ganz von selbst einfallen, das weiß ich und vertraue einfach darauf, daß ich Entscheidungen nicht erzwingen kann, sondern mit Geduld und Ruhe immer ans Ziel komme.

Als ich den Norden verlasse und Richtung Bangkok fahre, spüre ich wieder dieses Kribbeln, die Freude auf die Straße, auf Kurven, aufs Überholen, kleine Pausen, Straßenrestaurants aber auch auf das nächste Land – Japan.

Ganz in der Nähe der Sukumvit Straße quartiere ich mich ein, gleich gegenüber lockt ein Schild: Deutscher Bäcker. Jeden Morgen kaufe ich mir eine Zeitung, die »Bangkok Post« und setze mich in dieses winzige Café mit zwei Tischen und vier Stühlen, gleich neben einer Glastheke mit Rumkugeln, Mohnbrezeln, Rosinenschnecken, Obsttaschen und frischgemahlenem Bohnenkaffee.

Der ganze Bezirk um die Sukumvit ist ein einziger Puff. Überall dickbäuchige, meist ältere Touristen mit Thaimädchen. In einer Seitenstraße ent-

166

decke ich ein Straßencafé und sehe mir bei einem Bier das Treiben an. Eine Bar neben der anderen, davor stehen halbnackte Frauen, die vorbeischlendernde Touristen zu animieren versuchen. Oft hängen sie sich an den Arm oder ziehen sie förmlich in die Bar. Überall kleine Eßstände, wo getrockneter Fisch oder gebratene Bananen angeboten werden. Ein vornübergebeugter Mann schleppt zwei große Schalen an einer langen Bambusstange, die auf seiner Schulter liegt. Er schleicht durch das Gewühl von Nutten, Ausländern und Polizei und verkauft gebrannte Erdnüsse. Ich habe das Gefühl, in einem Kino zu sitzen und einen Film zu sehen.

Das Gewühl auf den Straßen ist so chaotisch, daß es keinen Zweck hat mit einem Bus oder einem Tuk-tuk zu fahren, den dreirädrigen Zweitakttaxis. Überall schlängeln sich Mopeds und Motorräder zwischen die Autos, bis sie schließlich in der ersten Reihe vor der Ampel stehen. Fast jede Kiste ist aufgemotzt mit einer Rennbirne, große Viertakter sehe ich kaum. Dann schaltet die Ampel auf Grün – der Lärm wird ohrenbetäubend. Von rechts und links schießen Motorräder vorbei, Autos überholen mich. Ich brauche einen Tag bis mir klar wird, daß ich an diesem Rennen selbst teilnehmen muß, sonst bleibe ich in dem Gewühl hoffnungslos zurück. Nie höre ich jemanden hupen, niemand verhält sich aggressiv oder besteht darauf, vorgelassen zu werden. Die Thais sind auch in dieser chaotischen Situation völlig liebenswert.

Ich finde eine Agentur und verlade das Motorrad auf ein Schiff Richtung Tokio. Viel schwieriger, beinahe unmöglich scheint es, einen Flug nach Australien zu bekommen. Alle sind bis auf 4 Monate ausgebucht. Der 5. Kontinent feiert sein 200jähriges Bestehen, außerdem findet zur gleichen Zeit die EXPO-Weltausstellung statt. Eine ganze Woche klappere ich Reisebüros ab, lasse mich auf Wartelisten setzen und gebe fast die Hoffnung auf als endlich in einem Büro das Telefon klingelt und die Angestellte der Agentur abnimmt, mir nach ein paar kurzen Sätzen zuzwinkert und in den Hörer antwortet: »Nein, es ist kein Problem von Ihrem Flug nach Sydney zurückzutreten, wir haben bereits einen Interessenten!« Ich buche einen Flug: Bangkok-Tokio-Bangkok-Sydney-Vancouver! Der Abstecher über Japan ist von Honda vorbereitet, d.h. die Niederlassung in Offenbach schickte ein Telex an den großen Bruder in Tokio, daß man mir dort behilflich sein sollte, falls ich irgendwelche Schwierigkeiten hätte. Ich werde mich einmal telefonisch melden, das Motorrad aus dem Zoll holen und dann die Insel erkunden, denke ich mir! Tja, wieder einmal zu blauäugig, wie ich bald erfahren werde.

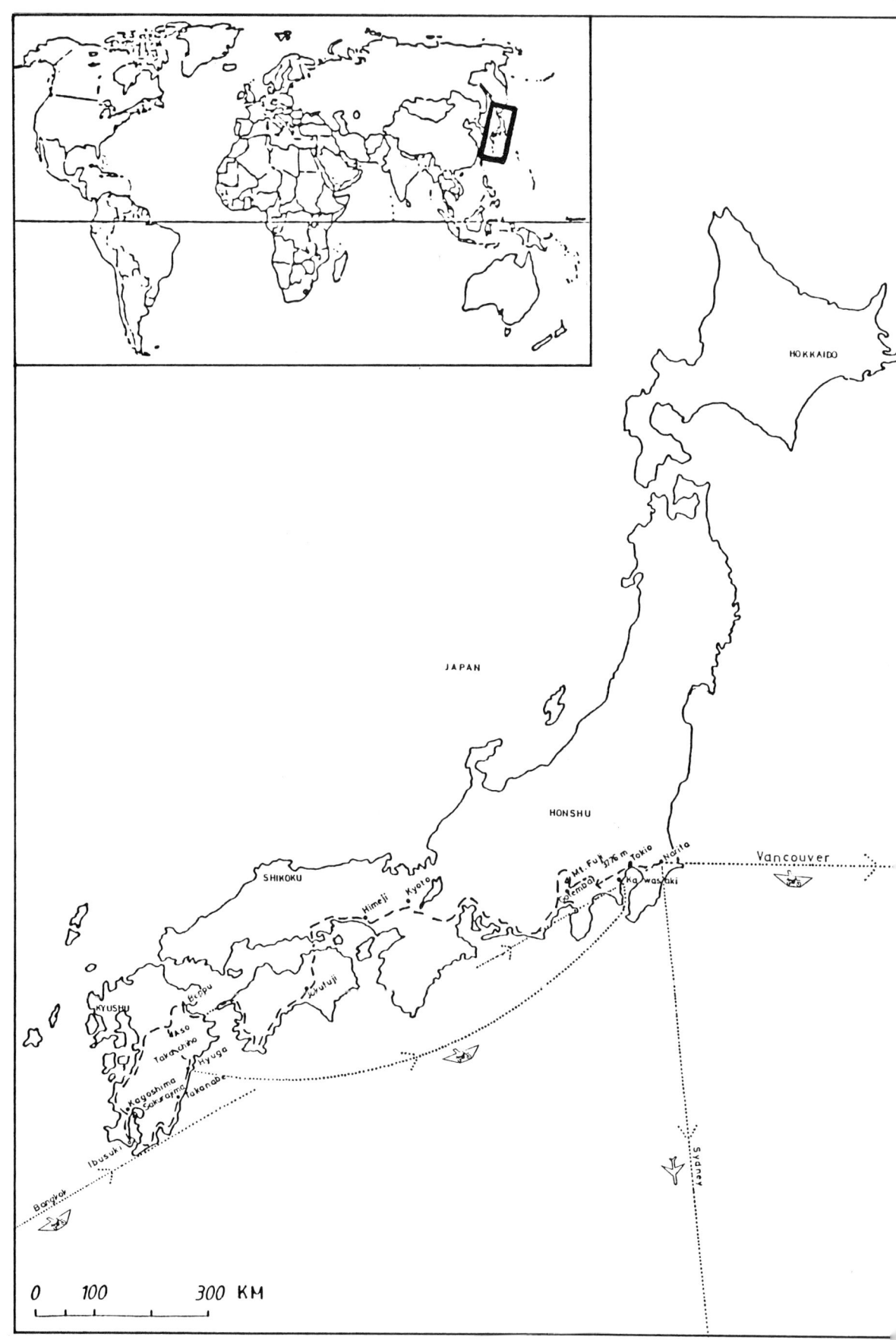

HOKKAIDO

JAPAN

HONSHU

SHIKOKU

KYUSHU

Mt. Fuji 3776 m Tokio Narita

Vancouver

Gotemba Kawasaki

Himeji Kyoto

Beppu

ASO

Takachiho

Hyuga

Kyuluji

Kagoshima Takanabe

Sakurajima

Ibusuki

Bangkok

Sydney

0   100   300 KM

Japan

Die Jugendherberge in Tokio befindet sich im 18. und 19. Stock eines Hochhauses, ein Bett im 4-Mann-Zimmer kostet 30 DM. Nach drei Nächten muß man sich eine andere Unterkunft suchen. Während der eineinhalbstündigen Fahrt vom Flughafen in die Stadt mache ich meine ersten Beobachtungen: Ich sehe nur Menschen in gepflegten Anzügen, mit einem Schlips, die Frauen in dunklen Kostümen. Viele schlafen im Stehen oder Sitzen, oft fällt ihnen der Kopf auf die Schulter des Nachbarn. Fast niemand spricht und keiner beobachtet mich oder sieht mich an – obwohl ich mich, zwar nur 1,77 Meter, aber einen Kopf größer als die meisten Japaner, von dem einheitlichen Dunkel von Blau, Grau oder Schwarz sehr abhebe.

Nach dem sechsstündigen Flug und dem Chaos in den U-Bahnen genieße ich mein Bett. Ich möchte heute lange ausschlafen. Die Sonne ist gerade aufgegangen, da krächzt eine Stimme über den Zimmerlautsprecher etwas auf Japanisch. Na, ja, denke ich, vielleicht ein Telefongespräch für jemanden. Jeff, der über mir liegt, flucht: »Verdammt, ist es denn schon wieder 7.00 Uhr?« – »Wieso, sieben Uhr, mach' nicht so einen Lärm, ich will ausschlafen!« – »Ich glaube, Du bist gerade in Japan angekommen?« Dann die gleiche Stimme, jetzt auf Englisch: »Es ist sieben Uhr, Zeit zum Aufstehen. Das Frühstück ist bereit! Holen Sie das Ticket an der Rezeption; um 9.30 Uhr müssen die Zimmer geräumt sein und dürfen vor 15.00 Uhr nicht mehr betreten werden! Einen schönen Tag noch!« Das glaube ich alles nicht und werde richtig nervös, rasiere mich im Schnelldurchgang, rase zur Toilette, löffle ein japanisches Frühstück: warme Suppe, eine Schale Reis, Salatblätter, ein Röllchen Schinken und fade schmeckender Tee. Punkt 9.30 Uhr stehe ich auf der Straße und reibe mir die Augen. Jeff stolpert an mir vorbei: »Ach, ja, Du solltest nicht nach 22.30 Uhr kommen, da ist nämlich die Tür geschlossen. Ich habe vorgestern im Flur übernachtet!«

Tokio soll die teuerste Stadt der Welt sein. Bereits in Thailand erklären mich Reisende für verrückt als ich ihnen erkläre, 6 Wochen in Japan bleiben zu wollen! In einer Konditorei trinke ich eine Tasse Kaffee, um die Ecke kaufe ich zwei Weihnachtskarten und Briefmarken. Mit dem Umrechnen habe ich noch Schwierigkeiten. Als ich meinen Taschenrechner frage, kommt immer wieder die gleiche Zahl heraus: 25 DM für alles!

Den nächsten Schlag versetzt mir Herr Kano von Honda. Erst einmal wird das gesamte Verschiffen von Bangkok nicht 5 Tage dauern, sondern mit Entladen mindestens 10 und dann würde ich mein Motorrad sowieso nicht vor 3 Wochen aus dem Zoll bekommen, weil ich in Bangkok einen winzigen Fehler gemacht habe: Ich hätte zwei getrennte Zollerklärungen anfertigen müssen – eine für die Honda, die zweite mit allen einzeln aufgeführten Gepäckstücken! »Ich kann Ihnen da nicht weiterhelfen. Sicher möchten Sie mit Ihrer Enduro hier reisen, sonst hätte ich Ihnen vorgeschlagen, daß wir Ihnen eine unserer Maschinen aus dem Testpark zur Verfügung stellen!« – »Ja, wenn das ginge!« – »Bitte, lassen Sie uns doch gleich einmal sehen, welche Motorräder im Moment da sind!« In der Tiefgarage stehen etwa 15 verschiedene Modelle. Herr Kano bleibt vor einer Enduro Transalp stehen, ich vor einer 750iger VFR Straßenversion. »Kommen Sie morgen früh wieder, dann ist Ihre VFR durchgecheckt, Sie brauchen eine Sondergenehmigung von uns, und dann sehen Sie sich Japan an, solange Sie möchten!« Herr Kano legt die Hände seitlich an die Oberschenkel, beugt den Oberkörper leicht nach vorne und meint abschließend »Hai«, soviel wie ja, das wär's dann. Meine Verbeugung fällt bedeutend tiefer aus. Das ganze Gespräch dauert nicht länger als eine Stunde.

Eine der billigsten Eßgelegenheiten stellen Suji-bars dar. Die Gäste sitzen auf Hockern um ein Oval, in dessen Mitte Japaner länglich rechteckige Reisstückchen formen und sie entweder in Schinken, Aal, Pilze oder Ei wickeln, auf einen kleinen Teller stellen und sie auf ein Band legen, das an den Gästen vorbeizieht. Ein kleiner Happen kostet 2 DM, man braucht mindestens zehn, um das Gefühl zu haben, überhaupt etwas im Magen zu haben. Tee gibt es kostenlos. Die Gäste rufen ihre Wünsche laut in Richtung Koch. Mein Japanisch läßt sehr zu wünschen übrig, besteht bis jetzt nur aus dem Wort »Hai«. Ich schnappe mir einfach einige vorbeirollende Teller. Am Ausgang nennt man dann die Anzahl der verputzten Gerichte und bekommt die Rechnung. Selbstverständlich gehört Sake dazu, der warm getrunkene Reisschnaps. Es gilt übrigens als äußerst unhöflich, sich selbst etwas in das eigene winzige Porzellangefäß zu schütten, man wartet darauf, daß der Nachbar es tut, und bedient ihn dann dafür.

Die Temperaturen liegen morgens etwa bei 5° Celsius! Das Klima in Japan ist sehr unterschiedlich – der Norden, die Insel Hokkaido liegt auf Höhe der Alpen. Während dort die Skisaison beginnt, werden auf der südlichsten der 4 Hauptinseln, Kyushu, mit dem ungefähr gleichen Breitengrad wie Tunesien, Orangen geerntet. Meine Route sieht vor, bis Kyushu zu fahren, nach Möglichkeit oft der Küste folgend und von Kyushu wieder zurück nach Tokio mit einer 24 Stunden Fähre. Ich schnalle eine Tasche auf die Rücksitzbank,

170

ziehe eine warme Jacke über die gefütterte Ledercombi und dann los. Herr Kano gibt mir den Schlüssel und meint, er brauche mir ja wohl nichts erklären, ich würde Motorräder wohl besser kennen als er. Oje, als ich jetzt halb auf dem Motorrad liege, der Oberkörper den Tank berührt, die zurückgelegten Fußrasten spüre und die Halbverkleidung sehe, da kommen mir doch die ersten Zweifel. Ich nehme die Passage aus der Tiefgarage in gewohnter Enduro-Manier: relativ viel Gas, die Kupplung langsam kommen lassen – die Enduro war immer schwer beladen – schon geht das Vorderrad hoch –. Herr Kano nickt zufrieden, mein Herz setzt aus! Hoffentlich dreht er sich sofort um und sieht nicht, was mir nach 100 Metern passiert: Ich rutsche im Sattel hin und her, suche Blinker, Licht und bemerke zu spät, daß vor mir ein Auto hält. Das Hinterrad blockiert, stellt sich quer, rutscht wieder in Fahrtrichtung zurück, stellt sich wieder quer und irgendwie komme ich an dem Auto vorbei. Spätestens jetzt werden Herrn Kano die ersten Zweifel gekommen sein, ob ich sein Motorrad in einem Stück zurückbringe. Ich bin gewarnt und wähle den Expressway, die gebührenpflichtige Autobahn, Richtung Hakone: für 100 km zahle ich 40 DM. Das war der letzte Meter auf dieser Straße! Ich werde nur noch Nationals fahren.

Von Gotemba kann man den Mt. Fuji erkennen, diesen fast 4000 Meter hohen Vulkanberg, dessen Spitze jetzt im Winter mit Schnee bedeckt ist. Beinahe vergaß ich, daß heute der 24. Dezember ist und kaufe in einem Supermarkt etwas zum Feiern: eine Flasche kalifornischen Rosé und zwei Tüten Kartoffelchips. Jede Jugendherberge besitzt ein japanisches Bad. In ein Steinbecken wird heißes Wasser gelassen, vor dem eigentlichen Baden setzt man sich auf einen Minihocker, seift sich ein und schüttet Wasser aus einer Schüssel über den Körper. Diese Waschzeremonie wiederholt sich einige Male, erst dann darf man gereinigt ins Becken steigen, wo ich manchmal eine halbe Stunde bis zum Hals drinsitze. Ich bin der einzige Gast und feiere Weihnachten im Bad. Vom Bett sehe ich genau auf den Fuji.

Um den Berg zieht sich eine Straße, aber es dauert zuerst einige Kilometer, bis man aus dem Stadtgewirr mit unendlich vielen Ampeln herauskommt. Alle 200 Meter steht eine und ich brauche Zeit, um das optimale Tempo zu finden. Die Straßen sind sehr eng, überall durchgezogene Linien, oft sind nur 30 km/h erlaubt. Ich liege auf dem Tank, immer auf der rechten Spur, Blinker raus, einen Gang runter und vorbeischießen. Das Motorrad reagiert auf jede Bewegung. In einer Kurve winkle ich nur das Bein ab und schon legt sie sich in Schräglage. In den Schattenstellen sind die Straßen noch nicht abgetrocknet, teilweise liegt Schnee neben der Fahrbahn. Einmal erwischt mich ein Motorradpolizist, heizt hinter mir her und hält mich an. Er notiert eifrig. Sein Ton ist nicht gerade freundlich. Er scheint mich etwas zu fragen und wartet auf meine Antwort. Ich setze den Helm ab, antworte auf Englisch und sofort ändert sich die Situation. Der Block verschwindet in seiner Tasche, er deutet auf die durchgezogene Linie, schüttelt mit dem Kopf. Dann zeigt er auf die 100 meines Tachometers und die 30. »Ich Tourist.« Er verbeugt sich, entschuldigt sich dafür, daß er kein Englisch spricht: »Excuse, no english, hai, please good holidays Japan!«

Das Wetter ist klar, ständig taucht der Mt. Fuji links auf. Das Fahren macht mir unheimlich viel Spaß. Das Motorrad wird mir viel vertrauter als noch etwa gestern in Tokio. Die Straßen sind durchgängig mit Zahlen beschriftet. Die Orientierung fällt nicht schwer. Bei Städten verhält es sich ganz anders und nur ganz selten stehen unter den japanischen Schriftzeichen die japanischen Buchstaben. Ich merke mir dann die ersten zwei Zeichen, manche sind einfach und ich präge sie mir ein – jetzt muß ich in Richtung Tannenbaum mit Fenster. (...) Das Wort für Jugendherberge schreibt mir ein Japaner auf einen Zettel und ich halte es Leuten vor. Viele Menschen lernen Englisch in der Schule, jedoch mehr als Schriftsprache. Die Lehrer sprechen oft kein besonders gutes Englisch und trauen sich nicht, vor den Studenten das Gesicht zu verlieren. Dementsprechend lehren sie die Sprache, indem sie hinter die eigenen Zeichen das englische Wort schreiben. Oft mache ich die Erfahrung, daß mich jemand völlig erstaunt ansieht, überhaupt kein Wort versteht. Sobald ich dann auf einen Zettel schreibe: »Where is the road to Kyoto«, verstehen sie »Ah, Kyoto, hai, hai«! Zuerst entschuldigen sie sich, weil sie mich nicht verstehen, dann zeigen sie mir die Richtung, oft zeichnen sie mir einen halben Stadtplan – sich zu verfahren ist schier unmöglich.

In den Jugendherbergen, bzw. grundsätzlich in den japanischen Häusern, muß ich mich erst an bestimmte Gebräuche gewöhnen: Es gibt keine Stühle, beim Essen sitzt man mit zusammengelegten Beinen vor einem niedrigen Tisch. Ein Haus darf nicht mit Straßenschuhen betreten werden, im Flur befinden sich Plastikschlappen, die man gegen seine Stiefel tauscht. Betten, in unserem Sinn, kennen Japaner ebenfalls nicht. Welchen Zweck erfüllen sie auch, außer den ganzen Tag unbenutzt im Weg zu stehen? Wohnraum in Japan ist sehr begrenzt. Hinter Schiebetüren liegen dünne Matten, die auf dem Boden ausgebreitet werden, Decken und Kissen dazu. Ich schlafe nirgendwo besser, als auf diesem harten Untergrund. Der größte Teil der japanischen Bevölkerung lebt auf der Insel Honshu. Auf der Strecke Tokio-Kyoto, etwa 500 km, reiht sich ein Ort ohne Unterbrechung an den anderen. Ich will bzw. muß die Autobahn meiden, weil die Gebühren einfach zu hoch sind und wähle die National Nr. 1. Es ist ein schwacher Trost, daß das Motorrad nur 4,5 Liter braucht, denn Benzin kostet 2 DM. Dafür bekommt man aber den unglaublichsten Service überhaupt. An den Tankstellen winken Angestellte mit Fahnen, um einen zum Tanken einzuladen. Ich rolle noch gar nicht richtig aus, da zieht bereits jemand den Zündschlüssel ab, schließt den Tankdeckel auf. Ein anderer zieht den Einfüllstutzen aus der

Säule und füllt den Tank, während sein Partner mit einem Lappen mein Visier putzt, außerdem die Plastikscheibe der Verkleidung und die Scheinwerfer säubert. Es kommt mir vor, wie bei einem Grand-Prix-Stop. Ich halte eine Yen-Note hin und der Japaner rennt ins Büro, kommt mit dem Wechselgeld zurückgelaufen, gibt es mir und alle stehen nun neben dem Motorrad, legen die Hände an, verbeugen sich tief. Ein anderer hält den Verkehr an, winkt mich auf die Straße und bedankt sich wieder mit einer tiefen Verbeugung.

Praktisch auf der ganzen Strecke nach Kyoto liegen rechts und links der Straße Häuser, der Verkehr wird alle paar hundert Meter durch Ampeln geregelt. Die Fahrbahn ist so schmal, daß ich nicht in der Mitte fahren kann, weil entgegenkommende Autos es nicht zulassen. Vor jeder Ampel stauen sich die Fahrzeuge, gerade einmal angefahren, wartet auch schon die nächste Schlange. Ich fahre ganz links an den Autos vorbei, oft nur um Haaresbreite, brauche für 400 km 10 Stunden, wobei ich die Pausen nie länger mache, als zum Tanken oder für einen Kaffee notwendig.

Kyoto, die frühere Hauptstadt des Kaiserreiches wirkt trotz der zwei Millionen Einwohner klein, fast provinziell. Es liegt zum einen daran, daß es keine richtigen Hochhäuser gibt wie in Tokio und nur eine U-Bahnlinie mit wenigen Stationen vorhanden ist. Außerdem sind die Straßen schachbrettartig angeordnet, die Orientierung fällt nicht schwer.

Außer in den Jugendherbergen besteht die Möglichkeit, in einem Ryokan einen Platz für die Nacht zu finden. Das sind Privatpensionen oder Hotels, in denen die Besitzer nie auf Sperrstunden bestehen. Meist darf man die Küche benutzen. Dafür geht es aber chaotischer zu. Nachts schlafen in einem 4×4 Meter kleinen Raum zehn Reisende nebeneinander. Ich lege meine Matte einfach irgendwo auf den Boden. Nachts träume ich von Maree, sie legt ihre Hand auf meinen Arm und streichelt ihn. Ich fasse sie an und werde wach. »Wie schön«, denke ich, es ist kein Traum, die Hand liegt immer noch dort und ich rücke näher zu ihr. Aber Moment mal, ich befinde mich in einem Ryokan, nur Männer schlafen in diesem Raum! Neben mir liegt ein Franzose. Ich nehme seine Hand weg und rolle mich soweit zur Seite, wie es die Füße meiner beiden Nachbarn zulassen, vorsichtshalber lege ich ein Kissen zwischen ihn und mich.

Kyoto ist die berühmteste Stadt in Japan, wegen ihrer Tempel und Gartenanlagen. Der Kinkaku-ji-Tempel wird von einem Teich umgeben, die geschwungenen Dächer erstrecken sich in verschiedenen Stufen übereinander und werden mit Goldfarbe überzogen. Alle Tempel wurden aus Holz gebaut, nur wenige befinden sich in ihrer ursprünglichen Form, oft brannten sie ab. Wie dieser Tempel, der 1397 errichtet wurde, dann jedoch nach 150 Jahren versehentlich zerstört wurde, als ein Mönch seine pyrotechnischen Experimente ausgerechnet hier durchführen wollte. Um die Tempel befinden

sich meist gepflegte Gartenanlagen und Bäume, deren Äste völlig kurzge-
schnitten sind und beinahe verstümmelt aussehen.

In der Nähe steht der Ryoanji-Tempel, der durch seine Stein- und Sandge-
bilde berühmt ist. Fünfzehn verschiedene Felsformationen, alle nicht größer
als einen halben Meter, sind in bestimmten Anordnungen auf einem Boden
aus weißgrauem Kies gestellt. Es ist strengstens verboten, das Gelände zu
betreten. Auf hölzernen Stufen sitzen Besucher und sinnen über die Darstellungen nach, die über 500 Jahre alt sind. Auf den ersten Eindruck kommen
sie mir vor wie ganz normale Steinhaufen. Ich kann mir nicht vorstellen, was
daran so besonders sein soll, warum Menschen stundenlang hier sitzen und
sie fasziniert betrachten. Nach einer halben Stunde spüre ich es selbst: Es ist
die Kombination aus Ruhe – keine störenden Geräusche dringen hier ein –
den Sträuchern und Pflanzen, die völlig harmonisch um den Garten gepflanzt
sind, und nicht zuletzt dem Wissen um das Alter und der Tatsache, daß der
Gartenbaumeister die Steine in einer ganz bestimmten Anordnung dort
verteilt hat. Jeder darf sich eine eigene Interpretation suchen, mir kommen
sie vor wie Felsformationen in einer Wüste. Ich schrumpfe zu einer Ameise
und befinde mich inmitten dieser faszinierenden Landschaft.

Der Chion-in-Tempel enthält eine riesige Glocke, die im Freien steht,
unter einer großen Dachkonstruktion. Hier begehe ich mit einigen Japanern
den Neujahrswechsel. Tausende von Menschen zieht es an diesen Ort,
Polizisten regeln das Durcheinander mit Leuchtstäben und Sprechfunkgerä-
ten. Viertel vor Zwölf tauchen zwölf Mönche auf, in braune Kleider gehüllt.
Ein überdimensionaler Holzpfahl befindet sich auf Höhe der Glocke und
wird mit einer Schaukel bewegt. Die Mönche ziehen ihn an Ketten und
lassen ihn auf ein Zeichen besonders weit nach hinten schwingen. Dann trifft
er wie ein Rammbock die Glocke. Ein dumpfer Ton ist nur der Anfang von
insgesamt 108 Schlägen – die Zahl entspricht der Gesamtsumme möglicher
Sünden, die nun vergeben werden.

Beim Fahren frieren mir die Finger regelrecht ein. Ich suche nach Möglichkeiten, sie zu wärmen. An vielen Straßen befinden sich Getränkeautomaten
mit heißem Kaffee oder Kakao in Dosen. Sehr oft halte ich daneben an,
ziehe eine Dose und umklammere sie mit rotblauen Fingern! Es passiert sehr
häufig, daß mich Leute auf einen Kaffee einladen, etwa beim Tanken oder in
einer kleinen Bäckerei, wo ich nach dem Weg frage. Mein Bild vom hekti-
schen Japaner, der immer in Bewegung ist wie eine Ameise und nie Zeit hat,
korrigiere ich ganz schnell; wenn sie etwas machen, dann mit ihrer ganzen
Energie und Konzentration. Einmal etwa verfahre ich mich hoffnungslos in
einem Außenbezirk der Stadt Himeji und klopfe an eine Haustür. Ein älterer
Mann öffnet mir. Im Haus sitzt die ganze Familie um einen warmen Ofen.
Ich entschuldige die Störung. »Nein, nein komm!« Über eine Stunde wärme
ich mich auf, dann setzt sich der Sohn ins Auto und fährt mich aus dem

Insel Shikoki, japanischer Garten.

Gewirr von kleinen Gassen heraus, bis ich eine halbe Stunde später vor dem Schloß Himeji stehe. Die Befestigungsanlage wurde Anfang des 18. Jahrhunderts. fertiggestellt und besteht aus 78 einzelnen, meist verschachtelten Gebäuden. Das Hauptgebäude besitzt 5 Stockwerke. Überall in den meterdicken Mauern befinden sind winzige Fenster. Das Schloß wurde zum Glück nie angegriffen und seine beeindruckende Form blieb erhalten.

Die Hauptinsel Honshu wird durch eine Fährverbindung mit der Insel Shikoku verbunden. Die Überfahrt ist ein Erlebnis, denn ich komme an der fast fertiggestellten, über 30 km langen Brückenverbindung vorbei, zu der mehrere Hängebrücken gehören. Diese Autobahn- und Zugstrecke entsteht während einer 10jährigen Bauzeit und soll die Städte auf den einzelnen Inseln noch näher zusammenbringen. Nach einigen Kilometern auf Shikoku fängt es an zu regnen, schließlich schneit es sogar. Das Innere Shikokus ist gebirgig, kleine kurvenreiche Straßen steigen oft über 1000 Meter hohe Pässe, 100 Meter unterhalb der Straße fließt ein grünblauer Gebirgsbach, Wolken hüllen die Hänge ein. Die Orte haben eine angenehme Größe und es gibt einen Ortsein- sowie Ausgang, nicht nur Hunderte von Kilometern Haus an Haus wie auf Honshu.

In Jokufuji befindet sich ein Tempel mit einer Jugendherberge, die von einem Zen-Buddhisten geleitet wird: Hier gibt es die einzige Darstellung eines lachenden Buddhas. Dr. Diukou, d.h. großer Drachen, scheint von ihm inspiriert zu sein. Die ganze Atmosphäre nimmt mich gleich gefangen: In einem Kamin brennt ein Feuer, Hunderte von Musikkassetten stehen in einem Regal, von italienischer Rockmusik bis japanischer Klassik. Herr Diukou trägt seine Mönchskleidung, auf einer Landkarte erläutert er die Sehenswürdigkeiten der Insel und führt mir die Disco vor. In der Decke sind breite Strahler angebracht, dazu demonstriert er den maximalen Sound und dreht einen 100 Watt-Verstärker voll auf – Brian Adams – »I'm a rebel«. Oh, ja, er liebe laute Rockmusik, vor allem beim Autofahren. Am nächsten Morgen rückt er mein etwas verschobenes Bild wieder gerade. Es ist möglich, an morgendlichen Meditationsübungen teilzunehmen. Ich ziehe mich warm an, im Tempel scheint es nicht viel wärmer, als null Grad zu sein. Der Meister gibt mir eine Anweisung – man sitzt auf den Knien, die Füße liegen so, daß der linke auf dem rechten liegt. Der Blick ist auf die Knie gerichtet, die Augen halb geöffnet. Langsam durch die Nase ein; durch den Mund ausatmen. Man soll den Geist schweifen lassen. Herr Diukou schlägt eine Glocke, ein tiefer Gong ertönt, und singt im gleichbleibenden Ton dazu. Räucherstäbchen brennen vor überdimensionalen hölzernen Tempelfiguren. Nach einer halben Stunde darf ich versuchen aufzustehen, die Füße schmerzen von der ungewohnten Sitzposition.

Sobald die Straße die Küste erreicht, ändern sich die Temperaturen beinahe schlagartig. Das Meer ist sehr wild, die Umgebung besteht aus Kieselstränden, zerklüfteten Steilküsten, Palmen und Kakteen, Orangenbäumen mit reifen Früchten und kleinen vorgelagerten Steinfelsen. Ich setze mich ans Wasser, genieße die warmen Sonnenstrahlen und sehe dem Meer zu, wie es gegen die Felsen braust und Tausende von Tropfen meterhoch steigen. Die Fahrbahn verläuft meist oberhalb der Küste und ist sehr eng, oft von beiden Seiten zugewachsen. Unendliche Kurven reihen sich aneinander. An jeder ist ein Rundspiegel angebracht, um entgegenkommenden Verkehr zu sehen, aber es fahren keine Autos. Manche Inseln sind völlig kahl, manche mit tropischer Vegetation bewachsen, viele Fischerboote erkenne ich auf dem Meer.

Abends treffe ich drei japanische Studenten, ein Mädchen lebte lange in den USA und spricht sehr gut Englisch. Die Gespräche machen etwas von der Lebensauffassung der Japaner deutlich. Einer der drei reiste lange in der Welt herum, was für einen Japaner außergewöhnlich ist. Die meisten verbringen ihren zweiwöchigen Urlaub mit einer gut organisierten Rundreise – möglichst viel sehen, oft jeden Tag ein anderes Land. Ich frage ihn, ob er andere Vorstellungen vom Leben habe, als 50 Wochen zu arbeiten. Nein, die hat er keineswegs. Noch in diesem Jahr wird er sein Studium abschließen und sofort einen Job bekommen. Es ist selbstverständlich für ihn, immer in derselben Firma zu bleiben, sie sorgt für ihn, würde ihn nie entlassen und hilft ihm sogar dabei, ein Haus zu finanzieren! Individualität scheint nicht sehr gefragt zu sein. Japaner fühlen sich nur in der Gruppe wohl, dazu gehört auch das familienähnliche Verhältnis, das eine Firma ihnen vermittelt. Ich will wissen ob er das in Ordnung findet. – »Ja, warum denn nicht. Das ist halt so und wird immer so bleiben.« Er ist gerade 22 Jahre alt. Manchmal finde ich es unheimlich schwer, Japaner zu verstehen. Vielleicht liegt es aber auch daran, daß manche Fragen für sie überhaupt keinen Anlaß zum Nachdenken geben.

Eine Fähre bringt mich bei starkem Wellengang auf die wärmste der 4 Hauptinseln, Kyushu, wo die einzigartige Badestadt Beppu liegt. In acht Stadtbezirken gibt es unzählige Onsens und Jigokus. Letztere sind heiße Quellen in verschiedenen Farben, die sich nicht zum Baden eignen – im Gegensatz zu einem Onsen, dessen Wasser oft in eine Badeanstalt geleitet wird. In einem öffentlichen Bad entspanne ich mich einen ganzen Tag. Viele Gäste tragen Badeanzüge, Männer binden sich Handtücher um, aber Vorschriften gibt es keine – man darf genauso die Becken nackt benutzen. Es gibt riesige Steinbecken mit heißem Wasser, Sitzgelegenheiten, bei denen ein dicker Strahl aus der Wand schießt und den Körper massiert. Besonders gut soll knöcheltiefes, sehr heißes Wasser sein, wobei der Untergrund aus Kies und spitzen Kieselsteinen zusätzlich die Durchblutung anregt. Im Freien befindet sich ein Ruhebad. Es ist herrlich, in der Kälte nackt an die Luft zu gehen und gleich ins dampfende Bad zu fallen. Oft befinden sich alte Japaner neben mir. Ein Paar scheint regelrecht festgesessen zu sein. Als sie mir die Hände ausstrecken, verstehe ich nicht gleich, was sie möchten. Ach so, ich solle sie doch bitte hochziehen!

Kontakte mit Menschen scheitern an der Sprachbarriere und der höflich zurückhaltenden Art der Japaner – niemand möchte sich aufdrängen oder vielleicht meine Ruhe stören. Auch befürchten sie, ihr Gesicht zu verlieren, wenn andere feststellen, daß ihr Englisch sehr schlecht ist.

Ganz anders verhält es sich bei Studenten, die von ihren Eltern für ein Jahr an eine ausländische Universität geschickt wurden. Sie müssen oft feststellen, daß sie ihre erworbenen Sprachkenntnisse in Japan nicht anwenden können und suchen Kontakte zu Ausländern, aber nie alleine. In dem Onsen, wo ich ein Bad nehme, spricht mich eine Japanerin auf Englisch an, sie ist mit einer Gruppe von Freunden hier. – Ob sie ein bißchen mit mir reden dürfe? Sie muß aber jetzt mehr die Fragen ihrer Freunde übersetzen, als selbst etwas sagen zu können. Ein Jahr lebt sie in New York. Sie sei nicht sehr angetan von der amerikanischen Gesellschaft: viel zu viel Hektik, kaum jemand würde hart arbeiten und alles sei sehr oberflächlich, keine Familienbande mehr, beinahe nur Einzelgänger, selbst Schüler würden oft schon eine eigene Wohnung haben. Nein, sie wohnt noch zu Hause, wie alle ihre

Freunde und würde auch später bei den Eltern wohnen oder sie in ihr Haus nehmen, wenn sie verheiratet ist. Wir spazieren zu einem Restaurant, das leider geschlossen hat. Ich habe das Gefühl, daß sie dies als ihre eigene Schuld auffassen und es jetzt so schnell wie möglich wieder gutmachen wollen. Die Gruppe teilt sich und sucht in fünf verschiedenen Straßen nach einem offenen Lokal. Ich warte. Eine Viertelstunde später kommen sie wieder, beraten und entschuldigen sich, daß alles solange dauert!

Der Yamani-Highway, eine der schönsten Strecken in ganz Japan führt Richtung Süden durch den Aso-Nationalpark am gleichnamigen Vulkan vorbei. Die Straße steigt in kleinen Kehren an, führt an Bergen vorbei, deren Spitzen mit Frostkristallen überzogen sind. Die Hänge leuchten braungrün. Ich bin gerade erst einige Kilometer gestartet und schon kann ich dem Anblick der Natur nicht widerstehen. Ich parke die Honda auf einer großen Grünfläche, gleich unter einem Berg.

Mittags esse ich manchmal ein Stück Schokolade oder Kuchen, das ich mir unterwegs kaufe. Zu einem richtigen Essen im Restaurant reicht mein Geld nicht. Ich lege mich also in den Schatten des Motorrads, den Kopf auf den Helm und frühstücke mit einem unbeschreiblichen Blick auf den Vulkankegel. Es ist überhaupt ein Wunder, daß die Straßen trocken sind und nicht vereist oder voller Schnee; wenn ich zuvor erwähnte, daß Kyushu die wärmste Insel ist, mit Palmen und Orangenbäumen, so trifft das leider nicht auf die höhergelegenen Teile zu, wie etwa hier, wo ich mich auf 1000 Meter Höhe befinde. Manchmal bin ich mir gar nicht mehr sicher, ob ich überhaupt noch auf der richtigen Straße fahre, denn sie wird so schmal, daß höchstens noch ein Auto Platz findet und führt kilometerlang durch Wälder, ohne daß ich ein Haus entdecke. Dann tauchen wieder winzige Dörfer auf mit bunten Holzhäusern, dampfenden Schornsteinen, gepflegten Feldern oder langen Reihen von Zitrusbäumen; wenn bloß diese verdammte Kälte nicht wäre! An der rechten Hand spüre ich den kleinen Finger gar nicht mehr und bewege ihn, knicke ihn ab, um das Blut abzustauen. Ich bin so dick eingepackt, wie es nur geht: lange Unterhose, gefütterte Lederkombi, Hemd, T-Shirt, Pullover. Über der Kombi trage ich noch eine Jacke. Dann stopfe ich mir eine zentimeterdicke Wochenendausgabe einer Tokioter Zeitung vor die Brust. Aber alles hilft nichts, wenn eine Stelle am Körper nicht warm ist – in diesem Fall die Sommerhandschuhe.

Die Straße schlängelt sich schließlich durch Tannenwälder bis an den Rand des Aso-Kraters. Tief unten brodelt es, Rauch zieht ununterbrochen in die Höhe. Der Vulkan ist aktiv und Schutzunterstände aus Beton stehen überall. Ein kleiner See ist zugefroren, ich schlendere darüber, aber viel hält mich nicht bei dieser Kälte.

Der Herbergsvater hängt alleine vor einem kleinen Ofen. So etwas wie Heizungen gibt es wohl nicht in Jugendherbergen. Außer im Aufenthaltsraum wird nirgendwo geheizt. Nachts werden es hier um minus 10 Grad, bestätigt er meinen Hinweis, daß es hier ziemlich kalt sei. Ich kaufe eine Flasche Sake und erwärme ihn auf dem Ofen. Es gibt nicht viele Hotels, in denen man Alkohol mitbringen darf; meinem Vater scheint alles egal zu sein, er umschlingt den Ofen fast. Obwohl ich der einzige Gast bin, gießt er heißes Wasser ins Bad, einem etwa 2×3 Meter großen Becken. Als ich später im Bett liege, unter all den Stepp- und Wolldecken, die ich von den anderen Matratzen abziehe, trägt er einen kleinen Ölofen neben mein Bett und zündet ihn an.

Ich vermeide den direkten Weg nach Kagoshima, weil er weiter durchs Inland führt und benutze die westliche Küstenstraße. Tatsächlich komme ich an Hängen vorbei, an denen Nektarinen reifen. Oft könnte ich sie vom Motorrad aus pflücken, so nahe stehen die Bäume neben der Fahrbahn. Der

Vulkan Sakurijama, Insel Kyushu.

ebenfalls aktive Vulkan Sakurajima beherrscht das Bild der Stadt. Der jetzige Berg ist früher eine Insel gewesen, bis sich 1914 bei einer Eruption 3000 Millionen Tonnen Lava und Asche ergossen und nach Osten eine Verbindung mit dem Land entstand. Wieviel wärmer es hier ist, obwohl nur 260 km südlicher. Ich sitze abends nur mit einem Hemd am Hafen und kaue an meinem Notessen, dem Rest von gestern – eine Banane, Kekse, Sake. Ohne Unterbrechung quillt dicker grauer Rauch aus dem Schlot. Bei ungünstigen Nordwestwinden hüllt er die ganze Stadt ein, macht das Atmen unerträglich. Trotz der Gefahr eines erneuten Ausbruchs wird die zerstörte Stadt wieder aufgebaut, finden sich überall Stände für die vielen japanischen Touristen: Der Vulkan in Plastik hinter einer Glasscheibe oder in bunten Steinen auf ein Brett geklebt, T-Shirts mit der Aufschrift: »Ich bin auf dem Sakurajima gewesen!« Ich entfliehe dem Rummel und spaziere durch eine gepflegte Parkanlage, vorbei an riesigen Bambushölzern, Kakteen und Palmen, überall eine Schlange auf einem Schild, daneben ein warnender Zeigefinger! Im Winter färben sich die Rasenflächen braun. Es ist hier so angenehm warm, daß ich Schuhe und Jacke ausziehe, in der Sonne döse. und mir gar nicht vorstellen kann, daß ich gestern bei Minusgraden Motorrad gefahren bin.

Viele Touristenbüros vermitteln den Kontakt zu japanischen Gastfamilien, die gerne einen Reisenden kennenlernen möchten und ihn in ihr Haus einladen. Um 19.00 Uhr holen mich Hajashi, eine 25jährige Frau und ihr Mann vom Bahnhof ab. Sie spricht Englisch, der Rest der Familie, Eltern, Schwester mit Freund und zwei Kinder, begnügen sich mit ihrer Übersetzung. Das Haus, in dem alle wohnen, außer dem Freund natürlich, besitzt drei kleine Räume. Die Eltern sind pensioniert und passen tagsüber auf die Kinder auf, denn Hajashi und ihr Mann arbeiten beide den ganzen Tag. Jeder muß eine Stunde bis zum Büro fahren, nach neun Stunden Arbeit bleibt ihnen nicht mehr viel Zeit. Keiner beklagt sich. Wie sollte es auch anders sein, dafür werden es die Kinder besser haben! Wir hocken auf den Knien an einem niedrigen Tisch, die Großmutter serviert grünen Tee und Gebäck. Die ganze Familie ist unglaublich interessiert, freundlich, schießt Fotos mit einer Sofortbildkamera. Später wird ein völlig untypisches japanisches Essen serviert, mit viel Fleisch. »Das haben wir extra für Dich gekauft. Ich habe gelesen, daß Deutsche nur Kartoffeln und Fleisch essen und schon zum Frühstück Bier trinken!« Niemand ißt besonders viel von dem Rindfleisch, mir werden gleich 5 Scheiben auf den Teller gepackt. Ich möchte nicht ihr Bild zerstören. Niemand kann glauben, daß ich eineinhalb Jahre reise, meine Familie währenddessen nicht einmal sehen werde. »Nein, nein, maximal zwei Wochen im Jahr wegfahren, aber nie an einem Stück!« Als wir uns verabschieden, überreichen sie mir einen großen Umschlag, der Großvater hat heimlich die Polaroidbilder eingeklebt.

Die vulkanische Aktivität auf der Insel kommt nicht nur in den Bergen zum Ausdruck, oft gelangt die Hitze des Erdkerns so nahe an die Oberfläche, daß der sandige Boden erwärmt wird und man ein Sandbad nehmen kann. Eines der berühmtesten ist Ibusukhi. Ich bin »die Ausgangssperre« in den Jugendherbergen leid und quartiere mich in einem Riokan ein. Zwar sind die Privatzimmer etwas teurer, dafür bekomme ich einen eigenen Schlüssel und ein typisch japanisches Abendessen aus rohem Fleisch, einer Suppe, dampfendem Reis, gekochten Kartoffeln, Soja-Soße, Gemüse und einem rohen Ei, das man mit den Stäbchen schlägt und dann mit dem eingetunkten Fisch ißt; hinzu kommen kleine gesalzene Fische. In meinem Zimmer hängen zwei Kimonos, ein dünner heller und ein sehr dicker zum Überhängen, denn man geht zu Fuß zum Strand, wo sich die verschiedenen Sandbäder befinden. Unter den Kimonos trage ich nur eine Badehose. Ich schlüpfe in Holzpantinen, die im wesentlichen aus einem Brett bestehen, unterhalb der Zehen liegt ein Querholz, das die Sandalen beim Gehen wie eine Schaukel erscheinen läßt. Das Bad ist öffentlich, rechts stehen Männer an, links Frauen. Am Eingang bekomme ich eine Nummer, die mir einen Platz im Sand anzeigt. Ich gucke mich erst einmal um, wie sich andere Männer verhalten. Die Holzlatschen und der äußere Kimono werden ausgezogen und man geht barfuß ans Meer. Ein Angestellter schiebt mit seiner Schaufel eine Vertiefung in den Boden, schichtet am Kopfende den Sand zu einer Erhöhung auf. Dann kann ich mich in diese Kuhle legen und werde mit Sand zugeschaufelt. Zuerst empfinde ich es angenehm warm, dann spüre ich die Hitze von unten. Ich drehe mich mit dem Kopf zu meinem Nachbarn. Sie nicken mir schwitzend zu: »Hai!« Ich versuche solange auszuhalten wie sie, aber irgendwann habe ich das Gefühl, mein Hintern würde verbrennen. Ich versuche, mich von den Erdmassen zu befreien, schlage den Sand ab und unterziehe mich einer langen Badeprozedur!

Die Sonntage nutzen Japaner für Ausflüge. Als ich einen abgelegenen Weg zum Meer einschlage, um mir einen Felstempel anzusehen, habe ich das Gefühl, mich in der überfüllten Innenstadt von Tokio zu befinden. Der Tempel befindet sich hoch über dem Meer, die Holzbauten sind in leuchtendem Rot gestrichen. Am Eingang kann man Glückssteinchen kaufen, die auf einen Fesel geworfen werden, in dessen Mitte sich ein kleines Becken befindet. Bleibt der Stein liegen, bedeutet das die Erfüllung seiner Wünsche bzw. dessen, was auf dem kleinen Stein steht: Langes Leben, Gesundheit, glückliche Familie. Auf dem Parkplatz wimmelt es von Motorrädern, ausschließlich Straßenversionen, von denen jede 3 Scheibenbremsen hat, Vollverkleidung, zurückgelegte Fußrasten und in der gleichen Lackierung gespritzt ist wie die Lederanzüge der Fahrer. Die stärksten Maschinen stellen 400 cm^3 Rennachbauten dar. Meine 750er fällt etwas aus dem Rahmen. Einer aus dem Motorradclub aus Takanabe fragt mich, ob ich mich ihnen nicht

Japanische Biker, Kyushu.

anschließen möchte, wir ein bißchen in der Gegend herumfahren wollen? Ein Troß von vielleicht 30 Krädern setzt sich in Bewegung, ich werde liebevoll in die Mitte genommen. Schnell wird mir klar, daß das gemütliche Zockeln und in die Gegend schauen ein Ende findet. Jeweils zwei Motorräder sind nebeneinander, leicht versetzt und auf Handbreite vom Vordermann entfernt. Nie flackert ein Bremslicht auf, keiner überholt in unübersichtlichen Kurven. Bei Polizeikontrollen werden Strafen gleich hinten auf dem Führerschein eingetragen,. Alle haben eine höllische Angst davor, zu schnell zu fahren oder beim verbotenen Überholen erwischt zu werden. Den Abend verbringen wir in einem der vielen typischen Restaurants, wo mir das Aussuchen leicht gemacht wird. In einem Schaufenster liegen die Gerichte aus, alle in Kunststoff und leuchtenden Farben, dazu ein kleines Preisschild. »Ich hätte dann gerne das Gericht zu 650 Yen!« Eine Schüssel mit Gemüsesuppe. Die paar Kilo Übergewicht aus Thailand verliere ich in Japan sehr schnell. Meine Freunde laden mich in eine Pachinko-Halle ein, zu einem Automatenspiel, dem viele Japaner erlegen sind. In jedem Ort leuchten überdimensionale Buchstaben mit der Aufschrift Pachinko, das Innere gleicht einem Glas- und Lichterpalast. In 10 langen Reihen steht ein Automat neben dem anderen, davor ein Drehhocker mit Plüsch überzogen. Mir wird das Spiel erst klar, als ich bereits meinen Einsatz verloren habe: Man wirft einige Yen ein und bekommt eine Anzahl kleiner Silberkugeln, die in den Schlitz des senkrecht vor einem aufgebauten Apparats gesteckt werden. Ziel ist es, sie mit Hilfe zweier mechanischer Knöpfe durch ein kleines Tor mitten durch ein Gewühl von Metallstiften zu befördern. Daraufhin rollen mehr Silberkügelchen heraus. Wenn man geschickt ist, spielt man stundenlang. Die Kugeln rasen mit einer wahnsinnigen Geschwindigkeit über die Armaturen, ich drehe meine Knöpfe völlig unkoordiniert, meine Nachbarn scheinen eine andere Taktik zu bevorzugen, denn viele lehnen sich zurück, haben ein Streichholz hinter den Auslöser geklemmt und warten nun auf das Rasseln der silbernen Bällchen. Neben mir muß sich eine Frau eine Ersatz-

schachtel holen, weil der Automat mehr Kugeln ausspuckt, als dafür vorgesehen ist. Sie schenkt mir eine ganze Handvoll, fasziniert verfolge ich den
Lauf der Kugeln, alle rasen am Tor vorbei, innerhalb von 3 Minuten
verspiele ich 15 DM und komme nicht ganz hinter den Reiz dieses Spiels.

Ich möchte mich den Motorradfahrern nicht aufdrängen. Als wir aus der
Spielhalle kommen, entdecke ich ein Schild: Motel. Darunter der Preis von
10 DM pro Zimmer! Das ist doch wohl billig. Meine Freunde schütteln die
Köpfe und wollen sich vor Lachen nicht mehr einkriegen, als sie mich zur
Rezeption begleiten. »Bitte ein Zimmer!« – Die Dame sieht mich an, dann
die in Leder gekleideten Japaner. »Ein Zimmer? Für wie lange?« – Sie guckt
eigenartig und sehr mißbilligend. »Naja, für eine Nacht!« – »Wie bitte. Für
eine ganze Nacht?« Jetzt steht tiefstes Entsetzen auf ihrem Gesicht. –
»Natürlich für eine Nacht. Meinen Sie, ich möchte ein Bett nur für zwei
Stunden mieten?« – Sie sucht Hilfe bei den Umstehenden. Doch die quittieren das ganze nur mit einem Nicken! »Wieviele Stunden möchten Sie bitte
das Hotel?« Komisch, aber vielleicht sind die Sitten hier anders, überlege
ich. »Nun ja, jetzt haben wir 23.00 Uhr, sagen wir bis morgen um 9.00 Uhr.
Solange hätte ich es gerne!. – »Das sind ja 10 Stunden!. – »Ja, stimmt. Oder
muß man das Hotel früher verlassen?« Die Dame gibt es auf, ich fülle einen
Zettel aus, dann legt sie mir die Rechnung vor, umgerechnet 100 DM! –
»Hier bitte, für 10 Stunden!« – Einer der Motorradfahrer nimmt mich zur
Seite und zeigt mir die beiden Worte unter dem Hotelhinweis, die ich
übersehen habe: For honeymooners (für Flitterwöchler)! Viele Paare, vor
allem nichtverheiratete Frauen, dürfen vor der Ehe nachts nicht ausgehen
und nutzen die Möglichkeit eines Honeymoon-Hotels an ihrem »Ausflugs-
sonntag«! Ich gehe gerne auf den Vorschlag von Jashi ein und übernachte im
Haus seiner Eltern.

Kurz nach 5.00 Uhr weckt er mich, ich muß wohl gestern Nacht etwas von
Sonnenaufgang und Takashiho-Schlucht angedeutet haben. Jetzt nach 4
Stunden Schlaf erinnere ich mich nicht mehr so genau daran. Die ganze
Familie ist auf. Die Mutter klappert mit den Töpfen und kocht uns eine heiße
Suppe. Oje, da ist mir die Jugendherberge ja noch lieber! Das Einzigartige
an dieser Gegend sind die Bodennebel, die ein riesiges Tal einhüllen, im
Hintergrund kann man die Erhebungen des Aso-Massivs erkennen und dann
natürlich die aufgehende Sonne. Eine lange steinerne Treppe steigt an einer
senkrechten Wand ab, bis zu einem kleinen Fluß. Das Tal liegt zwischen den
Felsen, die zerrissenen steilen Wände werden von Lavaströmen des Aso-
Vulkans in den Stein gefressen. Es sieht so aus, als hätte ein Bagger mit
überdimensionalen Schaufeln die Wände von oben nach unten durchfurcht.
Im Bach wimmelt es voller Karpfen, kleine Wasserfälle stürzen in die
Schlucht, eine Hängebrücke verbindet die Wände.

Vor einer Woche rief ich in Tokio bei Honda an, ob mein Motorrad immer noch im Zoll sei? Ich hoffe auf eine negative Antwort, denn dann hätte es sich nicht gelohnt, die Leihmaschine zurückzubringen, meine eigene zu übernehmen und wieder in Tokio zu starten. Das war meine ursprüngliche Überlegung und ich wollte den zweiten Teil der sechs Wochen auf Hokaido, der nördlichsten Insel verbringen. Nur liegt diese unter einer tiefen Schneedecke! Nein, das Motorrad sei noch im Zoll, es würde aber innerhalb der nächsten Tage herauskommen. Das Ganze war ein ziemlicher Klops, denke ich mir. Mein Motorrad habe ich umsonst nach Japan geschickt, werde es wohl bei der Rückkehr in Tokio nur auf dem kurzen Stück zum Hafen fahren, um sie gleich weiter nach Nordamerika zu verschiffen! In Japan gibt es ein weitverzweigtes Fährnetz und jede der vier Inseln kann untereinander mit einer Autofähre erreicht werden. Die Fahrt von Hyuga nach Kawasaki dauert zwar 23 Stunden, dafür erspart sie mir aber eine Menge Zeit, vor allem den ganzen Schnee, der mitlerweile in Tokio gefallen ist.

In Kawasaki, dem Fährhafen der Hauptstadt, erwartet mich Gudrun. Wir kennen uns vom Studium aus Deutschland, sie arbeitet hier an einer deutschen Schule als Lehrerin. Für die 18 Kilometer kurze Entfernung nach Tokio brauchen wir über eine Stunde. Es geht durch ein ständiges Gewirr von Straßen, Häusern, Ampeln und Menschenmassen – was für ein Unterschied zu der Idylle der Inseln Kyushu und Shikoku! Gudrun mietet ein Haus, ich will es gar nicht glauben, daß ich am nächsten Tag ausschlafen kann, oder besser darf! »Ich habe mir gedacht, nach 9 Monaten freust Du Dich mal wieder ein deutsches Essen zu bekommen,« meint sie und serviert Steak mit Bratkartoffeln und Salat, als Nachtisch Schokoladenpudding, später all die leckeren Sachen, die ich mir in Japan nie leisten konnte: Sherry und Brandy!

In Tokio ist gerade Winterschlußverkauf. Verkäufer schreien die Angebote aus den Gängen der Kaufhäuser oder Straßen raus, indem sie in eine riesige Papiersprechtüte brüllen, manchmal gleich drei nebeneinander. Nicht selten werben alle für verschiedene Produkte. Es herrscht das unglaublichste Gewühl, das ich je gesehen habe, der Weihnachtsrummel in Deutschland kommt mir dagegen vor wie ein Erholungsaufenthalt!

In der U-Bahn-Passage liegt ein Penner auf Kartons, seine Schuhe hat er ausgezogen, zum Anzug trägt er einen Schlips!

Es herrscht zwar ein unglaubliches Gedränge in den U-Bahngängen, auf den Straßen oder in den Kaufhäusern, aber keine wirkliche Hektik. Die Menschen bewegen sich mit viel Gelassenheit und reagieren mit einer beinahe unglaublichen Hilfsbereitschaft. Ich frage einen Mann nach der Haltestelle eines bestimmten Stadtteils. Er erklärt es mir auf einer Karte genau, dabei verpaßt er seine Bahn. Menschen kommen vorbei und schieben sich zwischen uns. Sie entschuldigen sich sofort, wenn sie mit dem Aktenkoffer anstoßen oder uns mit der Schulter berühren. Zu Stoßzeiten, und das heißt in der City von Tokio beinahe immer, treten Metro-Angestellte in Aktion, die die maximale Anzahl an Fahrgästen garantieren – sie schieben einfach noch ein paar Leute in die völlig überfüllten Wagen, dies übrigens in weißen Handschuhen und mit einer Ruhe, die mir unbegreiflich erscheint. In der Bahn selbst steht man nicht selten jemandem auf den Füßen oder landet beim Anfahren auf den Knien zweier älterer Damen! Das macht absolut nichts. Die Japanerinnen schieben mich hoch, nicken kurz und sind dann wieder in Gedanken oder bei einer Lektüre, vielleicht in tiefe Meditation versunken. Ein völlig besoffener Mann hängt in den Haltegriffen und schwankt von einer Seite auf die ander, rülpst ununterbrochen! Ich beobachte die Nachbarn – keine Reaktion, sie nehmen ihn überhaupt nicht wahr, zeigen keinen Ärger oder Unmut, rücken auch nicht weiter ab! Dies ist der einzige Zustand, den Japaner tolerieren, wenn ein Mensch sein Gesicht verliert und sich dazu hinreißen läßt, in der Öffentlichkeit laut auf seinen Chef oder die Arbeit zu fluchen.

Heute bringe ich die VFR zurück, die Enduro kommt endlich aus dem Zoll und gleich wieder in den Hafen, wo sie auf ein Schiff nach Vancouver geladen wird, Kanada. Ich stelle das geliehene Motorrad vor dem Hondahochhaus ab und verabschiede mich von Herrn Kano, versuche mich zu bedanken, aber das scheint zwecklos. »Nein, bitte nicht Sie, sondern ich muß mich bedanken, weil Sie auf einem unserer Produkte um die Welt fahren und uns soviel Vertrauen entgegenbringen!« Draußen steht die Honda in der Sonne, ich verabschiede mich von ihr, berühre die Finger mit den Lippen und streichle über den Motor. »Machs gut, danke für diese wunderschöne Zeit!«

An der Ampel halten zwei Harley-Davidsons, die Fahrer ganz in schwarzes Leder gekleidet, etwa 60 Jahre alt! Einer nutzt die Rotphase, um mit einem Tuch über den Tank zu wischen, den verchromten Lenker zu putzen. Ich halte noch meinen Helm in Hand und grüße ihn. Naja, er nickt wenigstens zurück, aber die Geste ist eindeutig: Ausnahmsweise grüße ich mal!

Vom Narita Airport hebe ich Richtung Bangkok, dann weiter nach Sydney ab und als ich in meinen Tagebuchaufzeichnungen blättere, über die sechs Wochen in Japan nachdenke, weiß ich, daß mir vieles bewußter wird: Geduld, Ruhe und Konzentration scheinen der Schlüssel dafür zu sein, selbst stressige Situationen zu überstehen, Augenblicke und die Gegenwart bewußter zu erleben! Vielleicht kann ich dann sogar dem Zeitempfinden ein Schnippchen schlagen und es schaffen, daß Momente in schönen Augenblicken nicht rasen und in unangenehmen Situationen einfach stillstehen; denn ich habe jetzt schon Angst vor der gemeinsamen Zeit mit Maree in Sydney, Angst weil die Zeit zwischen Ankunft und Abflug wieder wie ein einziger Tag erscheint, die Trennung bis zum nächsten Wiedersehen aber wie eine Ewigkeit!

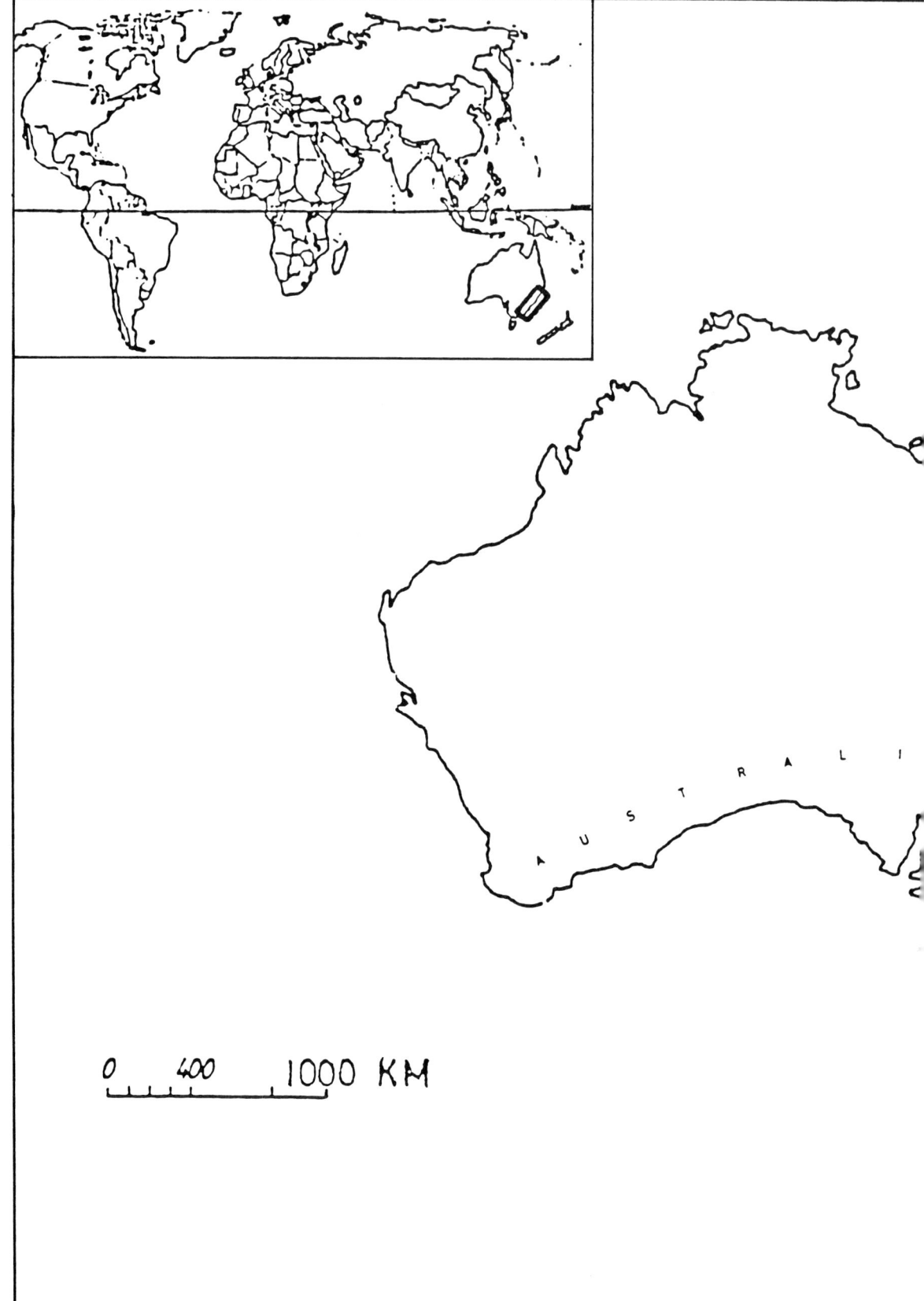

0   400   1000 KM

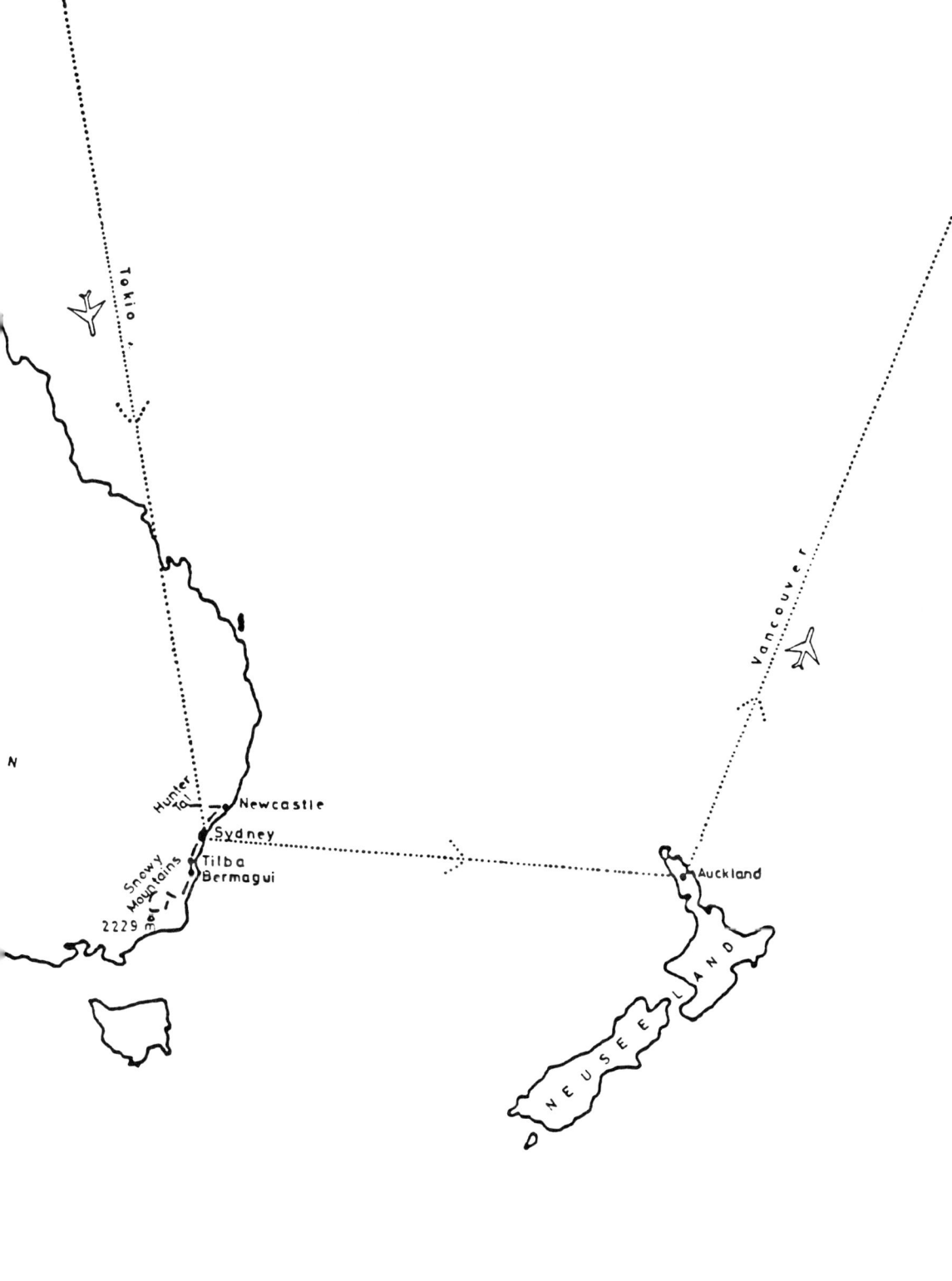

Tokio

Vancouver

N

Hunter
Tal
Newcastle
Sydney
Snowy
Mountains
Tilba
Bermagui
2229 m

Auckland

NEUSEELAND

Australien

Meine Vorstellungen über Australien sind sehr limitiert: niedrige Bevölkerungsdichte, mehr als 30mal größer als die Bundesrepublik, der Großteil des Landes Wüste oder jedenfalls sehr trocken. Es war nicht von mir geplant, überhaupt diesen Kontinent auf der Reise zu besuchen. Ursprünglich wollte ich von Japan aus ich entweder nach Süd- oder Nordamerika. Der einzige Grund, warum ich jetzt Richtung Sydney fliege, ist Maree. Ich möchte so viel Zeit mit ihr verbringen, wie möglich, vor allem aber herausfinden, ob und wie es weitergehen soll. Einen festen Rückflugtermin habe ich nicht. Falls unsere kurze Beziehung in Thailand nur ein Urlaubsflirt gewesen ist, fliege ich nach einigen Tagen weiter nach Kanada. Das klingt sehr sachlich, in Wirklichkeit kann ich meine Ungeduld kaum zügeln. Das Warten wird unerträglich. Wieviele Stunden muß ich jetzt noch im Flugzeug verbringen, bis ich Maree endlich wiedersehe? Es scheint mir viel einfacher zu sein, tagelang von jemandem getrennt zu leben, als die letzten Stunden vor dem Wiedersehen zu verbringen. Jetzt laufe ich aufgeregt auf dem Flughafen in Sydney und suche sie – vielleicht überlegt es sich Maree anders, vielleicht hätte ich gar nicht kommen sollen? Ach, Mist, jetzt bin ich hier und die Ungewißheit nimmt endlich ein Ende. Maree kommt von hinten, legt mir die Hände langsam vor die Augen, ich versuche herauszufinden, wer es sein könnte. Wir stehen ungläubig voreinander, können nicht viel herausbringen und fahren erst einmal zu ihr, nach Randwick, einem Vorort von Sydney. Von der Wohnung aus können wir das Meer erkennen. Als wir nebeneinanderliegen, erscheint mir alles völlig unfaßbar. Vor einigen Tagen mit dem Motorrad durch Japan, davor wochenlang in den Bergen von Thailand, vor 3 Monaten Maree kennengelernt, gerade vier Tage zusammen gewesen, dann miteinander telefoniert, Briefe geschrieben – und jetzt hier. In diesem Augenblick kann ich mir nur allzu gut vorstellen, daß das Leben ein Traum ist, nichts als eine Illusion. Fast überfordert es meine Gedanken! Maree arbeitet im Krankenhaus, nach ihrem Urlaub legte sie Nachtdienste ein, um jetzt ein paar Tage freizubekommen. Die Bucht, auf die wir von der Wohnung aus sehen können, gehört zum Stadtteil Bondi, einem wunderschönen Küstenstreifen. Sie ist 5 Minuten mit dem Auto entfernt.

Ich sehe bei Tageslicht die Hochhauskulisse der Viermillionenstadt, davor die große Hafenbrücke mit ihren riesigen Stahlbögen und natürlich die Oper, die genau am Wasser gebaut ist und wie eine riesengroße weiße Schale erscheint, die jemand in den Boden gesteckt hat.

Das Klima ist sehr angenehm. Einen richtigen Winter gibt es in Australien nicht. Wenn Aussies von Winter reden, dann meinen sie vielleicht 15° Celsius. Manchmal kommt es sogar vor, daß es noch ein paar Grade kälter wird, aber Schnee und Minustemperaturen kennt niemand hier. Der Sommer erstreckt sich etwa zur gleichen Zeit wie der europäische Winter, und jetzt Anfang Februar zeigt das Thermometer meist um 30° Celsius, im Schatten natürlich. Kein Haus verfügt über eine Zentralheizung. Mein erster Eindruck von den Menschen hier ist: unglaublich locker, gut gelaunt, so als seien sie ständig im Urlaub. Selbst Kings Cross – der Mittelpunkt des Nachtlebens mit seinen Nutten, Alkoholikern und Punkern – wirkt wie ein sicherer Ort, fast gemütlich und schläfrig. Beinahe gehen die Randerscheinungen der australischen Gesellschaft unter im Strom der Touristen, stellen nichts Besonderes dar und gehören irgendwie zu diesem Stadtteil, fast wie Ausstellungsstücke. Hinzu kommt die Sperrstunde. Gegen 23.00 Uhr schließen in Sydney die meisten Bars und Restaurants! Viele Restaurants besitzen keine Alkohollizenz, erlauben jedoch ihren Gästen, Wein mitzubringen. So sieht man oft Leute mit einer Flasche in der Hand, die auf der Straße warten, bis ein Platz drinnen frei wird. Manchmal vergessen wir diese Vorschriften. Ein Angestellter kauft uns gleich zwei Bier um die Ecke oder kommt mit einem australischen Rotwein wieder.

In Newcastle, etwa 1 1/2 Stunden nördlich von Sydney stellt uns ein Freund sein Haus zur Verfügung. Der Pacific-Highway No. 1 verläuft oberhalb der Küste ständig im Wald. Sobald wir die Stadt verlassen, wird es schlagartig einsamer, die Straße zieht sich in langen Kurven, sanften Steigungen und Gefällstücken durchs Land. Das Haus liegt wahnsinnig schön, über einer Bucht. Wir können das Meer zu Fuß in wenigen Minuten erreichen. Die Preise für Häuser und Grundstücke liegen in Australien weit unter denen in Deutschland. Jeder, wenn er nicht gerade in Sydney lebt, besitzt ein eigenes Haus und natürlich jede Menge Land dazu.

Das Meer ist total aufgewühlt, die Wellen mögen wohl einige Meter hoch sein. Am Ende des Strandes befindet sich ein Surf-Club. Heute aber weht die rote Fahne – niemand darf aufs Wasser. Wir befinden uns ganz allein am Strand, der etwa 30 Meter breit ist und 9 Kilometer lang. Dahinter beginnen flache Dünen, die mit Strandgras und Sträuchern bewachsen sind. Kleine blaue Quallen mit langem dünnem Schwanz werden auf den Sand gespült. Aufgewirbelter Seetang, der durch die Gewalt der Wellen zerkleinert wird, schwimmt überall herum. Der Wind ist so stark, daß wir nach vorn gebeugt dagegen anrennen müssen.

In dem Vorort von Newcastle, in dem wir wohnen, gibt es außer einem Tante Emma Laden und einem Restaurant keine anderen Versorgungsmöglichkeiten. Jeder läuft in Shorts herum, niemand stört sich daran, ob man mit freiem Oberkörper einkauft oder mit seinem Skateboard ins Restaurant rollt. Männer sitzen am Straßenrand und trinken ihr Bier, ein 5 Liter Schlitten rollt durch die Straßen, die Auto-Stereoanlage auf voller Lautstärke. Ich habe immer das Gefühl, daß jeder das macht, wozu er gerade Lust verspürt und sich auch niemand daran stört oder belästigt fühlt. Die Menschen sind nicht daran interessiert, was man gerade macht, sondern wollen etwas über die Person selbst erfahren, einfach nur ein bißchen quatschen. Als wir z.B. einmal zu einem Restaurant in Newcastle wollen, springe ich vorher noch schnell in eine Kneipe, um eine Flasche Wein zu kaufen, Maree wartet im Auto. An der Theke sitzt ein Riese. Als er meinen Akzent hört, fragt er gleich woher ich käme. Sein Vater sei aus Schweden ausgewandert, wie es mir denn in Australien gefalle? Wir reden ganz ungezwungen, einfach über alles. Ich merke gar nicht, wie die Zeit vergeht, bis Maree irgendwann hereinkommt um zu gucken, ob irgendetwas passiert sei. Im Auto meint sie, ich sei eine halbe Stunde in der Kneipe gewesen.

Australien feiert in diesem Jahr seinen 200jährigen Geburtstag. Nicht etwa, daß damals die ersten Bewohner den Kontinent erreichten – das waren die Ureinwohner, die Aborigines. Vielmehr gedenken sie der ersten weißen Siedler, den Strafgefangenen, die England auf diese Insel zwangsversetzte. Seitdem setzte der Emigrationsstrom ein. Manchmal weiß ich nicht, wie ich den typischen Australier beschreiben soll, bzw. ob es ihn überhaupt gibt: Der Busfahrer spricht fließend Deutsch, sein Großvater kam vor 70 Jahren nach Australien. Der Hähnchenladen gehört einem Griechen, das Blumengeschäft Engländern. Gleich nebenan wohnen Neuseeländer. Das Land ist unglaublich jung. Vielleicht ist das der Hauptgrund, warum man auf soviel Verständnis stößt, jeder sich Zeit nimmt bei einer Auskunft, man in Geschäften höflich behandelt wird und der Verkäufer einem nicht sofort zubrummelt, man solle doch erst einmal richtig Englisch lernen, bevor man hier Urlaub macht. Viele erinnern sich noch an ihre eigenen Schwierigkeiten oder die der Eltern, als sie auswanderten. Mir erscheinen Australier oft wie eine bunte internationale Familie.

Wir gehen weiter auf Entdeckungsreise, landeinwärts. Westlich von Newcastle befindet sich eines der Hauptanbaugebiete für Wein, das Hunter Tal. Wieder bröckelt ein Teil meiner Vorstellungen über die Landschaft Australiens positiv ab: Felder, Wiesen mit Rindern, Kühen und Schafen. Dazwischen vereinzelte Farmen mit Pferden und Weinstöcken. Im Gegensatz zu den Anbaugebieten Europas wächst Wein hier nicht an Hängen, weil es kaum welche gibt, sondern auf flachen Feldern. Die Australier produzieren

190

zwar guten Wein, sind aber mit ihren 11 Litern Verbrauch pro Jahr bei langem nicht so trinkfreudig wie die Franzosen, die neunmal mehr zu sich nehmen. Auf einem Weingut lesen wir all diese Informationen und enden schließlich bei einer Weinprobe – Rot, Weiß, Trocken, Halbtrocken, Sekt. Der Angestellte bechert fröhlich mit. Als wir ihm die Geschichte erzählen, wie wir uns kennenlernten und daß ich aus Deutschland sei, holt er eine deutsche Spätlese hervor und schenkt sie uns. Viele Weingüter arbeiten mit europäischen Anbauern zusammen. So erscheinen die Bezeichnungen auf den Flaschen nur im ersten Augenblick etwas seltsam: Brut Champagne, Wine made in Australia; IV Louis, Methode Champagne, bottled in Australia. Wir kaufen eine Flasche Sekt und halten ein kleines Nickerchen auf einer Wiese, um den Alkoholspiegel zu senken.

Die Tage verbringen wir mit langen Spaziergängen am Meer, kochen abends und reden über uns. Jeder denkt wohl das gleiche, aber wir sind beide sehr zurückhaltend und vorsichtig, was Pläne für die Zukunft betrifft. Bald sind wir wieder getrennt. Mindestens für ein halbes Jahr. Wir wissen, daß Versprechungen sehr verletzen, wenn man sich darauf verläßt und später feststellen muß, daß sie leer gewesen sind. Natürlich wollen wir beide das gleiche, zusammenkommen.

Vielleicht gibt es ja doch so etwas wie typische Australier? Als Freunde von Maree vorbeikommen, meinen sie, ich müsse unbedingt mit in den Bowling Club, wenn ich den richtigen Aussie kennenlernen möchte. Blonde Frauen in hautengen grellen Hosen sitzen vor Spielautomaten, Männer mit schweren Bierbäuchen hängen an der Theke, Jugendliche trinken, rauchen, sind lässig an einen Billardtisch gelehnt. Auf einem grünen Kunstrasen kann man unter Flutlicht die Kugeln rollen und bis Mitternacht spielen. Viele scheinen schon länger hier zu sein, denn unter den Tischen liegen kurze Surfbretter herum, auf dem Boden bilden sich Wasserlachen, jeder trägt den Sand vom Meer herein. Draußen sind große Grills aufgebaut, die man benutzen darf. Es bedeutet gar kein Problem, daß wir kein Fleisch gekauft haben. Unsere Nachbarn geben uns einige Steaks im Tausch gegen die doppelte Anzahl an Fosters Bier.

Der Wind legt sich etwas. Die übliche Brandung mit zwei bis drei Meter hohen Wellen lockt uns an den Strand. Ich versuche es erst gar nicht, auf den wackligen Surfbrettern, sondern leihe mir ein boogie-board, ein Styroporbrett, auf dem man mit dem Oberkörper liegt und versucht, eine Welle abzureiten. Erst einmal muß ich über die Brandung herauskommen. Oft bricht eine Welle über mir zusammen und ich versuche hindurchzutauchen. Das Brett wird mit einer Schlaufe am Fuß befestigt. Beim Auftauchen halte ich die Arme schützend vors Gesicht, denn überall sausen kurze Surfbretter herum, mit einer messerscharfen Spitze und Finnen, die einem mit Sicherheit den Kopf aufreißen würden. Am Strand stehen hohe Stangen in verschiedenen Abständen. Breitschultrige Bademeister achten darauf, daß nur Schwimmer sich zwischen den Blauen befinden, außerhalb davon sind nur Surfer zugelassen. Erst einmal komme ich gar nicht über die Wellen heraus. Oft erwischt mich eine und wirbelt mich herum, wie der Wind einen Luftballon. Es dauert wohl eine halbe Stunde, bis ich endlich hinter den weißen Kämmen auf dem Brett liege und jetzt auf meine erste Welle warte. Man paddelt mit den Füßen, plötzlich schwebe ich auf der Spitze der Welle, das Brett klammere ich mit den beiden Händen an die Brust und gucke für einen Sekundenbruchteil von 3 Metern Höhe in ein Wassertal hinunter. Für Sekunden befinde ich mich in einem total euphorischen Zustand und jubele laut. Das Abreiten scheint doch etwas anders zu gehen, plötzlich befinde ich mich auf dem Grund in einem Wirbel von Sand, feinen Muscheln und einer abgebrochenen Schwimmflosse.

Wir verlassen Newcastle nach einer Woche wieder. Maree muß einige Tage im Krankenhaus arbeiten. Ein Freund leiht mir sein Motorrad, eine Trans-Alp 600 cm³ Enduro von Honda. Zwar ist die City von Sydney mit Wolkenkratzern gespickt, aber immer wieder befinden sich kleinere Gebäude im altenglischen Stil dazwischen, wie etwa das Rathaus, oder das gerade restaurierte Königin Viktoria Gebäude, was einem das Gefühl geben kann, irgendwo in London zu sein. An einer anderen Stelle entdecke ich ein vierstöckiges Wohnhaus, ganz in Rosa gestrichen. Ich merke der Stadt in keiner Phase an, daß hier vier Millionen Menschen leben. Wie unvergleichlich hektischer erscheint Singapur.

Beim australischen Automobilclub bekomme ich gleich eine ganze Plastiktüte voller Broschüren, Straßenkarten und Hotelverzeichnisse. Man wolle einmal eine Ausnahme machen, denn ich bin kein Mitglied. Aber ich glaube, daß ich bestimmt nicht der erste Tourist heute bin, dem sie kostenlos helfen. Die Entfernungen von der City zum Hafen sind nicht besonders groß. Ich kann gemütlich zu Fuß dorthin gehen. Gerade liegt die Queen Elizabeth II am Kai. Sie ist so riesengroß, daß sie die Oper verdeckt.

Leider ist das Wetter heute nicht so schön, es nieselt ein bißchen, und die Sicht vom 320 Meter hohen Sydney-Turm ist nicht sehr klar. Der Februar zählt zu den wärmsten Monaten in Australien. Regen ruft bei den Bewohnern hier die gleichen Reaktionen hervor, wie bei uns zu Hause Matsch, schmelzender Schnee und Kälte. Ich kann mich nie daran gewöhnen, wenn ich aus dem Fenster sehe und meine, wir herrlich der Tag ist, Maree dann antwortet, das sei nicht ganz der Fall, dort seien einige Wolken zu erkennen.

Eine Band spielt in einer Fußgängerzone. Die Musiker tragen Nadelstreifenanzüge, Hüte mit weißer Krempe und steppen mit den Eisen ihrer weißschwarzen Lackschuhe zum Rhythmus. Dazu singen sie Lieder aus den 60iger Jahren. Sofort kommen eine Menge Zuschauer zusammen. Einige tanzen, andere singen selbst mit, zwei Omas sitzen auf einer Bank und bewegen die Köpfe hin und her. Dann tauchen zwei Beamte von der Stadt auf und verlangen die Standorterlaubnis der Band. Natürlich haben sie keine – ja, dann müßten sie leider einpacken. Die Zuschauer buhen, diskutieren mit den Beamten, bis sich alle auf einen Kompromiß einigen: Noch drei Songs dürfen gespielt werden. Die Ordnungshüter versuchen noch einmal streng zu gucken, »also nur drei Songs, Jungens« dann wirft einer einen Dollar in den leeren Gitarrenkasten und sie gehen. Die Band spielt wirklich nur drei Lieder, von denen allerdings jedes fast eine Viertelstunde dauert.

Maree kommt geschlaucht von der Arbeit zurück. Wir nehmen eine Decke mit an den Strand, machen ein kleines Picknick. Es ist mitten in der Woche. Unzählige Surfer sitzen auf ihren Brettern und warten auf die Wellen. Neben uns spielen einige Rugby, weiter daneben Volleyball. Mir fallen die vielen Kinder und Jugendlichen auf, vielleicht fallen Ältere nur deshalb nicht so auf, weil sie sich nicht absondern. Man sieht nicht selten einen 60jährigen seine Runden auf einem Rennrad drehen.

Wir packen eine Tasche, Maree trägt zusätzlich einen kleinen Rucksack auf dem Rücken, dann starten wir endlich wieder auf einem Motorrad in den Süden, Richtung Snowy Mountains (Schneegebirge). Diesen zehntägigen Trip empfinde ich regelrecht als Urlaub vom Urlaub: Wir kommen wieder nach Sydney zurück. Ich fahre nicht mit meinem Motorrad – da ich Australien nie in meine Reisepläne eingespannt habe, erscheint mir die ganze Zeit hier losgelöst von der restlichen Tour. In Sydney ist es sehr heiß. Wir tragen nur eine leichte Jacke und Turnschuhe. Sobald wir jedoch weiter in den Süden kommen, wird es kühler, weil wir uns auf dem Südpacific-Highway befinden, der etwa 100 Meter über dem Meer liegt und die Winde vom Wasser her an den Hängen hochsteigen, wo sie jetzt von der Seite als beinahe feuchte Brise wehen. Die meisten Orte sind nicht größer als 5000 Einwohner.

Außerhalb der Großstadt geht es beinahe provinziell zu. In einem Country-Club wollen wir ein paar Biere kaufen, mein Akzent verrät mich wieder. »Bis Du Mitglied bitte?« »Nein, ich will nur ein Bier kaufen!« – »Dazu muß Du entweder Mitglied sein, oder jemand trägt Dich als Gast ein!« Mein Nachbar zieht das dicke Buch zu sich rüber und will mich eintragen. Er ist nicht mehr ganz nüchtern, das schwere Buch rutscht ihm auf den Schoß und er will sich am Bierglas festhalten. Der Manager macht gute Miene zum bösen Spiel, hilft ihm auf den Hocker zurück, wischt das ausgelaufene Fosters von den Seiten und trägt dann selbst meinen Namen ein. »Das sind eben die Vorschriften, aber ich glaube, wir sollten sie bald ändern.«

Wir finden Strände, an denen alles nur phantastisch ist. Vor allem aber der Umstand, daß wir nur einmal 3 Stunden von Sydney entfernt sind und wir jetzt am Wochenende niemandem begegnen. Wir düsen einen kilometerlangen weißen Strand entlang, das Wasser ist sauberer als in Thailand, der Sand richtig weiß und fast weich wie Mehl. Meist übernachten wir in kleinen

Campingparks, wo Wohnwagen für ein paar Dollar vermietet werden, die eine kleine Küche besitzen.

Wie schnell die Landschaft wechselt, ist für mich eine der größten Überraschungen. Nur 40 Kilometer landeinwärts ist die Küste vergessen, gleiten wir durchs Känguruhtal – einem großen Nationalpark mit Wäldern und grünen Wiesen wie irgendwo im Alpenvorland – nur daß man hier von einigen Anhöhen bis zum Meer schauen kann. Motorradfahren ist hier ein einziger Rausch. Die Tachonadel liegt bei 100, vor jeder Kurve steht eine Geschwindigkeitsbegrenzung und ich kann mit 25 km/h mehr als angegeben in herrlicher Schräglage durchrauschen. Beinahe könnte man die entgegenkommenden Autos zählen. Obwohl wir einige Stunden im Sattel sitzen, fühle ich mich völlig entspannt. Nicht ich fahre, sondern die Honda trägt uns ganz von selbst. Diese Gewißheit geht soweit, daß ich sicher bin, die Augen einfach schließen zu können, bis wir ankommen. Vielleicht schließe ich die Augen wirklich, denn plötzlich knalle ich einem Wagen in die Seite. Ich war ganz in Gedanken, als vor mir eine Australierin langsamer wird, offensichtlich um etwas zu suchen. Ich will rechts daran vorbei, weil Gegenverkehr mich am Überholen hindert. Die Dame setzt keinen Blinker und entschließt sich im gleichen Augenblick nach rechts rüberzuziehen. Zum Glück stürze ich nicht; ihr vorderer Kotflügel ist stark eingedrückt, am Motorrad befinden sich nur einige Kratzer in der Plastikverkleidung des Tanks. Komisch, denke ich. Wie auch immer, wir tauschen die Adressen aus, unterhalten uns freundlich über Deutschland und wie es mir denn hier so gefällt? Ich höre nie wieder etwas von dem Vorfall.

Vielleicht ist das heute nicht unser Tag. Wir beschließen, irgendwo auf einer Lichtung im Wald ein Picknick zu machen. Als wir später im Gras liegen, schreit Maree plötzlich erschrocken auf – eine Schlange zieht gemächlich an unserem Mittagstisch vorüber.

Im Winter etwa Juni–August, kann man sogar Ski fahren in Australien. Es gibt in den Snowy-Mountains tatsächlich Erhöhungen bis auf 2.200 Meter. Jetzt im Sommer erkennt man die braunen Hänge, Liftanlagen und Pisten zwischen den Wäldern. Das Skigebiet befindet sich im gleichnamigen Nationalpark, viele Pisten sind staubig, zum Glück gar nicht asphaltiert, winzige Kurven lassen die Gegend zum optimalen Enduro-Gelände werden. Wir sehen Wildschweine, Känguruhs und immer wieder Schlangen. Als wir morgens durch den Park kommen, liegen viele der Tiere totgefahren auf den Straßen. Sie sind den Verkehr nicht gewohnt, kommen oft neugierig aus den Büschen und nachts blendet sie dann das Scheinwerferlicht.

An einem See steht ein Hinweisschild, nur ist es von Schrotladungen unleserlich zerschossen. Wir beachten es nicht weiter und stellen das Motor-

◀ *Blue mountains, NW-Sydney.*

rad unter einer Trauerweide ab und schlafen ein bißchen im Schatten. Irgendwann bekomme ich einen nassen Hintern. Das Motorrad steht im Wasser und die Flasche Wein schwimmt. Der höhergelegene Damm dient der Stromerzeugung, jetzt werden offensichtlich die Turbinen angestellt. Wasser rauscht durch dicke Rohre zum See, wodurch der Spiegel leicht ansteigt.

Ein Schild weist auf einen Kanuverleih hin. Als wir dem Weg folgen, finden wir ein Haus vor, das nur aus Holz und rundum hohen Fenstern besteht. Nach drei Seiten hin sieht man aufs Wasser, ringsherum wuchert ein regelrechter Urwald. Peter holt uns ungefragt zwei Biere aus dem Kühlschrank. Aus dem Plan, ein Kanu zu leihen wird jetzt ein Grillabend. Wir trinken soviel Bier, wie wir für das Leihen morgen bezahlen sollen.

Wir bewegen das Kanu auf einem kleinen Fluß. Am Ufer wachsen dicke Bäume, deren Äste so weit über das Wasser reichen, daß es ein Wunder ist, wie der Stamm solche Lasten aushält. Alles ist unglaublich ruhig. Ab und zu hört man die Geräusche von Glockenvögeln. Im ersten Augenblick meine ich tatsächlich, kleine metallene Glöckchen zu hören. Ein kleiner Fisch verirrt sich an dem Haken, den wir hinter dem Boot herziehen, als wir ihn vom Köder befreien, tut er uns beinahe leid.

Die Gegend um Bermagui ist berühmt für das Hochseefischen, vor allem von Marlins. Wir sitzen gerade in einem Hafencafé, als eine Motorjacht einläuft. An der Seite hängt ein etwa 3 Meter langer Marlin und wird jetzt an einem Kran an Land gehievt. Ein Amerikaner läßt sich stolz neben seiner Beute fotografieren. Die Waage zeigt 160 kg an. Der Fisch wirkt mit seinem langen, spitzen Maulschwert und der oberen Rückenflosse so traurig, daß wir schnell weiterfahren, weil der Anblick nicht zu ertragen ist.

Wie jung Australien wirklich ist, wird mir bewußt, als wir das historische Städtchen Tilba besichtigen. Überall stehen Hinweisschilder: Eine der ältesten Städte Australiens im Originalzustand zu besichtigen. Die Stadt wurde 1908 gegründet, die Häuser sind halb so alt wie das Land selbst. Ich muß an den alten Schiefer- und Fachwerkkasten denken, in dem ich in Bochum lebe. Der Vermieter erwähnt unter der Rubrik »Alter des Hauses«: um 1800. Ähnliches beobachte ich in einem Antiquitätengeschäft, wo die Gegenstände zwar teuer sind, aber selten älter als 20 oder 30 Jahre.

In einem spanischen Restaurant sitzen wir ein letztes Mal zusammen. Beide wollen wir einfach nicht glauben, daß wir uns ab Morgen nicht mehr sehen sollen. Wir haben beide das Gefühl, daß ich morgen gar nicht abfliege. Es übersteigt meine Vorstellungskraft, daß fünf Wochen vergangen sind. Der Weg zum Flughafen erscheint mir beinahe so, als sei es der Ankunftstag in Sydney, nicht aber der letzte von 35. Im Flughafenrestaurant vermeiden wir es, über das Wiedersehen zu sprechen – sicherlich in Deutschland, wenn ich zurückkomme, aber bis dahin sind es noch 7 Monate. Allein bei dem Gedanken treibt es uns einen Kloß in den Hals. »Vielleicht kannst Du ja nach Mexiko kommen!« – »Rudi, bitte... ich gehe jetzt, ich kann es nicht aushalten.« Wir heulen beide, ich sehe, wie jemand in ein blaues Auto steigt, die Tür zuschlägt und abfährt, bleibe einfach nur stehen, kann an nichts richtig denken, keine Trauer, keine Verzweiflung, sondern eine tiefe Leere. Zum zweiten Mal habe ich keinen Bock mehr weiterzureisen und will den Kram einfach hinschmeißen. Bei der Gepäckabfertigung entdecke ich einen kleinen Zettel im Paß: »Will be thinking of you all the time, love you Maree!«

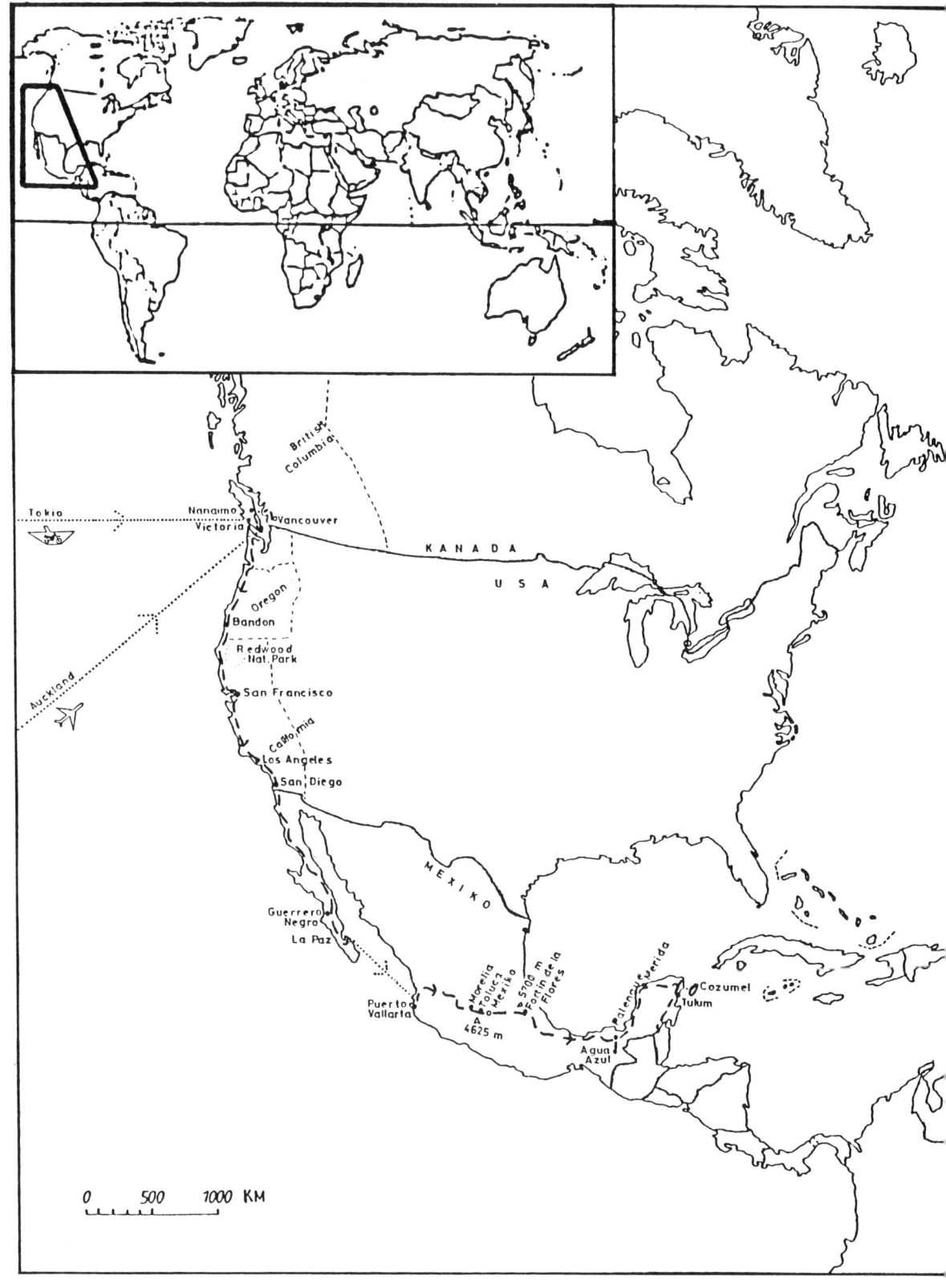

Kanada, USA, Mexiko

Das einzige, was mich wieder gut draufbringen wird sind zwei Dinge: Motorradfahren und noch einmal Motorradfahren! Dem sollte überhaupt nichts im Wege stehen. Auf den Karten zieht sich eine Straße von Vancouver immer Richtung Süden am Pazifik entlang, durch Washington, Oregon und Kalifornia, wo die Nummer 101 in die Nummer 1 übergeht. Diese Bezeichnung wird in Mexiko fortgeführt, dort ist es weiter die 1, die über die Baja Kalifornia geht, bis zur äußersten Spitze dieser mexikanischen Halbinsel.

Die Kanadier tun das Ihre, um mir einen schnellen Start zu ermöglichen. Am Zoll gibt es überhaupt keine Probleme, außer dem, daß ich mit einer Gruppe von Hafenarbeitern den ganzen Nachmittag um das Motorrad sitzen muß, und ich erst weiter darf, als sie pünktlich gegen 16.00 Uhr Feierabend machen. Die eigentliche Abfertigung dauert eine Stunde. Etwa sechs Stunden sitzen wir auf Holzkisten und ich weiß nun, daß Jeff als Seemann in Tokio war Willy lange auf einer Werft in Sydney gearbeitet hat. »Eins will ich Dir sagen, Sydney ist bestimmt die zweitschönste Stadt! Du darfst auf gar keinen Fall weiter, bevor Du Dir nicht Vancouver richtig angeguckt hast!« Ich muß es versprechen, aber meine Hand dreht schon am Gasgriff, außerdem macht es Mitte März einen Motorradfahrer nicht unbedingt besonders an, sich von einem Café zum anderen zu retten, um sich aufzuwärmen.

Nach der Ankunft in einer großen Stadt und einem neuen Land sind die Abläufe immer die gleichen – erst einmal die Grenzformalitäten klaren, später Geld wechseln, zum Touristenbüro fahren und mir einen Stadtplan, Straßenkarten und andere Informationen über das Land besorgen.

Das Motorrad steht gepackt vor einem Café, die Sonne kommt gerade durch. Ich sitze sogar draußen an der Straße, genieße ein Stückchen Kuchen, studiere die Karten. Mein Nachbar scheint ein Banker zu sein, neben sich ein tragbares Telefon, Börsenzeitschriften, Taschenrechner, eleganter schwarzer Anzug. Ich glaube, in Deutschland hätte ich mich bestimmt nicht an den gleichen Tisch gesetzt, weil ich vor Ehrfurcht gestorben wäre. In Australien machte ich die angenehme Erfahrung, daß es völlig egal ist, was man beruflich macht, der ganze Standesdünkel ist ein Fremdwort. Nach einer

Theatervorstellung stehen Damen im langen Kleid genauso in einer Pommes- oder Fischbude, wie Kanalarbeiter, die gerade eine Pause machen. Solche alltäglichen Beobachtungen lassen ein Land sehr positiv erscheinen, vor allem aber macht das Reisen sehr viel Spaß und wird viel ungezwungener, angenehmer. In Kanada setzt sich dieser Eindruck fort. Es ist selbstverständlich, jemanden zu grüßen, wenn man sich irgendwo hinsetzt, wie jetzt im Café. »Hallo, wie gehts?« – »Guten Tag, danke gut!« Das klingt etwas anders als das »Tag« – »Tag« nachdem man sich schnell wieder hinter seiner Zeitung versteckt. »Kommst Du aus den USA?« – »Nein, aus Australien.« Wir genießen die Wärme, unterhalten uns locker, irgendwann scheint seine Mittagspause zu Ende zu sein. »Machs gut, war ein nettes Gespräch.« – »Machs gut, man sieht sich.« Ich strecke die Füße lang unterm Tisch aus und bestelle noch ein Stück Kuchen, eigentlich könnte ich ja doch einen Tag hierbleiben, außerdem liegt die Grenze zu den USA gleich vor mir. Irgendwie gefällt es mir hier sehr gut. »Mensch Alter, kommse wirklich aus Bochum mit dem Möbelwagen da?« – »He, ja klar!« – Andreas steht im Arbeitsanzug vor mir, ölige Hände. Er kam vor zwei Jahren in diese Stadt, wollte eigentlich nur ein bißchen jobben. »Ich sag Dir, das ist die City überhaupt. Du mußt unbedingt bleiben!« Sein Angebot brauche ich nicht lange zu überdenken, einen Tag könnte ich ja wirklich bleiben. Wie soll ich ahnen, daß aus diesem Tag neun werden, ich mich in diese Stadt regelrecht verliebe und erst dann weiterkomme, als Maree mir am Telefon das Versprechen abnimmt, endlich die Reise fortzusetzen!

Am nächsten Tag schlendere ich durch die Stadt. Vancouver besitzt als Hafen eine große Bedeutung für den Handel mit Asien und liegt in einer perfekten Umgebung: Die riesige Insel Vancouver-Island schützt die Stadt und nimmt dem kalten Pazifikstrom viel von seinem Einfluß. Gerade einmal 5 Minuten aus Vancouver raus, beginnen im Osten und Norden Waldlandschaften, wo man manchmal stundenlang fährt, ohne einem Fahrzeug zu begegnen. Und natürlich die Berge: Gleich hinter der City beginnen die Küstengebirge, die Vorläufer der Rocky-Mountains. Nach 20 Minuten erreicht man ein Skigebiet, wo man von November bis April skifahren kann!

Meine Situation hier erscheint mir völlig unrealistisch. Es muß irgendwo in Sydney sein, ich kann doch nicht hier auf der anderen Seite der Erde sein, erst 24 Stunden später. Aber auch das stimmt ja nicht. Denn ich fliege über die Datumsgrenze zurück in die Vergangenheit. Zwar ist heute in Kanada Montag, aber in Europa oder Australien ist es Dienstag. Ich scheine nicht der einzige zu sein, der verwirrt ist. Ein Penner geht von Tisch zu Tisch und bittet um Geld. Manche sagen nein. Er bleibt vor ihnen stehen und versteht nicht: »Ich möchte von Dir Geld. Warum gibst Du mir kein Geld. Könntest Du mir das erklären?« – »Nein, bitte!« – »Nein, bitte, erscheint mir nicht die richtige Antwort zu sein. Welchen Grund kannst Du angeben, daß Du mir

Vancouver.

Geld verweigerst?« – »Hier, laß mich jetzt zufrieden.« Er bekommt überall etwas, glücklicherweise gibt er sich mit dem Klingeln der Münzen zufrieden und schaut nicht hin, denn ich lege ihm einige indische Rupees in die Hand.

Andreas nimmt sich ein paar Tage frei und zeigt mir etwas von der Umgebung. Eine Straße führt Richtung Norden, steigt 20 km lang ständig an. Als wir nach einer halben Stunde durch hohe Tannenwälder ankommen, parken wir die Motorräder neben Autos mit Skiträgern. Schnee türmt sich meterhoch, Skilifte laufen und ich habe das Gefühl irgendwo in den Alpen zu sein. Was für eine unglaubliche Stadt!

Es tut richtig gut, mit jemandem ein bißchen Deutsch zu reden, und ich versuche mich daran zu erinnern, wann ich das letzte Mal mit jemandem zusammen war, der nicht nur Englisch sprach: Es war vor sechs Wochen in Japan. Aber selbst davor müssen es Monate gewesen sein. Unter den Reisenden gibt es fast niemanden, der nicht Englisch versteht und selbst in Gruppen, in denen vielleicht nur zwei Dänen sind, sonst aber jeder Deutsch sprechen würde, verläuft die Unterhaltung auf Englisch. Einmal z. B. sitze ich neben einem Österreicher und stelle fest, daß wir die ganze Zeit diese Fremdsprache wählen. Es wäre aber unhöflich ins Deutsche zu wechseln. Es gibt den Dänen die Möglichkeit, das Gespräch zu verfolgen und jederzeit daran teilzunehmen. Bei Andreas und mir nimmt die Unterhaltung manchmal witzige Formen an. Ihm fällt oft ein deutsches Wort nicht ein, dann nimmt er das englische: »Weißt Du, im Ruhrgebiet ist doch sowieso everybody crazy und glaub mir ja, daß ich nie wieder weg will!«

Die Universität liegt etwas außerhalb der Stadt. Von hier sieht man zur einen Seite auf die Hochhauskulisse der Stadt mit der riesigen Hängebrücke zwischen Vancouver und dem westlichen Teil, dem Hafen mit riesigen Frachtschiffen oder den winzigen weißen Punkten von Segeljachten. Zur anderen Seite erheben sich schneebedeckte Berge und endlose Waldflächen. Oje, die Stadt hat mich eingefangen. Ich habe überhaupt keine richtige Lust weiterzufahren. Seit Japan und Australien befinde ich mich in einem Rhythmus, bei dem ich nur kleine Etappen zurücklege, das ganze Reisen eine einzige Entspannung ist und ich das Gefühl habe, zwar nur einen kleinen Ausschnitt des Landes zu sehen, diesen aber um so intensiver. So ist es auch hier in Vancouver, nein es ist noch viel stärker: Ich habe einfach das Gefühl, als sei dies der Platz, auf den ich immer gewartet und den ich gesucht habe, einen Platz wo ich mir vorstellen könnte zu leben. Ich spreche mit Andreas darüber: »Weisse Alta, entweder Du bleibs gezz hier und läßt Deine Maree nachkommen, oder Du fährs gezz gleich morgen weita. Aba hör auf, mir die Ohren vollzuheulen!« – Er hat recht. Maree wäscht mir am Telefon sowieso den Kopf, als ich ihr sage, jetzt schon neun Tage in Vancouver zu sein.

»Rudi hör jetzt auf zu spinnen, sei bitte einmal vernünftig und realistisch. Nein, ich komme jetzt nicht nach Vancouver!« Na gut, dann bin ich wieder vernünftig und starte.

Andreas ist auch nicht gerade eine Hilfe. »Wir frühstücken auf dem Weg in einem Breakfastrestaurant.« Es ist herrlich, man bestellt einen Kaffee, ständig taucht die Bedienung auf und fragt, ob sie noch einmal nachschütten darf. Um 8.00 Uhr hatten wir uns hier hergesetzt. Mittlerweile zeigt die Uhr 14.00 Uhr an. »Mist, ich glaube ich komme zu spät zur Arbeit!« – »Machs gut, ich glaube wir sehen uns bald wieder!« – »Jau, jau datt will ich aba auch hoffen!«

Am Himmel tauchen tatsächlich einige blaue Stellen auf. Nach einigen Kilometern fängt die Straße mich auf. Was für ein wundervolles Gefühl, einfach nur zu gleiten, allein zu sein, irgendwohin fahren, nicht genau wissen, was mich erwartet und welche Leute ich treffen werde. Hinzu kommt die Erinnerung an diese intensive Zeit mit jemandem, vor allem aber die Bilder der unvergleichlichsten Stadt. Es wird sehr kalt, ich ziehe eine zweite Hose unter den gefütterten Enduro-Anzug, dann beginnt es zu regnen. Na und, dann halte ich eben noch einmal und streife die Regencombi über. Ich genieße jetzt selbst die Kälte und den Regen – beides gehört eben dazu, ist Teil der Gegenwart, Teil eines Motorradtages, und ich freue mich über diesen Augenblick.

Eine Fähre setzt mich auf die Vancouver-Insel über und von Nanaimo an befinde ich mich auf der No. 1, dieser Traumstraße, die nach vielen tausend Kilometern quer durch Kanada in Victoria endet – vorbei an tief eingeschnittenen Tälern, weißen Bergen, 30 Meter hohen Tannen. Zwischendurch stehen Holzhäuser am Wasser. Victoria ist mit 100.000 Einwohnern die Hauptstadt British-Columbias, der westlichsten Provinz. Häuser im viktorianischen Stil, ein winziger Yachthafen und wundervolle Gartenanlagen verabschieden mich, als eine Fähre aufs Festland der USA übersetzt.

Das Wetter bleibt launisch, d.h. der Regen ist beständig, nur hagelt es zwischendurch einmal so stark, daß ich glaube, die Körner zertrümmern

Oregon, Pazifik.

meine Nasenspitze, die nicht von der Brille bedeckt wird. Ich schneide ein
Stück Plastik aus einem Becher und klebe es über die Nase. Dann stürmt es
zur Abwechslung mal so brutal, daß jeder Kilometer Arbeit ist und ich den
Lenker sehr festhalten muß. Auf Brücken glaube ich, vom Wind einfach
weggefegt zu werden. Ich ziehe den Schirm des Helms ganz tief runter, er
nimmt einen Teil des Regens. Einmal drehe ich mich zur Seite, sofort greift
eine Böe unter den Schirm, drückt ihn nach hinten und zerreißt ihn in
mehrere Teile. Die Brille beschlägt freundlicherweise von Innen, ich kann
nicht besonders viel erkennen. Ständig tauchen Hinweisschilder auf: Aussichtspunkt, schöne Landschaft, Picknick-Platz, Hotel mit Sauna! Aber ich
bin froh, überhaupt die Straße vor mir zu sehen. Das Meer ist total
aufgewühlt und bis zum Horizont eine einzige weiße Oberfläche. Die
Geschwindigkeit liegt bei 80 km/h, plötzliches Bremsen oder Ausweichen
wäre unmöglich.

Irgendwo am Straßenrand quartiere ich mich in einem Motel ein, sämtliche Klamotten sind trocken geblieben, obwohl ich stundenlang von Dauerregen begossen wurde. Was für ein herrliches Gefühl, nach einem langen Tag
auf der Straße im Regen, bei Kälte und Sturm jetzt unter einer heißen
Dusche zu stehen. Ich falte die Karte auf, zeichne die Route ein und komme
California ein Stück näher »it never rains in california!« Das ist jetzt mein
einziger Trost. Auf der gegenüberliegenden Straßenseite leuchten die Let-
tern eines Pizza Hut, auf der Karte stehen Normal-, Mittel- und Familienpiz-
zen, ich bestelle mir ein Familienblech, denn den gesamten Tag über habe ich
nichts gegessen. Jemand ruft meine Nummer auf, ich gehe zur Theke, sehe
ein 40 cm Durchmesser Blech vor mir stehen und muß beinahe jemanden
bitten, mir beim Tragen zu helfen. Aber an Fälle wie mich ist gedacht. Neben
der Theke hängt eine Rolle mit Silberfolie und ein Stapel Papierteller – mein
Frühstück und Mittagessen für den morgigen Tag wird aus kalter Thunfisch-
Salami-Schinken-Pappe bestehen.

Mir fallen die vielen wirklich dicken, beinahe tonnenschweren Amerikaner auf, die mit einem unglaublichen Selbstbewußtsein auftreten. Die meisten sind nicht älter als ich, oft halten sie in einer Hand den Halbliter Colabecher, in der anderen den Hochhausburger, wie mir manche Kreationen aus unzähligen Scheiben Käse, Salami, Schinken und Salatblättern zwischen zwei Brötchenhälften erscheinen.

Tatsächlich hört es kurz vor der californischen Grenze auf zu stürmen, die Wolken scheinen vor dem Bundesstaat halt zu machen. Endlich kann ich einen Blick auf diese unglaubliche Landschaft werfen. Die Felsküste wird oft von langen Sandstränden gesäumt, unzählige Wellen brechen in vielen Reihen hintereinander, Seelöwen tummeln sich, stecken die Köpfe neugierig aus dem Wasser und schauen Urlaubern zu, die im Sand nach Muscheln graben. Die hochspritzende Gischt taucht die Umgebung in feinen Nebel.

Viele, meist junge Ehepaare, bauen ihre Häuser zu Privat Hostels um, wo man für ein paar Dollar ein Bett bekommt, und sich auf einer Liste jeden Tag für eine Hausarbeit einträgt – ich entscheide mich fürs Holzhacken und verbringe den Vormittag damit, riesige Stämme mit einer Baumsäge zu zerkleinern und dann die Stücke mit einer Axt zu zerschlagen. Holz kostet beinahe nichts. Die Strände sind nach einem Sturm voller angeschwemmter Bäume, und die Stadtverwaltungen sind froh, wenn man etwas wegschafft. Die meisten Häuser heizen dementsprechend mit einem offenen Kamin. Bei einem Arbeitslohn von etwa 5 Dollar/Stunde wie z. B. in Bandon, wo ich Leute im Hostel treffe, die auf einer Baustelle arbeiten – müssen sich viele einen Nebenjob suchen, oder machen sich mit einem eigenen Geschäft selbständig.

Hinter dem Strand lebt z. B. eine Frau mit ihrer Tochter in einem uralten Aluminiumwohnwagen und verleiht Pferde. Es scheint völlig egal zu sein, ob man schon einmal geritten ist oder nicht. Vor zwanzig Jahren saß ich einmal auf einem Pferd – in einer Halle, wo ein Lehrer mich im Kreis an einer Leine herumführte. Aber das reicht bestimmt für einen zweistündigen Ausritt. »Bitte, geben Sie mir einen ruhigen Gaul, ich möchte die Gegend genießen.« Ich bekomme ein riesiges Pferd. Es trabt wirklich gemütlich am Wasser entlang, ich bewundere die schroffen Felsen, die im Meer stehen und die die gleiche Höhe haben wie das Festland. Viele sind vom Wasser ausgehöhlt. In manche sind regelrechte Tore hineingefressen. Es ist herrlich, diese Natur im Sattel zu erleben. Eine Motocrossmaschine jagd den Strand entlang – plötzlich steigt mein zahmer Freund in die Höhe, fängt an zu galoppieren, alles Zurufen, Flehen, Bitten hilft nichts. Ich springe wie ein Gummiball im Sattel herum, der Genuß ist erst einmal vorbei.

In der Nähe entdecke ich einen Dünen-Nationalpark, der sich über viele Quadratkilometer erstreckt und wo man entweder kleine Dreiräder mit dicken Reifen mieten kann oder gegen eine Gebühr mit dem eigenen

Motorrad rumdüst. Manche Hänge sind so steil, daß ich zuerst nicht hoch-
komme, weil ich zu wenig Schwung nehme und jetzt in einem weiten Bogen
im Sand drehen muß, wieder zurück muß und mit einem längeren Anlauf den
zweiten Versuch starte. Kurz vor der Spitze gräbt sich das Hinterrad ein, ich
stehe im Sand, vielleicht 30 cm entfernt vom Plateau, viel zu steil, um die
restlichen Zentimeter zu schieben. Es kommt wie es mußte – ich kippe um,
liege unter dem Motorrad und ende schließlich laut fluchend. Die Honda
schiebe ich mit eingelegtem ersten Gang aus dem aufgewühlten Loch bis zur
Anlaufstelle zurück.

Ein Wagen folgt mir nun schon seit einer halben Stunde. Ständig blinkt er.
Dann schaltet er einmal zur Abwechslung das Fernlicht ein. Was soll das,
denke ich genervt, gehe zur Seite, um ihn vorbeizulassen. Er ruft mir etwas
zu: »Heh, please, stop!« Vielleicht eine Zivilstreife, denke ich, und halte
vorsichtshalber. »Hallo, my name is Bill!« – Händeschütteln, wie geht es,
großartiges Motorrad, ja es gibt doch noch richtige Abenteurer! Mensch, er
früher auf seiner Norton durch Europa. Aber jetzt hat er Frau und Kinder,
Du verstehst schon. »Heute mußt Du bei uns wohnen, ich habe da vorn einen
Camping-Platz, fahre einfach hinterher!« Dazu ist nicht viel zu sagen, es liegt
auf meiner Strecke, der 101, allerdings ist es nicht da vorn, sondern 70
Kilometer weiter. Bill baut einen riesigen Stellplatz für Wohnmobile auf,
nebenbei arbeitet er in seiner eigenen Metzgerei und als Krönung versorgt er
seine meist deutschen Gäste mit DAB-Pils vom Faß!

Die Freundlichkeit und Kontaktfreudigkeit der Amerikaner haut mich
immer wieder um. Die Menschen halten sich nicht lange mit Drumherumre-
den auf, sondern gleich mit hoppla-jetzt-komme-ich und will jetzt einfach mit
Dir reden.

Gleich neben meinem Zelt parkt ein Wohnmobil, vielleicht trifft der
Begriff Haus auf Rädern eher zu. Hier die gleiche Erfahrung: Ich noch gar
nicht Guten Tag gesagt, da sitze ich bereits innen drin, versinke in den
Polstern einer riesigen Sitzecke. Das Ehepaar scheint so um 60 Jahre alt zu
sein. Sie verkörpern die typischen Pensionäre, die sich nach dem Arbeitsle-
ben entschließen, ihr Haus zu verkaufen und zu »Reisen«, wie sie es nennen.
Seit zwei Monaten leben sie auf diesem Campingplatz. Bill läßt sie umsonst
hier wohnen, Strom und Wasser benutzen, dafür helfen sie ihm jeden Tag ein
paar Stunden. Vor drei Jahren sind sie aufgebrochen, bleiben überall
solange, wie es ihnen gefällt. Hinter dem Mobil ziehen sie einen Pkw, der an
der Stange hängt, um dann beweglicher zu sein, wenn sie länger irgendwo
bleiben. Sie besuchen alle ihre Verwandten, Kinder und lassen die Post über
eine Agentur nachschicken. »Wie lange wollt Ihr noch reisen?« – »Ach,
weißt Du, darüber machen wir uns keine Gedanken. Wir haben unser zu
Hause ja dabei. Vielleicht tauschen wir den Wagen irgendwann gegen ein
Hausboot!«

Manchmal habe ich das Gefühl, daß mehr Deutsche und Schweizer hier unterwegs sind als Amerikaner. Als ich auf einem Parkplatz im Redwood National Park halte, fragt mich jemand auf Schwyzerdütsch: »Sag mal, bist Du nicht der Typ, der mit dem Motorrad um die Welt fährt?« – »Ja, woher weißt Du das?« – Sie haben Freunde, die ich in Singapur getroffen haben muß und ihnen von mir erzählten. Wir machen gemeinsame Ausflüge durch diese überdimensionalen Wälder, deren Bäume bis zu 100 Meter hoch oder noch größer werden. Manche sollen 1000 Jahre alt sein. Die Nationalparks in den USA werden sehr gepflegt, überall Abfallcontainer, betreute Camping-plätze, kostenloses Feuerholz oder Windfänge aus Baumstämmen, in deren Schutz Grillecken stehen. Die Hinweisschilder zu den Parks sind oftmals so klein und versteckt angebracht, daß man leicht vorbeifährt. Vielleicht ist das ja Absicht.

Highway N° 101.

Die 101 geht etwa 200 Kilometer hinter der kalifornischen Grenze in die 1 über. Das Fahren wird zu einem Erlebnis. Oft fällt der Highway mehrere Kilometer ab, von oben überblicke ich eine Kurvenkombination und berühre in Schräglage fast mit der Fußraste den Asphalt. Es gibt Stellen, wo das Meer gegen die Küste schlägt und Spritzwasser auf die Fahrbahn stürzt. Überdimensionale Lkws blinken mit ihren verchromten Kühlern und silbernen Bulldoggen auf der Haube in der Sonne. Cabrios schleichen gemütlich am Pazifik entlang, Chopper kommen mir entgegen, die Fahrer haben die ausgestreckten Beine fast auf Höhe des Lenkers und liegen regelrecht auf ihrem Motorrad.

Im Dunkeln erreiche ich San Francisco. Es ist ein erhabenes Gefühl, über die Golden Gate Brücke in diese Stadt zu kommen. Mein erster Gang ist zur Post. Ich rufe Maree an, frage ob sie nicht unbezahlten Urlaub machen kann und wir uns in Mexiko-City treffen sollen. – »Ja, kein Problem! Ab dem 26. April habe ich frei, kann drei Wochen unbezahlten Urlaub nehmen!« – Das paßt absolut gut, von San Francisco über die Baja bis Mexiko, kann ich es gemütlich in der verbleibenden Zeit schaffen.

Wie riesig die Hängebrücke ist, wird mir klar, als ich nach einer halben Stunde zu Fuß die andere Seite erreiche. Radfahrer rasen mir entgegen, jeder trägt einen Helm, im Gegensatz zu den Motorradfahrern! Auf dem Wasser segeln Surfer, mitten in der Bucht steht das frühere Staatsgefängnis Alcatraz. Von den Zellen muß man eine wunderschöne Aussicht gehabt haben! Von einem Hügel aus kann ich die Stadt genau zwischen den beiden riesigen Stahlträgern sehen, die die überdimensionalen Seile tragen, an denen die Brücke hängt.

Von der Bay-Street aus starte ich einen langen Spaziergang. Zwei Schwarze spielen Musik auf einem Saxophon und einem Minischlagzeug. Daneben führt eine Frau eine Pantomime auf. Eine Fahrradrikscha schiebt sich mit zwei Touristen vorbei. Die Stadt liegt auf verschiedenen Stufen, die durch steile Straßen verbunden sind und mit der Cablecar bewältigt werden können. Die Straßenbahnen sind offen und mit harten Holzbänken versehen. Unterirdische Seile ziehen die Wagen, niemanden stört es, wenn man irgendwo aufspringt oder beliebig unterwegs wieder aussteigt. Die Hauptader der Stadt bildet die Market-Street. Zuerst ragen Geschäfts- und Büropaläste in die Höhe, zum Außenbezirk hin wird die Bebauung niedriger, bis schließlich Penner, Sexkinos, nach Urin stinkende Hauseingänge, Polizeistreifen und Ausgeflippte das Bild bestimmen. Ein Mann schüttelt ununterbrochen den Kopf, singt laut «Halleluja». Ein Schwarzer kauert in völlig zerrissenen Klamotten vor einem Café. Auf der Motorhaube eines radlosen Straßenkreuzers sitzt eine Gruppe Männer und Frauen, trinkt abwechselnd aus einer Flasche, die in einer braunen Papiertüte steckt. Es ist Sonntag, die City ist fast menschenleer. Die Glas- und Betonpaläste wirken noch riesiger

Ron der blaue Küstenwanderer.

und anonymer. Dafür gibt es keinen Feiertag in Chinatown. Ich grase mit
einer Irin aus der Jugendherberge die Geschäfte ab: kleine Plastikäffchen
hoppeln in Regalen, auf Knopfdruck spuckt ein Ungeheuer eine schleimige
Masse aus, die sich wieder zusammenschieben läßt. Wie wäre es mit einem
langen Rückenkratzer, vielleicht einem Taschenspiel: Bruce Lee gegen sechs
Karatekämpfer oder einem drahtlosen Telefon?

San Francisco ist mit weniger als einer Millionen Einwohner beinahe eine
Kleinstadt, wenn ich an die 30 Millionen Metropole Tokio denke. Wir
kommen durch den Stadtteil Haight Ashbury, wo in den sechziger Jahren die
Flower-Power Bewegung anfing. Heute sind davon nur noch gepflegte
Häuser übriggeblieben mit teilweise wunderschönen farbigen Holzfassaden
und Fenstern. Ein VW-Bus mit Marihuana Zeichen und dem Aufruf zu freier
Liebe und legalisierten Drogen steht in einem Vorgarten und dient jetzt
Kindern als Spielort.

Die 1 kommt immer häufiger durch kleine Naturschutzgebiete, klebt
regelrecht am Meer. An vielen Buchten befinden sich Aussichtspunkte, von
denen man oft 50 Kilometer lange Küstenstreifen sieht. Ich halte, um Fotos
zu schießen. Neben der Leitplanke lehnt eine Karre, auf zwei Fahrradreifen
befestigt. Jede Menge Gepäck wird mit einer blauen Plane überdeckt, deren
Aufschrift verkündet: »Der blaue Küstenwanderer«. Ein großer schwarzer
Hund liegt im Schatten. Ron schiebt dieses Gerät nun schon seit 11 Monaten
und will bis Mexiko. Er startet in Kanada, nachdem zu Hause alles schief-
ging: seine Frau lief weg, sein Sohn erschoß sich aus Versehen mit seinem
Gewehr, Ron schlug sich bei einem Sturz vom Gerüst sein Kreuz kaputt und
kann weder radfahren noch in einem Auto sitzen. Irgendwann steht er völlig
zerknittert vor einem Supermarkt und sieht eine alte Oma, die ihr vollge-
packtes Wägelchen schiebt. Die Idee ist geboren, ein Freund schweißt ihm

*Strand
Ko Samui.*

*Reisbauer,
Hat Kai,
S-Thailand.* ▼

*Buddhisten bekleben ein Wat ▲
mit Goldplättchen, Mae Hong Song,
N-Thailand.*

Goldener Tempel, Kyoto. ▶

Tätowierter Buddhist.

Hafenbrücke, Sydney. ▲   ▼ *Strand südlich von Sydney.* ▼

Strand Redheadbeach, Newcastle. ▼

Finale. ▲

◄ Fähre nach
Vancouver,
Island.

Strand, Baja
Californien. ▶

Palenque. ▼

Entspannen (links oben)
und Holzhaus (rechts oben),
Caye Caulker.

Bauer, Nicaragua. ▶

◀ Markt in
Chichicastenango. ▼

Wurststand, San Jose. ▲

◀ *Rio Hacha.*

Straßenchaos, Bogota. ▼

Straßenküche, Togo. ▲

Frückstücks»restaurant«. ▶

Markt, Jams. ▼

Bananenverkäufer, Togo.

Auf dem Weg zum Markt, Togo. ▲

Fleischanbieter, Niger. ▲

Kral.

Getreidespeicher. ▲

Knapp entkommen. ▼

◄ *Sonnenaufgang, Hoggar-Gebirge.*

Tuareg, Agadez
(auch oben links und rechts). ▼

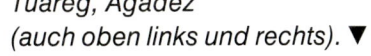

Kameltreiber, Tunesien. ▲

Abschied. ▼

die Karre zusammen, zwei unterschiedlich hohe Griffe sind so angebracht, daß das Schieben ihm keine Schmerzen verursacht. Wir teilen ein paar Biere, dann ziehen wir uns zum nächsten Waldstück zurück und schlagen unsere Zelte auf.

Weiter südlicher wird die Gegend trockener. Zuerst sind die Hänge noch grün, die Bäume werden immer lichter, dann ändert sich das Grün und die Hänge sind braun, manchmal tauchen Sandstücke auf. Mittendrin liegt Los Angeles. Von weitem taucht die Hochhauskulisse auf, alles liegt im Dunst des ständigen Smogs. Die achtspurige Autobahn ist vollgestopft, die amerikanischen Autofahrer verlangen höchste Konzentration; wenn mal einer die Spur wechselt, vergißt er immer, daß das Fahrzeug einen Blinker besitzt. Meistens bewegen sie sich aber immer mit gleichbleibender Geschwindigkeit auf derselben Spur, ganz gleich, ob die drei rechten Fahrbahnen frei sind oder nicht. Doch schon kommt die Grenze USA-Mexiko.

Beinahe kann ich noch die Wolkenkratzer der US-Stadt San Diego sehen, als sofort eine andere Welt zu beginnen scheint: Wellblechhütten, davor ein parkender Straßenkreuzer, unzählige schmuddelige Hotels, überall Autos mit kalifornischen Kennzeichen: Gastarbeiter aus Mexiko. Neben der Straße türmen sich Abfallhaufen, auf zerfallenen Mauern sitzen unrasierte Männer.

Heute bin ich genau ein Jahr auf der Straße und möchte diesen Tag auf gar keinen Fall in einem Motel verbringen. Ein schmaler Weg biegt zum Meer ab, direkt in eine kleine Bucht mit schwarzem, grobkörnigem Sand und großen rundgeschliffenen Steinen. Ich suche Treibholz zusammen und mache ein kleines Feuer, ein Brett dient als Liegestuhl, über mir ein grandioser Sternenhimmel. Irgendwie, denke ich, ist die Reihenfolge der Länder auf meiner Reise komisch: zuerst monatelang durch ärmere Staaten, dann hochentwickelte und wohlhabende wie Japan, Australien, Kanada und USA, nun bis zum Ende meines Trips wieder Drittweltstaaten oder zumindest Schwellenländer. Auf jeden Fall erlebe ich mehr in Staaten, wie Indien oder Thailand, als in den USA oder Australien, wo mich sehr viel an Deutschland erinnert und kaum unvorhergesehene Dinge passieren. In den USA kommt es mir manchmal so vor, als seien lediglich die Autos größer, die Gebäude höher und die Menschen oberflächlicher. Aber ansonsten ist vieles bekannt. Reisen hier wird mehr zur Erholung und nicht zu einer Konfrontation mit Gegensätzen – wie bereits gleich hinter der Grenze der USA, in Mexiko.

Ein typisch mexikanisches Frühstück ist immer irgendwas mit braunen Bohnen. Heute morgen in einer Kleinstadt Bohnenpüree, dazu ein Klacks Kartoffelpuffer und Rühreier. Kinder schwirren um das Motorrad herum, fangen an zu putzen, schubsen sich gegenseitig weg, andere kommen zu mir und verkünden, daß sie die wirklichen Aufpasser seien, den anderen dürfe ich nicht trauen. Alles Banditen, sie würden sowieso nicht richtig aufpassen. Ich verspreche niemandem etwas, mein Tisch steht direkt am Fenster und es

Freddy, Rolly, Baja California.

läßt sich eh nichts klauen: Helm und Tankrucksack liegen neben mir, die Koffer sind alle abgeschlossen, der Rucksack mit den Schlafsachen festgezurrt. Auf der anderen Straßenseite parken zwei vollbepackte Motorräder, amerikanische Kennzeichen, aber aufgeklebte Schweizer Fahnen. Freddy und Rolly kauften die Bikes in den USA, der Händler erklärte sich bereit, sie später wieder in Zahlung zu nehmen. Es wäre schön, wieder ein paar Tage gemeinsam mit anderen zu fahren, nicht immer nur Rucksackreisende irgendwo an einem Ort zu treffen und sich später mit ihnen woanders zu verabreden. Tatsächlich möchten beide bis Mexiko-City auf der Baja entlang, haben ungefähr die gleichen Zeitvorstellungen wie ich. Wow, ich freue mich einfach riesig, denn das bedeutet: öfter draußen übernachten, Feuer machen, denn zu Dritt fühle ich mich sicherer als ganz allein.

Wir verlassen die No. 1 und folgen einer Abzweigung an den Pazifik zu einem winzigen Ort. Die Piste wird zum Schluß unbefestigt, neben der Straße fällt sie über 100 Meter steil ab. Von weitem erkennen wir eine traumhafte Bucht, in der kleine Fischerboote liegen, alle vom Wind in die gleiche Richtung gedreht. Als wir näher kommen, bietet sich ein weniger romantisches Bild: verkommene Häuser, eher Bretterverschläge, schäbige Wohnwagen, verrostete oder ausgebrannte Autowracks, wilde Hunde, zerlumpte Kinder und Erwachsene. Jemand winkt uns heran, wir landen in einem Geschäft. Erst einmal muß man sich an das Halbdunkel gewöhnen. Im Ort selbst gibt es weder Strom noch Süßwasser. Hinter einer Theke lehnt ein Mexikaner, graues Haar. Er spricht etwas Englisch. An der Rückwand befinden sich auf groben Holzbrettern Konserven mit Thunfisch oder Tomatenmark, Kekse, Batterien, Mehl, Bonbons, warmes Bier und Cola. An den anderen Wänden stehen Bänke, auf denen richtige Gestalten hocken, denen ich im Geiste gleich Namen gebe: »Kokain-Joe«, mit dem tragbaren Kassettenrecorder, den er sofort auf volle Lautstärke stellt, als wir hereinkommen. »Froschauge«, dessen Augen fast weiter aus dem Kopf treten als sein dicker Bauch. Froschauge kauft sich ein Bier, setzt sich auf die Bank und glupscht uns an.

Die Straße entlang der Baja ist supergut, die Vegetation wird sehr licht. Überhaupt keine Bäume mehr, sandiger Untergrund und Dornenbüsche bestimmen das Bild. Im Inland selbst ist es sehr heiß. Sobald wir jedoch in die Nähe des Meeres rollen, wird die Luft angenehm kühl. Je tiefer wir in den Süden kommen, desto ärmer wirkt das Land, vor allem die kleinen Städte. Es befinden sich vor und hinter ihnen ganze Müllberge, die Fahrbahn selbst wird ununterbrochen von Konservendosen, Autoreifen und ausgebrannten Wracks gesäumt. Der Tourismus ist hier die einzige Einnahme-

Trockene Baja.

quelle, wobei die Reisenden meist an die äußerste Spitze wollen und hier nur einmal zum Tanken oder auf eine Cola halten. Es ist schon ein trauriger Anblick, einen 100.000 $-Camper neben einem kleinen Markt parken zu sehen, wo Indianerinnen in löchrigen Trainingshosen auf dem Boden hokken, vor sich einen Berg mit Decken. »Was, 10 $ willst Du dafür haben? Da können wir sie ja gleich bei uns in Los Angeles kaufen!« An kleinen Eßständen mit dreibeinigen Hockern und einem Wellblechdach gibt es Tortas – eine Art Hamburger. Eine Wanderkapelle zieht vorbei. Wir bestellen ein Ständchen: Zwei Gitarren, Kontrabaß und Schlagzeug bauen sich auf und spielen die typischen Touristensongs: La Paloma blanca... »nein, bitte etwas anderes.«

Unterwegs decken wir uns meist mit viel Gemüse ein, nachmittags kaufen wir Fisch und Bier, suchen uns in der Nähe einen Übernachtungsplatz, nach Möglichkeit einige Kilometer von der Straße und einem Ort entfernt. Natürlich am Meer, wo wir abends baden können, dem Sonnenuntergang zusehen können und lange am Feuer sitzen. Solche Augenblicke sind mit mehreren Leuten sehr intensiv, vor allem weil ich mich unterhalten kann, weil wir solche Momente gemeinsam genießen und nach einer Zeit zusammen viel vertrauter werden, die Gespräche persönlicher und interessanter sind. Hinzu kommt, daß oft jemand etwas beobachtet, das dem anderen vielleicht entgangen ist.

Die Baja wird nun im Inland immer trockener. Kakteen nehmen an Zahl zu, manche wachsen höher als 10 Meter, oft kommen aus einem Stamm gleich mehrere Äste hervor. Vögel picken tiefe Löcher hinein, um das Wasser herauszusaugen. Oft wird das Kakteenmeer von einem Gewirr loser Steine durchsetzt. Die riesigen, meist runden Brocken, weisen überall tiefe Risse auf, die die Kälte- und Hitzeunterschiede hineinsprengen. Dann wiederum liegen Flächen vor uns, die nur von niedrigen Büschen bewachsen sind, oft bis zum Horizont. Plötzlich stehen drei Palmen mitten drin. Das Fahren ist ein Genuß. Ich fahre als Letzter, lasse mich oft zurückfallen, sauge diese ständig wechselnde Landschaft in mich auf. Beinahe sitze ich wie auf einem Chopper, lehne mich weit nach hinten gegen die weiche Rolle mit dem Zelt, die Arme sind ganz ausgestreckt.

In Guerroro Negro, etwa der Hälfte der Baja, halten wir zum Tanken. Alles ist unglaublich staubig und schmutzig, die Leute nicht außerordentlich freundlich. Der Tankwart haut das Benzin rein – fertig. Die Angestellte serviert das Hähnchen mit öligen Pommes und lauwarmen Bohnen – basta. Die Tankanzeige meint 32 Liter. Mein Tankvolumen ist aber nur mit 29 Litern angegeben! Das Essen soll 4 DM kosten, die Karte bietet es für 2,50 DM an. Gelangweiltes Schulterzucken. Der Preis wird verlangt und damit hat es sich. Touristen zahlen eben mehr, wo käme man dahin, dieses »Naturgesetz« zu ändern?

Kakteen, Baja Californien/Mexiko.

Endlich erkennen wir im Süden etwas von der Faszination der Baja. Die Straße windet sich in Kurven zwischen niedrigen Felswänden, türkisfarbene Buchten mit weißem Sandstrand liegen direkt neben dem Asphalt. Manchmal steht ein einziges Wohnmobil dort unter Palmen. Selbst Weizenfelder und eine Sonnenblumenpflanzung tauchen auf. Kühe stampfen im Staub – es sind landwirtschaftliche Versuchsprojekte. Ansonsten bleibt die Baja trocken.

Wir sind noch über 30 Kilometer von La Paz entfernt, wo wir mit der Fähre nach Puerto Vallarta übersetzen wollen, können aber schon die riesige Bucht erkennen, in der die Stadt liegt. Segeljachten, Souvenirläden, Hotels, Restaurants und gepflegte Häuser in schneeweißen Farben weisen darauf hin, daß hier der Tourismus Einzug hält. La Paz selbst ist eine gewachsene Stadt. Hinter den Strandkulissen finden wir kleine Gassen mit Steinpflaster, eine alte Frau reitet auf einem Esel, Männer sitzen vor einem hellblau gestrichenen Haus und rauchen. Vor einem Wohnwagen steht ein langer Tisch mit Stühlen, man ruft das Gewünschte hinein und schon gibt es carne desebrada – Salat aus Fleisch, Zwiebeln, Oliven, frijoles con queso – Bohnen mit Käse – dazu jede Menge Tortillas, warme flache Fladenbrote. Als wir bezahlen, haben wir zum ersten Mal das Gefühl, nicht übers Ohr gehauen worden zu sein. In einer der vielen Bäckereien rundet ein Stück Kuchen das Essen ab.

Am Strand lernen wir zwei Mexikanerinnen kennen, Marysol und..., den Namen ihrer Freundin habe ich vergessen. Es überrascht mich, wie ungezwungen sie auftreten. Wir gehen am Meer spazieren, die Unterhaltung ist schwierig. Ich spreche als einziger ein bißchen Spanisch, Marysol genausowenig Englisch. Beide sind 21 Jahre alt. Wenn ich sie richtig verstehe, meinen sie, daß die mexikanischen Männer wenig Rücksicht auf Frauen nehmen und sie ganz bestimmt keinen heiraten würden. Gegen 23 Uhr verabschieden wir uns artig, geben einander die Hand – adios, bis morgen! Am nächsten Abend treffen wir sie »zufällig« in der Nähe unserer Motorräder. Marysol ganz in weiß, hohe Stöckelschuhe, ein geschnürtes Oberteil, der weiße Rock ebenfalls aus vielen Rüschen und Bändern. Ihre Freundin trägt das gleiche in Blau. »Was machen wir denn jetzt?« – »Laßt uns in ein Café gehen!« – Ganz Gentlemen laden wir sie natürlich ein, ganz damenlike bestellen sie einen Longdrink für 15 DM! Ich mache mich nach einer Stunde aus dem Staub, Freddy und Rolly bedanken sich auf Deutsch und vertrösten mich, daß ich ja bald in Mexiko-City meine Freundin sehen würde. Sie seien nun schon einige Monate allein... Irgendwann mitten in der Nacht kommen beide ins Zimmer: »He, Jungs, wenn ihr jetzt glaubt, ich lege mich auf den Flur, dann muß ich Euch enttäuschen!« – »Hör bloß auf, wir zahlen einen Longdrink nach dem anderen und wofür?« – »Ja wofür denn?« – »Ach, Mist, dafür, daß sie uns schließlich ziemlich betrunken die Hand geben und sich verabschieden!« – »Es la vida, so ist das Leben!«

Ich forste mein Gepäck durch und stelle ein Paket zusammen aus Schlafsack, Walkman, Kassetten und anderen Dingen, die ich nicht unbedingt brauche. Statt des Schlafsacks benutze ich einen Leinenschlafsack – richtig kalt wird es wohl nirgends mehr in Zentralamerika oder Westafrika. Außerdem muß ich ein bißchen Platz für Marees Gepäck schaffen. Beim Zoll überrascht mich der Beamte mit einer ganz neuen Variante, wie man das leidige Problem des Wechselgeldes löst: Ich habe keine passenden Münzen, sondern nur einen Geldschein, der Wert entspricht etwa dem Dreifachen dessen was ich an Gebühr bezahlen soll. »Zahl oder Adler?« – »Wie bitte, ich verstehe nicht!« – »Bei Zahl brauchst Du keine Zollgebühren bezahlen, bei Adler bekomme ich Deine Pesos!« – Natürlich liegt der mexikanische Adler oben! »Pech gehabt, vielleicht beim nächsten Mal!« Beim Postamt setzt sich das eigenartige bürokratische Verhalten fort. Für ein 5 Kilo-Paket muß ich 30 DM zahlen, dafür bekomme ich Briefmarken, die ich auf das Papier kleben muß. Eine Marke zu 3 Pfennig. Der Beamte legt mir 10 große Bögen vor. »He, wie soll ich die denn alle auf das Paket kleben?« – »Egal, klebe sie eben übereinander!« Aber bevor ich einen Bogen auf den anderen lecken darf, wird jede Marke abgestempelt, ich glaube nicht ganz was ich sehe.

Die Fähre benötigt 22 Stunden bis Puerto Vallarta. Das Schiff tuckert lange an der Südostküste der Baja entlang, immer in der Nähe von kilometerlangen weißen Sandstränden, nie sind Menschen zu erkennen. Delphine begleiten uns, springen aus dem Wasser, schwimmen auf die Fähre zu, um dann kurz vorher abzutauchen und hinter dem Schiff wieder hochzukommen. Weiter entfernt entdecken wir Wale, die aus ihrer Öffnung im Rücken Wasser spritzen, gleich aber wieder unter der Oberfläche verschwinden. Einige Kilometer südlich von Puerto Vallarta finden wir unbewohnte

Fischerhütten am Meer. Allein die kurze Fahrt zu dieser Stelle begeistert uns total – wir kommen durch ein winziges Dorf, Kinder und Erwachsene winken uns zu, in einem Laden kaufen wir Thunfisch-Tortillas, eine alte Frau zieht einen Eimer mit Wasser aus dem Brunnen und ich fülle meinen 10 Liter Kanister. Mexikaner auf Pferden treiben Rinder in eine Koppel. Im Hintergrund tauchen Berge mit tropischer Vegetation auf, dunkle Wolken senken sich von hier bis aufs Wasser. Schließlich bleibt nur noch ein heller Streifen am Horizont, in dem die Sonne irgendwann auftaucht, um dann endlich unterzugehen. Das Meer ist lauwarm, wir schwimmen nachts weit raus, orientieren uns beim Zurückkommen am Feuer, das wir am Strand anzündeten.

Mexikanische Viehtreiber.

Am nächsten Morgen frühstücken wir in dem kleinen Dorf. Alte Männer sitzen auf einem Stein und palavern, ein kleiner Junge reitet direkt vor den Laden, nimmt die langen Zügel des Pferdes mit hinein und schwingt sich mit einer Plastiktüte Kartoffeln und Tortillas wieder in den Sattel.

Wir verlassen die direkte Verbindung nach Mexiko-Stadt, weil hier einfach zuviel Verkehr herrscht und wählen die Ausweichmöglichkeit über Morelia, vielleicht einer der schönsten Städte im Land. Die Straße ist sehr kurvenreich und steigt an. Oft bieten sich Blicke in braune Täler, die von den grünen Streifen der Felder durchzogen sind. Männer reiten auf einem Esel, oder Pferde ziehen eine Karre hinter sich her. Im gleichen Augenblick dröhnt ein überdimensionaler Lkw neben ihnen vorbei.

In Morelia beherrschen alte Gebäude aus der Kolonialzeit das Bild. Eine riesige Kathedrale aus dem 15. Jh. befindet sich im Zentrum am Zocalo, dem Hauptplatz. Die Orientierung in mexikanischen Städten, überhaupt in ganz Zentral- und Südamerika ist einfach: die überdimensionalen Türme der katholischen Gotteshäuser kann man gar nicht übersehen. In unmittelbarer Nähe befindet sich der Markt und sämtliche anderen wichtigen Einrichtungen: Banken, Läden, Cafés und Parks. Mir fallen die vielen bettelnden Frauen auf, die zusammengekauert an einer Wand sitzen und die Hand aufhalten. Oft sitzen kleine Kinder daneben oder eine Mutter stillt ihr Baby.

Abends sind die Temperaturen so angenehm, daß wir im Pullover draußen sitzen. Mexikaner stehen mit ihrer rollenden Küche am Straßenrand und verkaufen Hot-dogs. Auf einer heißen Platte wird eine Scheibe Fleisch gebraten, in kleinen Plastikeimern, die an der Karre hängen, befinden sich Zwiebeln, Tomaten und Tortillas, in Gläsern Mayonnaise, Ketchup oder Chilisoße. Die Stadt liegt fast 2000 Meter hoch, selbst tagsüber wird es nicht unerträglich heiß. Wir übernachten in einem 200 Jahre alten Hotel – Posada dela Soledad. In zwei Etagen erstrecken sich hohe Räume, die in einem großen Viereck um einen Innenhof mit Springbrunnen gebaut sind. Palmen wachsen zwischen den Stühlen und Holzbänken des Hofes. Etwas makaber erscheint mir die winzige Seitenstraße vor dem Hotel. Hier parkt während der Mittagszeit als einziges Fahrzeug ein überdimensionaler schwarzer Beerdigungswagen. Die hinteren Lichter sind zersplittert, Farbe bröckelt ab, die Türen sind durchgerostet, die dunklen Vorhänge voller Löcher, die Scheiben milchig und schmutzig. Auf der Rückseite klebt in bunten Buchstaben: Funerales Bravo. In einem winzigen Raum stapeln sich Särge, ein alter Mexikaner sitzt auf einem Schneeweißen und liest völlig unbeteiligt seine Zeitung.

Richtig lebendig wird es auf dem überdachten Markt der Unabhängigkeit. In den verschiedenen Gängen gibt es einfach alles – Obst, das in Pyramiden aufgestapelt wird, Pferdeköpfe oder Schweinedärme, Damenschuhe oder Äxte. Hinter manchen Ständen hocken alte Frauen, vor sich nur ein paar

Bananen, die aber schon so schwarz sind, daß sie niemand kaufen wird. Ihnen geht es wohl mehr darum, das zu machen, was sie wohl immer getan haben. Hier auf dem Markt kennen sie seit Jahrzehnten den Nachbarn, der Melonen verkauft oder den alten Mann, der einen großen Thermobehälter trägt und heißen Kaffee anbietet. Die Gegend bleibt gebirgig. Wir kommen durch Tannenwälder, atmen den Duft von Harz und Nadelhölzern. Etwa 40 Kilometer von Toluca entfernt erhebt sich der vierthöchste Berg Mexikos: der 4625 Meter hohe Nevado de Toluca. Gleich am Eingang des National-parks lassen wir das ganze Gepäck stehen, denn die Piste zieht sich auf einem Schotterweg bis über 4000 Meter hoch. Oft müssen wir über lange Geröllfel-der oder ausgewaschene Rinnen. Der Weg klebt an einem steilen Hang, links fällt es fast senkrecht ins Tal. Mir ist nicht klar, was passieren würde, wenn ein Fahrzeug entgegenkäme. Im Schlund des Kraters befinden sich zwei große Seen, Mexikaner angeln. Die Sicht von hier oben ist überwältigend. Im Osten erkennen wir sogar die riesige Dunstglocke des Stadtmolochs von Mexiko-City.

An der Straße machen wir eine längere Pause, um Energie für die Großstadt zu sammeln. An einem Stand verkaufen zwei Frauen indianischen Ursprungs Tacos mit Fleischstückchen gefüllt. Die dünnen Fladenbrote bereiten sie auf einer heißen Eisenplatte zu, die über ein paar Steinen liegt. Ein Holzfeuer brennt darunter. Vier hölzerne Pfosten tragen zwei große Wellblechstücke, in einer leeren Öltonne schwimmen Bier- oder Colaflaschen. Für Kühlung sorgt ein dicker Eisblock. Irgendwann brechen wir auf, wir wollen heute abend die Hauptstadt erreichen und sind aufs Schlimmste gefaßt – chaotischer Verkehr, Straßengangs, korrupte Polizisten. Aber wir vergessen, daß am Wochenende die Bewohner die Stadt verlassen, um wenigstens an zwei Tagen einmal tief durchatmen zu können. Wir trauen unseren Augen nicht. Kaum Verkehr. Als wir anhalten, um auf den Stadt-plan zu sehen, denn wir müssen irgendwo in einem Außenbezirk sein, befinden wir uns schon auf der Avenida de los Constituyentes, im Zentrum. Einmal noch abbiegen und in der Parallelstraße steht dann tatsächlich das Hotel Viena! Bewachte Garage, Gepäck aufs Zimmer, unter die Dusche.

Obwohl Mexiko-City über 2200 Meter hoch liegt, wird es tatsächlich sehr heiß zwischen den Häuserschluchten. Es gibt wenig Bäume, die Schatten spenden. Viele Trümmer der eingestürzten Häuser sind noch vom großen Erdbeben übrig, das vor einigen Jahren für einen Schock sorgt. Einige Hochhäuser ragen in einem leichten Winkel in die Höhe. Die U-Bahn entlastet den Verkehr erheblich. Ich bin überrascht, wie sauber die Stationen sind. Oft hängen riesige Maya-Skulpturen an den Wänden, Mosaikdarstel-lungen der Landesgeschichte zieren die Böden. Eine Fahrt kostet 8 Pfennig. Am Sonntagnachmittag steigen wir an der Plaza Mexico aus, wo sich die größte Stierarena der Welt befindet, ein 50.000 Personen fassendes Rund.

Eine Corrida besteht aus drei Teilen, den Tercios. Zuerst reizen Picadores den Stier, rennen vor ihm her, verschwinden aber schnell hinter einer schützenden Holzbarriere. Dann kommen Reiter, die Pferde sind mit Panzern geschützt und bohren spitze Lanzen in den Nacken des Stieres, ziehen sie wieder heraus, Blut spritzt bei jedem Pulsschlag. Das Tier springt vom Schmerz gepeinigt, versucht, die Pferde mit den Hörnern zu attackieren. Die Picadores stoßen dem Tier kurze bunte Lanzen, die Banderillas, in den Nacken. Sie haben Widerhaken und wippen von einer Seite auf die andere, wenn der Stier wütende Sprünge vollführt. Schließlich das Finale, der Matador reizt das Tier mit der Muleta, einem roten Tuch, daß an einem versteckten Stock straff gehalten wird. Je näher er den Stier an sich vorbeiläßt, umso begeisterter schreien die Zuschauer ihr »Olé«. Schließlich machen den Stier die Wunden und der Blutverlust so müde, daß er kaum noch in der Lage ist, zu reagieren. Matador und Stier stehen sich gegenüber, unter dem Tuch hält der Kämpfer nun ein dünnes Schwert, das er vom Nacken bis in den Körper hineinspießt, so daß nur noch der Griff zu sehen ist. Der Stier bricht zusammen. Jemand eilt mit dem Dolch hinzu und bohrt ihn dem Stier zwischen die Hörner. Er ist auf der Stelle tot.

Tja, wenn das wenigstens so reibungslos ablaufen würde. Wir werden Zeugen einer unglaublichen Quälerei. Der Matador sticht beim ersten Mal lediglich in den Hals. Das Tier wirft den Degen ab, dann landet die Spitze beim zweiten Mal auf einem Wirbel, und das Metall bricht sogar. Ein Stück guckt aus dem Körper hervor. Die Zuschauer quittieren soviel Ungeschicklichkeit mit lauten Pfiffen und Buh-Rufen. Schließlich versucht es ein anderer Matador. Wir stehen auf, können uns dieses Spektakel nicht länger mitansehen. Als wir gerade die letzten Stufen des Stadions erreichen, drehen wir uns noch einmal um und sehen, wie das tote Tier an einer eisernen Kette, die um die Hörner geschlungen wird, von zwei Pferden durch den Staub der Arena nach draußen gezogen wird.

Sobald das Wochenende vorbei ist, verwandelt sich die City in ein Chaos. Vor allem die Hauptstraßen werden zu langen Bändern, auf denen sich Fahrzeuge im Zeitlupentempo vorwärts schieben. Dazwischen rasen Mopeds oder Motorräder. Fußgänger gibt es einfach nicht und grüne Ampeln an Zebrastreifen bedeuten gar nichts, denn aus der Seitenstraße kann jederzeit ein Taxi geschossen kommen. Der Fahrer flucht, hupt und ich kann mich gerade noch einmal mit einem Sprung zurück auf den Bürgersteig retten. Ein kleiner Unterschied zu Kanada, denke ich ernüchtert! In Vancouver beobachtete ich, daß die Autos sofort anhielten, wenn man auch nur einen Fuß auf die Fahrbahn setzte, ganz gleich ob sich dort ein Übergang befand oder nicht. Hier in Mexiko-City gibt es die einfache Regel: Große Fahrzeuge wie Busse oder Lkws vor Pkws, alles andere hat nichts im Verkehr zu suchen, muß sich diesen Gesetzen anpassen. Das Überqueren von 4 Spuren, dauert manchmal fünf Minuten, denn selbst bei einem Stau steht Stoßstange an Stoßstange und man müßte schon über sie hinweglaufen. Wenigstens sind noch keine Autos in U-Bahnschächten erlaubt. Zwei kleine Mädchen steigen ein, vielleicht sechs Jahre alt. Sie sind barfuß, haben völlig zerzauste Haare, Flecken auf den Armen und im Gesicht, ihre Kleider sind zerrissen. Als die Bahn anfährt, zieht eine ihre Mundharmonika heraus, spielt wahllos ein paar Töne und setzt einen Fuß vor den anderen. Ihre Freundin folgt mit einer Blechbüchse, in der sich ein paar Pesos befinden. Sie klimpert mit der Büchse so laut, daß erst einmal jeder auffährt, der gerade Zeitung liest oder noch schnell ein kleines Nickerchen machte, bevor die Woche richtig anfängt. Die zwei gucken verschreckt, sind richtig angespannt – wenn sie beim Betteln oder Schwarzfahren erwischt werden, ergeht es ihnen schlecht. Ihr Timing ist so perfekt, daß sie im selben Augenblick die Türen erreichen, als die Metro an der nächsten Station stoppt. Sie rasen raus, wechseln die Seite und steigen in die umgekehrte Richtung wieder ein. Das Verkehrschaos nutzen fliegende Händler oder Selbstdarsteller. An jeder größeren Kreuzung warten Mexikaner auf das Rot der Ampel, dann stürzen sie sich zwischen die Autoreihen, einer verkauft Zeitungen, ein anderer Plastikrosen, eine Frau Päckchen mit Seife und Toilettenpapier. Ein Junge, das Gesicht geschminkt wie ein Clown – kalkweiß, eine rote Nasenspitze und bunte Striche auf der Wange, jongliert mit drei Tomaten an den offenen Fenstern vorbei. Jedes Mal, wenn jemand ein paar Pesos hinhält, wirft er sie ein Stück höher, greift mit der freien Hand blitzschnell zu und steckt die Münzen in die Tasche. Es ist gar nicht nötig, auf Grün zu achten, denn meist setzt ein Hupkonzert ein, wenn die Ampel noch Rot anzeigt, die Fahrzeuge aber rechts und links schon halten. Oft möchte jemand dann gerade eine Zeitung oder entschließt sich, seiner Frau die roten Kunststoffblumen zu schenken. Kein Problem, der Händler rennt neben dem Wagen her, steckt sich das Kleingeld ein – Geschäft scheint vor Leben zu gehen.

In der Tiefgarage des Hotels checke ich die Honda durch – Ventile einstellen, Schrauben nachziehen, Kette spannen und schmieren, Batterie, Wasser, Zündkerze kontrollieren und Reifen wechseln. Vor der Reise überlegte ich mir, ob ich mir einen Ersatzreifen mitnehmen sollte, entschied mich dann aber dagegen. Ich ziehe in Bochum die Metzeler Enduro auf und wechsele die ersten Reifen bei 12.000 Kilometer, wobei noch genügend Profil für einige weitere tausend draufgewesen wäre. Nur gibt es natürlich nirgendwo diesen Pneu, schon gar nicht schlauchlose. Was also tun? Honda erklärt sich bereit, mir die Reifen zu schicken, außerdem Verschleißteile, wie Öl- und Luftfilter, Zündkerzen und Kette. Das klingt vielleicht kompliziert oder unlogisch, aber im Laufe der Zeit erfahre ich, daß es die optimalste Lösung ist. Ich rufe zwei Wochen vorher zu Hause an oder schicke einen Brief, in dem ich die Teile angebe, sowie die Adresse – immer die Deutsche

Botschaft. In Deutschland benutzt Honda einen Expreßdienst und schickt das Paket ab. Der Versand hier in Mexiko-City benachrichtigt die Botschaft, daß er ein Paket für sie hat. Ich melde mich bei der diplomatischen Vertretung, die mir dann die Adresse des Kurierdienstes in der Stadt gibt. Wenn alles optimal verläuft, kann ich innerhalb eines Tages die Reifen abholen und sie wechseln. Selbst bei einer Panne dauert es nicht länger, als vielleicht eine Woche zwischen Telefonanruf und Entgegennahme der Ersatzteile. Das erspart mir eine Menge an Gewicht, vor allem aber die Frage, was ich überhaupt mitnehmen soll. Natürlich packte ich Werkzeug ein oder einen Gas- oder Bremszug. Aber was soll ich mit einem Ersatzkolben oder Kupplungsscheiben, mit Kurbelwellengehäuse oder Ventilen? Wenn ich angefangen hätte, Motorradersatzteile mitzunehmen, wäre ich wohl letztendlich bei einem ganzen Ersatzmotor geendet. Die Motorradfahrer, die mir auf dieser Reise oder anderen begegnet sind, bestätigen meine Beobachtung, daß meist Dinge kaputtgehen, die man selbst oder mit Hilfe einer Werkstatt überall zusammenflicken kann: verstopfte Vergaser, Rahmen für die Packkoffer bricht und muß geschweißt werden, Kabel scheuern sich durch, Lenker verbiegt sich bei Stürzen, Standrohre verdrehen sich.

Mein »größtes« Problem nach über einem Jahr ist der Versuch, die Kette zu schmieren. Die Honda hat keinen Hauptständer und ich schiebe sie jeweils wenige Zentimeter vor. An Tankstellen kaufe ich dickflüssiges Getriebeöl, SAE 90 und trage es mit einem Pinsel auf, bis ich irgendwann einen Engländer treffe, der einen kurzen Stock zwischen all seinem Gepäck befestigt hat. »Wozu brauchst Du denn den?« – »Zum Kette fetten!« Er klemmt ihn unter den rechten Koffer, das Motorrad kippt leicht über den Seitenständer und das Hinterrad läßt sich ohne Probleme drehen!

Ich werde mit allem gerade rechtzeitig fertig. Nachmittags bringt mich dann die Metro, später ein Bus zum Flughafen. Nach knapp zwei Monaten Trennung steigt Maree aus dem Flugzeug, einen Helm und eine kleine Tasche in der Hand! Es tut so gut sie wiederzusehen. Dieses Mal habe ich das Gefühl, als wäre ich erst gestern in Australien abgeflogen. Uns bleiben nur knapp drei Wochen gemeinsame Zeit, aber das erscheint uns unglaublich viel, wenn wir uns vorstellen, im anderen Fall, bis zu dem Treffen in Deutschland, 8 Monate voneinander getrennt gewesen zu sein.

Gleich am nächsten Tag bepacken wir die Honda, es kommen noch einmal an die 65 Kilo dazu und starten – natürlich mitten in der Woche und mitten ins Verkehrschaos. Wie nicht anders zu erwarten, verfahre ich mich ganz fürchterlich, es gibt absolut keine Möglichkeit, die Spur zu wechseln, außerdem kann ich nicht mit den Koffern und dem ganzen Gewicht zwischen den Autos hin- und herflitzen und muß mich in eine Spur einreihen, dem Schrittempo anpassen. Es ist fast so, als würde man in einer geschlossenen Garage ein Fahrzeug laufen lassen und dabei atmen. Es dauert über eine

Stunde, bis wir einen Verkehrspolizisten stoppen können und er uns den Weg erklärt. Die richtige Richtung bedeutet jetzt aber lange noch nicht, daß es schneller geht. Noch einmal über zwei Stunden kriechen wir im Schneckentempo, dann endlich wird der Verkehr dünner. Irgendwo an der Straße halten wir, um etwas zu frühstücken. Erwartungsvoll zeigen wir auf den dampfenden Topf. Der Koch zieht irgendetwas hervor, es sieht aus wie ein Magen oder Därme oder was weiß ich was, nur nicht wie ein leckeres Frühstück.

Wir wollen auf die Halbinsel Yucatan und anschließend in den winzigen Karibikstaat Belize. Es ist wirklich ein großer Unterschied, mit Sozia zu fahren. Ich muß jede Sekunde voll konzentriert sein, vor allem weil das Überholen bedeutend länger dauert, jede Wende auf der Straße anfangs mit viel Luft anhalten verbunden ist. Einmal schlage ich das Vorderrad zu stark ein, und wir kippen gleich um. Zuerst die Umwege in der City, dann das mißratene Frühstück und jetzt liegen wir beide unter dem Motorrad. Maree meint: »Weißt Du, unser romantischer Urlaub in Mexiko fängt ja nicht schlecht an!«

Einmal nehmen wir den unangenehmen Gestank von Urin wahr. Ich überlege, wo das so plötzlich herkommt; der Geruch nimmt nicht ab, ganz im Gegenteil, er wird immer stärker. Vor uns quält sich ein Schweinetransporter, die Tiere sind in Etagen untergebracht, oft liegen sie übereinander, quieken wie verrückt und lassen die Schnauze weit aus den Gitterstäben ragen. Dem Fahrer ist alles egal. Er jagt den Lkw bei Gefällstrecken durch Kurven, daß wir Mühe haben, ihn zu überholen.

Das Land fällt in Richtung Osten langsam ab. Die Temperaturen nehmen somit leider zu. Es braucht nicht einmal einen Tag, bis uns das Wasser in den Kniekehlen steht. Oft kommen wir an kleineren Wald- oder Wiesenbränden vorbei. Manchmal schlägt das Feuer direkt neben der Straße, ich muß auf der gegenüberliegenden Seite weit neben der Fahrbahn vorbei. Selbst dann ist die Hitze unerträglich.

Die Straße Nr. 150 kommt direkt an dem kleinen Ort Fortin de las Flores vorbei, von wo man einen Blick auf den höchsten Vulkan Mexikos, den Pico de Orizaba (5.700 m) hat. Die ganze Stadt ist ein einziges Meer von Blumen, gepflegten Gärten mit allen nur erdenklichen tropischen Pflanzen und Bäumen. Überall duftet es nach Orchideen. Bunte Papageien fliegen zwischen den Ästen. Auf dem Zocalo stehen Bänke aus Stein oder einzelne gemauerte Sitze. Zweistöckige alte Gebäude mit vielen Rundbogen, Balkonen und bunten Fenstern umgeben den zentralen Platz. Im Erdgeschoß der Häuser befinden sich Straßenrestaurants und -cafés, ein Friseur und ein Schuhgeschäft. Es geht hier sehr ruhig zu. Die Hektik von Mexiko-City muß in einem anderen Land stattgefunden haben. Kinder spielen mit einem Frisbee, zwei jagen einen Ball über die Straße als gerade ein Bus kommt. Welch Wunder, der Fahrer hält und wartet, bis einer den Fußball von der Straße nimmt, ein

Bekannter ruft ihm etwas zu. Jetzt entwickelt sich erst einmal eine kurze Unterhaltung. Einige Autos kommen zum Stehen, aber keiner hupt oder wird ärgerlich.

Abends turnt eine Gruppe Jugendlicher auf dem Steinboden. Jeweils zwei knien nebeneinander, die anderen laufen an, setzen die Hände auf den Rücken der beiden anderen und fliegen im Handstandüberschlag hinüber. Einer hechtet sogar über die Rücken, setzt erst die Hände hinter ihnen auf und vollendet den Überschlag! Ich kann gar nicht mehr hinsehen, was passiert bloß, wenn sie auf dem harten Grund falsch landen?

Ein alter Mexikaner verkauft dünne bunte Stoffarmbänder, drei Stück kosten 70 Pfennig. Wir kaufen ihm welche ab. Ich beobachte oft, daß in kleinen Ortschaften fast nie jemand bettelt. Viele Menschen beschäftigen sich mit irgendetwas, wie der Mexikaner, der von Tisch zu Tisch geht, nach einigen Stunden seine Runde beendet und dann wieder bei uns vorbeikommt. Oder ein kleiner Junge, der eine Holzkiste schleppt, in deren Mitte eine hölzerne Auflage befestigt ist, die gleichzeitig als Griff und als Ablage für den Schuh dient. Er putzt alles, wie er uns zu verstehen gibt – Plastikschlappen, genauso wie Marees weiße Turnschuhe, oder die roten Stiefel einer Dame am Nachbartisch.

In Mexiko-City trennen wir uns von Freddy und Rolly, weil beide in andere Richtungen wollen als wir. Natürlich möchten Maree und ich die ersten Tage, die wir zusammen sind, allein sein. Wir sitzen eine Woche später in Palenque vor einem Glas Wein, als ich ein vertrautes Geräusch höre – den Klang eines Einzylinders. Tatsächlich tuckert eine Enduro um die Ecke. Freddy sitzt darauf; sich mitten in Mexiko zufällig wiederzusehen haut uns alle drei gleichermaßen um. Ich renne hinterher und halte ihn an. Es ist schön, Bekannte nach einiger Zeit wiederzusehen. Vor allem, wenn man die gleiche Strecke zurückgelegt hat, an denselben Orten gewesen war und jetzt darüber reden kann.

Palenque ist berühmt wegen seiner Maya-Stätten, die über 1000 Jahre alt sind. Nur ein kleiner Teil der ehemals 200.000 Menschen umfassenden Stadt ist freigelegt. Den Rest bedeckt tropischer Dschungel. Die Luftfeuchtigkeit liegt bei 100 %. Jeder Schritt wird zu einer einzigen Anstrengung. Das Besteigen der Tempel ist beinahe nur in Etappen möglich. Die Stadt befindet sich mitten im Urwald von Chiapas. Ähnlich wie in Ägypten, entdeckte man hier unter einem Tempel eine Gruft mit dem Sarkophag eines Königs. Die Gebäude liegen am Fuß von Hügeln und sind weit verstreut. Das Kernstück des 300 x 500 Meter großen Areals ist der Palast, in dessen Innenhof sich der einzigartige vierstöckige Turm erhebt, in denen Astronomen den Lauf der Sterne verfolgten. Reliefs zeigen Szenen aus dem Alltag der Stadt. 1951 entdeckte ein Mexikaner bei der Restaurierung des Tempels eine lose Steinplatte, darunter eine Treppe, die zu einem Raum mit Skeletten von

Wächtern führte, die wiederum auf einer großen Platte lagen. Archäologen fanden unter ihnen den Sarkophag mit einem reich verzierten, 5 Tonnen schweren Deckel. Ein »halach uinic« – wahrer Mann – wurde mit Jade und Edelsteinen hier bestattet. Palenque scheint ein Einzelfall zu sein, denn in keiner anderen Pyramide der Mayas wurden ähnlich Funde gemacht.

Wir entfliehen der Hitze nach Agua Azul, einer halben Stunde südlich von Palenque. Ein Fluß mitten im Dschungel staut sich auf verschiedenen Stufen, der Untergrund wird von weißem Kalkstein gebildet. Das Wasser hat wirklich die Farbe Azul – Blau. Überall bildet das Wasser große Becken, fällt dann wieder einige Meter ab, um gleich wieder ein Naturschwimmbad zu schaffen. Über die Ränder dieser Stufen kann man entlanglaufen, manche fallen schräg ab, so daß man an ihnen hinunterrutschen kann. Wir springen von einer Stufe, der Wasserstrudel zieht uns auf den Grund und wirbelt uns nach einigen Metern wieder an die Oberfläche. Über einem Feuer brät eine Mexikanerin Teigtaschen, die sie mit Käse oder Fleisch füllt und verkauft.

Wir wählen meist kleine Ausweichstraßen, wie etwa jetzt, entlang dem Golf von Mexiko. Kilometerlang zieht sich ein schmaler Streifen mit Kokospalmen, gleich dahinter befinden sich einsame Strände, türkisfarbenes lauwarmes Wasser. Kokosnüsse liegen überall herum, sind aber nicht so einfach zu knacken. Eine dicke faserige Schicht umgibt sie. Man braucht ein großes Messer oder noch besser einen Klappspaten, wie Freddy einen bei sich hat. Nachdem man diese etwa 7 Zentimeter dicke Haut abschlägt, kommt endlich die Kokosnuß zum Vorschein mit ihrem leckeren Fleisch und der Milch. Oft klettern wir auf die Palmen und drehen grüne Kokosnüsse ab, die noch nicht den eigentlichen Kern der braunen Nuß mit dem Fleisch enthalten, sondern lediglich Wasser, das ein bißchen nach Kokos schmeckt, wir schlagen die Spitze ab und trinken es. Nicht selten befindet sich ein halber Liter oder mehr drin.

Von einer winzigen Dorfkirche aus zieht eine Prozession. Vier Männer tragen einen überlebensgroßen Jesus, dessen Rücken und Brust rot sind. Es ist Montagmorgen, nur Frauen und Mädchen folgen dem Zug, alle sind in Schwarz gekleidet, blicken immer wieder zur Figur hoch, die einige Meter über ihnen schwebt. Ein Priester, ganz in Weiß, leitet den Zug. Irgendwie macht er den Eindruck als gehöre er nicht dazu. Zwei kleine Jungen in kurzen zerfransten Hosen ziehen an einem Strick und bewegen die Kirchturmglocke. Autos halten an, um die Menschen vorbeizulassen. Ich frage einen Fahrer um was es geht. – »Seit fünf Tagen ist ein 23jähriger Mann aus dem Dorf verschwunden, und die Gemeinde bittet jetzt Gott um Hilfe!« Die Frauen beginnen zu singen, eine alte Mexikanerin folgt ihnen auf zwei Krücken. Wir stehen mitten im Weg, trauen uns aber nicht, die Motorräder zu starten.

Immer wieder halten wir in kleinen Dörfern, stellen die Motorräder ab, um ein bißchen umherzulaufen: gemauerte Hütten mit Strohdächern, Hinterhöfe mit Haustieren, Ochsenkarren mit überdimensionalen Wagenrädern. In einem winzigen Laden gibt es eine Cola, der Besitzer scheint mindestens 70 Jahre alt zu sein, Goldzähne blinken beim Sprechen, es macht ihm gar nichts aus, daß er uns bzw. wir ihn nicht richtig verstehen; er hat offensichtlich seinen Spaß und lacht aus vollem Hals. Seine Frau steht im Türpfosten, sieht zu ihm und lächelt ihn an, wie ein kleines Mädchen. Sie trägt ein langes weißes Baumwollkleid, mit buntem, eingearbeitetem Blumenmuster. Eine Gruppe Kinder bleibt stehen, Frauen treten aus den Häusern hervor und winken.

An einer flachen Lagune entdecken wir Hunderte rosaroter Flamingos. Sie stehen mit dünnen, langen Beinen im Wasser und erheben sich plötzlich in die Luft. Vom Körper ist kaum etwas zu erkennen. Im Flug ähneln sie einem rosaroten Strich. Die Enden der Flügel sind schwarz, die Vögel bewegen sich in Formationen, alle dicht hintereinander, einmal wenige Zentimeter über der Wasseroberfläche, dann wieder in Schräglage an den Bäumen der Lagune vorbei.

Nach vier Wochen trennen sich Freddys und meine Wege in Merida. Die Zeit mit ihm war sehr unkompliziert, hat uns eine Menge gebracht. Wir werden beide ein bißchen traurig. Abschiednehmen vollzieht sich immer genauso schnell wie das Kennenlernen! »Also, ich glaube ich fahre heute weiter!« – »Tja, schade, es war wirklich eine gute Zeit!« – »Stimmt, mach's gut, paß auf Dich auf und auf Maree!« – »Du auch!« Mehr ist nicht zu sagen, denn wir wissen beide, daß die Trauer, jemanden nicht mehr sehen zu können, schnell vorübergeht und nur noch die Erinnerungen an positive Augenblicke und Erlebnisse übrigbleibt. Zum ersten Mal kann ich mir nur allzu gut vorstellen, wie er sich jetzt fühlt, ganz allein weiter, während ich die Reise mit jemandem fortsetze und nicht wieder jemanden suche, kennenlerne, eine intensive Zeit verbringe und mich verabschiede.

Dann machen wir, besser eigentlich ich, einen nicht verzeihbaren Fehler. Ich schlage vor, mit der Fähre auf die Insel Cozumel überzusetzen. Schon vom Wasser aus erkennen wir riesige Hotelpaläste. Als wir dann endlich diese karibische Insel erreichen, erkenne ich den Irrtum, hier einen romantischen Platz zu vermuten: es gibt einen internationalen Flughafen und es wimmelt von amerikanischen Touristen, die zum Wochenende von Miami her hier hinfliegen. In den ganzen eineinhalb Jahren der Reise sehe ich keinen so unsympathischen Platz. Leider geht die nächste Fähre erst wieder morgen Nachmittag, sonst wären wir gleich an Bord geblieben.

Abends betrinken wir uns mit einigen Mexikanern, was bleibt uns sonst auch übrig? Ihnen geht es auch nicht gerade bestens – zwei arbeiten beim Zoll und sind von Mexiko-City hierher versetzt worden, nur für kurz, wie ihnen gesagt wurde. Das »Kurz« dauert nun schon ein halbes Jahr. Da sie jeden Tag damit rechnen, wieder zur ihren Familien und an den alten Arbeitsplatz zurückzukommen, mieten sie erst gar keine Wohnung, übernachten auf den Liegesitzen ihres Autos.

Ein Ozeanriese legt an, alle zehn Minuten fliegt ein Jet die Insel an, Schiffsladungen voller Touristen strömen an Land oder verlassen diesen schmucken Platz. Ein Rucksackreisender befindet sich mitten drin, fällt sofort auf wie ein Bierstand in der Wüste. Vom Bett aus dürfen wir nachts Diskomusik mit anhören. Unsere Pension liegt einfach wundervoll, genau im Wirkungskreis von drei verschiedenen Schuppen, die Songs treffen sich offensichtlich genau über unserem Bett. »Na, ja, vielleicht ist es ja doch nicht ganz so, wie ich es mir vorgestellt habe und vielleicht hätten wir vorher im Reiseführer etwas über diesen Katastrophenplatz lesen sollen«, meine ich am nächsten Tag auf der Fähre.

Gerade eine Stunde weiter südlich finden wir doch noch unseren Platz in Tulum. Eigentlich wollen wir nur an den Mayaruinen stoppen, die direkt an der karibischen Küste gebaut sind, doch dann entdecken wir einige Cabanas, Hütten. Zwei Querbalken befinden sich an der Decke. An ihnen sind vier Seile befestigt, die ein Bett halten. Von der Tür aus sehen wir direkt aufs Meer. Um 17.00 Uhr schließen die Ruinen die Tore für Touristen, die Händler schieben Wellblechtore vor ihre Souvenirshops und mit einem Schlag wird der ganze Platz menschenleer.

Wir sitzen allein auf einer Stufe, ein Mexikaner gesellt sich zu uns, er arbeitet hier an den Ausgrabungen. Ein Tourist nähert sich langsam, geht um das Motorrad und sieht das Bochumer Kennzeichen: »Nein, Du bist nicht Rudi, oder?« – »Doch!« Es ist ein Freund von Paul, den ich zu Beginn der Reise am Bodensee besucht habe. Paul wurde leider krank und flog vor zwei Tagen zurück nach Deutschland. Manchmal habe ich das Gefühl als sei die Welt nicht viel größer als ein kleines Dorf. Ich wußte nicht, daß Paul hier in Mexiko Urlaub macht. Die beiden hörten unterwegs immer wieder von einem Motorradfahrer und rechneten beinahe damit, mich irgendwo zu treffen. Berthold schwärmt von Belize, wo er gerade herkommt, und versorgt uns mit einigen guten Tips.

Ich bin immer wieder erstaunt darüber, wieviele verschiedene Naturfaktoren es außer Regen, Schnee, Wind und Hitze gibt. Über eine Strecke von 100 Kilometern kämpfen wir gegen Schmetterlingsschwärme an. Bei einer Geschwindigkeit von 100 km/h knallen sie wie Geschosse gegen die Jacke oder den Helm. Wenn sie aufs Glas der Brille klatschen, bleibt nichts als ein gelber Fleck, den ich dann mit dem Handschuh wegzuputzen versuche. Alle 5 Kilometer halten wir an, ich muß die Crossbrille mit Wasser säubern, dann hebe ich die linke Hand als Schutz vor die Augen und blinzele zwischen den gespreizten Fingern hindurch. Als wir den Grenzort zu Belize erreichen, sehe ich aus wie ein rotgelbes Etwas, manche Falter leben noch und schlagen mit den Flügeln.

Wir wollen mal eben Marees Rückflug bestätigen – nein, das geht nur in Merida, aber anrufen ist doch kein Problem. Nein! Ferngespräche können nur in einem »larga distancia«-Büro gemacht werden. Eine Dame sitzt hinter einem Metallschreibtisch, vor ihr stehen drei Telefone, an der Wand ebenfalls drei mit der Nummer 1, 2, 3 in Filzschrift auf der Mauer gekennzeichnet. Auf einer langen Bank warten 10 Mexikaner geduldig. Sie wirken etwa so, wie jemand, der das Unvermeidbare auf sich zukommen lassen muß und nicht den geringsten Einfluß nehmen kann. Meist haut die Dame die Gabel nach einer gewählten Nummer wieder runter, versucht es mit stoischer Ruhe wieder und wieder. Auf einem Stück Papier schreibt man die gewünschte Nummer und den Namen auf, schiebt ihn ihr hin. Tatsächlich kommen Verbindungen zustande. Einmal telefonieren drei Männer gleichzeitig, natürlich ist der Ton sehr schlecht, jeder brüllt in den Hörer und auch wohl gegen seinen Nachbarn an. Mit einem Finger halten sie sich ein Ohr zu. Die Telefonistin liest auf Stoppuhren die Tarife ab. Drei Stunden später klappt unser Gespräch – »Da habt ihr ja Glück gehabt«, meint eine Mexikanerin schläfrig neben mir. »Ja, wir werden dieses Ereignis gleich feiern«, knurre ich auf Deutsch. »Wie bitte?« – »Ach, nur gute Technik hier!«

In Belize ist alles anders. Gerade einmal halb so groß wie die Schweiz, leben vielleicht 200.000 Menschen hier. Nicht Spanisch, sondern ein exotisches Englisch ist die Sprache. Englische Siedler brachten ihre schwarzen Sklaven aus Jamaika hierher, um das wertvolle Bauholz zu schlagen. Es sind die Schwarzen, die diesem Ministaat den unvergleichlichen Stempel der Karibik aufdrücken.

Die Hauptstadt Belize-City liegt zum großen Teil auf Holzhäusern mit Pfählen. Ein Versuch, etwas besser vorbereitet zu sein als vor fast 30 Jahren, als eine riesige Flutwelle ein Drittel der gesamten Stadt fortspülte. Zwischen bunten kleinen Holzhäusern taucht ein Betonglasgebäude der Bank auf, einige alte Amischlitten sind auf den Straßen. Jemand schleppt einen riesigen Kassettenrecorder auf der Schulter. Reggaemusik bis zum Anschlag, dazu bewegt er sich fast tanzend. Freunde stehen an einer Straßenecke, hauen die glatten Handflächen aufeinander, schnippen beim Wegziehen der Finger mit dem Daumen: »He, Bruder, guter Tag heute?« – »Oh, ja Mann, das Leben läßt sich aushalten.« – »Ja, genau Mann, mach weiter so!«

Auf einem Straßenkreuzer liegen drei andere, einer trägt eine Wollmütze, der Nachbar hat sich die Haare zu vielen kleinen Zöpfen gesteckt, an deren Ende jeweils eine bunte Plastikkugel befestigt ist. Sie lehnen mit dem Rücken gegen die Windschutzscheibe, hören den Klängen aus Brother Martin's Soul and Reggae Paradise Musikladen zu. Irgendwann taucht der Fahrer auf, alle schwatzen noch ein bißchen, dann tut es ihm fast leid, sie darum zu bitten, doch jetzt sein Auto zu verlassen.

Ein etwa 20jähriger swingt neben uns her: »He Mann, ich habe seit Tagen nichts gegessen, gib mir einen Shilling!« – »He, Mann, muß Frau und Kinder ernähren!« – »Ja, ja, das sehe ich ein, machs auf jeden Fall gut und genieße Dein Leben!«

Der Ort, anders kann man die 45.000 Einwohner zählende Stadt nicht nennen, strahlt Leben aus, unglaubliche Dynamik. Zwar sieht man nicht unbedingt viele Menschen arbeiten, aber alle sind in Bewegung. In einer Kneipe spielt eine Band, zwei Paare tanzen. Ein großer Kreis Zuschauer bildet sich, jeder mit einem Bier in der Hand, Zigarette im Mund. Sie feuern die Vier an. Die Paare bewegen sich aufeinander zu wie Schlangen, scheinen zu einem Ganzen zu verschmelzen, berühren sich aber nie. Ein Herr Schmidt stellt sich vor. »He, ich bin eigentlich Deutscher«, meint er auf Englisch. Irgendwie blieb sein Stuttgarter Großvater nach dem ersten Weltkrieg hier hängen und überließ ihm den Namen. Naja, außer diesem erinnert nicht mehr viel an Europa. Der liebe Herr Schmidt bekommt noch gerade »Guten Tag, ja Dank« heraus, dann wechseln wir ins Englisch, das so exotisch klingt, daß ich es beinahe besser verstehe als Maree.

Wir sind überrascht, wieviele Ausländer uns allein in dieser Nacht begegnen. Ein Honduraner verließ seine Heimat, weil ihm dort die politische Situation zu gefährlich wurde. Drei Amerikaner kauften auf den vorgelagerten Inseln ein Stück Land und bauten sich ein Haus: »Zum Entspannen über den Winter, ohne Telefon, Telex und Fax.«

Belize weist das zweitgrößte Korallenriff der Welt auf, mit menschenleeren, paradisischen Stränden, den Cays, von denen es über 150 gibt. Auf einigen gibt es Lodges, kleine einfache Hotels, die von einer Familie geführt werden. Auf den Koralleninseln wachsen Kokospalmen und Mangrovenwälder. Wir lassen die Honda in einer Pension von Belize-City zurück, besteigen ein kleines Motorboot, nur eine Umhängetasche mit Büchern und Badesachen dabei. Es sind unsere letzten gemeinsamen Tage. Wir wollen sie ohne Fahrzeuge, Straßen oder Städte verbringen. Auf Caye Caulker finden wir am Ende der Insel einen kleinen Raum. Die Besitzerin, Shirley, kam vor Jahren hierher, nur um ein bißchen Urlaub zu machen. Aus dem Urlaub wurde Liebe und sie blieb hier. Während der letzten 10 Jahre verließ sie die Insel nur einmal und besuchte Freunde und Verwandte in Kanada. Hier gibt es eigentlich nur eins: Ruhe, Ausspannen. Die Bewohner begrüßen uns mit »und wie geht es denn so?. – »Danke, es geht wirklich gut.« – »Das ist schön!« Egal, ob wir an einem kleinen Garten vorbeikommen, wo eine Familie Fisch grillt, oder an einem zweistöckigen Holzgebäude, der Polizeiwache, wo ein Kassettenrecorder so laut aufgedreht ist, daß wir ihn über die halbe Insel hören können. In einem winzigen Restaurant bedient uns der Chef im Bowler-Hut, barfuß und in einer blaurot gestreiften Hose, die von gelben, breiten Trägern gehalten wird. Natürlich kein Hemd – dazu ist es viel zu heiß hier. »Hier ist zwar die Karte meine Lieben, aber es gibt nur Lobster, der ist aber so groß, daß ich ihn kaum selbst tragen kann!« Er holt mit den Armen weit aus. »Also, wollt ihr Lobster oder Lobster?« – »Ich glaube, wir nehmen Lobster.« Er ist alles in einem – Koch, Kellner, Chef, Kassierer. Natürlich dauert es dadurch etwas länger, aber Hektik gehört nicht zum Vokabular der Insulaner. Auf dem Rückweg kommen wir an einer Disco vorbei, wohl mehr Scheune oder Schuppen, wo man sich trifft, um Musik zu hören, ein paar Biere trinkt und den üblichen tänzelnden Gang, mit dem sich jeder ständig bewegt, nun hier auf Brettern fortsetzt. Hinter der Theke verkauft ein schläfriger Typ Tequilas. Ab und zu verschwindet er durch eine Hintertür in ein Restaurant, wo er jetzt andere Gäste bedient. Zwei Mädchen tanzen, ein Tourist bewegt sich ziemlich koordinationslos, weil betrunken, zur Musik. Die Schwarzen sind wohl auch alles andere als nüchtern. Irgendwann schnappt sich eine den willigen Herrn und schleift ihn zum Ausgang hinaus. Über diesen Überraschungsangriff ist die Freundin nun gar nicht glücklich und betrinkt sich mit Bier, das sie durch einen Strohhalm saugt. Dazu pickt sie kleine Würstchen aus einer Dose, bietet uns welche an, wohl eher mir. Maree scheint sie gar nicht wahrzunehmen. Oje, ich habe nie etwas Schärferes gegessen, mir läuft der Schweiß übers Gesicht. Das Mädchen will sich vor Lachen nicht mehr kriegen, springt auf die Tanzfläche und läßt abwechselnd die Hüfte oder den Busen tanzen. Dann folgt ein unglaublich schrilles Lachen, der Barmann scheint daran gewöhnt, stellt ihr eine neue Dose mit Chiliwürstchen hin. »He, Maree, laß uns schnell hier weg« – aber zu spät. »He, jetzt nehmt aber noch eine leckere!« Sie steckt Maree eine kleine Blume in die Haare, schüttet mir die Flüssigkeit der Dose über das Hemd, ein Würstchen fällt auf den Boden. Aber das macht nichts, sie putzt es an ihrer Hose ab und schiebt es mir in den Mund! Ich brauche mehr Tequila, wie kann ich das hier sonst überleben?

Tagsüber liegen wir im Sand, schaukeln in einer Hängematte und scheinen vom Inselrhythmus angesteckt zu sein. Ein Spaziergang erscheint uns wie ein ungeheurer Kraftaufwand, auf halber Strecke trinken wir ein Bier, dann schaffen wir es mit letzter Kraft zur Hängematte zurück. »Oje man hat's nicht leicht«!

Ein Amerikaner radelt auf einem Fahrrad vorbei. »He, wie gehts, Ihr seht aus, als konntet Ihr ein eiskaltes Bier gebrauchen, Lust?« Wir folgen ihm. Mitten im Dschungel steht ein großes hölzernes Podest auf drei Meter hohen Pfeilern. Er baut sich sein eigenes Haus, kommt jedes Jahr für 6 Monate aus den USA. »Vielleicht helft Ihr mir nur noch eben die eine Wand aufzustellen!« Er benutzt nur Teak- und Mahagonihölzer, sein Bungalow soll zwei Stockwerke bekommen, nach einer Stunde steht die Wand, die er vorher auf dem Boden zusammengenagelt hatte, große Ausschnitte für die Fenster befinden sich bereits darin. Wir sitzen nachts in seinem Haus, ein Eimer mit

Schwarze Bevölkerung in Belize.

Eis und Bier steht vor uns, John kommt total ins Schwärmen. Von der obersten Terrasse könne er die beiden Küsten der Insel sehen. Sein Haus liege hier vielleicht auf den höchsten Stelzen, aber mit Sicherheit wird es das einzige sein, das der nächsten großen Welle widersteht! Heute Nacht ist Neumond, wir lassen uns geduldig erklären, wo genau die Küche, das Bad, sein Arbeitszimmer sein wird. Er ist so unglaublich stolz, richtig aus dem Häuschen, wenn er von seinem eigenen Stück Land spricht. Es muß ein gutes Gefühl sein, jeden Tag ein Stück mehr zu bauen, alles genau nach seinen eigenen Vorstellungen und irgendwann dort zu leben.

Nachts liegen wir auf einem Bootsanlegesteg, sehen in einen Sternenhimmel, warten auf eine Sternschnuppe, um uns etwas wünschen zu können. Der Himmel schickt uns Moskitos und kleine schwarze Sandflöhe.

Die dreieinhalb Wochen können einfach nicht vorbei sein, wo sind sie denn geblieben? Mist! Sie vergingen völlig unbemerkt. Wieder erleben wir dieses ohnmächtige Gefühl, wie in Thailand und Australien, und wieder glauben wir selbst in der letzten Nacht nicht daran, daß wir morgen schon Tausende Kilometer getrennt sind. Unsere Entscheidung steht fest, Maree kommt Ende des Jahres nach Deutschland, wir wollen versuchen, dort zu leben. Ich habe ein schlechtes Gewissen, wenn ich daran denke, daß sie Sydney gegen Bochum tauscht – abwarten, ich habe gelernt, mir nicht mehr über Dinge den Kopf zu zerbrechen, die noch weit entfernt sind.

Wir bleiben die ganze Nacht wach, dann bepacke ich die Honda, das Topcase bleibt völlig leer und Belize verabschiedet sich, so wie wir es kennenlernten – ein Schild weist zum internationalen Flughafen. Hinter dem einzigen Schalter werden Pässe kontrolliert, im gleichen Raum steht eine Bar mit sieben Hockern und einem zollfreien Laden. Jugendliche schieben sich mit ihrem Schuhputzkasten durchs Gewühl, ein Händler kommt mit einem geschnitzten Haifisch ins Gebäude, will ihn noch schnell den abfliegenden Touristen verkaufen. Am Eingang steht ein Soldat und tritt mit seiner ganzen Autorität auf, verbietet ihm den Zugang. Egal, dann betritt er eben das Gebäude durch die Ausgangstür und verhandelt später wirklich mit einem Ausländer über den Preis. Der Soldat bemerkt ihn, will ihn wieder herausschicken, aber das geht natürlich jetzt nicht. »He, Bruder, ich gehe genauso meinem Beruf nach wie Du! Genieße Dein Leben, nimm's leicht!« Sie hauen die Handflächen ineinander, stehen jetzt zu Dritt und begutachten den Hai.

Wir sitzen auf unseren Helmen und sehen dem Spektakel zu: »Ich glaube, ich fahre jetzt besser!« Maree schließt die Augen. Ich starte und traue mich nicht, zurückzuschauen.

Eine sogenannte Abkürzung, auf die mich jemand schickt, um 50 Kilometer einzusparen, läßt mir gar keine Zeit, meiner Trauer nachzugehen. Die Piste ist übel, hohe Bodenwellen in kurzen Abständen, dazwischen tiefe Löcher, unglaubliche Staubfelder und dann mal wieder Weichsandstücke lassen mich an der Aussage zweifeln, daß dieser Weg sehr gut sei. Das Motorrad und ich werden total durchgeschüttelt, ich muß einmal an einem Lkw vorbei, kann in den Staubwolken überhaupt nicht atmen. Als ich endlich das Asphaltband erreiche, klopfe ich mich erst einmal von oben bis unten ab. Im selben Augenblick erhebt sich ein Flugzeug über mir, dreht einen Halbkreis und fliegt Richtung Norden nach Miami. Ich stehe lange neben dem Motorrad und sehe ihm hinterher, meine Gedanken treffen Marees, sie sieht mich vielleicht jetzt hier unten stehen, ich winke einfach hoch, winke als das Flugzeug schon nicht mehr zu sehen ist und werde von jemanden verständnisvoll getröstet: »Ja, Mann, Gott sieht Dich jetzt bestimmt! Er wird Dir auf jeden Fall helfen. Mach weiter so!« Ich muß lachen, hebe meine Hand und haue sie in seine ausgestreckte. »Wie recht Du hast, Mann, genieße den Tag!. – »Du auch, Bruder.«

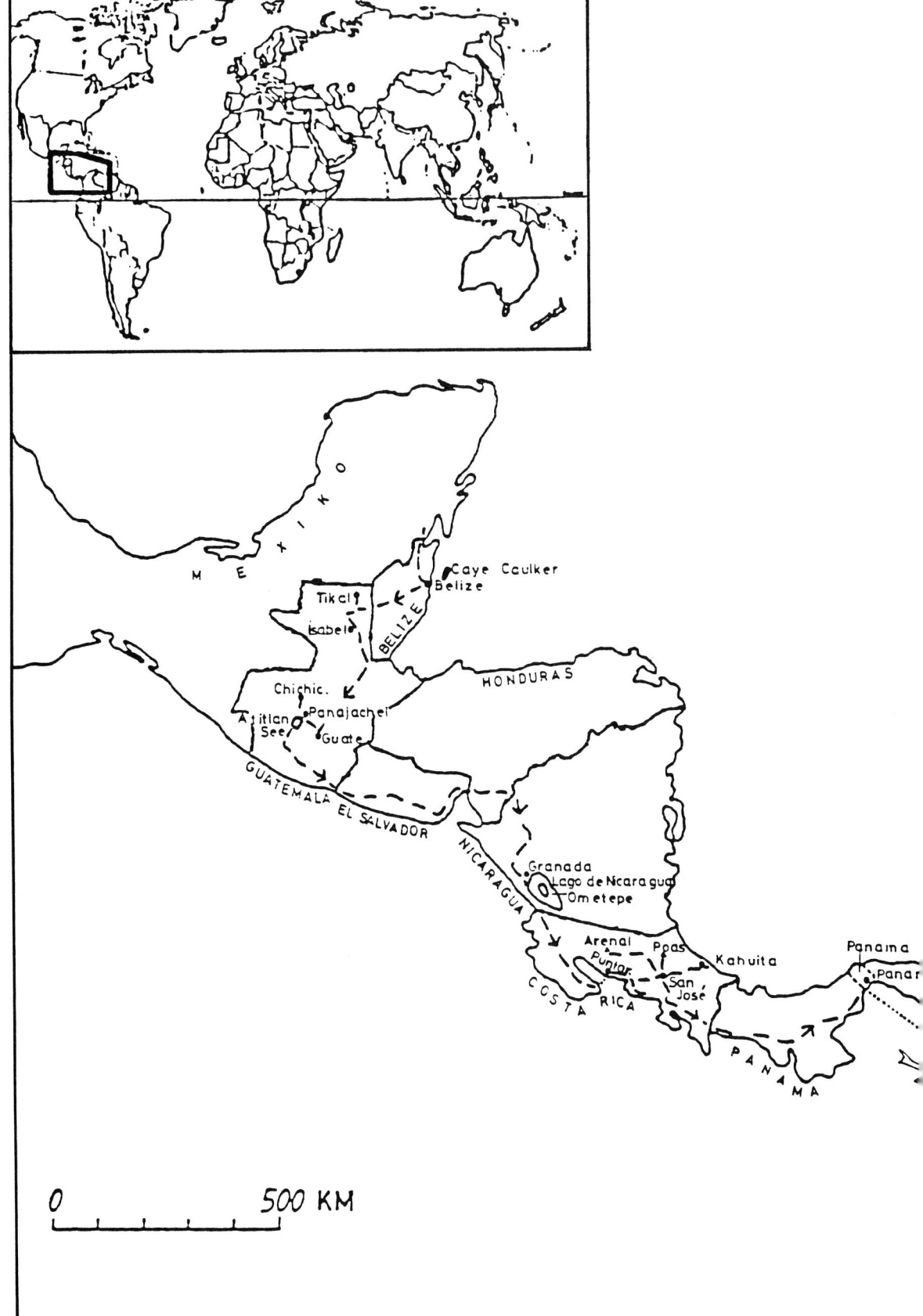

Caye Caulker
Belize
Tikal
Isabel
BELIZE
Chichic.
Panajachel
Atitlan See
Guate
GUATEMALA EL SALVADOR
HONDURAS
NICARAGUA
Granada
Lago de Nicaragua
Ometepe
COSTA RICA
Arenal
Poas
Puntar
Kahuita
San José
Panama
Panar
PANAMA
M E X I K O

0   500 KM

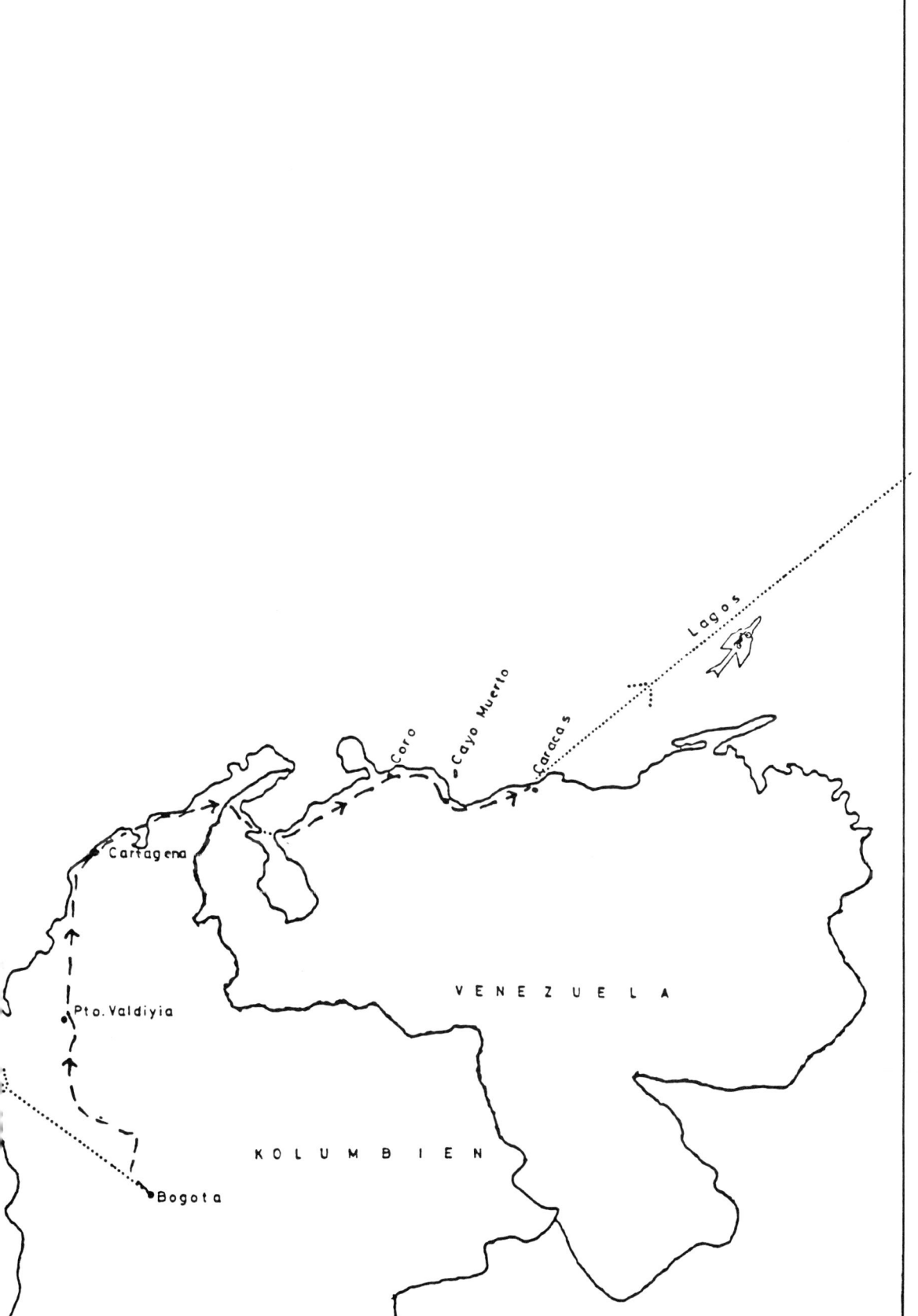

Lagos

Coro

Cayo Muerto

Caracas

Cartagena

V E N E Z U E L A

Pto. Valdiyia

K O L U M B I E N

Bogota

Mittelamerika, Kolumbien, Venezuela

Später setzt sich die üble Piste in Guatemala fort. Ich bin froh, abends Tikal zu erreichen. Etwa 200 n. Chr. wurde diese Stadt, die schätzungsweise aus über 10.000 Bauwerken besteht errichtet. 800 Jahre später brachen ihre Bewohner in den Norden auf, überließen Tikal dem Urwald. Vor gerade 100 Jahren entdeckte ein schweizer Forscher die Ruinen. Die höchste Pyramide ist immerhin 70 Meter hoch, von hier aus überblickten Mayapriester einen Dschungel, der sich bis heute kaum verändert hat, in dem es immer noch Jaguare, Tapire und Schlangen gibt. Alle Pyramiden sind sehr steil gebaut, die Stufen oft höher als breit. Als ich die Ruinen sehe, gleichen sie eher einer Baustelle, ein Archäologe meint, die Ausgrabungen würden wohl nie zu Ende gehen.

Tempel V kann man angeblich von innen besteigen. Zuerst folge ich einer Leiter, d. h. zwei Bambushölzern, an die Querverbindungen mit Sisalgräsern gebunden sind – und gelange in einen winzigen Raum. Es ist vollkommen dunkel, ich taste mich ohne Licht vor und finde eine zweite Leiter – die auf ein kleines Plateau führt. Von hier hangelt man sich an einem Seil hoch, in Abständen helfen dicke Knoten und ich kann mich einen Augenblick ausruhen, die Füße daraufstellen. Am Ende des Seils wartet ein Öffnung, die gerade groß genug ist, um mich hindurchzuzwängen. Den Beutel mit der Kamera muß ich vorher durchreichen und oben ablegen. Gerade glaube ich, das Schwierigste geschafft zu haben, als ein letzter senkrechter Schacht auftaucht, weder Leiter noch Seil. Ich muß mich mit den Füßen und Händen abstützen. Dafür erwartet mich auf dem Dach eine unglaubliche Aussicht über den Urwald, genau auf den Hauptplatz von Tikal mit den zwei gegenüberliegenden großen Pyramiden. Affen hangeln in einem Baum von Ast zu Ast, ich sehe einen Schwarm von Papageien vorbeifliegen.

Die meisten Touristen fliegen nach Tikal oder dem Nachbarort Flores, weil ihnen die Busfahrt von Guate, wie die Hauptstadt des Landes, Guatemala-City, genannt wird, zu anstrengend ist. Mit dem Motorrad ist es anders. Ich

250

Tikal-Ruinen, Guatemala.

halte oft, mache Pausen und bestimme mein eigenes Tempo. Die Busse rasen dagegen über die Schlaglöcher und das Wellblech, als wollten sie einen Geschwindigkeitsrekord brechen. Einer überholt mich, auf dem Dach sitzen Touristen, versuchen sich krampfhaft an einen Dachträger zu klammern, dabei werden sie total durchgeschüttelt. Ich winke ihnen zu, aber sie können nicht einmal eine Hand loslassen. Für Minuten wirbelt der Bus soviel Staub auf, daß ich anhalten muß. Ich warte, bis er sich ein bißchen gesetzt hat. Neben der Straße erkennt man schon lange kein Grün der Bäume mehr, die Blätter und Äste sind rotbraun gefärbt.

Baumhaus, Poptum.

Zwischen Tikal und Guate soll es irgendwo eine kleine Farm geben, die von einem amerikanischen Ehepaar geleitet wird. Ziemlich versteckt hinter dem Ort Poptum steht ein kleiner Hinweis an der Piste: Finca Ixabel, Mike and Carol de Vine. Das müßte es eigentlich sein. Immer wenn ich Reisende treffe, tauschen wir Informationen über Orte aus, an denen es uns besonders gut gefiel. Von beinahe jedem höre ich, daß ich mir auf gar keinen Fall diesen Platz entgehen lassen dürfe, vor allem wenn ich ein gutes Essen suche. Mike meint, ich solle mein Zelt aufstellen wo ich möchte, es gäbe auch die Möglichkeit in kleinen Hütten zu übernachten, die er in Bäumen gebaut hat. Ich parke die Honda unter einem, befestige den Wasserkanister an einer Sprosse der Leiter, und drehe den Hahn am Kanister auf, um mich zu duschen. Nachts knarren die Bretter der Hütte, der Wind bewegt die Stämme des Baumes und mein Zimmer schwankt verdächtig hin und her. Ich habe mein eigenes Moskitonetz immer dabei und spanne es über eine Matratze. Meine Mutter nähte mir aus feinem Gardinenstoff ein 2 Meter langes und 1 Meter breites und hohes Rechteck. An den oberen Ecken und in der Mitte sind Haken befestigt, an die ich lange Fäden spanne, um das Netz an allen möglichen Punkten befestigen zu können – Fenstergriffe, Türhalterungen oder Lampen an der Decke. Oft stelle ich das Motorrad neben einen Baum oder einen Strauch und baue das Netz dazwischen auf. Es ist ein herrliches Gefühl, nackt dort darunter zu liegen und Tausende von Mücken und Moskitos zu hören, die gegen die Wand anfliegen, dich aber nicht anzapfen können. Das Netz stopfe ich unter die Matratze, so daß auch von dort nichts meinen Schlaf stört. Als ich morgens aufwache und einen Fuß rausschiebe, liegt ein Skorpion am Kopfende auf dem Gardinenstoff. Mike hatte mir erzählt, daß er schon einmal welche in den Bäumen entdeckt habe, nur könnten sie Erwachsenen nicht wirklich gefährlich werden. Naja, einen Schreck jagt er mir trotzdem ein. Auf der Farm arbeiten zwei einheimische Familien, die sich um die Hühner und Kühe kümmern, außerdem Brot backen und es zusammen mit den Milchprodukten jeden Morgen auf dem Markt verkaufen. Sie decken morgens und abends eine lange Tafel, wobei am Abend große Schüsseln mit Salaten, Rindfleisch, selbstgemachtem Käse und schließlich Kuchen gereicht wird. Beim Essen kommen die Reisenden hier zusammen, tagsüber machen viele Ausflüge im Dschungel, wo es Tropfsteinhöhlen gibt.

Zwei Franzosen erzählen, daß sie unterwegs einen Landsmann trafen, der auf einer 600er Yamaha unterwegs sei, ebenfalls Richtung Panama. Ich vergesse diese Information schon wieder, als ich einen Tag später tatsächlich eine Yamaha sehe, mit einem roten Plastiktank, daneben liegt jemand in der Sonne, hat den Kopfhörer seines Walkmans auf und singt laut mit. Philippe ist seit über zwei Jahren unterwegs, ein Jahr in Asien mit dem Rucksack, dann ein weiteres in Los Angeles, wo er arbeitet und sich Geld für die Kiste zusammenspart, um sich den Rest der Welt anzusehen. Wir haben etwa die gleiche Richtung, wollen beide über Nicaragua und Costa Rica, nur muß Philippe einen Bogen um El Salvador machen, weil er kein Visum besitzt. Wir reden ein bißchen, ich würde ihn gerne fragen, ob wir uns nicht irgendwo in Nicaragua treffen und gemeinsam weiterreisen sollen. Nur habe ich das Gefühl, als möchte er gerne allein sein, und so trennen sich unsere Wege nach einer halben Stunde wieder. Ich starte Richtung Guatemala City, während er die andere Route wählt, um direkt nach Honduras zu gelangen. Zentralamerika ist ein sehr gefährdetes Erdbebengebiet. Als ich in Guate ankomme, sind alle Banken, Geschäfte, Botschaften oder Schulen für zwei Tage geschlossen, weil es vor einigen Stunden zu starken Erschütterungen gekommen war. Die Stadt ist in verschiedene Bezirke eingeteilt, die wiederum in Avenidas (von Nord nach Süd) und Calles (von Ost nach West) angelegt sind. Jede zweite Straße ist eine Einbahnstraße, die Calles 1, 3, 5 führen nach Osten, die geraden nach Westen. Die Orientierung fällt nicht schwer. Alte, verbeulte Busse schieben sich durchs Zentrum, Indiofrauen sitzen in bunten Kleidern auf den Gehsteigen und verkaufen selbstgefertigte Waren. Kleine Kinder spielen unbeeindruckt am Rand.

Eine der schönsten Stellen in Guatemala ist der See Atitlan in den Bergen. Die Straße steigt beinahe ständig an. Die Vegetation erinnert mich oft an Mitteleuropa: Felder, dazwischen Nadelwälder, nicht zuletzt auch die Kälte. Der See wird von Hügeln und Vulkanen umgeben. Die bekannteste Stadt ist Panajachel, die auch Gringotenango genannt wird, Tenango bedeutet Ort – Ort der Gringos. Warum? Dazu brauche ich nur fünf Minuten am Straßenrand zu sitzen – schon ziehen mehr Ausländer als Guatemaler an mir vorbei. Ich bin sofort wieder im Sattel und folge einer kleinen Straße an den See, bis ich nach einer halben Stunde ein kleines Dorf erreiche mit einem Hotel über dem See, großen Glastüren und einer Terrasse. Ich bin der einzige Gast hier. Den Touristen ist es hier glücklicherweise zu abgelegen. Abends sitze ich in eine dicke Wolldecke gehüllt am See, in den Bergen blitzt es, Wolken bedecken den Himmel. Morgens bade ich im See, schwimme weit heraus und beobachte Männer, die auf terrassierten Feldern arbeiten, Frauen, die am Ufer waschen. Sie tragen bunte Blusen, Gürtel und Kopftücher, die Farbe Rot überwiegt. Der Boden ist sehr steinig, die Bauern bilden aus ihnen Mauern am Rand der Terrassen und ebnen den Boden in unzähligen breiten Stufen vom See bis zum Ende des Hangs. Gerade werden Zwiebeln geerntet. Bei einem Spaziergang duftet es rings um mich herum. Viele der Steinhäuser befinden sich am Rand des Sees und sind nur mit einem kleinen Boot zu erreichen.

Jeden Sonntag und Donnerstag findet in Chichicastenango, etwa 30 Kilometer vom See entfernt, ein Markt statt. Ich starte ganz früh, um den Touristen zu entgehen, die ab Mittag das Bild beherrschen. Auf dem Weg stoppt ein Indio, ich nehme ihn mit. Sein umgebundenes Tuch läßt es nur zu, daß er sich seitlich aufs Motorrad setzt. Wir haben in den Kurven einige Schwierigkeiten, weil er sich immer in die entgegengesetzte Richtung lehnt, wahrscheinlich im Glauben, mir damit zu helfen, nicht umzustürzen.

Tausende von Indios strömen an diesem Tag in das Dorf Chichi. Die Bauern haben beinahe blauschwarzes Haar. Frauen verkaufen in herrlichen Farben Leder-, Holz-, und Tonwaren, Spielzeug oder Süßwaren. Vom Erlös kaufen die Männer eine Hacke, eine Machete oder Hühner, wenn sie viel verkauft haben, ein kleines Schwein. Aber vorher erkundigen sie sich genau nach dem Gesundheitszustand. Der Besitzer reißt dem Tier das Maul auf und steckt ihm einen kleinen Stock zwischen die Zähne. Jetzt begutachtet der Käufer fachmännisch. Nach langem Handeln wechselt es den Besitzer und wird an einer Schnur von der Frau hinterhergezogen. Chichi ist nicht nur Markt, sondern auch das religiöse Zentrum im Umkreis von 50 Kilometern. Von den Stufen der Kirche steigt Weihrauch in den Himmel. Er gilt nicht den Heiligen des widerstandslos übernommenen katholischen Glaubens, sondern den Jahrtausende alten Göttern. Ein Hahn wird geopfert und soll die Geister der Toten fernhalten. In der Kirche selbst, einem dunklen, schmucklosen Raum flackern Hunderte von Kerzen, an den Wänden hängen Bilder von Heiligen. Jeder Heilige stellt für die Indios eine Gottheit dar, die für einen Bereich des Lebens verantwortlich ist. Ich frage einen Mann nach der Bedeutung der Gebete. Es ist durchaus üblich, daß den Heiligen Vorwürfe gemacht werden, etwa wegen der schlechten Ernte oder dem ständigen Streit mit dem Nachbarn.

Gegen Ende des Gottesdienstes folgt eine eintönige Litanei von Gebeten. Nach dem Besuch der Kirche und dem Handel auf dem Markt besuchen Männer die Cantina, wo sie sich mit Zuckerrohrschnaps vollaufen lassen. Frauen dürfen nicht an diesem Vergnügen teilnehmen und sitzen auf den Stufen, halten die zusammengebundenen Hühner oder das Schwein am Strick und warten.

Als ich den Alkoholausschank verlasse und nach einigen Gläsern ziemliche Gleichgewichtsprobleme spüre, kann ich mir vorstellen welche Schwierigkeiten auf die Ehefrauen warten, wenn sie ihren Mann nach einigen Stunden abschleppen dürfen und dazu noch ein Schwein hinter sich herziehen müssen.

Die Nachrichten aus den Nachbarstaaten El Salvador und Honduras hören sich alles andere als beruhigend an. Beide Länder werden von Militärdiktaturen regiert, die der Überzeugung sind, daß man den Widerständen, die ihnen entgegengebracht werden, nur mit immer mehr Gewalt begegnen kann. Die Untergrundbewegungen beantworten solche Aktionen mit Brückensprengungen oder, wie vor kurzem in El Salvador, mit der Drohung, jeden Amerikaner einfach zu erschießen. Besonders gut fühle ich mich nicht, als

Grenze, El Salvador/Honduras.

ich die Grenze überschreite. Hier wimmelt es sofort von Militär. Jede Brücke ist bewacht, entlang der Straßen patrouillieren Soldaten mit schußbereiten Maschinengewehren. Viele sehen aus wie Kinder, mir wird nicht wohler. Lkws rasen durch kleine Dörfer, auf der Ladefläche stehen zwei aufgebaute Maschinengewehre.

Innerhalb weniger Minuten verlaufen zwei Begegnungen völlig unterschiedlich und verdeutlichen mir, daß hier alles möglich erscheint. Ich habe eigentlich nie schlechte Erfahrungen mit Polizei oder Soldaten auf meiner Reise gemacht, ganz im Gegenteil, oft kennen sie sich sehr gut aus und erweisen sich als ausgesprochen hilfsbereit, etwa wenn ich sie nach dem Weg frage. Also halte ich neben einer zwei Mann Patrouille, um mich nach einer kleinen Straße zu erkundigen, die irgendwo in der Nähe sein muß. Ein Soldat richtet sein Gewehr auf mich, der andere schreit mich in unglaublich hysterischem Ton an: »Halt, was machst Du hier, was ist in Deinem Gepäck?« – »Ich bin nur Tourist!« – Vorsichtshalber hebe ich die Arme und vermeide es, Englisch zu sprechen und stottere in meinem miserablen Spanisch auf sie ein. »Pack die Koffer aus, aber vorsichtig. Gib Deinen Paß her!« – Also hole ich Bücher, Kochgeschirr, Hemden, Socken, Medizin und den ganzen Rest heraus, beschreibe sofort, was ich damit anfange. »Was ist im Rucksack?« – »Nur mein Zelt!« – »Rede nicht soviel, auspacken!« Die ganze Prozedur dauert etwa eine Stunde, das Gewehr ist unentwegt auf mich gerichtet, dann darf ich wieder einpacken. Plötzlich ändert sich die ganze Atmosphäre. Ich traue meinen Ohren nicht. »Sag mal, kannst Du uns eine Zigarette geben?« – Ich rauche nicht und biete ihnen Medikamente an. Ach ja, jetzt fallen ihnen sämtliche Leiden ein – Kopfschmerzen, Magenbeschwerden, Zahnweh. Für solche Fälle habe ich jede Menge Mikropur-Tabletten dabei, die im Wasser aufgelöst werden und es entkeimen sollen. »Die hier müßt ihr lutschen, ohne Wasser. Nicht jetzt, wartet noch eine Stunde und nehmt am besten gleich zwei auf einmal.« – Es sind Mikropur 5, gut für 5 Liter Wasser und geeignet einem das letzte bißchen Flüssigkeit aus dem Mund zu ziehen.

Noch keine 10 Kilometer weiter wedelt ein anderer Soldat mit dem Gewehr. Ich halte vorsichtshalber an. »He, kannst Du einmal absteigen?« Der Ton klingt irgendwie anders, neugierig, beinahe freundlich. Er stellt sein Gewehr an einen Stein und will jetzt alles über das Motorrad wissen, woher ich sei und ob ich nicht ein Foto machen könnte – er auf dem Motorrad mit Helm und Handschuhen vielleicht – später möchte ich es ihm doch zuschik- ken. Er ist 17 Jahre alt und seit 2 Jahren beim Militär.

Mir fallen die vielen kaputten, gesprengten Brücken auf. Die Straßen werden entweder durch den Fluß geleitet oder über provisorische Verbindun- gen, die vom Militär errichtet wurden. An Ortsein- und Ausgängen parken gepanzerte Fahrzeuge, offene Jeeps mit Maschinengewehren und Funkan- tennen bestimmen das Bild, vor allem an den Grenzen. Ich registriere all das wie in einem Film, in einem bösen Streifen. Es macht mich nicht mehr nervös und unruhig, ich werde El Salvador nach zwei Tagen verlassen und im gleichen Tempo durch Honduras heizen. Um nicht öfter von Sperren ange- halten zu werden, lasse ich mir etwas einfallen. Meist verlangsame ich die Geschwindigkeit, fahre auf sie zu und grüße so freundlich wie es geht, rolle aber im gleichen Tempo vorbei, winke die ganze Zeit und beobachte die Soldaten im Spiegel. Die Reaktion ist immer die gleiche – zurückwinken, kurzes Zögern, ob sie mich vielleicht anhalten sollen, doch als ich dann meist 100 Meter weiter bin, entscheiden sie sich dafür, nur noch hinterherzuguk- ken. Ich habe immer das Gefühl, daß das Militär zuerst abwartend, vorsich- tig auftritt und sich oft genauso verhält, wie ich mich zuerst. Einmal kann ich minutenlang einen Lkw nicht überholen, auf dem Soldaten auf der offenen Ladefläche sitzen. Sie starren mich an. Ich fahre ganz dicht auf, nehme die Brille ab und grüße sie, brülle: »Como està?« – Wie gehts. »Gut, gut, woher?« – »Deutschland!« – »Nein, mit dem Motorrad?« – »Ja, über ein Jahr!« Kein Gegenverkehr, ich kann vorbeiziehen, winke wieder. Selbst der Fahrer drückt auf die Hupe und hebt die Hand.

Die Gegend ist wunderschön, grüne Täler, überall blühen Bäume, oft stehen Palmen unmittelbar neben Nadelbäumen. Auf den Feldern wird viel gearbeitet, ich entdecke vor allem Kaffeeanbau und Bananenpflanzungen. Es gibt wenig Straßenschilder. Mittlerweile bin ich vorsichtiger, möchte nicht noch einmal von einer Sperre kontrolliert werden. Zwei Autos halten am Rand. Aus einem werden frische Brote umgeladen. »Hallo, könnt Ihr mir sagen, wie ich wieder auf die No. 1 komme, der Panamericana, Richtung

Nicaragua?« – »Es ist ganz einfach, Du mußt nur da vorn rechts ab. Sag mal, hast Du Hunger?« Ich sehe die Brote, die Plastiktüten beschlagen von innen, also müßten sie noch warm sein. »Ja, kann ich Euch ein Brot abkaufen?« »He, bist Du verrückt?« – Er lädt 10 warme knusprige Brote auf meinen Arm und gibt sie mir. »Hier, die schenke ich Dir, falls Du einmal Hunger bekommst.«

Die Grenze auf der Seite von Nicaragua zieht sich über 15 Kilometer über drei verschiedene Stops. Beim ersten kontrolliert ein Junge in Uniform meinen Paß, vor sich eine Pistole und einen Stapel Papier. Das Gebäude ist nichts anderes als eine niedrige Mauer um einen Betonplatz, darüber ein Wellblechdach. Er unterschreibt ein leeres Papier, legt es in den Paß und wünscht mir gute Reise. Am zweiten Checkposten läuft erst einmal gar nichts, es ist Siesta. Ich setze mich irgendwo in den Schatten, vertreibe mir die Zeit mit Lesen. Schließlich öffnet sich die Holztür einer mobilen Baracke, ich darf 60 $ tauschen, dann muß ich zu einem Metallcontainer, der Einreisebehörde. Ein kleines Fenster ist mit einer Gardine bedeckt, ich höre eine Stimme: »Passaporte por favor« und schiebe den Paß hindurch, es dauert sehr lange, jemand blättert in den Seiten, hält an, dann höre ich Stimmen, kann aber nichts verstehen. Naja, mein Visum war längst abgelaufen und ich änderte das Datum selbst. Endlich das befreiende Geräusch eines Stempels, meine Spannung weicht, ich darf weiter. Ach ja, noch einmal 20 $ fürs Fahrzeug bitte!

Nach 15 Kilometer winkt mich jemand rechts heran, ich müsse zum Zoll. Jungen belagern mich, wollen mir bei der Abfertigung helfen, natürlich gegen ein paar Cordobas, am besten aber Dollars. Der Wertverlust der eigenen Währung und natürlich die Wertlosigkeit des Cordobas im Ausland treiben den Dollarkurs in die Höhe: Offiziell bekommt man bei der Bank gerade einmal ein Zehntel dessen, was auf dem Schwarzmarkt für die US-Währung geboten wird. Das Zollgebäude erinnert mehr an eine Markthalle, überall werden Waren ausgepackt, inspiziert und Hals über Kopf in den Karton zurückgesteckt, denn der nächste drängelt schon ungeduldig. Ein Beamter kontrolliert mein Gepäck, d.h. er versucht es. Eine Frau in Uniform lenkt in ab, drückt die geschminkten Lippen auf ihre Hand und macht ihm dann einen Abdruck auf sein weißes Hemd. »Für Deine eifersüchtige Frau!« Die Umstehenden lachen sich kaputt, es beginnt eine Verfolgungsjagd, ich bleibe allein bei dem geöffneten Gepäck zurück. Irgendwann rasen sie wieder an mir vorbei. »He, was ist mit der Kontrolle?« – »He, ach so, alles in Ordnung, gute Reise, buen viaje!«

Mir fallen wieder die vielen ausgebrannten Gebäude auf, beinahe alle Menschen stecken in einem Kampfanzug. Kinder, Frauen, alle tragen Gewehre und sind aber so unglaublich freundlich, daß ich es kaum glauben kann. In Nicaragua stürzt die linke Sandinista eine Diktatur, die bis zum

Schluß von den USA aktiv verteidigt wird. Man merkt den Menschen ihren Stolz darüber an, endlich ihr Schicksal selbst bestimmen zu können. Allerdings fangen nach dem Sturz die Schwierigkeiten für die neue Regierung erst richtig an. Der Haupthandelspartner Nicaraguas, die USA, verfügt ein Wirtschaftsembargo, Kaffee und Bananenexporte bringen plötzlich kaum noch Einnahmen. Hinzu kommt die Unterstützung Amerikas für frühere Regierungstruppen, den Contras, die mit Waffen ausgerüstet, sich hinter die Grenze von Nicaragua ziehen und in Vorstößen für Unruhe sorgen, somit Nicaragua zwingen, einen beträchtlichen Teil ins eigene Militär zu stecken, anstatt es für den Wiederaufbau von Straßen, Krankenhäusern oder Schulen anlegen zu können.

Es gibt Gazolina nur gegen Benzingutscheine, die ich im Petronic-Büro bekomme. In jedem Ort findet man diese Zuteilungsstelle. Ich betrete ein dunkles Zimmer, an den Wänden hängen vergilbte Poster mit Aufrufen zu mehr Leistung. Ich müsse die Scheine in Dollars bezahlen. Ich habe aber keine Dollars. – »Na, dann kannst Du ausnahmsweise für Cordobas welche bekommen!« An einer Tankstelle kostet die Gallone (ca. 4 l) 20 Pfennig. Ich habe Glück, gerade hält ein Tankwagen und seit 10 Tagen gibt es zum ersten Mal Benzin. Vollgetankt komme ich etwa 600 Kilometer weit, dazu noch die 10 l Reserve und ich brauche erst wieder in Costa Rica nachzufüllen.

Die Gegend hier ist sehr gebirgig. Vor allem die Straße nach Granada, der früheren Hauptstadt, veranlaßt mich immer wieder anzuhalten, um Fotos zu machen. Auf der linken Seite beginnt der Lago de Managua mit hohen Vulkanen im Hintergrund. Die Landschaft ist beinahe giftgrün durch den vielen Regen, das Gras wächst einen Meter hoch, rote und schwarze Kaffeebeeren hängen an den Sträuchern, dicke Bananenstauden sind so nahe, daß ich direkt an sie heran fahren kann. Die Stadt ist wunderschön, viele alte Gebäude mit herrlichen Steinfassaden, durch die Türen blickt man oft in Innenhöfe, wo sich Springbrunnen oder kleine Gärten befinden. Menschen sitzen in Schaukelstühlen an der Straße und unterhalten sich.

Nachmittags in einem Straßencafé beobachte ich einfach nur das Leben vor mir. Je länger ich reise, umso häufiger stelle ich fest, daß ich viel mehr mitbekomme, wenn ich mich an einen zentralen Punkt setze, und einfach nur gucke, anstatt bei der Hitze durch Straßen zu rennen, in Kathedralen zu schauen, hier ein Foto und da ein Foto zu machen, und geschlaucht zurückkomme. Am Straßenrand des großen Platzes, der Plaza, ziehen die Stadt und die Menschen regelrecht an mir vorbei: ein Pick-up mit einem Sarg auf der Ladefläche wird von vielen Taxis gefolgt. Nur die Fahrer sitzen in den Autos. Einer ihrer Kollegen kam bei einem Unfall um, niemand trägt Schwarz, Angehörige und Freunde folgen zu Fuß, gehen Arm in Arm, bleiben zwischendurch stehen, um Bekannte zu begrüßen und einen kurzen Plausch zu halten. Es wird bereits dunkel, eine Prozession zieht eine Jesusfigur auf

Rädern durch die Stadt, die von vielen bunten Lämpchen umgeben ist. Ein Dia-Projektor wirft ein riesiges Bild vom Gekreuzigten an die Kirchenwand, der Zug setzt sich wieder in Bewegung, Jesus läuft von Haus zu Haus mit. Der Generator wird von zwei Männern getragen.

Ein Mann – barfuß, zerrissene Hosen – stürzt an meinen Tisch, zeigt auf die Flasche Bier. Ich überlege noch, ob ich ihm einen Schluck ins Glas kippe, da reißt er die Flasche vom Tisch, trinkt sie in einem Zug aus und tanzt irre lachend.

Ein alte Frau zieht ein Holzbrett mit vier kleinen Kugellagern als Räder über den Bürgersteig. Ihr ganzer Besitz scheint dort drauf befestigt zu sein und ist in Plastiktüten untergebracht. Eine dicke schwarze Brille wird von einem Strumpfband zusammengehalten.

Ein Typ, vielleicht 30 Jahre alt, verfolgt Mädchen, faßt sie an und wird unglaublich aufdringlich, bis die Frauen wegrennen.

Dann natürlich der Verkehr selbst: MZ-Motorräder, Lkws und Busse ohne Türen, oft fehlt die Windschutzscheibe, einige Male werden Fahrzeuge nur durch Muskelkraft bewegt.

Ein offener Lkw hält an und etwa 30 Soldaten, alle zwischen 15 und 20 Jahren, strömen aus. Es ist Samstag abend, sie nutzen einige Stunden freien Ausgang. Der Militärdienst beginnt mit 14 Jahren durch eine Art Vorschulung auf den späteren zweijährigen Dienst. Die Männer gehen spazieren,

Es lebe Sandino.

eine Gruppe setzt sich zu mir, von dem Sold können sie sich weder einen Kaffee noch ein Bier leisten und fragen fast schüchtern nach einer Zigarette. Ich kaufe zwei Schachteln und verschenke sie. Es sind Kinder, denke ich erschrocken, aber was müssen sie durchgemacht haben! Einer erzählt mir von 15 Fronteinsätzen, die er bereits in diesem Jahr gehabt hat. Alles klingt so nüchtern und emotionslos, daß es mir einen Schauer über den Rücken jagt. »Natürlich habe ich Leute getötet! Was glaubst Du passiert nachts im Dschungel, wenn plötzlich Contras vor Dir stehen? Du kannst nicht überlegen, entweder er oder Du! Aber was solls!« – Er winkt ab, so als könne und wolle er davon jetzt nichts hören, wenigstens nicht in der freien Zeit. »Wie alt bist du?« – »17 Jahre. Sag mal, wieviel Kubik hat das Motorrad?« Ich traue mich kaum, darüber zu reden, komme mir plötzlich so fehl am Platz vor, mit einem Bier vor mir, morgen werde ich vielleicht weiter nach Costa Rica reisen, heute Nacht fahren die Soldaten schon wieder zu Einsätzen.

Nachts sitze ich mitten auf der Plaza auf einer der vielen Steinbänke, ein Rollstuhlfahrer, Marko, spricht mich an. Er ist 21 Jahre alt, vor fünf Jahren wurden ihm bei einem Kampf beide Beine zerschossen. Der Staat zahlt ihm nichts, sein Rollstuhl fällt fast auseinander, die Reifen sind vollkommen platt, er bindet sie mit Draht um die Felgen, damit die Räder nicht kaputtgehen. Arbeit findet er keine. Manchmal bleibt er in den Löchern auf der Straße hängen. Er begleitet mich bis zur Pension, dann sieht er ein Mädchen auf der anderen Seite und pfeift ihr nach – sie dreht sich kurz um, beachtet ihn überhaupt nicht, geht auch nicht schneller. Der Krüppel bedeutet keine Gefahr.

Die Benzinknappheit macht Busunternehmer erfinderisch. Straßenbusse werden von zwei Pferden gezogen. Die Busse ähneln mehr alten Postkutschen – mit ihren schwarzen Lederverdecken, den großen Holzspeichenrädern hinten und kleineren vorne. Der Fahrer sitzt mit einer Peitsche auf einem erhöhten Brett, die Fahrgäste nehmen auf zwei gegenüberliegenden Sitzen Platz. Wenn die Sitze voll sind, finden immer noch mindestens 10 Menschen Platz, entweder auf den seitlichen Trittbrettern, oder direkt neben dem Kutscher.

Granada erstreckt sich teilweise am Ufer des Lago de Nicaragua, diesem 148 x 55 Kilometer großen See, auf dem es über 300 Inseln gibt. Manche sind gerade so groß, daß eine Hütte darauf Platz hat und ein Mangobaum, der mit seinen großen Ästen und grünen Früchten weit übers Meer hängt. Der Untergrund der Inseln besteht aus Steinen, die im Laufe der Jahre zersprangen, zwischen den Ritzen wuchsen Wurzeln von Palmen. Bananenstauden und herabfallendes Laub bildeten schließlich eine dünne, fruchtbare Humusschicht.

Mittags wird es so unerträglich heiß, daß die Straßen leergefegt sind, Menschen schlummern in Hängematten oder Schaukelstühlen unter träge kreisenden Ventilatoren. Mein Lieblingsplatz ist die Terrasse eines alten Hotels, wo ich einige Stunden im Schatten verbringe, mich mit einem Fuß ein bißchen abstoße und zu den schaukelnden Bewegungen vor mich hindöse. Zweimal täglich legt eine Fähre zur größten Insel ab, Ometepe. Angeblich sei es überhaupt kein Problem, das Motorrad mit hinüber zu nehmen, und so rolle ich dann zuversichtlich an den Kai. Ein alter Dieselkahn liegt etwa drei Meter unter mir, auf das Holzdach führt eine einzige Planke, das Boot liegt zwei Meter von der Kaimauer entfernt. Männer schleppen Säcke mit Lebensmittel, Haushaltsgeräte, Werkzeug, Tiere, Zement an Bord, dann kommt das Motorrad an die Reihe. Das Brett ist vielleicht 20 Zentimeter breit. Als wir die Honda draufschieben wollen, geschieht ein Mißgeschick. Ein Hafenarbeiter geht rückwärts vor, hält den Lenker fest, das Vorderrad zwischen den Beinen. Ein anderer hält das Motorrad am Gepäckträger. Ich habe nichts besseres zu tun, als Fotos zu machen. Der vorderste Arbeiter muß unbedingt winken und verliert die Balance. Er glaubt, sich am Rad festhalten zu können und kippt es um. Glücklicherweise befindet sich das Hinterteil noch nicht auf der Planke und zwei weitere Leute greifen sich den Rahmen, können so das umstürzende Krad noch gerade halten, während sich der Nicaraguaner ins Wasser fallen läßt und untertaucht. Einige Meter weiter kommt er wieder hoch und schreit – »Glück gehabt, ich dachte schon, die Honda kommt hinterher!« Ob dies wirklich eine Autofähre ist, muß ich stark bezweifeln.

Auf der Insel befindet sich ein Vulkan mit einem perfekten Kegel, dem dichter schneeweißer Rauch entsteigt, regelrecht in Zeitlupe legt er sich wie Schaum um den Berg. Ein Einheimischer zeichnet mir auf einem Stück Papier die wenigen Orte der Insel auf. Tatsächlich finde ich eine Piste, die 80 Kilometer lang am Rand des Wassers vorbeiführt. In den kleinen Siedlungen befinden sich winzige Steinhäuser, ein einziger Laden, wo es einfach alles gibt: Verstaubte Kinderkleider hängen an der Decke, eine 3 Meter lange Baumsäge rostet vor sich hin, und ein tatsächlich funktionierender Kühlschrank, dessen Tür eher einem Panzerschrank ähnelt, zaubert Fruchtsäfte hervor. Der Sand ist schwarz, Hinweise auf die Vulkantätigkeit. Auf der Insel gibt es Viehzucht und Ackerbau. Plötzlich wimmelt die Luft voller Insekten, es stürmt, vor Staub und Sand kann ich kaum atmen. Innerhalb weniger Minuten zieht sich der Himmel pechschwarz zu, Menschen rennen von den Feldern zu ihren Häusern, Tiere flüchten und ich drehe am Gashahn, um vielleicht unter den Wolken hindurchzukommen und die Familie zu erreichen, wo ich übernachten will. Vergeblich, die trockene Piste verwandelt sich in knöcheltiefen Schlamm, dicke Regentropfen tun richtig weh auf der Haut, und als ich endlich ankomme, bin ich so verschlammt, daß ich zehn Minuten im Regen stehenbleibe, um wieder die Originalfarbe meiner Kleidung zu erkennen.

Ron und Lynn aus Australien.

An der Grenze zu Costa Rica steht ein Motorrad aus Neuseeland. Naja, Motorrad stimmt vielleicht nicht ganz. Es ist eine Honda Goldwing, ein 4 Zylinder Tourenmotorrad mit großer Vollverkleidung, breiten weichen Sätteln, Trittbrettern und Stereoanlage. Dagegen nimmt sich meine Kiste wie ein Fahrrad aus. Aber der Clou ist der zwei Meter lange Anhänger, den man aufklappt und dann ein komplettes Steilwandzelt errichten kann, in dem sich ein richtiges Bett befindet, ein Generator, ein kleines Kühlaggregat, Wasch- und Kochgelegenheit und natürlich eine Funkanlage. Ron und Lynn sind vor über zwei Jahren in Alaska gestartet. Ron meint: »Weißt Du, wenn wir schon reisen, dann wollen wir auf nichts verzichten. Außerdem können wir den Trailer überall stehen lassen und nur mit dem Motorrad Ausflüge in die Umgebung machen.« Wir verabreden uns später in der Hauptstadt, ich möchte vorher noch nach Manuel Antonio, an den Pazifik. Es ist komisch, wir könnten jetzt gemeinsam weiterreisen, aber irgendetwas zieht mich zu diesem kleinen Ort am Wasser.

In einem winzigen Dorf halte ich und gehe in einer Bar etwas essen. Ein junger Tico, wie sich die Costa Ricaner nennen, meint, ich solle auf gar keinen Fall am Strand schlafen, jetzt in der Regenzeit gäbe es unheimlich viele Schlangen zwischen den Steinen und überhaupt sollte ich mit ihm kommen. Ich verstehe etwas von einer Villa, Blick aufs Meer, Zimmer – kann mir aber nicht unbedingt einen Reim daraus machen. Irgendwann beendet er sein 15. Bier und strampelt auf seinem Rad einen schmalen Weg

263

hoch. Nach etwa 2 Kilometer erwartet mich eine unglaubliche Überraschung: Auf dem höchsten Punkt im Umkreis steht ein wunderschönes Haus. Große Fenster, eine Veranda, von der man auf die Bucht und die Lichter der Stadt Puntarenas schaut. Ivan leitet den Bau dieses Hauses, das sich ein pensionierter Amerikaner errichten läßt. Costa Rica wird oft als die Schweiz Zentralamerikas bezeichnet, weil das Land sowohl politisch als auch wirtschaftlich als stabiles in einer sehr unruhigen Gegend zählt. Mit zwei langen Küsten und einem Hochland im Inneren sind die Temperaturen sehr angenehm und locken immer mehr Ausländer, vor allem aus den USA, hierher.

Die Fahrt entlang der Küste wird ein einziger Genuß. Oft steigt die Straße an, und ich sehe auf große Buchten herab. Wellen brechen in mehreren Reihen hintereinander. Eine kleine Brücke ist zusammengefallen. Die Umleitung führt durch eine riesige Ölbaumpflanzung. Ölpalmen sind den Kokospalmen ähnlich, nur werden die Stämme bedeutend dicker und nicht so hoch, die Früchte wachsen in dichten Büscheln, sind rotschwarz und etwa haselnußdick. Sie werden hauptsächlich zur Herstellung von Fetten benutzt. Die Bäume sind in unendlich langen Reihen gepflanzt. Die Asphaltstraße hört auf, und eine gute Piste ersetzt sie, bis ich schließlich den winzigen Ort Mauel Antonio finde.

Direkt am Meer zieht sich ein kleiner Nationalpark entlang, dem ich barfuß folge. Was für eine Natur! Übergangslos folgt auf einen weißen Strand ein dichter Dschungel, wo ich das Geräusch von Vögeln, Insekten und Affen wahrnehme. Nach einigen Stunden muß ich eine Halbinsel überquert haben, denn auf der anderen Seite des Urwalds finde ich wieder einen langen Strand. Obwohl es Nachmittag ist, entdecke ich keine Fußspuren im Sand.

Manuel Antonio.

Heute geht das Wochenende zu Ende, die letzten einheimischen Touristen verlassen den Ort. Irgendwo versucht ein Surfer die starke Brandung zu überwinden. Es klappt nicht so richtig. Ständig begräbt ihn eine Welle, das Brett hat keine Schlaufen und wird bis ans Ufer gespült. Ich setze mich hin und sehe zu: »He, kennen wir uns nicht?. – »Ich weiß nicht, vielleicht!« – »Ich komme aus dem Norden, bin mit dem Motorrad unterwegs.« Das gibt es doch gar nicht! Es ist Philippe, dem ich vor drei Wochen für eine halbe Stunde in Guatemala begegnete. »Was machst Du denn hier?« – »Ich glaube, ich wußte, daß Du hier bist.« Natürlich konnte ich das nicht ahnen, aber als ich vor einigen Tagen über die Grenze kam und dann nicht mehr gemeinsam mit Ron und Lynn weiterfuhr, spürte ich, daß mich etwas an den Pazifik zieht. Es gibt Dinge, die sind mit Logik nicht zu erklären, sind eigentlich völlig unwahrscheinlich, und wenn sie dann plötzlich stattfinden, wundere ich mich nicht und halte sie für das Natürlichste und Naheliegendste. Natürlich treffen wir uns hier, wo denn sonst, denn schließlich haben wir die gleiche Route vor uns und suchen beide einen Motorradfahrer, um nicht allein durch Panama und Kolumbien zu müssen. Philippe möchte noch ein paar Tage an der Küste bleiben, er hat sich in Costa Rica bereits die Atlantik-Küste und die Vulkane im Norden des Landes angesehen. Wir verabreden uns in Panama-City, wo es auf dem amerikanischen Luftwaffenstützpunkt einen Motorradclub gibt, irgendwann an dem Wochenende vom 3.–4. Juli. Außerdem ist es ein guter Platz, um Nachrichten zu hinterlassen, falls etwas dazwischen käme.

San José wird voraussichtlich die letzte Stadt sein, in der ich eine gute Werkstatt finden kann, denn die nächsten Staaten, Panama oder Kolumbien, scheinen mir nicht vielversprechend in dieser Hinsicht. Seit Wochen mache ich ein Geräusch im Motor aus. Wenn die Maschine kalt ist schlägt es irgendwo. Zuerst denke ich an die Ventile, aber auch nach dem Einstellen bleibt das Schlagen. Dann vermute ich die Steuerkette, will aber ohne Werkstatt nicht anfangen zu schrauben. Außerdem habe ich grundsätzlich Angst, den Motor aufzumachen und sage mir, daß es sich nicht mehr so schlimm anhört, wenn ich einige Kilometer gefahren bin. Hier in San José gibt es eine große Honda-Werkstatt. Ich bitte den Meister, sich des Problems selbst anzunehmen. Er meint natürlich, damit käme ich nicht mehr sehr weit und könnte auf gar keinen Fall etwa bis Panama oder noch weiter fahren – und vor allem, was oder wer könnte mir da helfen? Natürlich weiß ich, daß er übertreibt und mir wahrscheinlich den gleichen Rat gibt, wenn der Blinker nicht mehr funktionieren würde. Ich werde es mir überlegen.

Gerade verlasse ich die Werkstatt, als ich Ron und Lynn auf ihrer Goldwing begegne. Ron arbeitete lange als Mechaniker. Ich frage ihn nach seiner Meinung. Er bestätigt meinen Verdacht: »Könnte die Steuerkette sein, vielleicht irgendwas mit den Ventilen. Laß doch einfach bei Honda

nachsehen. An einem Einzylinder kann man sowieso nichts falsch machen.«
Er überzeugt mich. Ich bringe die XL zur Werkstatt zurück. Nach einer
Stunde ist der Zylinderkopf runter. Ein Hilfskipphebel zeigt kaum wahr-
nehmbaren Verschleiß. Ich habe ein Werkstatthandbuch dabei, in dem alle
Reparaturen genau beschrieben werden, wie fest man die Schrauben am
Zylinderkopf anzieht, in welcher Reihenfolge man vorgehen muß. Nur
bräuchte ich dafür einen Drehmomentschlüssel, den ich natürlich nicht dabei
habe. Der Meister ist ganz sicher: »Das ist die Ursache.« – »Okay, wie lange
wird das Einbauen dauern? Kann ich das Motorrad heute wieder mitnehmen?« – »Naja, vielleicht eine Stunde!« – »Das hört sich ja gut an, ich hatte
schon schlimme Befürchtungen!« – Hilfskipphebel wiegen nicht viel, nehmen
kaum Platz weg, aber ich habe keine dabei und Ersatzteile für eine XL 600
kann ich hier nicht bekommen. Schon gar keine so ausgefallenen Teile. Na
wenn schon, denke ich, die Honda steht hier gut aufgehoben, und ich lasse
mir eben die Hilfskipphebel von Deutschland schicken. Wie sollte ich wissen,
daß das zwei Wochen dauern würde, bis ich endlich das Teil bekomme und
wieder weiter kann?

Glücklicherweise darf ich vom Campingplatz nach Deutschland telefonieren und dort auch selbst zurückgerufen werden.

Honda in Offenbach teilt mir mit, daß sie dieses Teil im Hauptlager in
Brüssel hätten, ich solle mir keine Sorgen machen, es käme in einigen Tagen.
Sie schickten es sofort mit einem Kurrierdienst »three way travels«, was
soviel wie Dreiwegetransport bedeutet. Ich notiere mir den Namen und die
Telefonnummer hier in San José, dann ist erst einmal nichts zu tun, außer ein
paar Tage abzuwarten.

Abends treffe ich Ron und Lynn in einer der unglaublichsten Kneipen,
irgendwo mitten in San José. An den Wänden hängen dunkle Holzrahmen,
die nackte blonde Frauen umrahmen. Gleich daneben ein riesiges Poster mit
drei Hirschen im Schnee. In einer Ecke stapeln sich leere Bierkästen bis
unter die Decke, ein alter Mann mit Pfeife, weißem Bart und einer See-
mannsmütze guckt aus dem Rahmen eines anderen Bildes herunter. Ein
überdimensionales Porträt des Nikolaus, Weihnachtsschmuck und ein Holz-
schiff hängen von der Decke. Hinter der Theke entdecke ich zwei kleine,
dickbauchige Buddhafiguren im Regal, gleich neben leeren Likörflaschen.
Die Hälfte des Raumes wird von der Theke eingenommen, überall stehen
vereinzelt Tische und Stühle herum. Die Toilette ist gleich in der Ecke, aber
nur fällt die Tür immer wieder auf, als gerade jemand drinsteht. Wir
kommen rein, gleich mustern uns alle, warten auf etwas, unterbrechen ihre
Unterhaltung. »Abend.« – »Abend, wollt Ihr Bier?« – »Ja, große bitte.« Die
Neugier der Gäste scheint befriedigt, wir sprechen Spanisch, trinken Bier
und lassen sie offensichtlich in Ruhe – ein älterer Mann in einem grünen
Regenmantel, Kapuze über das Gesicht gezogen, tanzt mit einer imaginären

Partnerin und singt laut, nein er brüllt regelrecht. Wir sehen uns an, einer der Gäste schüttelt nur mit dem Kopf und tippt mit den Fingern an die Stirn. »Ach, stört Euch nicht daran, loco.« – »Loco?« – Das Wörterbuch sagt: verrückt, geistesgestört. Naja, dann eben loco. Niemand stört sich an ihn, wie auch, denn jeder hat sein eigenes Problem. Die Amigos neben mir sind völlig blau, geben ein Bier aus und wir kommen in ein Gespräch, mehr wohl in unverständliches Lallen. »Woher kommt Ihr?« – »Australia«, meint Ron. »Ah, Austria, in Europa. He, die Jungens kommen aus Austria. Gib denen noch einmal einen.« In der Ecke hinter der Theke steht ein Kühlschrank mit einem Eimer; darin befindet sich das einzige Menü hier – Suppe. Gleich daneben eine überdimensionale Gasflasche mit einer Halterung für den Topf. Der Barmann ist natürlich auch Koch. Mittlerweile erfahren wir, daß unsere Nachbarn jeden Abend hierherkommen: »Weil unsere Frauen nicht so gut kochen können!« Sie überschlagen sich vor Lachen und löffeln eine Brühe, in der dicke Speckstücke schwimmen. Um 23.00 Uhr ist Sperrstunde, der Wirt schließt die Kneipe, aber nur von innen. Manchmal klopft jemand gegen die Tür. Nicht immer öffnet der Chef, offensichtlich nur auf ein bestimmtes Zeichen.

Am nächsten Morgen komme ich an derselben Bar vorbei. Auf der Theke und den Tischen nichts als leere Bierflaschen, einige Männer schlafen auf den Stühlen, es würde mich nicht wundern, wenn sie seit gestern abend hier sitzen. Offensichtlich, denn einer hebt den Kopf und bekommt »He Amigo, Austria« heraus!

Ich möchte nicht in San José auf die Ersatzteile warten, sondern die Zeit an der Atlantikküste verbringen und steige in einen Bus Richtung Kahuita. Ein Großteil der Landschaft ist Nationalpark: Riesige Bäume mit herunterhängenden dünnen Lianen erinnern an ein Kettenkarussel. In den Tälern steht oft Bodennebel, dazwischen schlängeln sich schmale Bäche. Holzhütten mit rostigen Blechdächern kleben in diesem Grün. Die Straße besteht nur aus Kurven. Irgendwo hält der Fahrer, verschwindet zwischen Büschen und Bäumen, um nach einer Stunde wiederzukommen. Er hat einen kleinen Hund dabei, setzt ihn auf den Beifahrersitz und es geht weiter. Ich sehe zu meinem Nachbarn, ob er vielleicht eine Reaktion zeigt. Nein, warum auch; wenn der Fahrer eine Stunde wegbleibt, dann wird er schon seine Gründe haben.

An der Atlantikküsten von Costa Rica erinnert alles an Belize: bunte Holzhäuser auf Stelzen, schwarze Bevölkerung, Reggae Musik an jeder Ecke und die Menschen sprechen Englisch: »Hey, man, all right man.« Es ist sehr einsam, Strände ziehen sich kilometerlang, nach einer Seite hell, zur anderen mit dunklem Sand. Die Stämme vieler Kokospalmen wachsen in einem rechten Winkel und knicken manchmal parallel über dem Meer ab. Mitten auf einer Wiese steht eine Steintreppe, nur die Stufen erheben sich, nichts anderes weit und breit. Etwas weiter stehen zwei Pfosten, dazwischen eine Tür. Vielleicht der Rest eines Hauses, vielleicht wird hier so gebaut. Jedenfalls beobachte ich, daß Einheimische die Tür benutzen, wenn sie die Wiese überqueren.

Ein Bar-Kneipe-Restaurant-Disco-Geschäft scheint der Haupttreff zu sein. Ich setze mich auf die Stufen, höre der Musik zu und nehme das Drumherum auf. Zwei wirklich dicke Frauen überqueren die Straße, bewegen ihren Hintern beim Gehen im Takt zum Rhythmus. Es sieht so aus, als würde jemand einen Sack mit zwei großen Melonen schütteln. Eine trägt ein Baby, aber das stört nicht, bzw. das Baby stört sich nicht daran und schläft, während die Mutter sich ein Bier bestellt und dann im Hinterzimmer verschwindet. Hier stehen zwei Billardtische, scheint die Disco zu sein. Vielleicht geht es viel später los, denke ich mir, als ich einige Leute auf dem Spieltisch liegen sehe, andere hocken auf den Fensterbänken oder stehen unter der einzigen Beleuchtung, einer grün und einer gelb angestrichenen Glühbirne, unterhalten sich, wobei sie ständig die Schultern kreisen oder den Oberkörper nach hinten und abwechselnd nach vorne bewegen. Ich bleibe nicht lange hier. George, etwa 50 Jahre alt, klein, verrunzeltes Gesicht und kaum hörbare Stimme, stellt sich vor: »Hör, mal, Mann, ich arbeite für Dich Mann, egal was anliegt, ich kann alles: Koch, Gärtner, Mechaniker, Fahrer...« – »He, George, ich brauche niemanden, reise nur und kehre bald nach Deutschland zurück.« – »Deutschland, he, Mann, nimm mich mit, da wollte ich schon immer hin.« – Dann kommt sein Sohn, viel zu große Hose, weite Gummiträger über den Schultern: »He, Mann, ich bin der Holzschnitzer, nenn mich einfach Holzschnitzer und wenn Du mich suchst frage jeden nach diesem Namen! Alle kennen mich, Mann.« – »Alles klar, Mann.«

Ach ja, als ich später meine Biere bezahlen will, kann ich das Portemonnaie nicht wiederfinden. Glücklicherweise ließ ich in San José alle Schecks und die Kreditkarte zurück. Ich habe umgerechnet 300 DM bei mir – aber die sind nun weg. Die Polizei weiß Rat: »Das kommt schon einmal vor, wir werden Nachforschungen anstellen, mache Dir keine Sorgen, Mann.« George leiht mir Geld für die Busfahrt zurück in die Hauptstadt. Ich kann mir einfach nicht vorstellen, daß ich das Geld aus meinem Rucksack verliere, genauso wenig will ich daran denken, daß vielleicht der Holzschnitzer oder George mir es irgendwann abgenommen haben.

Auf der ganzen Fahrt ist das das zweite Mal, daß mir etwas gestohlen wird oder ich es einfach nicht wiederfinde. In einer kleinen Pension in Nepal, verschwand mein Walkman, obwohl ich das Zimmer immer abschloß.

Eigentlich bin ich ziemlich vorsichtig, ich besitze zwei Pässe, von denen einer in einem Koffer versteckt ist. Den anderen trage ich immer bei mir. Mein Geld ist dreigeteilt in Kreditkarte, Reiseschecks und Bargeld. Mit der Kreditkarte kann ich maximal 2000 DM alle drei Wochen abheben, bekomme dafür Reiseschecks, die mir bei Diebstahl ersetzt werden. Die Schecks und das Bargeld verteile ich an verschiedenen Stellen – in einem Koffer zusammen mit dem zweiten Paß, hinter der Batterie befindet sich die allerletzte Notreserve, den Rest habe ich in meinem Tankrucksack. Natürlich gibt es keine hundertprozentige Sicherheit und wenn mich jemand ausrauben will, dann schafft er es auch. Aber er wird sich wahrscheinlich mit einem Teil zufriedengeben und mir bleibt immer noch die Möglichkeit, die Reise fortzusetzen. Außerdem habe ich sämtliche Papiere fotokopiert. Zu Beginn der Reise bin ich oft unentschlossen, wenn ich z. B. abends irgendwo hingehe, oder lange Spaziergänge mache, ob ich alle Papiere und das Geld mitnehmen oder es am Motorrad lasse soll. Auf jeden Fall macht es mich kolossal nervös, meinen Paß, die Kreditkarte und 4000 DM immer dabei zu haben. Dann gibt es oft schwierige Augenblicke: Ich sitze in einem Restaurant mit einem anderen Reisenden, den ich erst seit einem Tag kenne und muß zur Toilette. Was mache ich mit dem kleinen Rucksack, der über dem Stuhl hängt, mit meinen wichtigsten Sachen? – »Ganz klar, würde jeder sagen, mitnehmen!« – Habe ich auch immer gedacht, aber irgendwie ist es ein Mißtrauensbeweis dem anderen gegenüber und ich fühle mich nie wohl dabei. Grundsätzlich halte ich mich an einige Vorsätze und spreche mit niemandem über Geld, teile nach Möglichkeit auch kein Zimmer mit jemandem oder bitte ihn, auf meine Sachen aufzupassen, wenn wir uns nicht länger kennen. Das ist leider immer ein ziemliches Theater, vor allem bei alltäglichen Situationen, wie Geldwechseln, zur Post gehen oder Einkaufen und das Motorrad bepackt an der Straße steht. Ich nehme immer den Tankrucksack ab und schwinge ihn mir über die Schulter, den Helm oder die Handschuhe kann ich auch nicht allein lassen, die Jacke genausowenig und so betrete ich dann bei 40 Grad Hitze mit einem Rucksack, den Helm in der Hand und die Jacke an die Post, wo jeder in Plastiklatschen, kurzer Hose und freiem Oberkörper mich ansieht und sich fragt, ob es wirklich so kalt ist. Natürlich ist das anders, wenn ich eine Zeitlang mit jemandem zusammenreise, etwa mit Freddy in Mexiko oder den pakistanischen Ärzten.

Im Laufe der Zeit gewöhne ich mich an verschiedene Dinge – in Großstädten lasse ich das Motorrad nie über Nacht draußen stehen. Wenn ich irgendwo allein übernachte, lasse ich erst einmal das ganze Gepäck draufgepackt, sehe mich genau um und warte meist eine Stunde oder länger, bevor ich das Zelt aufbaue, um sicher zu sein, daß mich niemand gesehen hat. Oft frage ich bei alleinstehenden Häusern, kleinen Farmen oder Dörfern, ob ich irgendwo übernachten darf und immer helfen mir Leute dabei, einen Platz zu finden.

Nach drei Tagen an der Atlantikküste sollte das Ersatzteil eigentlich ankommen und ich rufe unter der Nummer des Kurierdienstes in San José an, die mir Honda in Deutschland gab. Die Nummer existiert nicht, jedenfalls setzt bereits eine Stimme ein, bevor ich überhaupt zu Ende gewählt habe: »Diese Leitung ist nicht belegt, bitte rufen Sie die Auskunft an!« Die Auskunft kennt keinen three way travel Kurierdienst. Also rufe ich wieder in Deutschland an. »Ja, wir haben das Teil gerade abgeschickt.« – »Wieso gerade erst?« – »Wir dachten, es sei nicht so wichtig.« Die genaue Adresse hier in Costa Rica können sie mir jedenfalls nicht geben, nur die bekannte Telefonnummer, unter dem englischem Namen der internationalen Gesellschaft.

Irgendwann komme ich auf die Idee, daß ich nicht unter three way travel, sondern unter dem gleichen Namen auf Spanisch übersetzt im Branchenverzeichnis nachfragen könnte. Tatsächlich, es gibt den Kurierdienst wirklich, die Telefonnummer wurde geändert. Man will mich sofort anrufen, sobald das Teil ankommt. Wie tröstlich. Ich will das Durcheinander nicht länger beschreiben, das folgt, jedenfalls bekomme ich vier Tage später die Teile wirklich, zwischendurch wird am Zoll gestreikt, dann will ich nicht einsehen, daß ich beim Kurierdienst 90 DM Gebühren zahlen soll, obwohl auf dem Auslieferschein steht, »alle Gebühren in Deutschland erledigt«, aber was bleibt mir übrig, als mich der Angestellt vor die Entscheidung stellt: »Brauchen Sie das Teil, oder wollen Sie auf die Gebühren verzichten?« An der Hondawerkstatt hängt ein Schild: Geschlossen, zwei Tage Betriebsausflug. Als ich später wiederkomme, scheinen die meisten noch mit ihren Gedanken in den Ferien zu sein. Die neuen Hilfskipphebel sind eingebaut, der Kopf ist wieder drauf, der Chefmechaniker startet den Motor bzw. will ihn starten. Der Anlasser läuft mit und verursacht ein unglaubliches Rasseln, so als würde jemand Schrauben in einen Mixer schmeißen. »Oh, ich glaube, da stimmt was mit dem Anlassermotor nicht!« – »Der war aber vorher in Ordnung!« – »Kein Problem, muß bestimmt nur sauber gemacht werden. Auf jeden Fall kannst Du morgen...« – »Wiederkommen!«

Er soll recht behalten, legt mir eine Gesamtrechnung von 13 DM vor und versichert mir, daß alles fertig sei. Tatsächlich läuft der Anlasser nicht mehr mit, ist das Klackern im Motor verschwunden und meine Frustriertheit ebenfalls, als ich zum Camping zurückkomme. Ron und Lynn warten, wir starten zu einigen Ausflügen nördlich der Hauptstadt, wo sich die Vulkane Arenal und Poas befinden. Ich will außerdem einige 100 Kilometer fahren, möglichst nicht zu weit von San José weg, um sicher zu sein, daß der Motor hält.

Der Arenal liegt über 1600 Meter hoch, bleibt aber leider in Wolken gehüllt. Dafür macht er sich bemerkbar, als wir die Motorräder am Rand abstellen und ein Stück den Hang hochklettern. Der ganze Berg scheint sich zu bewegen, wir laufen zurück, aber es gibt keinen Platz, um sich unterzustellen. Im Inneren zischt es, dann schießt eine dunkle Wolke durch die weiße Schicht und steigt wie ein Pilz zum Himmel. Einige Minuten später rieselt es Asche in solchen Mengen, daß wir und die Motorräder nach kurzer Zeit mit einer dicken Schicht überzogen sind.

Mehr Glück mit der Sicht haben wir beim Poas, der 1000 m höher liegt. Auf dem Weg dorthin wird Kaffeeanbau betrieben. In langen Reihen stehen mannshohe Sträucher. An anderen Stellen entdecken wir Erdbeerfelder, die über riesige Flächen mit dunklen Plastikfolien überzogen sind, um vor der Kälte zu schützen. Am Rand des Kraters können wir in den viel tiefer gelegenen Schlot sehen – der Vulkan ist bei weitem nicht so aktiv und begnügt sich mit einer dünnen Rauchfahne. Bei einer früheren Eruption wurde der größte Teil des Kegels weggesprengt und bedeckt nun in weitem Umkreis den Boden. Ich verabschiede mich von Lynn und Ron. Ihnen ergeht es jetzt so ähnlich wie mir. Sie hängen ebenfalls in San José fest, weil sie auf ein Ersatzteil für die Kamera warten müssen, außerdem haben sie sich noch nicht entschieden, ob sie direkt von Costa Rica das Motorrad nach Kolumbien fliegen lassen oder es von Panama aus verschiffen wollen. Eine Landverbindung zwischen Zentral- und Südamerika gibt es noch nicht. Die Enge, der Dariem ist ein sumpfiges Gebiet, eine Durchquerung dieses etwa 100 Kilometer breiten Stücks, entspricht einer Expedition, und jetzt zur Regenzeit gibt es schon recht kein Durchkommen.

Als ich die Hauptstadt verlasse, beginnt es zu regnen. Der Regen geht über in eine Sintflut, die Straße steigt bis auf 3000 Meter an, der Motor quält sich und stottert. Irgendwo unter einem Baum muß ich halten und die Luftregulierschraube am Vergaser einstellen, weil die Honda jetzt nur noch ruckartige Sprünge macht. Je höher ich komme, umso gnadenloser wird das Wetter. Jetzt hagelt es sogar, kaum Sicht und eiskalte unbewegliche Finger. Ich fahre ohne Handschuhe, nach 2 Minuten wären sie sowieso naß. Aber all das kann meine gute Stimmung nicht trüben. Ich fühle mich glücklich, bin endlich wieder auf der Straße. Bald treffe ich Philippe, und wir werden mindestens einen Monat zusammen reisen. Ich beobachte ganz fasziniert den Wechsel der Vegetation, als ich innerhalb einer Stunde von 500 Meter auf 3000 Meter angelange. Ich startete zwischen Bananenplantagen, hohen Gräsern, Palmen. Dann folgten Kaffeesträucher, der dichte Urwald verschwand, mehr und mehr Wiesen und Felder waren danach charakteristisch. Schließlich wuchs neben der Straße nur noch dünnes Krüppelgewächs. Als ich den Paß erreiche, geht es ohne Unterbrechung wieder fast auf Meeresniveau. Der gleiche Prozeß nun umgekehrt, die Temperaturen steigen an; wenn ich gewußt hätte, daß dies einer meiner letzten Regentage überhaupt ist, wäre ich wohl ganz aus dem Häuschen. Im Tiefland ziehen die Straßen lange Kurven. Trotz des Regens kann ich mit 80 km/h ohne Streß jede Kurve nehmen. Hinzu kommt, daß ich mich durch nichts gehetzt fühle: Vielleicht erreiche ich morgen Panama-City, vielleicht übermorgen. Ich weiß meistens noch nicht einmal, wieviele Kilometer ich zurücklege, denn ich klebte den

Tages- und den Kilometerzähler mit einem Stück Isolierband ab. Bereits in Bochum machte ich das. Außerdem trage ich keine Uhr, irgendwo im Gepäck befindet sich ein Wecker, aber den benutze ich nur bei Flügen, um nicht den Start zu verpassen. Die langsam umspringenden Ziffern auf dem Tacho machen mich nervös, außerdem meine ich, wenn ich um 9 Uhr auf die Uhr sehe, jetzt vielleicht aufstehen zu müssen oder nachts um 1 Uhr im Bett zu sein, weil ich müde bin. Ohne Uhr stehe ich einfach auf, wenn ich wach bin und gehe nachts schlafen, wenn ich mich danach fühle. Genauso ist es mit dem Tachostand: Ich halte, wenn ich keine Lust mehr habe zu fahren, oder was Interessantes sehe. Ich setze mir keine Tagesetappen, weil ich die einfach nicht einhalten kann oder will. Wie soll ich morgens wissen, ob ich nicht schon nach 10 Kilometer Menschen treffe, mit denen ich den ganzen Tag verquatsche, oder Gegenden, wo aus einer kurzen Pause mehrere Stunden, Tage werden? Genauso verhalte ich mich beim Tagebuchschreiben. Auf den Seiten notierte ich lediglich den Wochentag, kein Datum. Erst wenn ein Buch voll ist, trage ich die Daten nach. Manchmal muß ich lange überlegen, in welchem Monat ich mich jetzt befinde.

Mitten in der Nacht erreiche ich die Albrook Airforce Base in Panama-City. Am Eingang werde ich nicht kontrolliert, es reicht, den Namen des Motorradclubs zu nennen. Die Räume sind geschlossen, von Philippe weit und breit nichts zu sehen. Ich hinterlasse einen Zettel und werde morgen wiederkommen.

Im Augenblick ist das Verhältnis zwischen den USA und Panama sehr

Yanki go home – viva Noriega.

272

gespannt. Die Staaten beschuldigen den jetzigen Regierungschef aktiv am Drogenhandel beteiligt zu sein und vom Kokainschmuggel nach Amerika nicht nur zu wissen, sondern gemeinsam mit Kolumbien einen eigenen Ring aufgebaut zu haben. Vor einigen Wochen stoppten sie jeden Zahlungsverkehr, was für die Regierung in Panama schlimme Folgen hat, denn die offizielle Währung ist der US-Dollar. Auf den Straßen patrouillieren Soldaten, ständig werden Kontrollen durchgeführt, nicht zuletzt wohl als Machtdemonstration. Für die Menschen hier ist nun mal jeder Ausländer zuerst Amerikaner, denn die starke Präsenz der USA hier läßt die geringe Zahl der Reisenden kaum auffallen. Ständig wird davor gewarnt, nachts in die Altstadt zu gehen, viel Geld bei sich zu haben oder jemanden zu provozieren. Ich suche mir erst einmal ein Hotel – in der Altstadt finde ich das Central, ein riesiger alter Bau mit hohen Räumen, großen Balkonen. Ich darf das Motorrad gleich in die Empfangshalle stellen. Mit einem Glas Oliven und zwei Dosen Bier setze ich mich auf den Balkon, überblicke genau den Plaza Catedral und die große Kathedrale. Es ist Samstagnacht, von Schlaf kann nicht die Rede sein, mein Bett muß mitten im Fußballstadion stehen. Tatsächlich spielen ein paar Leute morgens um 3 Uhr noch Fußball, andere trinken, völlig verrückt gewordene Hunde bellen sich die Lunge aus dem Maul und verfolgen vorbeikommende Autos. Liebespaare nutzen diesen romantischen Ort, sowohl der Mann als auch die Frau halten in der freien Hand eine Dose Bier. Gegen Sonnenaufgang schlafe ich einige Minuten, werde jetzt aber von Kirchgängern geweckt. Eine Band spielt, der Pfarrer singt über ein Mikrophon lautstark mit, unter dem Motto: Wer nicht in die Kirche kommt, soll auch nicht weiterschlafen.

Drei Frauen sitzen mitten auf dem Platz, eine dreht ihrer Freundin bunte Lockenwickler aus Plastik in die Haare. Die Gegend hier gehört zum ältesten Teil der Stadt. Häuser sind von hölzernen oder schmiedeeisernen Balkonen umgeben, Wäsche hängt in unendlichen Reihen auf Leinen. An einem großen Haken reihen sich mehrere Fahrräder über das Balkongitter. Viele Bewohner sind schwarz, ein Großteil der Ladenbesitzer chinesischen Ursprungs. Die Häuser haben oft wunderschöne Fassaden, nur befinden sie sich in einem schlechten Zustand – zerbrochene Fensterscheiben sind einfach durch ein Brett ersetzt, Löcher in den Dächern dadurch repariert, indem ein Stück Wellblech darübergelegt wurde.

Ganz anders die City mit den Glaspalästen internationaler Banken und Geschäftszentren oder die Uferstraße, die Avenida Balboa mit ihren tollen Straßenrestaurants.

Am nächsten Tag habe ich mehr Glück, der Club ist geöffnet, ein englisches Paar wohnt hier. Beide wollen mit ihren Motorrädern auch nach Panama. Ich kann es nicht glauben, daß morgen schon wieder mein Geburtstag sein soll. Der letzte in den Bergen Pakistans kommt mir so nah vor, als sei

Kinoreklame, Panama.

er gestern gewesen. Mitten in unsere Unterhaltung hören wir Philippe auf seinem Eintopf tuckern. Wie üblich ohne Helm, Walkman, unglaublich guter Laune: »Hey, laß uns gleich nach Kolumbien starten!«

Der Club der Roadknights – Ritter der Straße – wurde von einem US-Soldaten gegründet und entwickelt sich zu einem Informationszentrum für Weltreisende. In einem dicken Buch hinterlassen Motorradfahrer Adressen von Frachtgesellschaften oder Warnungen vor bestimmten Gegenden. Es gibt Bühnen, auf denen an den Motorrädern gearbeitet werden kann, Gruben zum Ölablassen, eine Küche, die benutzt werden darf und Schlafmöglichkeiten. Jeder Motorradfahrer, der nach Südamerika will oder von dort kommt, macht mindestens einen eintägigen Abstecher oder bleibt mehrere Tage hier.

Uns erscheint Panama im Augenblick nicht der Ort, wo wir länger bleiben möchten als unbedingt nötig. Am 4. Juli feiern die Staaten ihren Unabhängigkeitstag, zufällig ich auch meinen Geburtstag. In der Nähe des Flughafengeländes stehen Polizeistreifen und Militärposten, um Übergriffe der einheimischen Bevölkerung auf Amerikaner zu verhindern. Mir scheint eher, um zu zeigen, wer Herr im Haus ist. Ich verlasse die Basis, um eine Flasche Sekt zum Frühstück zu kaufen, der Supermarkt liegt vielleicht 500 Meter außerhalb. Auf dem Weg dorthin folgt mir bereits eine Streife. Als ich das Geschäft verlasse, gerade starte, höre ich jemanden pfeifen, drehe mich nicht um, sondern fahre einfach weiter. Das hätte ich besser nicht getan, neben der Ampel hält plötzlich ein Jeep, ein Uniformierter reißt die Tür auf und brüllt mich auf Spanisch an: »Papiere, aber schnell. Das wird Folgen haben!« – »Was ist passiert?« – »Halts, Maul, sonst müssen wir uns auf dem Revier unterhalten.« Er stinkt nach Bier und ich suche meinen Paß heraus. »Glaubst wohl, nicht halten zu müssen, wenn Du aufgefordert wirst? Ihr Amerikaner solltet wissen, daß hier Panama ist!« – Er nimmt den Ausweis, blättert wahllos herum, dann endlich bemerkt er, daß ich nicht aus den USA komme. »Du bist Deutscher? Was macht ein Europäer hier?« Sein Ton ist überhaupt nicht mehr aggressiv, fast entschuldigend. »Ich reise hier und sehe mir das Land an.« – »Das ist gut, aber sperr Deine Augen auf und nimm Dich vor den Gringos in acht!« – Als ich durch die Absperrung auf dem Militärgelände komme, haben mich US-Soldaten beobachtet: »Weißt Du eigentlich, wieviel Glück Du gehabt hast? Normalerweise hätte er die Papiere weggenommen und es hätte Tage gedauert, bis Du sie wiederbekommen hättest. Vor allem wäre es teuer geworden.«

Abends habe ich den Vorfall schon wieder vergessen und lade Philippe und die beiden Engländer auf ein Bier in die Altstadt ein, wo ich eine Kneipe kenne. Mich fasziniert dieser Teil der Stadt sehr, das Militär nehme ich kaum wahr, sondern habe nur Augen für die kleinen Leckereien in den winzigen Gassen, alten Männern, die Boule spielen und von morgens bis abends ihre dicken, eisernen Kugeln in den Sand rollen; oder zwei alte Omas, die ich immer auf derselben Bank auf der Plaza Catedral finde und die ich kennenlerne, als mir eine meine Halskette aus dem Hemd zieht, sie begutachtet, um dann beruhigt zu sagen: »Naja, kein Gold, die darfst Du ruhig tragen. Keiner klaut eine Silberkette!« An den Ecken vieler Straßen befinden sich offene Stehrestaurants, wo ich einen Kaffee trinken kann, von der Theke das Treiben auf der Straße beobachte. Ich wohne hier viel lieber, als in dem eingezäunten Militärgelände. Alleine, daß es morgens oder nachts, wenn ich das Motorrad mitten durch die Empfangshalle des Central Hotels fahre, überhaupt niemanden stört, daß ich es zwischen meterhohen Blumen abstelle, ist schon Grund genug für mich, um hier zu bleiben.

Gleich in der ersten Straße weiß ich, daß es keine gute Idee war, abends mit vier Motorrädern durch die Altstadt zu rollen, vor allem nicht am 4. Juli. Ganz wenige Häuser sind beleuchtet, die Straßenlichter sind aus und kleine Gruppen bewaffneter Soldaten überall. Philippe ruft mir zu: »Abhauen hier, das gefällt mir nicht!« – Im gleichen Augenblick springen drei Männer auf die Straße, mit vorgehaltenen Maschinenpistolen stoppen sie uns. Das Entsichern macht nicht gerade einen beruhigenden Eindruck. Im Nu versammelt sich eine riesige Menschenmenge um uns, einige gucken belustigt, interessiert, andere eindeutig aggressiv. Die drei Soldaten sind völlig unschlüssig, was denn jetzt mit uns passiert. Sie sammeln die Pässe ein, ich habe meinen gerade nicht dabei und gebe ihnen den internationalen Führerschein. Über Funk fordern sie Verstärkung an. Sofort taucht ein Lkw auf, dem wir folgen müssen, bis wir vor einer Baracke landen. Die Atmosphäre entspannt sich wieder, als wir unsere Nationalitäten nennen. Aber der Chef ist jetzt ganz pflichtbewußt ein Vorbild, will seinen offensichtlich gelangweilten Untergebenen zeigen, wie man sich in so einer Situation verhält. Er sitzt auf einem erhöhten Podest hinter einem großen Tisch und schaut auf uns hinunter. Zuerst blättert er in den Pässen. Aus meinem kann er nicht schlau werden, will sich aber keine neuen Blößen geben und fragt: »Woher kommst Du?« – »Deutschland.« – »Ja, das sehe ich selbst.« Er wedelt mit dem Führerschein. »Glaubst Du, ich kenne keinen deutschen Paß?« Philippe sieht mich an und meint auf Französisch – »Wie schön, an einen auffallend Intelligenten zu geraten.« – »Was hast Du gesagt?« – »Ach nur, daß mir heiß ist.« In einer Ecke steht ein Fernseher, die meisten Soldaten hocken sich jetzt wieder auf den Boden und sehen sich lieber ein Fußballspiel an. Draußen lehnen andere an den Motorrädern und rauchen oder sitzen Probe, drehen am Gasgriff und stören den Chef durch Zwischenfragen: »He, wie schnell ist die hier?« – »Ruhe, seht Ihr nicht, daß ich beim Verhör bin?«

Toni, der Engländer rettet die Situation und verwickelt ihn in ein Gespräch über Liverpool. Ja, in seiner Jugend habe er immer von Europa geträumt, schwärmt jetzt der Vorgesetzte hoch über uns, zeigt seine ganzen geographischen Kenntnisse, weiß von über 300 Sommertagen in diesem Industrieort, England sei ja die eigentliche Weltmacht und Frankreich oder Deutschland mehr oder weniger wie abhängige Kolonien! Toni gibt ihm recht, fragt, woher er so genau über Europa Bescheid wisse? »Das ist immer mein Steckenpferd gewesen!« Ich verziehe mich mit Philippe vor die Baracke, kann dieses Gelabere einfach nicht mehr ertragen. Nach über 2 Stunden werden wir hereingerufen und bekommen die Pässe wieder. »Ein Begleitfahrzeug wird Euch aus dieser gefährlichen Gegend führen!« Wir schütteln Hände, ich freue mich über diesen wunderschönen Geburtstag, dann setzt sich ein Pkw in Bewegung. Nach etwa 100 Metern biege ich ab, folge einer kleinen Straße und klettere die Eingangsstufen in die Hotelhalle hoch. Den Geburtstag hatte ich mir etwas anders vorgestellt, nun sitze ich frustriert auf dem Balkon, stoße mit mir selbst an und werde traurig. Aber was will ich denn mehr von diesem Tag? Zweimal von einer Streife gestoppt, mittags finden wir sogar eine Transportmöglichkeit für die Motorräder und fliegen in drei Tagen nach Bogota in Kolumbien. Die Motorräder werden im selben Flugzcug mitgenommen wie wir, pro Kilogramm bezahlen wir 90 Pfennig. Beim Bezahlen der Rechnung reichen wieder einmal die Nettoangaben in den Fahrzeugpapieren – 170 kg anstatt wirklichen 300 bedeuten eine ziemliche Ersparnis.

Wir sehen uns die Kanalzone an den Mira Flores Schleusen an, nahe der Pazifik-Küste. Bereits 1880 begannen die Franzosen mit dem Bau des Kanals, gaben aber nach 20 Jahren auf, als Krankheiten und vor allem finanzielle Schwierigkeiten ihnen zuwider kamen. Die Amerikaner kauften die Rechte ab und stellten 12 Jahre später den Kanal fertig, eine 80 Kilometer lange Verbindung zwischen Atlantik und Pazifik. Am 31.12.1999 müssen die USA den Kanal an Panama übergeben. Die Fahrt von Ozean zu Ozean dauert etwa einen halben Tag, der frühere Umweg ums Kap 21 Tage! Vom Atlantik her steigt ein Schiff über drei riesige Schleusen bis auf 30 Meter über dem Meeresspiegel und wird in der Höhe von Panama-City am Atlantik über zwei weitere wieder auf das Meeresniveau heruntergelassen. Jede Schleuse ist 35 Meter breit und über 300 Meter lang, trotzdem gibt es Schiffe, die nicht hier durch passen: Supertanker, Flugzeugträger. Die höchsten Gebühren entrichtete das Passagierschiff Queen Elizabeth II, 180.000,– DM! Es ist überwältigend zu sehen, wie innerhalb von Minuten ein Schiff um etliche Meter angehoben wird, wenn sich die Schleusen im westlichen Teil öffnen und das höhergelegene Wasser das Niveau der tiefergelegenen Schleuse ausgleicht.

Viel spannender aber wird das Verladen der Motorräder. Die Frachtluke ist so klein, daß wir die Spiegel abschrauben müssen, die Koffer ebenfalls, erst dann paßt eine Maschine diagonal hindurch. Wir bekommen eine Sondergenehmigung und dürfen das Flughafengelände betreten, um beim Verladen zu helfen. Zuerst wird der Raum, in dem man nicht stehen kann, mit Paketen und Postsäcken gefüllt, so daß die Motorräder unmöglich Platz finden. Ratloses Staunen! Was nun, vor allem soll in 15 Minuten der Start stattfinden, die Passagiere sitzen bereits und sehen uns aus den Fenstern zu. Wir laden das gesamte Gepäck aus, schieben, heben, ziehen das erste Motorrad durch die Luke und stellen es gegen die Bordwand – es gibt keine Befestigungsmöglichkeit, so daß wir die Motorräder gegeneinanderstellen und sie dann mit den Paketen zupacken. Die ganze Aktion dauert über eine Stunde, von einem planmäßigen Abflug kann nicht unbedingt die Rede sein. Als wir endlich als letzte das Flugzeug besteigen, suchen wir auf dem schnellsten Weg unsere Plätze, Philippe kann es sich nicht verkneifen, seinen Nachbarn nach dem Grund der Verzögerung zu fragen.

In Bogota stehen riesengroße, mindestens 30 Jahre alte Taxis vor dem Gebäude. Gleich fünf Fahrer bieten ihre Dienste an. Natürlich kennt der Chauffeur ein gutes, billiges Hotel, wo er wahrscheinlich eine Kommission vom Besitzer erhält.

Die Kolumbianer sind unglaublich nett und versuchen alles, um uns bei den Zollformalitäten zu helfen. Donnerstagabend erreichten wir Südamerika, freitags sind wir den ganzen Tag damit beschäftigt, die richtigen Zollbehörden zu finden, dann gab es erst einmal zwei Tage Wochenende, Montag wieder Non-Stop Papierkrieg. Am Dienstagnachmittag, nach 5 Tagen, rollen wir auf der Straße. Es ist tausendmal angenehmer, diesen ganzen Streß zu zweit durchzumachen, oft wechseln wir uns beim Anstellen ab, oder ich setze mich in ein Café und Philippe darf für die nächsten zwei

Stunden Papiere abstempeln lassen, Unterschriften sammeln. »He, die zwei Stunden sind um, die nächste Station ist irgendein Zollgebäude am Ende der Stadt. Hier die Adresse, gib mir mal den Walkman und viel Spaß. Wir sehen uns hier wieder.« Beinahe ist es wirklich Spaß, denn jeder kann anschließend von seinen Erlebnissen berichten. Wir überbieten uns gegenseitig mit den unglaublichsten Geschichten. Eine erleben wir gemeinsam, sonst hätte sie der andere wohl nie geglaubt. Irgendein Chef irgendeiner Zollbehörde mußte irgendein Papier unterschreiben, sonst ginge es nicht weiter zum nächsten Büro. Wir sitzen also im Vorzimmer, als die Sekretärin uns auf Morgen vertrösten will: »Der Chef ist heute nicht da. Er hat einen Tag Urlaub.« Das Komische ist nur, daß ständig Leute in sein Zimmer gehen und wir Gespräche hören. Wir beachten die Beteuerungen der Dame nicht weiter, klopfen an und stehen vor dem Leibhaftigen. »Ja, bitte?« – »Guten Tag, wir brauchen eine Unterschrift von Ihnen.« – »Das geht nicht, mein Herr, ich bin heute gar nicht in meinem Büro.« Philippe guckt mich an, meint auf Französisch: »Stimmt, er ist nicht da, wir sollten morgen wieder-kommen.« – »Eh, ich verstehe nicht, warum sind Sie nicht hier?« – »Das ist so, heute ist mein freier Tag und offiziell bin ich nicht im Büro. Wenn ich jetzt aber die Papiere unterzeichne, bin ich doch hier gewesen, dabei bin ich doch nicht hier!« – Das macht wirklich Sinn und ich bin froh, daß Philippe in solchen Situationen unglaublich diplomatisch und einfühlsam sein kann. Er knallt ihm die Papiere auf den Tisch und meint: »Hier unterschreiben!« Der gar nicht Anwesende sucht Rat bei mir, den ich ihm gerne gebe: »Ja, genau da, nur eine Unterschrift, und wenn mich jemand fragt, ob ich Sie gesehen habe, sage ich einfach nein, sie seien gar nicht da.« – Er unterschreibt und wir lassen ihn an seinem Urlaubstag allein.

Die Aufzählung ähnlicher Begebenheiten würde Seiten füllen, jedenfalls glauben wir oft gar nicht, was wir mitmachen.

Bogota liegt auf 2650 Meter. Jetzt, Anfang Juli, zeigen die Temperaturen 7 Grad Celsius am Tag an. Die Stadt wirkt sehr heruntergekommen, überall wird repariert – oder besser; zusammengeflickt. Selbst neue Hochhäuser haben zerbrochene Scheiben. Zwischen stinkenden Bussen ziehen Menschen kleine Holzwagen. Auf einer Verkehrsinsel sitzt eine Frau mit ihrem Baby und wärmt sich an einem Feuer, das sie aus Zweigen und Bauholz gemacht hatte. Zwei völlig zerlumpte Typen rufen uns etwas von der gegenüberliegen-den Straßenseite zu, als plötzlich zwei Polizeimotorräder auf sie zuschießen – 125 cm³ Enduros. Einer läßt sein Moped fallen und ergreift die Jugendlichen. Ein Wagen hält im gleichen Augenblick und lädt die zwei ein. Sie können einem schon jetzt leid tun.

An den Straßenrändern befinden sich Wellblechhütten, Schweine, Hunde und Pferde laufen herum und wühlen in den Abfällen. Vollbepackte Esel schleppen Brennholz, Kisten mit Bier oder dienen drei Menschen gleichzeitig als Transportmittel.

Natürlich liegt unser Hotel sehr zentral, da hatte der Taxifahrer wirklich recht. Es liegt mitten in der Zona roja, der Rotlichtzone. Unsere Straße scheint der Mittelpunkt der Transvestiten zu sein. Nachts verwandelt sich die Gegend schlagartig: Nutten, besoffene Kunden, Mannschaftswagen mit schwer bewaffneten Militärs. Dealer gehen neben uns her, holen einen Beutel aus der Tasche: »He, das ist bestes Kokain, mein Freund. Nichts wird Dich glücklicher machen!« In einem Hauseingang liegt eine Frau, wärmt sich unter einer dicken Wolldecke, das Gesicht eines kleinen Mädchens guckt hervor. Die Mutter schläft, das Mädchen beobachtet das Treiben mit ausdruckslosen, traurigen Augen.

Ein Kolumbianer bietet schnelles Geld an: Auf einem umgekippten Ölfaß befindet sich ein kleiner Würfel. Er hält drei leere Deckel zwischen den Fingern und bedeckt mit einem abwechselnd den Würfel, alles sehr langsam, man kann eigentlich genau verfolgen, wo er sich befindet. Eine Frau setzt 1000 Pesos (6 DM) und zeigt auf einen. Er hebt ihn hoch – gewonnen! Die Frau bekommt 1000 Pesos von ihm, manchmal verliert sie, aber meistens hat sie Glück und steckt sich eine schöne Summe Geld ein. Natürlich spielen wir auch und genauso natürlich verlieren wir. »Verdammt, ich war ganz sicher, daß der Würfel unter diesem Deckel war!« – »Ich auch!« Irgendwann ruft jemand: »Achtung, Polizei!« Die Frau, die soviel Geld gewann, rennt mit dem Kolumbianer zusammen weg.

Wir möchten keine Minute länger in Bogota bleiben, fünf Tage reichen uns vollkommen. Die Straße führt durch die nördlichen Ausläufer der Anden, immerhin an vier Fünftausendern vorbei. Die Hänge fallen steil ab, im Tal fließen breite Flüsse, etwa der Rio Magdalena. Es wird so kalt, daß wir uns von einem dicken paar Wollsocken die Füße abschneiden und uns den Rest über die Knie ziehen. Die Fahrbahn wird an vielen Stellen von tückischen Löchern übersät. Ich kann mir nicht vorstellen, wie sie in den ansonsten guten Belag kommen, bis ich am Rand ein Feuer erkenne. Liegengebliebene Fahrzeuge zünden Holz an, damit sie nachts nicht übersehen werden. Die Hitze frißt natürlich den dünnen Asphaltbelag weg. Die winzigen Städte durch die wir kommen, heben sich vollkommen von Bogota ab. Sie sind gepflegt, die Häuser in hellen Farben gestrichen, die zentralen Plätze mit Pflastersteinen ausgelegt. Alte Gußeiserne Laternen beleuchten nachts die Straßen. Wir fühlen uns absolut sicher. Oft winken uns Männer an ihre Tische, laden uns auf ein Bier ein, wollen etwas über Politik erfahren und sind gern bereit, über die Kokainmafia oder linke Untergrundbewegungen in ihrem Land zu reden. Wenn sie erzählen, klingt nie ein Vorwurf mit oder Selbstmitleid: Der Kellner arbeitet 17 Stunden jeden Tag, bei vier freien Tagen und 100 DM Verdienst im Monat! In Deutschland würden Kellner

Traumstraße, Pto Valdiya.

sogar 400 DM bekommen, ob das stimme? »Naja, die Menschen verdienen schon mehr, aber weißt Du, daß ein Kaffee 3 DM kostet oder eine kleine Wohnung 300 DM im Monat?«

Wir halten auf Märkten und kaufen unser Frühstück ein: Brot, Käse, Avocados, Zwiebeln, Tomaten und Joghurt, dazu Milch. Auf einem Plateau sitzen wir in der Sonne, sehen in ein riesiges Tal und auf eine endlose Serpentinenstraße, die wir gerade hinter uns ließen.

Oft liegen zwischen einzelnen Gebirgskämmen weite Einschnitte und wir fahren von über 2000 Meter Höhe ständig bergab, überqueren einen Fluß, um gleich wieder in ununterbrochenen Kurven aufzusteigen. In den Tälern wird es neblig. Manchmal können wir nur im ersten Gang weiter, Blinker und Licht an, um gesehen zu werden. Es ist ein beängstigendes Gefühl, sich vorzustellen, daß plötzlich ein Lkw auf der Straße steht.

In der Nähe von Pto Valdiyia entdecken wir einen klaren Gebirgsbach. Wir wollen gerade unsere Zelte aufschlagen, als drei Kinder kommen, um uns zu sagen, daß ihre Mutter uns in ihr Haus einlädt. Unter einem Vordach baue ich mein Zelt auf, Philippe spannt seine Hängematte. Die etwa 50jährige Dame bietet uns an, mit ihr zu essen, bis dahin sei noch genügend Zeit, die Kleinen würden uns eine schöne Stelle zum Baden zeigen. Tatsächlich folgt ein Pfad dem Fluß, an einer breiten Stelle staut sich das Wasser zu einem Naturschwimmbad, in der Mitte große Steine, wo man sich in der Sonne trocknen läßt. Die Frau sitzt in ihrem Schaukelstuhl, liest den Kindern eine Geschichte vor. Ein Kaninchen, eine kleine Katze und ein junger Hund laufen zwischen den Füßen herum, der Hund beißt am liebsten in meine Zehen. Die Kinder hocken auf dem Boden und stellen Fragen, hören beim Vorlesen zu. Es gibt weder TV noch ein Radio. Als ich meinen Kurzwellen-empfänger heraushole, gucken sie mir gespannt zu, aber außer einem

280

Piepsen kann ich in den Bergen nichts empfangen. Das macht weiter nichts, die Mutter zeigt auf die vielen Knöpfe und erläutert, dies sei ein Kalkulator, ein Taschenrechner.

Das schöne am Zelten ist immer die Sonne, die mich morgens weckt. Ich spaziere zum Fluß und lasse mich der Länge nach hineinfallen. Die Strömung ist sehr stark und ich stütze mich mit den Füßen gegen einen Stein ab.

Wir lassen die Anden hinter uns und nähern uns dem Meer. Je tiefer wir kommen, umso öfter stoppen wir, um uns ein paar Sachen auszuziehen – zuerst die Kniewärmer, dann die Weste, später Pullover und Hemd, schließlich wird selbst mit T-Shirt und offener Jacke die Hitze unerträglich. Wir halten nur noch im Schatten von Bäumen, suchen kleine Stände, wo Verkäufer Früchte und Eis zerhacken und in einem Mixer leckere Mangosäfte oder Bananenshakes anbieten.

An einer Kreuzung fallen wir in die Stühle eines Restaurants und lassen uns bedienen. Busse halten hier, fliegende Händler rennen mit Tabletts heran, um die kurzen Pausen zu nutzen, warme Teigtaschen mit Eiern oder Fleisch oder Reis in großen Blättern mit einer Tüte Chilisoße zu verkaufen. Die dicke Besitzerin unseres Ladens bescheißt uns aufs Übelste. Gerade habe ich für zwei Säfte bezahlt, als sie das Geld in einer Tasche verschwinden läßt und die gleiche Summe noch einmal fordert. »He, Rudi, reg Dich nicht auf, Du bist ja oft durcheinander, bestimmt hast Du noch nicht bezahlt.« Später gibt Philippe ihr einen fünfhundert Pesoschein, sie steckt ihn ein und fordert ihn auf, 500 Pesos zu zahlen. »He, verdammt noch mal, ich habe schon mal...« Die Lady baut sich in ihrer ganzen Fülle vor uns auf, wir

Schnellimbiß an der Straße.

hängen schlapp und abgekämpft in den Stühlen. »Na, gut, wenn Du meinst, hier ist das Geld!« Wir sehen zuerst uns an, dann die Dicke und brechen in ein minutenlanges Lachen aus. Unsere Nachbarn bekommen die Szene mit, sehen ebenfalls zur Besitzerin und brüllen mit.

Eine der schönsten und wohlhabendsten Städte ist Cartagena, berühmt vor allem durch seine Altstadt mit den dicken Befestigungsmauern: Hölzerne Balkone, wunderschöne Schnitzereien an Türen, enge Gassen, kleine Plätze mit hohen Palmen, restaurierten Kirchen und winzigen Pensionen. Der Rest der Stadt ist mit Hochhäusern bebaut, die sich auf einer langen schmalen Halbinsel ins Meer ziehen, Sandstrände und Jachthäfen en masse. Dieser Teil mit Banken, teuren Boutiquen und Straßenrestaurants erinnert mich an Südfrankreich. Leute bieten selbstgefertigten Schmuck an, Paare schlendern Arm in Arm an Schaufenstern vorbei, Motorräder rollen von Café zu Café.

Wir folgen einiger Zeit der Karibikküste Richtung Venezuela. Einmal kommen wir durch Wälder, nur daß die Bäume keinen Quadratzentimeter Grün zeigen, ausgetrocknete Wurzeln, Äste und Baumstämme ohne Kronen geben den Eindruck, als sei hier eine Bombe gefallen. Vermutlich bekommt dieser Teil Verbindung mit dem salzigen Meerwasser, das nun dafür sorgt, daß die Pflanzen absterben. Der Prozeß setzt sich fort und an einigen Stellen wuchert bereits Meeresvegetation und vielleicht wird in vielen Jahren alles genauso grün sein wie vorher.

In der Nähe solcher Moskitobrutstätten ist es einfach unmöglich, ein Zelt aufzuschlagen. Einmal stottert das Motorrad, weil der Benzinfilter verstopft ist und ich ziehe die Jacke aus, um nicht vor Hitze zu sterben. Ich habe noch nicht den alten Filter abgezogen, als meine Arme, Hände voller schwarzer Insekten sind, ich ziehe die Jacke wieder an, setzte selbst den Helm auf und wechsle den Filter in Rekordzeit – und wohl auch mit 3 kg Wasserverlust.

Ich habe etwas Angst davor, Malaria zu bekommen, denn ich nehme keine Prophylaxe mehr. Die Nebenwirkungen, die Resochin, Fansidar, Daraprim oder ähnliche Mittel auf den Beipackzetteln andeuten, sind mir zu riskant, vor allem wenn ich sie über einen eineinhalbjährigen Zeitraum schlucken muß. Die Möglichkeit, sie nur in den gefährdeten Gebieten, wie Asien, Zentralamerika und jetzt Südamerika zu nehmen, besteht nicht, da ich 10 Tage vor Eintritt und 6 Wochen nach Verlassen des Malariabereiches die Tabletten einnehmen muß. Vor über 10 Jahren bekam ich diese Fieberkrankheit einmal. Ich rede mir ein, daß ich die Symptome bestens kenne und eine Behandlung überhaupt kein Problem sei, wenn sie frühzeitig erkannt wird. Zwei Monate später soll ich die schmerzliche Erfahrung machen, daß ein Erkennen allein nicht hilft, wenn kein Arzt oder Krankenhaus in der Nähe sind.

Mein Zelt besteht aus einem Innenteil, das an zwei langen zusammengesteckten Fiberglasstangen aufgehängt wird und wie ein Iglu aussieht. Es steht

Philippe aus Frankreich.

frei, ich brauche keinen einzigen Hering, kann es auf Steinboden oder auf Sand stellen. Vor allem ist das Material aus einem feinen, durchsichtigen Netzstoff, so daß ich mehr oder weniger unter freiem Himmel schlafe und keine Insekten hinein können. Das heißt nicht, daß keine im Zelt sind – wenn ich den Reißverschluß öffne und mein Gepäck hineinlege, später selbst hineinkrabble, nutzen das natürlich immer ein paar Moskitos, um mich zu begleiten. Ich hänge eine Taschenlampe ans Zeltdach und warte auf die kleinen Blutsauger.

Wenige Kilometer vor der Grenze nach Venezuela bleibt die Honda stehen, sagt keinen Mucks mehr. Das passierte nun schon einige Male, vor allem auf hohen Pässen. Ich halte dann einige Minuten, starte wieder und alles ist vergessen. Woran es genau liegt, kann ich nie ausmachen. Hier ist es anders, denn wir befinden uns im Flachland. Das übliche Hoffen-wieder starten-Spiel beginnt. 10 Kilometer weiter sagt der Motor keinen Ton mehr, der Anlasser dreht, Benzin kommt bis zum Vergaser, aber nicht weiter. Eigentlich müßte ich nur den Boden der Vergaser aufschrauben und die Düsen reinigen. Aber den Doppelvergaser kann man nicht einfach zur Seite drehen, nachdem man die zwei Breitschlauchschellen gelöst hat. Unter den Vergasern liegt der Startermotor und zum Schrauben bleiben vielleicht 4 Zentimeter Platz. Wir sägen den Kopf des Schraubenziehers ab, fummeln ihn zwischen Startermotor und Vergaserkopfdeckel, können ihn aber nicht richtig festhalten und ich will nicht das Gewinde der Schrauben runddrehen.

Wir haben nicht viel Wasser, kaum Lebensmittel dabei, die Gegend wirkt sehr verlassen, scheint uns nicht unbedingt der Platz zum Übernachten zu sein. Philippe fährt die 30 Kilometer zum nächsten Ort, um Verpflegung zu kaufen. Ich warte auf ihn, es wird dunkel und wir wollen morgen früh nach dem Vergaser sehen.

Ein Typ taucht auf, unrasiert, eine Axt auf der Schulter. Er steht nur da und starrt. Ein zweiter taucht mitten aus dem Nichts auf. Ich stehe in kurzer Hose, nacktem Oberkörper neben dem Motorrad. Das ganze Gepäck ist abgeladen, Werkzeug liegt auf dem Boden, Philippes großes Messer auf dem Sattel. Die beiden scheinen nur das Messer zu sehen, ich versuche das Schweigen zu brechen, biete ihnen Wasser an – sie schütteln nur mit dem Kopf und starren weiter. Das ist ein mulmiges Gefühl und ich versuche, so ungezwungen wie möglich zu sein, bleibe ganz nahe am Motorrad, packe die Klamotten zusammen, denn hier können wir ja wohl schlecht übernachten. Die zwei setzen sich auf den Boden, stellen ihre Äxte zwischen die Füße und warten – worauf wohl? Nach eineinhalb Stunden kommt Philippe. In solchen Situationen ist es sehr hilfreich, wenn wir uns auf französisch unterhalten: »He, was wollen die Jungs hier?« – »Keine Ahnung, ich glaube, Dein Messer, uns die Kehle aufschneiden und ausrauben!« – »So wie die aussehen, könnte ich mir das auch glatt vorstellen! Zwei Kilometer von hier habe ich einen Weg gesehen, der zu einer Farm führt. Laß uns dort übernachten.« Glücklicherweise geht die Straße leicht bergab und ich kann das ganze Stück rollen. Die Farm besteht aus einem kleinen Haus, in einem großen Umkreis ist das ganze Gras und die Bäume gerodet, so daß sich auf dem sandigen Boden keine Moskitos aufhalten. Ein Mann, seine Frau und zwei Kinder sitzen vor dem Haus. »Hallo, sagen Sie bitte, dürfen wir hier unsere Zelte aufschlagen?« – Er scheint schwerhörig, denn er brüllt uns mit einer Stimme an, als wolle er die Trommelfelle zum Platzen bringen. »Seid Ihr verrückt, das ist zu gefährlich!« – »Warum?« – »Da könnt Ihr gleich ein Loch graben und Euch reinlegen. Ihr übernachtet auf meinem Grundstück, da seid Ihr sicher!«

Wir hängen den Wasserkanister an einen Pfosten vor dem Haus, die Familie läßt uns allein. Später bringt der Mann einen Stoß Holz für ein Feuer, die Frau stellt uns zwei Töpfe hin, mit gekochten Kartoffeln, Fladen-broten und gebratenem Reis, ob wir einen Kaffee möchten? Wir kramen die letzten zwei Dosen Bier aus dem Gepäck und teilen sie mit ihnen. Ich schlafe herrlich, nur weckt uns der Farmer um 6 Uhr morgens, brüllt mit der ganzen Wucht seiner Stimme: »He, hallo, guten Morgen, ich gehe jetzt auf die Felder, hier ist Frühstück, auf Wiedersehen.« – »Guten Morgen, hallo, wie spät ist es denn?« – »Rudi, mach nicht so einen Lärm, es ist ja noch dunkel!« – Wir genießen Spiegeleier und Maisbrot, wärmen uns an der aufgehenden Sonne.

Ich schraube den vorderen Teil der Auspuffanlage ab und hänge die

284

Krümmer über die Gepäckträger, dann baue ich den E-Startermotor aus und jetzt endlich kann ich die Schrauben am Vergaserboden lösen. Tatsächlich ist eine Düse verstopft, ich reinige noch den Filter am Benzinhahn, jetzt sollte ich für einige Zeit Ruhe haben. Wir haben uns zur Belohnung eine Melone aufgehoben. Als wir sie jetzt aufschneiden wollen, müssen wir mit ansehen, wie vier kleine Schweine sich über sie hermachen. Wir verjagen sie, bombardieren sie mit Steinen, aber das bringt uns die Melone auch nicht zurück. Das Farmhaus besteht aus einem einzigen dunklen Zimmer, um Platz zu sparen, wird das Bett einfach unter die Decke gehängt. Die Frau arbeitet an einer Hängematte. Nach zwei Monaten Arbeit bekommt sie auf dem Markt 10 DM dafür, meint sie.

Wir übernachten sehr oft auf diese Weise. Meistens sind die Menschen wirklich arm aber unglaublich nett und großzügig. Meistens geben wir etwas Geld, wenn wir am nächsten Tag weiterfahren. Manchmal Medikamente oder Lebensmittel.

Hinter der Grenze erkennt man sofort, daß Venezuela ein wohlhabenderes

Straßenhändler.

Land ist als Kolumbien. Im ersten Ort werden Hähnchen gegrillt, stehen Allradfahrzeuge und amerikanische Lkws an der Tankstelle, neben den Straßen türmt sich der Abfall: leere Öl- oder Coladosen, abgefallene Auspuffanlagen, verlassene und ausgebrannte Autowracks. Entlang der Straßen gibt es immer wieder kleine Stände. Sobald wir anhalten, um ein Foto zu machen oder nur zu gucken, was es gibt, stürzen Männer und Frauen auf uns, bringen gleich einige Hängematten mit oder Obst, andere schleppen eine geschlachtete Ziege, es dürfen auch gegerbte Felle sein. »He, was soll ich mit der ganzen Ziege?« – »Essen, guck Dir mal das gute Fleisch an, Du kannst sie gut auf dem Motorrad befestigen.« – Er legt sie über einen Koffer und kramt in den Taschen nach einem Band. »Nee, laß mal, ich glaube nicht, daß ich das Fleisch kaufe.« – »Dann kauf wenigstens das Fell!« – »Was soll ich denn mit dem Fell?« – »Da kannst Du Dich nachts drauflegen und..., nein, kein Fell? Mach wenigstens ein Foto.« Alle stellen sich nun in Position, kerzengerade, halten die Ziege an den Hinterläufen hoch, kleine Kinder kommen angerannt und wollen auch noch schnell mit drauf.

Weniger freundlich verlaufen die Straßenkontrollen. Auf einer Strecke von 100 Kilometer werden wir dreimal angehalten. Es geht immer nur vordergründig um die Papiere, meist freuen sich die Polizisten über diese Abwechslung und können nicht verstehen, daß wir keinen Bock haben, ihnen alle Länder aufzuzählen, wo wir während der Reise gewesen sind. Bei der dritten Sperre platzt mit der Kragen und ich werde unfreundlich. »Hier die Pässe, wie ist die erste Frage?« – »Wie bitte?« – »Mensch, wir werden nun schon zum dritten Mal kontrolliert!« – »Das interessiert mich nicht, packt Euer gesamtes Gepäck aus, Führerschein, Fahrzeugpapiere, Geld will ich sehen!« Naja, es wird dunkel, wir laden alles aus, dürfen es unbegutachtet wieder in die Koffer verstauen, das sollte reichen, um unsere Wut zu mildern. »Sagt mal, macht Ihr eine Weltreise? Wo hat es Euch denn am besten gefallen?« – »Hier, genau jetzt, wo wir unser Gepäck auf die Straße legen dürfen, es dunkel wird und wir keinen Platz zum Schlafen haben.« – »Ja, gefällt es Euch in Venezuela?« – »Oh, ja, bis jetzt sehr!«

In der Nähe von Coro gibt es eine riesige Dünenlandschaft, was umso faszinierender ist, da die weitere Umgebung aus Mangrovenwäldern, Palmen und anderer tropischer Vegetation besteht. Ich fühle mich gleich wie in der Sahara, vergesse alles und fahre mit 80 km/h direkt in den Sand. Die Geschwindigkeit läßt nach, ich schalte runter, gebe Gas, aber irgendwann gräbt sich das Hinterrad bis zu den Koffern ein – der Asphalt verwöhnt mich zu sehr, ich denke natürlich nicht daran, vorher ein Stück zu Fuß zurückzulegen, um zu prüfen, wie weich der Boden ist, dann eventuell Luft aus den Reifen zu lassen, um die Auflagefläche zu verbreitern. »He, geht das so in der Sahara?« – »Nein, nicht ganz!« Ich schraube die Koffer ab, lasse den Druck im Hinterrad auf 0,5 atü runter, fahre langsam im ersten Gang mit

Vorgeschmack auf die Sahara, Venezuela.

schleifender Kupplung an, Philippe schiebt von hinten. Das ist schon ein irres Gefühl, nach den Tropen nun plötzlich und übergangslos mitten in der Wüste zu sein. Wir suchen uns eine Stelle, die weit weg ist von der Straße, um uns herum nichts als Sand, keine Geräusche. Nur der Himmel ist zu sehen, mit einer Milchstraße, die wie ein breites, helles Band leuchtet.

Die Gegend bleibt flach, vor der Küste befinden sich immer wieder kleine Inseln, die schönsten sind zu einem Nationalpark zusammengefaßt und können von Chichiriviche erreicht werden. Ein Fischer bringt uns auf eine beliebige Insel, wir entscheiden uns für Cayo Muerto, vielleicht 300 x 300 Meter groß. Die Motorräder können wir im Innenhof seines Hauses abstellen. Nach fünf Tagen verabreden wir uns wieder mit ihm, dann soll er morgens zur Insel kommen. Er findet es in Ordnung, daß wir erst bezahlen, wenn er uns abholt. Auf der Insel gibt es eine Art Restaurant, d.h. jeden Morgen setzen Fischer eine Frau hier ab, sie bringt einen Sack mit Brot und frischem Fisch mit. Pünktlich um 16.00 Uhr verläßt sie uns wieder, dann sind wir ganz allein. Während des Wochenendes verwandelt sich die Idylle offensichtlich in einen Tummelplatz aus großen Familien mit Luftmatratzen, Grillgeräten, Kofferradios und Zelten. Glücklicherweise kommen wir Sonntag abend an und sehen zu, wie innerhalb weniger Stunden die letzten Urlauber in die Boote steigen. Eine Hälfte der Insel ist sehr sauber, die andere wird als Müllhalde benutzt. Viele Palmen scheinen von einer Krankheit befallen zu sein, oft bleiben nur die langen Stämme übrig, die Kronen trocknen aus, Kokosnüsse sind verkümmert und ohne Milch.

Es ist ein unglaubliches Gefühl, ganz allein auf einer Insel zu leben. Am nächsten Morgen legen Fischer an, ziehen ihre Boote an Land, um ihnen einen neuen Anstrich zu geben. »He, Amigos!« – Sie winken uns heran, wir dürfen mitschieben, die Boote auf Baumstümpfe heben und sie über diese Rollen auf den Sand ziehen. Eine Flasche Anis Dulce, ein 30%iger süßer Schnaps sorgt bereits morgens um 8 Uhr für Stimmung. Alle strahlen gute Laune aus, lachen ständig, feuern sich gegenseitig an, und wenn das Boot mal wieder von den Baumstämmen abgleitet, macht es nichts. Sie setzen sich in den Sand, überlegen, wie sie es wieder zurückbekommen, erst einmal aber einen Schluck Anisschnaps.

Nachmittags fahren wir mit zum Fischen und passieren Inseln, die mich an die Malediven erinnern: Manche sind winzig klein, nur eine Handvoll Palmen und immer Wasser, das so klar ist, daß man unendlich tief gucken kann. Einmal kommen wir an einer vorbei, die nur aus Sand besteht, kein bißchen Grün weit und breit.

Kurz vor Sonnenuntergang stürzen sich Millionen von Moskitos auf uns, beinahe können wir die Uhr nach ihnen stellen. Wir rennen ins Wasser, sitzen bis zum Kopf darin und auch das ist nicht genug, denn jetzt fallen sie über das Gesicht her, so daß wir untertauchen. Beim Hochkommen schlagen wir wild um uns, spritzen mit Wasser. Das geht etwa eine halbe Stunde so, dann verschwinden sie genauso plötzlich wieder, ruhen sich in den Büschen und Bäumen aus, um auf den nächsten Tag zu warten. Abends sitzen wir lange am Strand, sehen die Lichter der Stadt, Schiffe legen an und ich werde traurig, wenn ich daran denke, daß dies vielleicht der letzte Tag am Meer sein wird, Philippe bald weiter nach Brasilien fährt und ich nur noch Westafrika vor mir habe und dann die eineinhalb Jahre schon zu Ende sein sollen.

Unser Taxi legt pünktlich an, wir steigen in das Boot und bepacken die Motorräder. Im Innenhof des Hauses spielt sich das ganze Leben ab, in den Räumen selbst halten es die Menschen tagsüber nicht aus. Wäsche wird getrocknet und über die Motorräder gelegt, eine alte Frau sitzt vor einem TV und läßt sich durch nichts von der Mittagsserie »Meine Familie und ich« ablenken. Sie schaukelt ein Baby auf dem Arm, neben ihrem Stuhl plärrt ein Junge – links und rechts eine Ohrfeige schaltet den Störenfried aus. Die Söhne schrauben einen Außenborder auseinander, in der Mitte des Hofes türmt sich ein Haufen mit Haushaltsabfällen, Ölfiltern, einer abgebrochenen Schiffsschraube, zerrissenen Netzen. Irgendwo müssen noch meine Bergstiefel und der Helm sein: »Entschuldigen Sie, ich kann einige Sachen nicht finden.« – »Ach, da spielt bestimmt Jorge mit. He, Jorge, komm sofort mit den Klamotten von dem Tourist her!« – Ein kleiner Junge erscheint, schiebt einen Stiefel vor den anderen, steht in den viel zu großen Schuhen, auf dem Kopf sitzt der Helm, er muß einige Male aus Versehen ins Wasser gefallen sein. »Ist alles da?« – fragt die Chefin. Wir können den Unterton nicht überhören: »Kann ich jetzt ungestört das Schicksal der Familie weiter verfolgen!« – »Eh, ja vorher ist hier noch ein Spiegel gewesen!« – »Carlos!« – Ein Jugendlicher kommt angerannt: »He, Großmutter, was gibts?« – »Hol sofort den verdammten Spiegel her!« – »Welchen...?« Die Frage wird durch einen Rundschlag beendet, der zwischen seinen Beinen landet, der Spiegel taucht wie durch ein Wunder wieder auf. Jetzt meldet sich der Fischer: »Seht Ihr, wie ich gesagt habe, hier verschwindet nichts.«

In einem kleinen Hotel in einem winzigen Ort erlaubt uns der Besitzer zu übernachten und die Dusche zu benutzen. Er ist Portugiese, ziemlich jung und offensichtlich ist ihm völlig egal, wer in seinem Haus absteigt. Ein Straßenkreuzer fährt in den Hof, die Sitze und das Armaturenbrett mit weißem Fell ausgeschlagen, hinter dem Fahrer tippelt ein Mädchen auf meterhohen Absätzen, Netzstrümpfen, rot lackierten Fingernägeln. Zwei Stunden später verlassen sie das Etablissement wieder.

Venezuela ist das Land, wo Benzin und Bier fast umsonst sind. In einem Restaurant kostet die Flasche 25 Pfennig, an den Zapfsäulen kann man zwischen 83, 85, 87, 91 oder 95 Oktan wählen, indem man die gewünschte Qualität eintippt – 1 Liter vom Besten kostet etwa 8 Pfennig!

Heute beginnen die sechswöchigen Ferien und wir müssen stundenlang suchen, bis wir endlich ein Hotel in Caracas finden. Der Verkehr ist chaotisch und wie üblich in südamerikanischen Großstädten wimmelt es von Einbahnstraßen. Lange Häuserschluchten bestehen aus 20 bis 30stöckigen Wohnblocks, Balkone sind selbst bis in die letzte Etage mit engen Gitterstäben gesichert. Richtig gefährlich sind die Straßen, vor allem, wenn es regnet, dann nämlich füllen sich offene Schächte der Kanalisationen, wo aus irgendeinem Grund der Deckel fehlt. Manchmal stehen die Fahrbahnen so hoch unter Wasser, daß man keine Ahnung hat, wo sich diese tödlichen Fallen befinden. Philippe fährt mit dem Vorderrad in eine hinein, stürzt und liegt der Länge nach im Wasser. Wir untersuchen die Felge und die Speichen, folgen jetzt nur noch einem Auto, um diesen Löchern zu entgehen. Es fällt uns nicht schwer, die Motorräder in einer Garage zu lassen und die Metro zu nehmen. Sie wurde vor einigen Jahren von Franzosen gebaut und ist mindestens so schnell und sauber wie die in Japan. Nur müssen sich Venezuelaner erst noch an die Technik gewöhnen: An den Stationen stehen völlig idiotensichere Kartenautomaten, nur werden sie von niemandem benutzt, stattdessen bildet sich eine oft 100 Meter lange Schlange vor dem Schalter. Ich glaube, die Stadtverwaltung löst dieses Problem viel einfacher in Mexiko-City – jede Station wird neben dem Namen mit einem Bild dargestellt, und hilft den vielen Analphabeten sich besser zurecht zu finden.

Venezuela bedeutet die letzte Station in Südamerika, vielleicht könnte ich es schaffen, bis Brasilien runter zu kommen, aber da ich Ende September 1988 wieder in Deutschland zurück sein möchte, würde es bedeuten, jeden Tag stundenlang zu fahren und wenig zu sehen. Ich entschließe mich, von Caracas nach Westafrika zu fliegen. Tja, nur gibt es keine Direktverbindungen. Mit dem Schiff schon gar nicht und als Luftfracht ebenfalls nicht. Die einzige Möglichkeit ist der Umweg über die Schweiz und dann weiter nach Lagos, Nigeria! Das ist eine Tatsache, aufregen hilft wenig und ich kann sogar noch froh darüber sein, überhaupt während der Schulferien einen Flug nach Europa zu bekommen.

Caracas ist trotz seiner Größe eine interessante Stadt mit vielen Plazas, den abendlichen Treffpunkten der Familie. Männer spielen Gitarre, im Nu versammelt sich eine große Menschenmenge um sie, einige Paare tanzen dazu, Kinder fassen sich an den Händen und machen die Bewegungen nach.

In einem Hähnchenrestaurant knallt uns ein Betrunkener einen Stapel Poster mit Katzen oder Pferden auf den Tisch und meint, wir sollten sie jetzt kaufen. Kellner nehmen die Bestellung auf, brüllen durch den Raum: »He, Emilio mach noch mal zwei Halbe fertig, ein Messer fehlt, zwei Bier dazu!« Ein alter Mann schläft am Tisch, der Kellner läßt den Besteckkasten laut fallen, der Alte wird aus seinen Träumen gerissen und weiß im ersten Augenblick nicht so richtig, wo er sich befindet. Zu diesem Chaos spielt leise Rockmusik. Um auf sich aufmerksam zu machen, preßt man die Zunge hinter die Zähne und gibt einen Zischlaut Richtung Kellner: »Si, si tranquillo – Immer mit der Ruhe«.

Ferngespräche können nicht einfach von einem Telefon gemacht werden, sondern nur bei einem der wenigen Büros für internationale Telefonate. Hinter einer Glasscheibe scheinen die vier älteren Damen den ganzen Tag nur auf mich gewartet zu haben. »Ja, wie heißt Du mein Junge?« – »Rudolfo.« Das scheint mir spanischer zu klingen als Rudi. Die Frauen wollen sich vor Freude und Lachen nicht mehr einkriegen. »Ah, Herr Rudolfo, wie geht es denn? Will Rudolfo seine Kleine anrufen?« So geht das vielleicht zehn Minuten, ich kann selbst nicht ernst bleiben und lache mit. Eine jüngere Frau kommt aus einer Kabine, ich solle ihr doch bitte folgen. Die Damen plärren gleichzeitig: »Ja, Rudolfo, folge ihr einmal in die Kabine!« Die Frau hält mir einen Zettel hin, ich wähle die Nummer und höre eine Stimme auf Englisch: »Dies ist die Vermittlung, die Nummer ist falsch!« Als ich es ihr erkläre, darf ich selbst wählen. »Na, Rudolfo, war keiner am Telefon? Kommst Du morgen wieder? Bring dann ein Stück Kuchen mit!«

Überall gibt es Restaurants, wo man Arepas bestellen kann. Runde, dicke Fladenbrote werden aufgeschnitten, hinter einer langen Glastheke befinden sich erhitzte Töpfe mit Fleisch, Käse, Schinken, Oliven, Tomaten und Chili und man zeigt auf Verschiedenes, das in die Brote gelegt wird, eine leckere Soße kommt dazu. Ich bestelle immer Thunfisch mit Zwiebeln und Knoblauchsoße. Das Ganze wird in eine Serviette gewickelt: »Bitte sehr.«

Bevor ich das Motorrad im Zoll verladen darf, muß ich mir bei einer Polizeistelle eine Bescheinigung ausstellen lassen, daß die Angaben in den Fahrzeugpapieren mit der Rahmen- und Chassis-Nummer übereinstimmen. Erst einmal muß ich mich an den Fahrstil hier gewöhnen. Motorräder dürfen offensichtlich alles mißachten: Bei einer roten Ampel gucken sie zwar, ob nicht ein anderes Fahrzeug kommt, aber sie halten deshalb nicht extra. Einbahnstraßen dürfen verkehrt herum benutzt werden. Die Polizei steht oft unmittelbar daneben, stört sich aber nie an den ganzen Horden aufgemotzter Mopeds, die rechts und links an den vorbeikommenden Autos vorbeischießen. Das alles sehe ich mir eine Zeitlang an, dann verhalte ich mich genauso. Warum soll ich die übernächste Straße wählen, nur weil die erste gerade eine Einbahnstraße ist? Bei all dem Durcheinander habe ich nie das Gefühl, daß die Fahrer aggressiv oder Situationen wirklich gefährlich sind. Ich muß halt genauso gnadenlos in jede Lücke reinhalten, darf nie stoppen, selbst nicht, um nach dem Weg zu fragen. Ein vorbeifahrender Motorradtyp brüllt mir die gewünschte Antwort zu oder ein anderer winkt und gibt zu verstehen, daß ich ihm folgen soll.

Morgen abend fliege ich weiter. Nach über einem Monat trennen sich Philippes und meine Wege: »Weißt Du, nach zweieinhalb Jahren denke ich manchmal daran, die Reise abzubrechen, aber was soll ich zu Hause, keiner wartet auf mich, wie bei Dir.« Mir geht es eher umgekehrt, ich würde gerne noch ein Jahr länger unterwegs sein. Es ist eigentlich egal, ob man ein, zwei oder drei Jahre auf der Straße ist. Irgendwann wird man zeitlos, ersetzt die Straße in gewisser Weise das Zuhause. Selbst neue Länder scheinen oft vertraut, weil viele Dinge immer nach dem gleichen Schema ablaufen, vor allem aber weil man weiß, daß man im Grunde genommen nie einsam ist, vielleicht mal ein paar Tage allein. Natürlich gibt es Wochen, wo ich nie länger als ein oder zwei Tage mit der gleichen Person zusammen bin und wo diese Schnellebigkeit von Beziehungen sehr fordert, aber sie macht auch stark, unabhängig und ich lerne, mich mit mir allein zu beschäftigen und ganz die Dinge aufzunehmen, die unmittelbar in meiner Nähe sind: Das Motorrad, die Umgebung und ich mitten drin.

Ich weiß auch, daß Freundschaften während einer Reise einmalig sind, weil sie unter ganz anderen Umständen stattfinden, unter anderen Bedingungen als zu Hause und einen immer die gemeinsamen Erlebnisse auf der Straße verbinden. Man tauscht Adressen aus, schreibt vielleicht noch ein- oder zweimal, aber dann bleiben nur noch Erinnerungen. Meist sieht man sich nie wieder. Als Philippe jetzt sein Motorrad startet, wissen wir beide in diesem Augenblick, daß es bei uns nicht anders sein wird. »Es war eine gute Zeit, danke!« – »Ja, es war gut!« Ich hebe die Hand, er fährt, dreht sich noch einmal um und verschwindet. Für eine lange Zeit bleibt eine Leere zurück, ich muß erst einmal allein sein und denke, daß es ähnlich ist, wie die Beziehung zu einer Frau: Nach dem Ende brauche ich Raum, um darüber nachzudenken, das Erlebte zu verarbeiten und bin gar nicht sofort in der Lage wieder mit jemandem zusammen zu sein.

Die Stadt wird von Hügeln umgeben, wo sich ein Meer von Wellblechsiedlungen erstreckt. Durchschnittlich verdienen die Menschen hier in Caracas zwischen 150 bis 200 DM im Monat. Sie können davon nur leben, indem sie keine Miete zahlen – Steuern sowieso nicht. Sie suchen sich ein Stück Land, um dort über Nacht mit Freunden aus Brettern und Steinen einen Raum zu errichten und die Stadt so vor vollendete Tatsachen zu stellen. Dafür nehmen sie Anfahrtswege von über einer Stunde in Kauf, vielen bleibt bei einem Arbeitstag von 5 Uhr morgens bis 20 Uhr abends nicht mehr viel Zeit für die Familie und meist wohl gar keine, um sich zu beschweren. An den Bushaltestellen reihen sich abends 100 m lange Schlangen in der Innenstadt. Viele versuchen zu trampen und werden von Lkws auf der Ladefläche mitgenommen.

Die letzten Bolivares gebe ich für den Friseur mitten im Zentrum aus, der von ultramodernen Gebäuden und Boutiquen umgeben ist. Der Frisiersalon hat vor 30 Jahren wohl genauso ausgesehen wie heute: An der Scheibe klebt ein Stück Papier, auf dem mitgeteilt wird, daß Haareschneiden und Kopfhautmassieren nur 2 DM kostet. Die Inneneinrichtung zaubert mich in ein anderes Jahrzehnt: Dicke schwarze Frisiersessel, die auf einem runden Stahlfuß stehen, riesiger Wandspiegel davor, an den Ecken milchig; an den Wänden sind Bilder mit Stecknadeln geheftet, wohl aus Illustrierten herausgerissen: Der Staatschef neben einer Heiligenfigur, dann wieder ein Diplom des Meisters aus dem Jahre 1935. Die Angestellten sind nicht unter 60 Jahre, alle Bewegungen machen sie langsam und ruhig, einen elektrischen Schneider gibt es nirgendwo, ständig klappert eine Schere. Ich lehne mich weit zurück, genieße das heiße Tuch auf dem Gesicht, eine Massage und muß dabei wohl einschlafen. Als ich nach über einer Stunde wach werde, weiß ich erst einmal gar nicht, warum ich in einem tiefen Sessel liege? – »Oh, ich wollte Dich nicht wecken, Du machtest einen müden Eindruck. Soll ich jetzt weiter Haareschneiden? – »Ja, bitte.«

Tunis
Hamma

TUNESIEN

Ghardaia

El Golea

In Salah

Arak

Djanet

Hirhgfok
Ideles
HOGGAR-GEB.
Assekrem 2908 m
Tamanrasset

Laouni Dunen

In Guezzam

Arlit

Agadez

NIGER

Niamey Birni-Nkonni

BURKINA FASO

BENIN

NIGERIA

TOGO

Caracas

Atakp.

Lagos

0   200   600 KM

Westafrika

Nach einem nicht endenwollenden Flug von Venezuela über die Schweiz lande ich ziemlich gerädert in Lagos, Nigeria. Die Stadt steht in dem Ruf, zu den unsichersten und gefährlichsten zu gehören. Das ist mir im Augenblick aber völlig egal. Die Fahrt zum Stadtteil Ikoyi dauert über eine Stunde, es ist dunkel, kaum Straßenbeleuchtungen, tiefe Löcher in der Fahrbahn, viele Autos rasen ohne Rücklichter.

Mein Gepäck besteht aus einem einzigen Rucksack, das Motorrad wurde in Zürich umgeladen und soll einige Tage später ankommen. Mit einem Bier in der Hand und dem Zimmerschlüssel will ich jetzt nur eins: duschen und dann ins Bett. Eine Schwarze nimmt meine Hand: »He, wohin willst Du?« Sie trägt einen engen roten Rock, das T-Shirt ist so weit, daß es überhaupt nichts versteckt, nur auf den hochhackigen Schuhen tut sie sich ein bißchen schwer. »Schwester, ich habe einen 24 Stunden Flug hinter mir und will schlafen.« – »Du bist müde? Ich komme mit Dir, ich weiß was Dich wach macht.« – »Nee, bitte, laß mich zufrieden.« – »Hau doch ab, Du liebst mich nicht.« Ich kann zum Aufzug fliehen und muß über ihre Schlußfolgerung lachen.

Am nächsten Morgen klopft es an meiner Tür. »Guten Tag, Bruder, wie gehts?« Ein junger Nigerianer steht vor mir. »Geht so, kennen wir uns?« – »Aber Mann, na klar, Du bist doch gestern angekommen und willst jetzt Geld tauschen?« – Ich kann mich zwar nicht an ihn erinnern, aber Geld will ich wirklich schwarz tauschen. Er bietet 6 Neira für einen Dollar, die Bank 4,5 Neira! »Okay, alles in Ordnung, schlaf noch ein bißchen!« Ich reibe mir noch die Augen, als ich das Hotel verlasse. Ich kann es nicht richtig begreifen, daß ich gestern in Südamerika war und heute in Afrika sein soll. Es geht einfach nicht an, das muß ein Traum sein. Meine Gedanken werden durch 10 Afrikaner unterbrochen, die alle gleichzeitig auf mich einreden: »Hallo, Master, gestern hast Du mir versprochen, mein Taxi zu nehmen.« – »He, wie gehts, ich wartete die ganze Nacht nur auf Dich.« – »Aber Mann, hör auf keinen, nimm meinen Wagen!« Ich flüchte erst einmal zurück zur Rezeption. Ein Holländer klärt mich auf und meint, ich solle mich an die

Straße stellen, ein Sammeltaxi anhalten, das sei die billigste Möglichkeit, um in die Stadt zu kommen.

Das Taxisystem ist denkbar einfach. Die Fahrer verlangsamen das Tempo, wenn sie an einer Gruppe Wartender vorbeifahren. Hupen ist das Zeichen, daß noch Platz im Wagen ist. Jeder der Wartenden ruft sein Ziel: Lagos, Flughafen, Apapa und wenn der Wagen nicht hält, versucht man es beim nächsten. Niemand scheint es besonders eilig zu haben, die Unterhaltungen werden fortgesetzt, dann kommt mal wieder ein gelbes Auto: »Lagos!« – »Wohin in Lagos?« – »UTC-Supermarkt.« Im Taxi sitzen schon vier Leute, ich renne hinterher, öffne die Tür: »Wieviel?« – »5 Neira!« (1,70 DM) – »He, mach keine Witze, 2 Neira!« – »Steig schon ein!« Immerhin versucht er es. Die Fahrgäste würden nie etwas sagen, selbst wenn er das Zehnfache von mir verlangen würde. Schließlich versucht jeder, sein spärliches Gehalt aufzubessern. Nach afrikanischer Logik gibt es keine Betrüger, sondern nur solche, die naiv sind und es nicht anders verdienen, als gelinkt zu werden.

Unterwegs steigen die Vier aus, ich bleibe allein im Taxi als der Fahrer meint: »Zehn Neira bis zum Supermarkt.« – »Halt mal bitte.« – Er stoppt, ich steige aus, knalle die Tür zu und warte auf ein anderes Auto. »He, Mann, zwei Neira, alles in Ordnung, steig wieder ein.«

Lagos wirkt auf mich so, als wären über Nacht alle Arbeiten gestoppt worden. In den Geschäften sieht es oft aus wie in Ostblockläden: viel Staub, leere Regale. Das Informationsbüro kann außer einigen vergilbten und veralteten Prospekten mit gar nichts aufwarten. Es befindet sich in einem großzügig angelegten Gebäudekomplex, nur: Putz bröckelt von den Wänden, der Teppichboden franst aus, die Eisentore rosten, Fenster scheinen seit einem Jahr nicht geputzt worden zu sein. Bei der Zufahrt wurde vergessen, die Bürgersteigkante der Straßenhöhe anzupassen und jetzt knallen die Autos eben über diese Stufe. Die Batterie eines Autos löst sich im Motorraum, was kein Grund zur Aufregung ist. Der Fahrer befestigt sie mit einer dünnen Schnur. An vielen Fahrzeugen fehlen die Scheiben oder eine Tür, Stoßstangen sind mit Draht festgebunden. An strategisch günstigen Punkten, meist vor Ampeln sammeln sich Straßenhändler. Einer verkauft ein Gemälde, etwa einen halben Meter lang, 40 Zentimeter hoch – grasende Rehe vor einem Bergmassiv! Ich gucke fasziniert hin, das erscheint mir schon als so absurd, daß es fast wie Kunst wirkt. »He, nur 1000 Neira!« Er schiebt mir das Bild halb durchs Fenster. »Was soll ich damit?« – »500 Neira, ich sehe Dir an, daß Du etwas von Kunst verstehst.« – »Nein, danke.« – »200, aber dann muß ich schon draufzahlen, es ist Dein Glückstag; wie ich es meiner Frau und den acht Kindern beibringe, das laß ganz allein meine Sorge sein.« Die Ampel wird grün, wir setzen uns langsam in Bewegung. »He, Chef,

Nigerianer.

Master, Sir, 50 Neira!« Der Fahrer schiebt das Bild mit einer ruckartigen Bewegung aus dem Fenster. Beinahe habe ich ein schlechtes Gewissen, weil ich es nicht kaufe. Ich beobachte im Spiegel, wie er das Bild hoch über sich hält, bestimmt wird es heute jemand kaufen und seiner Frau schenken.

Im Stadtteil Lagos-City herrscht ein unglaubliches Chaos, jeder baut seinen kleinen Holzstand auf, fliegende Händler bieten Krawatten, Uhren, Socken an – alles über einen Arm gelegt oder über einen Bügel. Sie alle strahlen eine irre gute Laune aus: »He, Du hast Glück, bei mir findest Du endlich die Sonnenbrille, die Du seit Wochen suchst.« Ein Nigerianer sitzt auf einem Sessel, neben sich ein großes Brett, wo an die 100 Plastikbrillen aufgesteckt sind. Ich trage eine Sonnenbrille, aber das stört nicht weiter. »Ist ganz klar, ist in Ordnung, nimms leicht, zwei Brillen sind doch wohl besser als eine, oder?« – »Eine besser als keine!« Ich halte die flache Hand hin, er schlägt ein und lacht.

Die Menschen scheinen nichts richtig ernst zu nehmen, das ganze Leben ist offensichtlich da, um es lachend zu ertragen, ein einziger Witz. Als ich bei einem Kaffee sitze, spricht mich Evans an, er legt einen Koffer auf meinen Tisch, öffnet ihn: »Na, was sagst Du dazu? Hast Du so etwas schon einmal gesehen? In Deinem ganzen Leben hat Dir noch nie jemand eine solche Videokamera gezeigt!« – Eine zerkratzte 8 mm Kamera kommt zum Vorschein, das Batteriefach ist zerbrochen, die Videokamera mindestens 10 Jahre alt. »Gib mir tausend Mark.« – »Die ist noch nicht einmal 50 wert!« – »Dann gib mir 50.« Der größte Fehler, den man machen kann, ist sich aufs Handeln einzulassen, obwohl man nichts kaufen will. Es wird dann oft schwierig da herauszukommen, ohne ein langes Palaver. »Nein, ich habe selbst eine Kamera, brauche keine Kamera, brauche wirklich keine.« Evans arbeitet beim Fernsehen, schreibt kleinere Stücke und verkauft sogar Manuskripte. Aber davon kann er nicht leben und muß sein Einkommen irgendwie aufbessern. Er kennt eine Bar, wo jede Menge Life-Musik spielt. Bars sind im Grunde genommen meist Freiluftkneipen oder Restaurants, wo jede Menge Tische mit Plastikstühlen herumstehen, jeder kennt jeden und alle wollen irgend etwas verkaufen: Prostituierte, Künstler, Geschäftsleute oder auch nur der Kellner, der fragt, ob ich ihm nicht einen anderen Job besorgen könne. Wir setzen uns an einen Tisch, Evans begrüßt den Sänger, der zu mir kommt: »IIc, Mann, willst Du mitspielen?« – »Kann kein einziges Instrument bedienen.« – »Macht nichts, genieße den Abend.« Er trinkt mein Bier aus, dann kann es losgehen. Die Musik hat einen unglaublichen Rhythmus, Trommeln, ein Saxophon, drei Sängerinnen, ein Schlagzeug und der Bandleader, der alles in einem ist: Ansager, Gitarrist, Tänzer, Sänger, Unterhalter. Gleich neben uns sitzen zwei Mädchen, endlos lange Beine, als ich mich umdrehe, winken sie mich an ihren Tisch. Ich schüttle den Kopf und nuckel an meinem Bier. Das weiß eine andere hinter mir richtig zu deuten, sie steht neben mir und legt eine Hand auf meinen Oberschenkel. »Hallo, ich bin Linda aus Kamerun! Willst Du mich ficken? Weißt Du, schwarze Männer sind immer so brutal, laß uns zu Dir gehen und Spaß haben. Ich bin keine Prostituierte, Du brauchst nichts zu zahlen.« Sie zählt auf, was sie unter Spaß versteht, Evans ist begeistert. – »He Rudi, wenn ich an Deiner Stelle wäre!« – »Linda, ich möchte nur die Band hören, außerdem wartet meine Frau auf dem Zimmer.« Die Ausrede erscheint mir sehr originell. Evans verschluckt sich beim Trinken, Linda hört mir erst gar nicht zu. »Du magst mich nicht, geh doch zu einer der Nutten und hole Dir eine Krankheit. Gib mir wenigstens ein Bier aus.« Ich lehne mich zurück, aber die Ruhe währt nicht lange. Eine Nigerianerin setzt sich auf meine Knie und meint betrunken: »He, white boy, I love you!« – »So ist das Leben Schwester.« Der Sänger tänzelt mit dem Mikrophon auf mich zu und improvisiert: »All die schönen Frauen und ein einsamer Mann. Warum nur so allein?« Er hält mir das Mikro hin: »Kann mich einfach nicht entscheiden bei soviel Hübschen«, versuche ich zu antworten.

Linda kommt zurück. Sie weiß, daß ich offensichtlich nicht richtig begriffen habe, worum es geht und nimmt meine Hand, will sie zwischen ihre Beine stecken. Mir reicht es, der Spaß ist zu Ende. Es ist witzig das ganze Theater, aber ich denke nicht eine Sekunde daran, mich mit einer der Frauen einzulassen. Natürlich ist es die Angst vor Aids, aber auch die Vorstellung, daß sie mit jedem ins Bett gehen, scheint mir nicht sehr reizvoll zu sein.

Mir erscheint Lagos nicht annähernd so gefährlich zu sein, wie ich es in den Reiseführern lese und es mir Reisende schildern. Vielleicht hängt es zu einem Großteil damit zusammen, daß ich nicht allein durch die Stadt ziehe, jedenfalls nicht nachts, sondern von Evans begleitet werde. Es gibt Stadtteile, wo bis morgens um sechs Uhr Lichter brennen und Restaurants geöffnet haben. Überall brennen Feuer, auf Tischen liegen ganze Berge Fleisch, man sucht sich selbst ein Stück aus, das auf dem Grill gebraten wird. Frauen sitzen vor einem riesengroßen WOK und werfen Jamsstückchen ins Fett. Jams schmeckt so ähnlich wie Kartoffeln, nur etwas süßer.

Eine Menschenmenge blockiert die Straße, umringt einen Darsteller. Es ist drei Uhr morgens und ich will es mir aus der Nähe ansehen. »Nein, laß uns schnell verschwinden, das ist Magie. Ich habe davon gehört. Ein Mann kann eine brennende Zigarette aus jedem beliebigen Körperteil hervorzuzaubern!« »Quatsch, das ist doch nur ein Trick.« – »Bitte, die Magier haben übernatürliche Fähigkeiten und können das Böse in Dich hineinzaubern, wenn sie wollen.« Ein Mann hält eine brennende Zigarettenkippe auf der Zungenspitze und läßt sie ganz plötzlich verschwinden, läuft auf einen der Zuschauer zu. Die Leute weichen voller Entsetzen zurück, fallen übereinander, schreien. In diesem Tumult zaubert er eine brennende Zigarette zwischen den Knien eines Mannes hervor. Er bückt sich tief, dabei führt er die Hand blitzschnell zum Mund. Evans ist schockiert. »Siehst Du, laß uns lieber gehen, bevor er Dich sieht und wer weiß was mit Dir anstellt.« Er fleht mich regelrecht an, scheint fast um mein Leben besorgt zu sein. Wir treffen Freunde, er erzählt ihnen, daß ich das ganze für einen Trick halte. Seine Brüder berichten von Jujuzauber, Begebenheiten, die sie alle angeblich gesehen haben: Ein Mann wurde von einem Auto überfahren, mit 140 km/h, alle glaubten, er sei tot. Dann stand er plötzlich hinter ihnen! So geht es stundenlang weiter, die Freunde nicken zustimmend und Evans meint, noch morgen würde er in sein Dorf, 600 Kilometer südöstlich von Lagos, zurückkehren, um mir selbst Jujuzauber zu zeigen.

Als ich am Flughafen das Motorrad abholen möchte, wird mir klar, daß auch der stärkste Zauber nicht helfen würde und die Angestellten hier immer nur dem einen Gesetz unterliegen, das Neira heißt. Allerdings begründen sie kleine Zahlungen immer mit einer solchen Logik, daß ich gar nicht anders kann, als ihnen 5 Neira (1,70 DM) oder auch schon mal 10 Neira zu zahlen. Evans erklärt mir, ich hätte niemandem Geld zu geben, es sei denn als ein kleines Geschenk, das man immer gerne annehmen würde. Zwei Damen sitzen vor einem großen Stapel Frachtpapiere, ich bitte sie, meines herauszusuchen. »5 Neira für jede von uns.« – »Wieso, wofür?« – »Sieh mal, es ist neun Uhr, und wir haben noch nicht gefrühstückt. Dies ist eine harte Arbeit und Du willst doch sicherlich nicht, daß wir ohne etwas zu essen, die schweren Papiere hier durchblättern?« – »Natürlich, das lasse ich auf gar keinen Fall zu – bitte sehr, 10 Neira.«

Ich muß mir einen Agenten nehmen, das ist Vorschrift hier, sonst darf ich das Zollgebäude gar nicht betreten. Es sieht tatsächlich so aus, als könnten Sadiru und ich die Honda innerhalb eines Tages aus dem Gebäude rollen. Sadiru eröffnet mir, daß ich noch einmal 50 Neira bezahlen soll. Ich traue ihm nicht und vermute, daß er sich das Geld in die eigene Tasche steckt. Also erkundige ich mich bei einem Angestellten, aber da hätte ich auch darauf verzichten können: Heute ist Samstag, das bedeutet Überstunden, außerdem ist da noch das Abladen des Motorrades von der Palette, acht Leute, die jeder etwas abstempeln und unterschreiben müssen und natürlich im Sinne einer schnellen Erledigung noch ein Geschenk von 5 Neira verlangen. Ich halte mich zurück, vielleicht könnte ich 20 Neira sparen, aber dann würde ich gegen das ganze System ankämpfen und die Folgen wären nicht abzusehen.

Mir geht es nicht schnell genug und ich klopfe an die Tür des Chefs. Sadiru sträubt sich dagegen, weil er ihn nicht mit dieser Kleinigkeit stören will. Ich bin supernett, zeige dem Chef einen Bericht aus einer Motorradzeitung, erzähle ihm von der Reise und siehe da, er schreibt auf meine Unterlagen: »Schnellstens und ohne Verzögerung zu bearbeiten.« Dazu Stempel und Unterschrift – jetzt öffnen sich alle Türen wie von selbst. Eigentlich brauche ich meinen Agenten nur, um herauszufinden, an welcher Tür ich in welcher

Reihenfolge anklopfen muß. »Guten Tag, wie ist der Tag heute?« – »Danke, gut, wie geht es? Warum wartest Du nicht, bis du an der Reihe bist?« – »Ich habe hier eine Bitte vom Chef, daß...« Das reicht, Stempel und Unterschrift fliegen nur so, aber das bedeutet lange nicht, daß ich kein Geschenk geben darf oder muß. »He, meine Frau hat morgen Geburtstag!« – »Na, dann gratuliere ihr auch ganz herzlich vor mir.« Sadiru guckt mich ganz entsetzt an: »Bitte gib ihm schnell 5 Neira.« Ich weiß, daß er sonst Schwierigkeiten bekommt, wenn er morgen mit einem anderen Kunden hier wieder erscheint. Ich lege also 5 Neira auf den Tisch. »Siehst Du, wir sind doch alle Brüder und müssen zusammenhalten«, meint der Zollangestellte. In einem anderen Vorzimmer wird es noch dreister. Der Nigerianer stempelt meine Papiere ab, will mich aber nicht bei seinem Chef melden, wo sie noch unterschrieben werden müssen. »Gib mir 10 Neira, bald ist Weihnachten.« – »Mann, Weihnachten ist noch lange nicht!« – »Dann aber Ostern.« – »Das ist auch schon vorbei.« Ich ziehe ihm die Papiere aus der Hand und öffne unaufgefordert die Tür des Vorgesetzten, »Ja bitte? Wo ist Dein Agent?« – Sadiru erscheint, schwitzt vor Angst: »Ich habe ihm gesagt, er solle warten, aber er will nicht auf mich hören, Chef!« – »Das ist mir egal, Du bist der Agent, Du bist für alles verantwortlich. Für welche Spedition arbeitest Du?« Der arme Sadiru steht stramm, holt seine Visitenkarte heraus und traut sich nicht einmal mehr etwas zu sagen. Ich schiebe dem Vorgesetzten die Visitenkarte des obersten Zollchefs hin, er hatte sie mir gegeben, als ich ihn nach der Adresse frage, um ihm einmal eine Ansichtskarte zu schicken. Jetzt wirkt sie wieder Wunder. »Warum sagst Du das nicht gleich? Agent, warte draußen. Bitte, willst Du Dich nicht setzen, Tourist, Tee oder Kaffee?«

Nach insgesamt 4 Stunden schließe ich die Batterie an, fette die Kette, verstaue die Sachen aus meinem Rucksack in meinen Koffern und bilde mir ein, jetzt auf die Straße zu dürfen. Zwar kann ich das Zollgebäude verlassen, aber vor einem Tor schiebt jemand ein Nagelbrett vor das Rad. Ich solle noch einmal 10 Neira zahlen. Ich weigere mich, verlange eine Quittung, aber da hätte ich genauso gut von ihm Geld verlangen können. Innerhalb von 10 Minuten entsteht ein einziges Chaos, zwei entgegengesetzte Meinungen bilden sich, jeder schreit jeden an, einer zieht das Brett weg, ein anderer schiebt es wieder vor. Jetzt verlangt auch noch Sadiru 25 Neira, obwohl wir morgens 50 ausmachten, die ich ihm bereits gegeben habe. Ich starte die Honda und warte, bis meine Gruppe das Brett wegzieht, dann nutze ich den kurzen Augenblick, streife leider den Wortführer mit dem linken Koffer. Nach 50 Meter halte ich, hole eine 5 Neiranote aus der Tasche und winke damit. Die ganze Gruppe, mein Agent an der Spitze rennt nun los – stoßend, prügelnd. Andere halten sich fest, fallen übereinander her. Ich lasse das Geld fliegen und will nur Richtung Westen nach Benin.

Nigeria gehört zu den Öl exportierenden Staaten, ich wechsle noch schnell

301

vor der Grenze das Öl aus, kaufe einen Liter Reserveöl und einen Liter SAE 120 für die Kette, alles für 6 DM! »Wo kann ich denn das Öl lassen?« will ich an der Tankstelle wissen. »Egal, laß es irgendwo in den Sand.« – »Habt Ihr keinen Behälter?« – »Was sollen wir damit, wenn Du es jetzt in einen Eimer auffängst, kippen wir es danach sowieso in den Sand oder in den Abfluß, also erspar uns die Mühe.«

Etwas geschafft komme ich zur Grenze. Jemand verlangt meinen Impfpaß, zum ersten Mal überhaupt während der Reise. Mir ist nur bekannt, daß ich eine Gelbfiebereintragung brauche, die aber ist 10 Jahre gültig, also habe ich nichts zu befürchten. »Deine Cholera ist abgelaufen!« Es macht nicht viel Sinn, mit Grenzbeamten in Nigeria zu diskutieren. Ich Idiot, warum habe ich nicht daran gedacht und sie mit einem der Stempel aufgefrischt? – »Ah, ich will noch einmal tanken, komme gleich wieder.« Vielleicht sollte ich es in einigen Stunden noch einmal versuchen, dann bei einem anderen Zollbeamten und mit der »richtigen« Eintragung mehr Glück haben. »Aber aber, das ist doch kein Problem, daß das Datum nicht mehr stimmt.« Ich überlege, was das nun wieder bedeutet, natürlich, wie konnte ich vergessen: »Hier, darf ich Dir ein kleines Geschenk machen?« – »Oh, wie nett, folge mir, ich zeige Dir, wo sich der Zoll und die Einreisebehörde befindet.«

Die Grenzen in Afrika sind immer auch Märkte. Frauen sitzen auf dem Boden, breiten Obst aus oder einen Stapel mit bunten Kopftüchern. Kleine Kinder schleppen Zinkeimer, in denen Eisstücke Coladosen kühlen. Damit das Eis nicht so schnell schmilzt, legen sie einen nassen Sack oben drauf. Geldwechsler tauschen die restlichen Neira in CFA, eine Währung, die für die meisten Westafrikanischen Länder Gültigkeit hat. Sie ziehen einen dicken Packen Scheine aus der Tasche, die alle vergilbt und abgegriffen sind. Händler versuchen, alles mögliche von Reisenden abzukaufen, möglichst umsonst natürlich. Wenn man dann selbst in der Situation ist und braucht etwa einen Reservekanister, bekomme ich ihn erst nach zähem Verhandeln für einen Preis, für den ich zwei neue in Deutschland kaufen könnte.

Als ich Benin erreiche, das frühere Dahomey, werfe ich erst einmal alle Worte durcheinander: In Nigeria war es Englisch, davor Spanisch und nun in der früheren französischen Kolonie brauche ich Französisch: »Yes, por favor, si!« Die Schwarzen müssen mich wohl in den ersten Tagen für ein bißchen verrückt halten. Nur mit Englisch zu reisen, würde mich zwar genauso weiterbringen, aber viele Gespräche und Bekanntschaften kämen nicht zustande. Besonders außerhalb von Städten spricht niemand eine andere Sprache als die offizielle Behördensprache – immer die der früheren Kolonialmacht und natürlich meist drei oder mehr afrikanische Dialekte dazu. Ich lasse mir oft die wichtigsten Worte aufschreiben, wie danke, guten Tag, auf Wiedersehen und benutze sie, wenn ich ein Geschäft betrete oder an einer Tankstelle stehe. Ganz egal, wie miserabel es ausgesprochen wird, es freut die Menschen einfach unglaublich und macht sie stolz, daß ein Fremder einige Vokabeln ihrer Stammessprache beherrscht. Mein Schulfranzösisch reicht vollkommen aus, meist verlaufen die Gespräche sowieso immer in die gleiche Richtung und sind in Nigeria nicht anders als in Benin oder Togo.

Benin verfolgt einen sozialistischen Kurs, die Radiosendungen sind voll mit Ratschlägen zur Steigerung der Produktivität. Die Regierung versucht, alle Fragen zu klären und scheint dabei oft zu vergessen, daß Parolen und Aufforderungen allein weder satt noch glücklich machen. Mir kommt alles wie eine Spielerei oder Spinnerei von einigen wenigen vor. An den Menschen auf der Straße scheint dies völlig unbeeindruckt vorüberzugehen. Kaum jemand interessiert sich für Politik, die Schwarzmarktgeschäfte blühen, in den Läden bekommt man selten das, was macht sucht. Manche Dinge sind mir völlig unverständlich. Das Land benötigt dringend westliche Devisen, um Schulden oder Importe bezahlen zu können, es gibt aber nur in Cotonou eine Bank, wo ich Dollars oder DM tauschen kann, ansonsten werden nur französische Francs akzeptiert, die ich natürlich nicht dabeihabe.

Die Menschen stellen sich auf Engpässe ein, gewöhnen sich daran, daß ständig der Strom ausfällt. Auf einem Markt brennen abends Öllämpchen, erhellen die einzelnen Stände, wo es getrockneten Fisch, Tomaten, Paprika und Zuckerrohr gibt. Zwischen den winzigen Holztischen steht Wasser, irgendwo befindet sich ein typisch afrikanisches Restaurant: ein langer Tisch, eine Bank davor, dahinter der Chef. Vor sich Dosen mit Milch, Kakao- oder Kaffeepulver, Teebeutel, Butter und eine Schachtel Würfelzucker. Neben ihm stehen schmale Brote in einem Korb, sowie ein großer Topf mit kochendem Wasser, gekochten Eiern und einem Schälchen mit feuchtem, verklebtem Salz. »Baguette mit Eier und Brot, Kaffee bitte.« – »Kein Problem, Bruder, nimm Platz, Bruder.« Er schöpft mit einem Plastikbecher Wasser aus dem Topf fügt eine winzige Löffelspitze Kaffeepulver dazu, viel Kondensmilch und rührt alles mit einem langen dünnen Stift um, schneidet das Brot auf, kratzt Butter darauf, das Ei darf ich selbst pellen. Das ganze kostet etwa eine Mark. Will ich einen starken Kaffee wirft er noch eine zweite Löffelspitze hinzu, das Getränk wird aber gleich doppelt so teuer.

Die Temperaturen an der Küste sind angenehm, abends ziehe ich sogar einen dünnen Pullover an. Die Afrikaner befinden sich mitten im Winter, sie sitzen mit Wollmützen und dicken Decken um ein Feuer, wärmen sich die Hände und trampeln mit den Füßen.

Die Straßen bzw. die Hauptstraße durch ein Land ist meist in sehr gutem Zustand. Ich wähle aber oft Ausweichstrecken, wie jetzt in Togo, eine wundervolle Naturstraße, die regelmäßig plattgewalzt wird. Es herrscht kaum Verkehr, ab und zu überhole ich ein Fahrrad, ganz selten rast ein Auto an mir vorbei und hinterläßt ein breites rotes Staubband. Für Augenblicke kann ich nichts mehr sehen. Frauen balancieren Brennholzlasten auf dem

Kopf, oft tragen sie ein Baby in einem umgebundenen Tuch auf dem Rücken und halten manchmal sogar noch eins auf dem Arm, das an der Brust nuckelt. Der Mann geht einen Meter voraus, ohne irgend etwas zu tragen.

Die Gegend ist tropisch grün, riesige Hirse- und Maispflanzen verstecken kleine Dörfer, die oft nur aus ganz wenigen Hütten bestehen. Die Gebäude sind aus einem Gemisch von Laterit (roter Erde), Wasser und kleinen Steinen gebaut, oft mit Strohdächern gedeckt oder mit Wellblech. Einige werden von niedrigen Mauern umgeben, in der Mitte befindet sich der Dorfplatz, der manchmal aus Stein besteht, meist jedoch aus festgetretenem Untergrund. Hier werden die Hirse- und Maispflanzen getrocknet, um später in den Getreidespeicher zu gelangen, diesen runden oder eckigen Bauten ohne Fenster. Als Schutz vor Wasser und Tieren werden sie auf Pfählen gebaut. Manchmal besteht ein ganzes Dorf aus einer Großfamilie, wo der Älteste, als Patron bezeichnet, mit mehreren Frauen, Kindern und den Verwandten wohnt; es ist nie ein Problem, hier zu übernachten. »Absolut keine Frage, Du darfst natürlich hierbleiben, aber warte auf den Patron.« Es wird dunkel, irgendwann knattert der Chef auf einem kleinen Moped nach Hause. Er ist sehr wohlhabend, die Regierung finanziert sein Fahrzeug, er wurde von 10 umliegenden Dörfern als Sprecher gewählt und außerdem als anerkanntes Oberhaupt. Wir schütteln so freundlich die Hände, als würden wir uns schon lange kennen. »Entschuldige, ich will mich schnell waschen, dann komme ich zu Dir.« Seine Frau hält eine Schüssel bereit, fließendes Wasser gibt es natürlich nicht, nur einen Brunnen; Strom ebenfalls nicht, bei besonderen Anlässen brennen Kerzen, in der Regel besitzt die Familie eine Taschenlampe, in der Mitte des Platzes brennt das Feuer, das gleichzeitig Ofen und Wärmequelle darstellt. Ich möchte doch bitte in einem Raum schlafen, den er für mich vorbereiten läßt. »Das ist sehr nett, ich schlafe viel lieber draußen unter freiem Himmel.« Eine Frau bringt mir Essen, gekochte Jamsscheiben, dazu Tomaten mit Zwiebeln und Eiern, der Mann bleibt neben mir sitzen, ißt selbst nicht mit mir und erzählt, daß er gerade aus einem Nachbardorf kommt, dessen Chef mit 14 Frauen verheiratet ist und bis jetzt 30 Kinder hat. Das Gespräch verläuft locker, andere Männer kommen dazu, wir sitzen auf dem Boden und meist erheben sie sich nach einer Stunde, wünschen mir eine gute Nacht, um recht früh in ihre Hütten zu verschwinden. Der Patron kommt noch einmal zurück, stellt mir einen Eimer mit Wasser neben das Zelt und meint, ich solle solange bleiben wie ich möchte. Ich befestige meine Taschenlampe am Lenker, lehne mich gegen das Vorderrad und schreibe Tagebuch. Das ist für mich eine gute Gelegenheit, um den ganzen Tagesablauf noch einmal passieren zu lassen. Viele Bilder tauchen wieder auf, oft schreibe ich eine ganze Stunde und habe das Gefühl, die Begegnungen nicht ausführlich genug zu beschreiben, die Gegend nicht annähernd so wiederzugeben, wie sie mich fasziniert. Das Tagebuch ersetzt mir in solchen Augenblicken einen Gesprächspartner, dem ich jetzt alles erzählen würde. Oft blättere ich in den Seiten, lese einzelne Tage nach und erinnere mich an Dinge, die erst gestern passierten, mir aber das Gefühl geben, als lägen sie viel weiter zurück. Mittlerweile sind es etwa 20 Tagebücher, die sich mit Aufzeichnungen, eingeklebten Straßenmappen, Bildern auf Postkarten, Adressen, geschenkten Fotos, Eintrittsbillets oder Bieretiketten füllen. Ich schicke sie an meine Eltern und Freunde und weiß, daß sie viel intensiver als Briefe sind. Ich passe besser auf das Tagebuch auf, als etwa auf meine Kamera. Es erscheint mir fast wie ein Wunder, daß alle in Deutschland ankommen und keins auf den abenteuerlichen Wegen der Post verschwindet.

In meinem Koffer habe ich immer eine Flasche Wein dabei, die jetzt neben mir steht. Aus den Hütten kommen vereinzelte Stimmen, ein Radfahrer tastet sich im Dunkeln über den Weg, Ziegen und Schafe schnuppern an meinem Zelt, ein Hund legt sich neben meine Füße. Oft sitze ich stundenlang an solchen Stellen, möchte nur eins – daß die Nacht nicht so schnell vorbeigeht.

In Westafrika werfe ich sämtliche Vorsichtsmaßnahmen über den Haufen. In Atakpamé finde ich eine Bank, die Reiseschecks tauscht, es ist gerade Markttag und ich stelle das Motorrad neben einen Stand mit gebratenen Erdnüssen, die in leeren Johnny Walker Flaschen verkauft werden. »Kann ich die Honda mal hier stehen lassen?« – »Natürlich, immer, ich passe auf.« – Den Helm stülpe ich über den Spiegel, Handschuhe, Jacke und Nierengurt bleiben auf dem Sitz liegen, der Rucksack mit sämtlichen wichtigen Sachen auf dem Tank. Es bilden sich keine Menschentrauben wie überall in Indien. Niemand faßt etwas an, meist bleibt mal jemand stehen, der Erdnußverkäufer gibt Auskunft, beantwortet alle Fragen oder verscheucht Kinder, die auf der anderen Seite der Straße stoppen. Ich komme zurück, vergesse sogar den Zündschlüssel abzuziehen und lasse die Sonnenbrille auf einem der Koffer liegen.

Auf der Hauptstraße tauchen manchmal Straßensperren auf. Zwischen zwei großen Ölfässern, die rot und weiß gestrichen sind, hängt eine Kette. Irgendwo im Schatten die müden Soldaten. Ich rolle von der Straße runter, umfahre die Tonnen, halte nie an. Die Kontrollposten winken zurück, erheben sich erst gar nicht von ihren Stühlen, schaukeln mit halbgeschlossenen Augen auf den hinteren Füßen der Hocker, die Beine lang ausgestreckt, mit dem Rücken gegen die Mauer eines kleinen Gebäudes gelehnt. Einmal lehnt ein Polizist neben einer BMW. Ich bleibe vorsichtshalber stehen; er ist ganz in schwarzes Leder gekleidet, trägt bei der Hitze sogar noch Handschuhe, die Stiefel sind blankgeputzt. Ich schiele auf den Tacho, 1200 km. »He, ist die BMW neu?« – »Ja, eine Woche alt, ist eine R 45, ein Geschenk der deutschen Regierung!« – »Was machst Du denn so den ganzen Tag?« –

»Och, viel herumfahren, Freunde besuchen und die Verkehrsordnung über-wachen.« Wir müssen beide gleichzeitig lachen, als er die letzten Worte fast wie eine Entschuldigung anfügt.

Mitten auf einer Wiese entdecke ich eine Schule, im Augenblick sind Ferien und das Gebäude steht leer. Der Flachbau ist in Sonnenrichtung zugemauert, zur abgewandten Schattenseite ganz offen. Die großen Räume bestehen aus Ziegelsteinen, eine Konstruktion aus Balken und einem über-stehenden Blechdach schützen vor Regen. Nirgendwo kann ich Häuser entdecken, stelle das Motorrad in ein Klassenzimmer und spanne den Innenteil meines Zeltes aus. Kinder kommen aus dem Busch, Erwachsene dazu und schließlich selbst der Dorflehrer, ein 18jähriger Togolese, der fließend Französisch spricht, Englisch außerdem und ein paar Brocken deutsch: »Sprache ist Hobby!« Er fragt, ob Rummenigge immer noch für Bayern München spielt. Das kann ich zu meiner Schande nicht beantworten. Ich müßte den Patron um Erlaubnis bitten, hier übernachten zu dürfen. Die Kinder würden solange auf meine Sachen aufpassen. Er erklärt es ihnen, sie nicken stolz und setzen sich in einem großen Kreis um das Motorrad. Ein schmaler Pfad scheint überhaupt kein Ende nehmen zu wollen. Irgendwann stehe ich zwischen kleinen Hütten, Frauen waschen, nur ein Tuch um die Hüfte, ein kleines Kind zerkleinert Hirsekörner in einem großen Holzbot-tich, indem es ein rundgeschliffenes Holz auf den Boden stampft. Der Chef erscheint, irgendwie müssen wir ihn gestört haben, der Lehrer stellt mich vor, kommt aber nicht bis zu Ende und wird auf Französisch unterbrochen: »Wo ist denn da das Problem? Du schläfst wo Du willst, bist mein Gast und völlig frei. Gute Nacht.« – »Gute Nacht, Patron, danke.« – »Wofür?«

Die Kinder haben eine Schulbank vor das Gebäude gestellt – Tisch und Sitzfläche sind zusammengenagelt. Ich solle mich hinsetzen und ausruhen. Als es dunkel wird, verabschieden sie sich, jeder gibt mir die Hand. Der Lehrer fordert sie auf, mir zu zeigen, was sie im Unterricht gelernt haben: »Au revoir, monsieur.« Auf Wiedersehen.

Diese Zeit in Afrika, in der ich allein bin und nur wenig Reisende treffe, tut mir sehr gut. Es ist einfach nur schön, den Tag auf der Straße zu verbringen, irgendwo anzuhalten, Fotos zu machen, einen Kaffee zu trinken und am Nachmittag einen Platz für die Nacht zu suchen. Der Lehrer verabschiedet sich schließlich auch, seine Uhr zeigt erst 20.00 Uhr an. Ich vermisse nichts, schon gar nicht das Stadtleben mit seinen Hotels, Restau-rants, Touristen und Händlern.

Richtung Norden wird es immer wärmer, ich habe nie besonders viel Hunger, trinke dafür umso mehr. Meist halte ich nachmittags an einem kleinen Laden oder auf dem Markt und kaufe ein paar Bananen, ein frisches Brot, eine Kokosnuß, tausche die zwei leeren Bierflaschen gegen zwei volle ein – das ist dann mein Abendbrot. Manchmal kommt ein Päckchen

Schmelzkäse dazu oder eine Dose Thunfisch. Die Schule liegt auf einer Anhöhe, morgens werde ich vom Sonnenaufgang geweckt.

Es war genau die richtige Entscheidung, Afrika ans Ende der Reise zu legen. Es gibt keine stressigen Verschiffungsaktionen mehr, lediglich eine Autofähre von Tunesien nach Italien. Die Menschen hier sind unglaublich unkompliziert und herzlich, die Verständigung ist kein Problem, da außer in Nigeria offiziell überall Französisch gesprochen wird. Es ist einfach mein Grundgefühl, schon morgens wache ich total zufrieden auf, freue mich auf den Tag, der vor mir liegt, mache keine Pläne, ich erlebe jeden Augenblick sehr intensiv. Gerade will ich packen, als mein Blick auf den flachen Hinterradreifen fällt – in eineinhalb Jahren ist es der zweite Platten. Ich suche den Nagel oder Dorn. Schlauchlose Reifen erscheinen mir als eine gute Lösung: Nagel herausziehen, das Loch aufrauhen und mit einer Rundfeile vergrößern, Kleber auf einen Gummipilz schmieren und ihn mit einem Metallstift durch den Mantel stecken, anziehen, den überstehenden Hals abschneiden – fertig. Nur kann ich weder einen Nagel, noch einen Dorn finden. Das ist vielleicht der Nachteil beim schlauchlosen Reifen, daß man ein winziges Loch nur schwer findet. Ich pumpe also den Reifen auf und versuche, die entweichende Luft zu hören – nichts. Der Reifendruck entweicht nicht. Also kann nur eine winzige Stelle gerissen sein. Als ich neben dem Motorrad sitze und überlege, ob ich das Rad ausbaue, irgendwo einen Wasserbehälter suchen soll, um das Loch besser zu finden, höre ich hinter mir: »Vielleicht Ventil?« – Es ist der Lehrer von gestern, er begrüßt mich und setzt sich. Das wäre ja wirklich peinlich, denke ich. Zuerst pumpe ich mir die Lunge aus dem Leib, kann keinen Einstich entdecken, und dann soll es am Ventil liegen. Wahrscheinlich wäre ich erst darauf gekommen, wenn ich wirklich die ganze Hektik hinter mir gehabt hätte: Rad ausbauen usw. Natürlich bilden sich Blasen, als ich Spucke aufs Ventil tupfe – mittlerweile versammelt sich das halbe Dorf wieder um mich, sie sehen mir beim Frühstücken zu, nur bekomme ich keinen Bissen runter, zerschneide die Bananen, das Kokosfleisch, Tomaten und Brot in kleine Stückchen und wir frühstücken alle zusammen.

Immer wieder tauchen kleine Krals zwischen kniehohem, leuchtendem Gras auf, dazwischen vereinzelt riesige Baobabbäume, die wie Stämme aussehen, die jemand aus dem Boden gerissen hat und dann umgekehrt wieder einsetzt – mit meterlangen, weit abstehenden Wurzeln in der Luft. Ich kann gar nicht schnell fahren, weil es soviel zu gucken gibt. Affen hocken auf der Straße und verschwinden in den Bäumen, eine lange Schlange entkommt knapp dem Vorderrad, Greifvögel schweben in der Luft. Am Straßenrand warnt ein Hinweisschild vor Elefanten. Das wäre zu schön, wenn mir diese Dickhäuter wirklich begegnen würden, da übertreibt die Regierung wohl ein bißchen mit den Schildern – 100 Meter weiter stapfen Elefanten zwischen dicken Büschen und Bäumen über die Straße. Ich stoppe, um die Kamera herauszuholen und sie griffbereit auf dem Tankrucksack vor mir liegen zu haben, dann starte ich wieder und bleibe genau an der Stelle stehen, wo die Tiere gequert haben. Einige bleiben am Rand der Straße zurück, wie schön, da kann ich ja herrliche Fotos machen. Plötzlich werden die Elefanten unruhig, jetzt höre ich auf der anderen Seite das Knacken von Ästen. Natürlich halte ich mitten auf ihrem täglichen Pfad zur Wasserstelle. Der Motor springt nicht an, das Orgeln des E-Starters scheint sie erst recht wütend zu machen, sie schlagen mit den Ohren, die eine Hälfte kann sich nicht entscheiden aus den Büschen hervorzukommen, die andere wartet auf den Rest der Herde, bis schließlich ein riesiger Bulle auftaucht. Ich springe vom Motorrad, aber wo soll ich hier Schutz finden? Entweder der Motor springt jetzt an oder – er springt nicht an. Die Tiere bewegen sich aus beiden Richtungen auf mich zu, ich stehe immer noch neben der Honda und drücke den Starterknopf, nichts! Mir bleibt Zeit, um den Kickstarter ein einziges Mal runterzudrücken. Eine schwarze Wolke zurücklassend bin ich gerade einmal ein paar Meter weiter, als ich im Rückspiegel wahrnehme, wie mindestens 30 Elefanten auf der Straße stehen und in meine Richtung schauen.

Je weiter nördlicher ich komme, umso trockener wird es. Der tropische Regenwald an der Küste geht in die Feuchtsavanne über, mit hohem Gras, Bäumen, die aber lange nicht so dicht sind wie der Dschungel. Schließlich folgt die Trockensavanne mit sehr spärlichem Bewuchs, nur noch niedrigen Sträuchern, Dorngewächsen und nacktem roten Boden an vielen Stellen. Vor allem in Burkina Faso, dem früheren Obervolta, begegnen mir die ersten Ziegenherden, die von nackten Kindern gehütet werden. Die Kleinen stehen meist am Straßenrand, stützen sich auf einen langen dünnen Stock und warten auf Fahrzeuge. Jetzt winken sie, veranlassen mich zum Halten: »He, cigarette, cigarette.« Das passiert so häufig, daß ich schließlich auf einem Markt zwei Schachteln kaufe und oft anhalte, um ihnen eine kleine Freude zu machen. Meist stecken sie eine hinters Ohr und verlangen nach einer zweiten, die sie jetzt qualmen wollen. Manchmal rasen aufgeschreckte Rinder über die Straße. Die Kleinen jagen hinter ihnen her und knallen ihnen das dünne Stöckchen zur Strafe auf den Hintern.

Parallel zur Abnahme der Vegetation wird die Gegend selbst immer ärmer. Die besten Hinweise darauf geben Dörfer und ihre Bewohner. In Togo werde ich überall zum Essen eingeladen, jetzt nicht mehr, weil die Menschen selbst kaum etwas besitzen. Die Märkte an den Straßen bieten kaum Obst an, die Hütten sind noch primitiver gebaut und der Ortsplatz verwandelt sich zu einem Schlammloch, wo sich der Mist der Tiere sammelt und Leute barfuß durchstapfen. In einem winzigen Dorf fallen mir die vielen Blinden auf. Sie folgen an einem ausgestreckten Stock einem Kind, und transportieren oft ein großen Gefäß mit Wasser auf dem Kopf. Genauso viele geistig verwirrte Afrikaner leben hier. Ich beobachte, daß sie sich völlig natürlich bewegen und von den anderen weder gemieden werden, noch besondere Aufmerksamkeit hervorrufen. Ein alter Mann gibt zuerst mir die Hand, dann jedem der anderen Dorfbewohner, das wiederholt sich mindestens fünfmal. Alle unterhalten sich ungestört weiter, niemand fühlt sich belästigt. Frauen lockern das Tragetuch ihrer Kinder, stillen sie und binden sie dann wieder auf den Rücken. Jeweils eine Großfamilie lebt in einem Kral, der etwa 100 Meter vom nächsten entfernt ist. Viele einzelne Krals werden zu einem Dorf zusammengefaßt. Ein Bewohner führt mich durch die Siedlung, gerade wird hier Bier gebraut. In riesigen Kalebassen gärt es zwei Tage, dann muß das Bier schnell getrunken werden, weil es sich bei der Hitze nicht lange hält. Es wird aus getrockneten Schalen von Kürbissen getrunken, spätestens nach einem Liter bei 40° Celsius Lufttemperatur setzt die Wirkung ein. Neben einer Hütte sitzt ein Leprakranker – blutunterlaufene Augen, die Arme bestehen nur noch aus Stümpfen. Er hebt sie in unsere Richtung, wünscht lächelnd einen guten Tag und heißt uns willkommen in seinem Dorf.

Die Afrikaner, vor allem jene an den Grenzen, stehen auf Körperkontakt: Hände schütteln und lange halten, dann die Schulter berühren oder bei einem Scherz in die ausgestreckte flache Hand klatschen. Mein Schicksal hängt immer ganz und gar von ihrem Wohlwollen ab und das kann man nicht besser unter Beweis stellen, als freundlich zu sein und nichts ernst nehmen. »Was ist in Deinen Koffern, mein Freund?« will der Zollbeamte in Niger wissen. »Oh, Bruder, die solltest Du besser nicht kontrollieren.« – »Warum?« – »Nur Waffen und Drogen, Alkohol und Zigaretten.« – »Das ist gut, haha. Gute Fahrt.« – Er stempelt den Paß ab, will erst gar nicht hineinsehen in meine Koffer.

Das Lieblingswort im Niger, vor allem in Städten scheint »Cadeau« zu sein, Geschenk. Kurz vor der Hauptstadt Niamey übernachte ich in der Nähe von vier kleineren Hutten, das Motorrad steht gerade auf dem Ständer und ich will eine Frau fragen, ob ich hier campen darf, da brüllt sie schon: »Cadeau, cadeau, gib mir ein Geschenk.« Kinder laufen aus den Hütten, rufen schon »Cadeau« als sie mich noch gar nicht sehen können. Ich zeige mich unbeeindruckt, baue das Zelt auf, die Frau schleppt eine große Bastmatte heran, auf die ich mich nachts legen soll. Die Kinder suchen Holz zusammen, dann sitzen wir um ein Feuer. Dieses Mal lade ich sie zum Essen ein. Ein junger Hirte gesellt sich zu uns, vertreibt die Kinder, um ein ernstes Gespräch unter Männern führen zu können: Er nimmt die Taschenlampe in die Hand, knipst sie ununterbrochen an und aus: »Wie teuer?« Das gleiche wiederholt sich mit Helm, Zelt, Feuerzeug. Nach zwei Stunden ist seine Neugier befriedigt. »Cadeau!« Er streckt die Hand aus, ich gebe ihm ein Brot, er möchte viel lieber die Taschenlampe.

Niger gehört zu den ärmsten Staaten der Welt. Manchmal glaube ich, daß der Verwaltungsapparat in solchen Ländern besonders aufgeblasen ist. In jeder größeren Stadt muß ich mich bei der Polizei melden, einen Bogen mit meinen Personalien ausfüllen – woher ich komme und in welche Richtung ich weiter möchte, ob mit dem eigenen Fahrzeug oder mit öffentlichen? Es kann durchaus passieren, daß man gar nicht vor hat in Niamey zu bleiben und das Abstempeln des Passes vergißt. Fast 1000 Kilometer weiter in Agadez weist die Polizei dann mit Sicherheit darauf hin und bittet einen, doch noch einmal zurückzufahren.

Der größte Teil des Kapitals fließt in die Metropole, wo sich ein Fünf-sterne-Kongreßpalast und ein internationaler Flughafen befindet. Genauso befinden sich dort aber auch professionelle Schreiber, die für den Großteil der Analphabeten Briefe beantworten, Bewerbungen aufsetzen, oder einen Visumantrag ausfüllen. Neben dem klimatisierten Supermarkt, wo es Roquefort-Käse aus Frankreich oder Toblerone-Schokolade aus der Schweiz zu kaufen gibt, liegen Bettler auf dem Boden. Die Straßen sind nicht beleuchtet. Als ich an einer Hauptkreuzung links abbiegen will, an einer liegengelassenen oder verlorengegangenen Lkw-Felge vorbeirolle hält mich die Polizei an. Sie steht völlig unsichtbar unter einem Baum und blendet mich jetzt mit einer Lampe. Ein Polizist behält sofort den Führerschein und meint, ich könne ihn morgen auf der Wache abholen, dort 25 DM Strafe zahlen – »Aber ich Tourist, nicht alle Regeln kennen, Entschuldigung! Erster Tag in Niamey, kann ich nicht ohne Quittung den Fehler gleich hier beglei-chen?« – »Du hast also die Verkehrsinsel gesehen?« Er muß die Lkw-Felge meinen. Ich will ihn nicht unbedingt reizen. »Gibt es in Deutschland etwa keine Verkehrsinseln, he?« – Ich muß überlegen, ob ich schon einmal eine verrostete Felge auf einer Kreuzung liegen sehe. »Siehst Du, da fällt Dir nichts mehr ein!« Ich reiche ihm 1000 CFA, etwa 6 DM und bekomme prompt den Führerschein von seinem Partner wieder. Jetzt folgt erst einmal eine Standpauke über die Notwendigkeit von Regeln, wie wichtig deren Beachtung sei. Meine Geduld ist zu Ende. »Mann, erstens ist die Kreuzung nicht beleuchtet, außerdem habe ich die sogenannte Insel erst im letzten Augenblick gesehen und dachte, jemand hat sie hier verloren und wenn Dir das als Ausländer in Europa passiert, kannst Du bestimmt keinen Polizisten mit Geld schmieren!« Das war vielleicht zuviel, wieder muß ich die Papiere abgeben, die 1000 CFA verschwinden zwischen den Seiten und siehe da, »hier, nimm alles zurück, beim nächsten Mal kommst Du nicht mehr so davon.«

Mir fällt auf, wieviele Tuaregs sich in der Stadt aufhalten. Einige ziehen ihr Kamel hinter sich, andere verfolgen mich, versuchen, in einer aufdringlichen Art ein Schwert oder eine Dose, die mit Kamelleder überzogen ist, zu verkaufen. Das scheinen die Früchte der islamischen Regierung zu sein, denen die umherziehenden, unabhängigen Händler ein Dorn im Auge sind und die jetzt durch ein Anpassungsprogramm versucht, sie seßhaft zu machen und sie zu kontrollieren.

Die Gegend Richtung Norden wird nun noch trockener, die Straße Richtung Agadez führt in nördlicher Richtung durch die Sahelzone, bis die Wüste Sahara beginnt. Ich fühle mich richtig euphorisch und aufgedreht, kann es kaum erwarten, in den Sand zu kommen. Mitten in dieser Spannung bleibt die Karre stehen, der Motor stottert, so als sei kein Benzin mehr drin. Das hat mir ja noch gefehlt, weit und breit keine Schattenstelle, jetzt um 12.00 Uhr betragen die Temperaturen in der Sonne mindestens 60 Grad. Die Vergaser habe ich gereinigt, das Sieb am Benzinhahn auch, sowie den Benzinfilter. Außerdem kippe ich vorher das ganze Benzin aus dem Tank und spüle ihn aus, denn das Risiko, später in der Sahara schrauben zu müssen, möchte ich nicht eingehen. Aber was bleiben dann noch an Möglichkeiten übrig? Als ich den Tankrucksack abnehme, höre ich ein Zischen, als sich der abgeknickte Entlüftungsschlauch auf dem Tank geradestellt. Mir fällt ein Stein vom Herzen, ich schneide ein Loch durch die Tanktasche und führe den Schlauch senkrecht hindurch, so daß er sich nun nicht wieder zusammendrücken kann. Ich trinke einen Schluck Wasser, es ist angenehm kühl. Den Plastikkanister habe ich mit einem Sack umnäht, den ich ganz feucht tränke. Die Verdunstungskälte hält das Wasser fast kalt, und da 10 Liter pro Tag sowieso zu viel sind, bleibt mir genug, um das Leinen einige Male zu überspülen. In Niger kostet Benzin etwa 1,55 DM pro Liter. Doch das stellt überhaupt kein Problem dar für die Afrikaner, die die Nähe des Erdöl exportierenden Nigerias nutzen, dort in Kanistern den viel billigeren Treibstoff kaufen und ihn über die Grenze tragen. Gleich am Ortseingang von Birni-Nkonni stehen Menschen an der Straße und winken mit einem Trichter. Ich halte an, wir verhandeln über den Preis. Wie üblich stellt es sich als weit aus schwieriger dar, an irgendeine Person heranzukommen, da die Händler erst einmal unter sich ausmachen müssen, wer mir denn jetzt überhaupt etwas verkaufen darf. Drei Afrikaner rennen gleichzeitig mit je einem 20 Liter Kanister zu mir. Dabei versuchen sie sich zu behindern, mit einer Hand festzuhalten, bis tatsächlich einer stolpert und der zweite überholt wird. »So, hier ist Dein Benzin.« – »Ist es Super?« – »Natürlich beste Qualität.« Er schüttet gerade 5 Liter in den Tank, da zieht ihn ein Konkurrent von hinten weg, das ganze Benzin läuft über den Sitz, das gleiche Theater geht von vorne los: »Genug, jetzt will ich etwas von meinem verkaufen!« – »Nein, er hat es von mir verlangt!« – »He, hört auf, ich kaufe von beiden etwas.« In den Tank passen knapp 30 Liter, in die zwei Reservekanister noch einmal zehn.

Die Gegend wird nun noch trockener, oft wächst weder dünnes Gras noch irgendwelche Dornenbüsche. Bald wird die Vegetation völlig aufhören. Noch befinde ich mich nicht in der reinen Wüste, wo es so gut wie nie regnet. Vereinzelt erkenne ich noch Wasserflächen neben den Straßen – was für eine Vergeudung. Es kann hier tatsächlich ununterbrochen stundenlang vom Himmel schütten – das Wasser verdunstet aber sofort und sickert unaufhaltsam in den sandigen Untergrund.

Von weitem ist eine riesengroße dunkle Wolke zu erkennen, die sich langsam näher schiebt. Fast könnte man meinen, die Nacht käme auf einen zu. Ich stelle das Motorrad quer gegen den Wind, der der Wolke vorausgeht, setze mich auf den Boden, wickle mir ein Tuch um den Kopf, trinke schnell noch einmal Wasser und setze die Crossbrille auf, denn jeden Augenblick wird mich diese Wolke aus Staub und Sand erreichen. Innerhalb weniger Minuten taucht sie die ganze Umgebung in ein dunkelgelbes, braunes Licht. Die Sonne erscheint nur noch schemenhaft. Überall setzt sich feiner Sand, kommt selbst durch die Schaumstoffränder zwischen Haut und Brille, wenn ich die Zähne bewege, knirschen sie. Auf dem Motorrad liegt eine dünne Schicht und schon bald kann man die ursprüngliche Farbe an vielen Stellen nicht mehr erkennen. Der Wind erfaßt den Helm und rollt ihn vor sich her, ich habe Schwierigkeiten, ihn wieder einzuholen. Das Motorrad schützt nicht besonders, der Sand scheint aus allen Richtungen zu wehen. Ich möchte nicht fahren, weil die Sicht wirklich schlecht ist und ich Tiere oder Autos erst wenige Meter vor mir erkennen würde. Das Warten zerrt an den Nerven, ich erinnere mich an einen Sandsturm vor vier Jahren, der zweieinhalb Tage dauerte. Nach etwa vier Stunden erscheint mir die Sicht Richtung Norden besser geworden zu sein und hinter mir sieht es nun dunkler aus. Ich versuche es. Tatsächlich tauche ich einige Kilometer später aus dem Rest der Wolke und sehe im Rückspiegel die dunkle Wand, über mir den wolkenlosen Himmel. Es ist 13.00 Uhr. Die Gegend ist vollkommen flach, manchmal sehe ich Ziegen, Herden und dunkle Nomadenzelte am Horizont stehen. Bald wird die Trockenzeit einsetzen, und sie müssen wieder Richtung Süden ziehen. Die Faszination solcher unendlichen Weiten läßt sich kaum beschreiben – irgendwie erscheint mir die Landschaft wie ein Meer, das Eintönige wirkt beruhigend. Alle fünf Kilometer stehen steinerne Wegweiser an der Straße. Oft halte ich, setze mich auf einen und trinke einen Schluck Wasser, nehme den Helm ab und lasse die Ruhe auf mich wirken. Die Stille wirkt noch viel stärker, weil die Augen an nichts hängen bleiben.

Agadez liegt mitten in dieser Umgebung, stellt sozusagen den Vorposten zur Wüste dar. Die letzte Gelegenheit am Motorrad zu schrauben, Lebensmittel und Wasser zu kaufen. Da die Paris-Dakar-Rallye jedes Jahr hier vorbeirast, und viele Teilnehmer in Agadez schon aufgeben, kann man oft Ersatzteile finden, die verkauft werden oder einfach zurückbleiben. Ich suche für die über 600 Kilometer lange Sandstrecke von Arlit nach Tamanrasset einen Michelin Dessert Reifen, der ein sehr grobes Profil besitzt, vor allem aber mit einem Mousse als Innenmaterial 100%ig vor Platten schützt. Dieses Mousse ähnelt einer dicken Schaumstoffwurst, die über die Felge gelegt wird und das Innere des Reifens völlig ausfüllt. Einziger Nachteil ist die Tatsache, daß das Material keine hohen Geschwindigkeiten aushält und sich auf der Asphaltstraße völlig zersetzen kann. Dem wiederum kann man mit einer Spezialemulsion vorbeugen, nur weiß ich das nicht – später soll ich die Quittung dafür bekommen.

Ich lasse das Motorrad vor einem kleinen Hotel stehen und setze mich in den Schatten eines dunklen Raumes. Der Hitze während des Tages kann man kaum entgehen, am besten hilft noch ein Raum ohne Fenster, mit zwei gegenüberliegenden Türöffnungen, so daß wenigstens der geringe Luftzug minimal kühlt. Es dauert nicht lange, da erscheint auch schon der erste Händler. »Hallo, brauchst Du Ersatzteile für die Honda, ich habe alles!« – »Ja, einen Michelin Dessert Plus, den mit Mousse!« – »Kein Problem, ich habe sämtliche Reifen da, warte hier, ich bringe ihn Dir.« – Die Wirklichkeit sieht etwas anders aus. Natürlich besitzt er weder einen Reifen, noch sonst irgendein Teil für die Honda, aber er kennt sämtliche Geschäfte, Garagen, Werkstätten und verhandelt mit den Besitzern über den Preis. Als Zwischenhändler verdient er sich so ein bißchen Geld. Tatsächlich erscheint er eine Stunde später wieder, Reifen und Füllung in der Hand! Nach zwei Stunden einigen wir uns auf den Preis: Meinen Hinterradreifen will er mir abkaufen. Fürs Wechseln, sowie den Dessert soll ich noch 90 DM bezahlen, das scheint mir ein fairer Preis zu sein. Reifenhändler gibt es viele. Eigentlich bezeichnet sich jeder so, der eine eigene kleine Werkstatt besitzt. Davon scheint es hier auch sehr viele zu geben. Die Arbeiter machen hier alles was gerade anfällt: Garagentore schweißen, Rahmen eines verrosteten Peugeots richten, aus Brettern rostige Nägel ziehen und sie geradeklopfen. Das Werkzeug besteht aus einem Hammer oder großen Eisenstangen. Geschweißt wird ohne Schutzbrille und Handschuhe – natürlich mit freiem Oberkörper, in kurzer Hose und Plastikschlappen. Ich schiebe die Honda in einen schmalen Innenhof, entdecke weit und breit nichts, was an eine Reifenreparaturwerkstatt erinnert. »He, ich bin Spezialist für Michelin Desserts, wenn die Rallye hier durchkommt, wechsle ich manchmal 100 Reifen am Tag!« – Er ist wirklich der Schnellste, aber zuerst muß er zwei alte Autofelgen holen, um das Motorrad aufzubocken, wo sind denn bloß die Montierhebel? Einer taucht auf, zwei weitere werden durch Schraubenzieher und Eisenstange ersetzt. Der Mantel ist sehr hart und läßt sich nur schwer über die Felge ziehen, aber gezielte Schläge mit dem Hammer, wobei etwa jeder zweite das Aluminium trifft, bringen das widerspenstige Gummi endlich drauf. Rekordzeit scheinen mir zwar die eineinhalb Stunden nicht, dafür ist er aber jetzt endlich drauf. Ich wechsle die Zahnkränze – vorne ein kleineres, hinten eins mit vier Zähnen mehr, um mehr Kraft von unten heraus zu haben – außerdem einen neuen Öl- und Luftfilter und SAE 40 Einbereichsöl für den Motor. Das sollte reichen für den Sand und einzelne tiefe Weichstellen.

Durch die Stadt zieht sich eine Asphaltstraße bis Arlit, ansonsten sind sämtliche Wege staubig oder bestehen aus weichem Sand. Bäume gibt es kaum in dem Ort. Geschäfte bestehen aus einer Anzahl von Regalen, in denen ich mit viel Glück Konserven mit Sardinen, trockene Kekse, Orangenpulver und abgepacktes Wasser in eineinhalb Liter Flaschen bekomme. Dafür gibt es morgens und abends frische, längliche Weißbrote, die ich warm mit etwas Marmelade esse.

Auf der Mitte eines großen Platzes steht ein Fernseher, die Regierung scheint eine ganze Serie von Micky Maus Trickfilmen gekauft zu haben. Kinder liegen auf dem staubigen Boden, dahinter hocken ältere Männer auch Jugendliche stehen begeistert vor dem TV. Hier mahlen die Mühlen alle sehr langsam: Ich will morgens an der Post schnell einige Briefmarken kaufen. Tatsächlich öffnen die Schalter um sieben Uhr, aber das bedeutet noch lange nichts. Der Angestellte scheint heute Inventur zu machen, jedenfalls zählt er sämtliche Briefmarken, die noch vorhanden sind, notiert Zahlen, kontrolliert das Ergebnis noch einmal. Vielleicht sieht er mich ja nicht. »Guten Morgen, könnte ich...« – »Guten Morgen, ja sofort, ich bin gleich fertig!« – »Gleich« heißt eine Stunde. Andere Kunden warten, halten einen Plausch, niemand verliert die Fassung. Ich frage meinen Nachbarn, ob das hier ein Markt sei oder ein Postamt. – »Oh, der Markt ist dort vorne, hier ist die Post, da hast Du recht!« – »Wann geht es hier denn weiter?« – »Sofort, sofort, das kann höchstens noch eine Minute dauern.«

Vor Agadez befindet sich der Tuareg Markt. Salim, den ich in der Post kennenlerne hat eine Boutique dort. Boutique bedeutet nichts anderes als Laden, besser wohl Bude, Hütte. Auf dem Markt decken sich die Karawanen mit Lebensmitteln ein, kaufen Tiere oder bieten eigene Kamele an. Von hier aus starten immer noch große Züge, oft mit über 100 Kamelen, Richtung Osten, Bilma. Der Ritt zu dieser Oase dauert drei Wochen. Die Tuaregs oder Houssa kaufen dort Salz, das in Salinen gewonnen wird und transportieren es zurück nach Agadez und anderen größeren Städten. Salims Boutique liegt mitten in einem Gewirr von kleinen sandigen Gassen und besteht aus Pappwänden, die an trockene Äste genagelt sind und einem Dach aus Zweigen, Blechen und Steinen, die alles befestigen. Salims Partner sitzt auf dem Boden, neben sich vier Stoffballen und eine uralte Nähmaschine, die mit dem Fußpedal angetrieben wird. Die Kunden bestellen ein Hemd oder eine Hose und können bei einem Tee warten, dann das maßgefertigte Stück sofort mitnehmen. »Im Augenblick laufen die Geschäfte nicht gut, manchmal verkaufe ich ein Hemd pro Woche, manchmal gar nichts.« Wir kaufen Tee an einem anderen Stand und Käse dazu, der getrocknet angeboten wird. Salim lädt mich in sein Haus ein. Irgendwo in dem Labyrinth der Stadt schreiten wir durch eine kleine Öffnung in einer Lehmwand, dann befinden wir uns auch schon bei seiner Adresse: ein einzelner Raum in einem größeren Lehmgebäude wird durch eine geflochtene Matte vom Anwesen des Nachbarn getrennt. Vor dem Raum ein kleiner Vorplatz. Salim ist erst 19 Jahre alt, seine Frau sechs Jahre älter. Er will mir wohl demonstrieren, wie sehr sie ihn liebt und sie ihre Anhänglichkeit zum Ausdruck bringt, indem sie seine Wünsche sofort erfüllt. »Hol mal Holzkohle, zünde das Feuer an, fächle mehr Luft, stell den Teekessel auf.« – Irgendwann wirft sie das Stück Pappe in die Ecke, setzt sich auf die verschränkten Füße und stellt sich taub. Der arme Salim muß jetzt selbst das Feuer am Brennen halten, natürlich läßt er sich nichts anmerken. Unsere Unterhaltung setzt sich fort, so als ob die Frau gar nicht da wäre. Ich darf sie nicht ansprechen und von selbst würde sie nie etwas sagen. Nach drei Gläsern erhebe ich mich, bedanke mich für die Einladung und gehe. Noch keine fünf Meter weiter kann ich ein Gezeter und Geschrei hören, Salim scheint sich nun mit der Gemahlin zu unterhalten.

Ständig sprechen mich Kinder an, ob ich ihnen nicht Geld wechseln könne? Touristen, vor allem Franzosen geben ihnen Münzen, nur nimmt die Bank hier kein Hartgeld an. Manchmal sammeln sie eine große Menge Franc-Stücke. Sie können überhaupt nicht verstehen, daß ich kein Interesse habe, 100 einzelne Franc zu besitzen. Andere versuchen auf andere Art etwas Geld zu verdienen und lassen sich jede Auskunft oder Gefälligkeit bezahlen. »Sag mal, wo kann ich denn abgefülltes Wasser kaufen?« – »Ach, das ist schwierig, der Laden hat geschlossen, ich kenne aber jemanden, wo ich Dir für 4 DM eine Eineinhalb-Liter-Flasche besorgen kann!« Später finde ich die Boutique selbst, der Preis beträgt 2 DM! – »Wo kann ich Briefmarken bekommen?« Die gleiche Geschichte, sie bringen mich gerne zur Post aber nur gegen ein kleines Cadeau. Wenn ich schon kein Geld gebe, soll ich wenigstens ein T-Shirt, möglichst eins mit einem Aufdruck geben, eine Jeans tut es auch.

Ich packe besonders früh das Motorrad und starte vor Sonnenaufgang Richtung Norden. Seit einigen Tagen ist die Straße gesperrt, weil ein Wadi, ein ausgetrocknetes Flußbett, sich nach dem Regen plötzlich mit Wasser gefüllt hat und mehr als einen Meter hoch die Fahrbahn überspült. Ein Busfahrer rast in dem Glauben, dort schon irgendwie durchzukommen, rein. Die Strömung wirft den Bus um, 22 Menschen ertrinken. Das war vor drei Tagen. Es ist hoffnungslos, jemanden zu fragen, ob die Straße wieder benutzt werden kann. »Ja, sie ist immer frei gewesen«, bis »Die kannst Du jetzt drei Wochen lang nicht benutzen«, schwanken die Antworten. Nach zwei Stunden Fahrt erreiche ich die Stelle selbst. Tatsächlich taucht der Asphalt regelrecht unter; auf einer Länge von 100 Metern nur Wasser, das recht schnell fließt. Ich folge der Straße zu Fuß, ziehe Hose und Schuhe aus, taste mich mit einem Stock vor. Der Belag ist hart, aber das Wasser reicht bequem

Überschwemmung, Niger.

bis zur Hüfte – Pech. Eine Gruppe Kinder wartet darauf, daß ich eine Tauchfahrt wage. Mir fällt etwas Besseres ein: Ich montiere die Koffer, Kanister und Rucksack ab, Helm, Schuhe und Jacke tragen wir gemeinsam auf dem Kopf zur anderen Seite. Jetzt machen wir es mit dem Motorrad genauso, das Wasser reicht zwar immer noch bis zum unteren Motorgehäuse, aber wir halten es hoch genug und es kann nicht ins Luftfiltergehäuse gelangen. Gebückt, die Hände im Wasser, überqueren wir zu dreizehnt die Stelle: vier Kinder am Vorderrad und der Gabel, acht am Rahmen, der das Hinterrad umgibt und an dem ich die Koffer befestige und ich!

Arlit bedeutet das Ende des Asphalts, der befestigten Straße. Die Bedeutung dieser Stadt liegt einzig im riesigen Uranbergwerk, das etwa 95% der gesamten Wirtschaftsleistung des Niger erbringt. Der Wind treibt oft Staub und Sand zwischen den Häusern, manchmal kann ich nur mit zusammengekniffenen Augen gehen, alle zehn Meter öffne ich sie einen winzigen Spalt, um mich zu orientieren, wo ich bin.

Aus dem Norden kamen drei Franzosen mit ihren Peugeots 504, deren Dächer mit Ersatzreifen und Motorteilen beladen sind. Im Inneren liegen ein Kofferradio, Fernseher und Kanister – alles zu verkaufen. Die drei Fahrer hocken im Restaurant eines Hotels und warten auf Käufer. Es spricht sich schnell herum, und innerhalb weniger Minuten wimmelt es von Interessenten. Der Chef des Hotel ist mit dieser Entwicklung überhaupt nicht einverstanden und schmeißt sie alle raus, setzt sich vor den Eingang und bestimmt nun selbst, wer hineindarf und wer nicht. Die Afrikaner werden wütend. Ein Geschäft könnte ihnen entgehen. Jetzt versuchen sie alles: Zuerst freundlich sein, dem Chef die Hand schütteln, ihm einschmeicheln. Das hilft nicht, er lehnt sich in seinem Stuhl zurück, trinkt Bier und schüttelt mit dem Kopf. Dann will ihm ein Käufer Geld geben, hält es hin. Es sind französische Münzen und die will niemand, schon gar nicht der Hotelbesitzer. Eine Menge Schaulustiger verfolgt das Theater, schließlich steckt der Interessent dem Chef einfach das Geld in die Tasche. Das ist nun doch zuviel, er nimmt die Münzen raus, wirft sie in den Sand und würdigt den Händler keines Blickes – das hätte er vielleicht nicht tun sollen – eine Auseinandersetzung folgt, zuerst mit Worten dann fassen sich beide an den Schultern an und drohen. Mitten in dieses Gerangel tritt ein älterer Mann, schreit den jungen Störenfried an, nimmt ihn an die Hand und zieht ihn widerstandslos aus dem Pulk von Menschen. »C'est le pére« – der Vater. Der Hotelchef resigniert, denn während er einem erfolgreich den Zutritt verwehrt, nutzen etwa 20 andere die Chance und schleichen ins Restaurant, wo die drei Franzosen nun von ihnen belagert werden. Ich komme abends wieder vorbei, der Besitzer hängt völlig betrunken vor seiner Herberge, von den drei Peugeots steht noch einer dort, völlig leergepackt. Es sieht so aus, als hätten die Autoverschieber die beiden anderen Autos verkauft und würden jetzt gemeinsam in einem Fahrzeug weiterreisen. Die Hitze macht mir total zu schaffen, ich esse überhaupt nichts, habe absolut keinen Hunger und trinke literweise Cola oder andere Säfte, die zwar eiskalt sind, aber nur aus Zucker und Wasser mit Farbstoff zu bestehen scheinen. Abends bekomme ich die Quittung dafür: Kopfschmerzen und Fieber. Ich habe überhaupt keine Energie mehr. Ich liege auf dem Flachdach eines Hauses, schlucke Kopfschmerztabletten und denke voller Schrecken daran, daß ich morgen die erste Etappe bis Algerien schaffen muß, denn mein Visum läuft genau an diesem Tag ab. Ich trinke einige Biere, schlucke noch mehr Tabletten und kann ich tatsächlich zwei Stunden schlafen, werde aber von einem fürchterlichen Traum geweckt: Ich verfahre mich in der Wüste, die Wasservorräte gehen zu Ende. Später liege ich irgendwo in einem Sarg, Maree steht neben mir, ich kann nicht reden, obwohl ich alles sehen und verstehen kann. Es soll nicht bei dem Traum bleiben, sechs Tage später werde ich mich an diese Horrorvision erinnern.

Am Ortsausgang muß ich mich bei der Polizei abmelden und den Paß abstempeln lassen. »Sind Sie etwa allein?« – »Nein, ich fahre mit einem algerischen Lkw im Konvoi.« – Er soll nur jetzt bitte nicht sagen, daß ich die Strecke nicht ohne Begleitung zurücklegen darf. »Viel Spaß!«

Ich fühle mich körperlich völlig ausgezehrt, bin müde und überhaupt nicht aufgelegt zu starten. Sofort hinter Arlit beginnt eine Sandpiste. Die Orientierung ist nicht sehr schwierig, weil in Abständen leere Ölfässer stehen, in denen oft eine hohe Stange steckt. Diese dunklen Markierungen sind schon von weitem gut sichtbar. Ich kann die tiefen, ausgefahrenen Lkw-Spuren meiden, einen weiten Bogen darum machen und mich immer Richtung Tonne halten. Der Untergrund ist meist hart. Allerdings finde ich anfangs nicht die richtige Geschwindigkeit und bin viel zu ängstlich, vor allem bei plötzlichen Weichsandstellen oder wenn ich in eine tiefe Spur gerate. Das Hinterrad gräbt sich einige Male ein, ich steige ab, schiebe bei gleichzeitig eingelegtem ersten Gang und schleifender Kupplung, laufe mit langen Armen neben dem Motorrad her. Das kostet sehr viel Kraft, ich komme außer Atem, Schweiß läuft mir am Körper runter. Dann wieder bleibe ich im Sattel sitzen, rudere mit den ausgestreckten Beinen mit, die Kupplung lasse ich bis zum Verbrennen schleifen. Ich bin kaum in der Lage über etwas richtig nachzudenken, reagiere nur rein mechanisch und profitiere von den Erfahrungen, die ich bei früheren Sahara-Durchquerungen gemacht habe. Aber da war ich nie allein und bin ausgeruhter gewesen. Jetzt quält mich oft ein einziger Gedanke – ich darf nicht stürzen, weil ich bestimmt das Motorrad nicht mehr aufgerichtet bekomme. Sehr oft halte ich an, trinke Wasser und setze mich in den Schatten des Motorrads. Als gegen Mittag die Sonne beinahe senkrecht steht, lege ich mich lang neben die Karre auf einen schmalen Streifen, wo die Sonne nicht hinkommen kann. Nach etwa einer Stunde fühle ich mich zuversichtlicher. Ich weiß, daß ich es heute bis Algerien schaffen werde, wie viele Kilometer ich zurückgelegt habe, schätze ich nur, denn ich will mir die Enttäuschung sparen und sehe nicht unter das Klebeband, das die Kilometerangabe zudeckt. Mittlerweile beträgt meine Geschwindigkeit so um die 80 km/h, bei weicheren Abschnitten schalte ich einen Gang runter, bei dem Gewühl in den Fahrrinnen das gleiche, nur halte ich dann den Lenker fest wie einen Amboß, denn das Vorderrad läuft sehr unruhig und möchte sich wohl am liebsten querstellen. Die andere Übersetzung und der Michelin Dessert sind eine große Erleichterung, der Reifen packt im Sand sehr gut, bricht nie seitlich aus und beim Anfahren greift er sofort. Ich bin froh, daß ich ihn vorher gewechselt habe. Bei einer Pause entdecke ich, daß die rechten äußeren Stoppeln abgefahren sind. Sie streifen den Auspuff, wenn ich tief einfedere. Ich werde sie hinter der Grenze einfach ein Stück abschneiden.

Schon von weitem sehe ich Fahrzeuge, einzelne Baracken – die Grenze von Niger! Was für eine Erleichterung, ich bin nicht einmal gestürzt und kann mich bald ausruhen. Mitten in der Wüste stehen hier einige Bäume und notdürftig aufgestellte Gebäude, in denen gelangweilte Zöllner meinen Paß abstempeln. Die Hitze ist so unerträglich, daß sie sich mit der Frage begnügen, ob ich etwas zu verzollen habe. Ich habe Glück, denn fünf Minuten später beginnt hier eine mehrstündige Pause. Nach mehreren Kilometern Niemandsland erscheinen silberne Metallcontainer, die algerische Grenze. Ein Generator sorgt für Strom, in den Räumen ist es angenehm

318

kühl, ich beantworte gerne Fragen, fülle meinen Einreisebogen im Zeitlupentempo aus, um ja noch ein bißchen hier sitzen bleiben zu können. »Hast Du ein Geschenk für mich?« – »Oh, ja, sehr gute Schmerztabletten.« Ich krame wieder einige Wasserdesinfektionstabletten raus. »Gut lutschen, das hilft!«

Jetzt nur schnell nach In Guezzam, dort finde ich bestimmt einen Arzt, kann mich ein paar Tage ausruhen. Vielleicht treffe ich andere Fahrzeuge und reise im Konvoi weiter. In Guezzam ist ein Staubnest, es gibt ein kleines Restaurant, ich habe keine algerischen Dinar und natürlich gibt es hier keine Wechselmöglichkeit, ein Hotel erst recht nicht. Vier Monteure aus Tamanrasset machen gerade Pause und laden mich auf einen Kaffee ein. Morgen Nachmittag wollen sie wieder nach Tam zurück. Sie bieten mir an mitzufahren. Sie würden einen Teil meines Gepäcks mitnehmen. Was bleibt mir sonst übrig? Ich weiß, daß ich hohes Fieber habe. Hier gibt es keinen Arzt, die 400 Kilometer in diesem Zustand allein zu versuchen, wäre Schwachsinn.

Das Restaurant schließt, ich lege mich irgendwo in den Schatten, bin kaum noch fähig, überhaupt einen klaren Gedanken zu fassen. Ein alter Algerier kommt angeschlichen, reicht mir die Hand und legt sich neben mich. Ein Junge bringt mir eine Plastiktasse mit Wasser, ein dicker Eisblock schwimmt darin. Egal, wie unvorsichtig das jetzt ist, ich kann dem kalten Wasser nicht widerstehen. Minuten verrinnen, ich weiß selbst nicht genau, wie es weitergehen soll, mache abends einen Spaziergang. Vor einem Haus lehnt ein Mann. Irgendwie habe ich das Gefühl, daß er nicht hierher paßt in seinem weißen Hemd, den geputzten Schuhen und der sauberen Hose. Tatsächlich arbeitet er nur vorübergehend hier und ist von seiner Firma aus dem Norden hier heruntergeschickt worden. »Sag mal, weißt Du, wo ich einige Dollars tauschen kann?« – »Bei mir!« Der Schwarzmarktkurs ist etwa viermal besser als der offizielle Kurs. Wir gehen zum Restaurant zurück und trinken Kaffee, ein Freund kommt vorbei und lädt mich in sein Haus ein. Ich bin froh, die Nacht nicht hier draußen schlafen zu müssen und schiebe die Honda durch ein schmales Tor in einen großen Innenhof.

Seit zwei Tagen habe ich schon nichts mehr gegessen. Ich trage mich ernsthaft, wie ich in diesem Zustand überhaupt Tam erreichen kann? Ich wälze mich nachts in meinem Zelt von einer Seite auf die andere, kann absolut nicht einschlafen, schwitze ununterbrochen. Immer wieder die quälenden Gedanken an die 400 Kilometer Piste, die teilweise sehr schwierig ist. Tamanrasset erscheint vor meinen Augen: Ein Bett, Krankenhaus, nur schlafen, einfach nur auf einem sauberen Bett liegen und alles hinter mir haben. Es gibt Augenblicke, da bin ich nicht einmal in der Lage einen einzigen klaren Gedanken zu fassen. Ich versuche, mich zu konzentrieren, nur einen Satz ins Englische zu übersetzen, Zahlen zu addieren. Aber meine Versuche brechen in einem Gewirr zusammen. In meinem Kopf herrscht ein

Durcheinander. Plötzlich kann ich gar nichts mehr denken. Es sind Fieber-
schübe, typische Anzeichen für Malaria. Ich weiß, daß ich aus In Guezzam
raus muß, nur weiter, weil ich hier nur kranker werde und ganz bestimmt
keine Hilfe erwarten kann. Mit wenigen Unterbrechungen bleibe ich tagsüber auf meiner Matte liegen, manchmal schleppe ich mich zum Restaurant
und trinke kaltes Wasser. Mein Gastgeber meint, ich solle ihm nicht böse
sein, aber er möchte nicht, daß ich noch eine Nacht hier verbringe, weil er
Angst vor einer Ansteckung hat.

Mit den Algeriern, die ich gestern traf, war verabredet, daß wir uns gegen
17 Uhr am Ortsausgang treffen, um dann gemeinsam nach Tam zu starten.
Das bedeutet, daß sie nachts fahren wollen, denn gegen 19 Uhr wird es
dunkel. Ich warte über eine halbe Stunde, von einem Auto ist weit und breit
nichts zu sehen. Dann muß ich eben allein durch. Einige Kilometer vor mir
entdecke ich eine Staubwolke, die sich exakt Richtung Norden bewegt,
hoffentlich ein Fahrzeug Richtung Tam! Ich rase hinterher. Es sind die vier
Monteure von gestern, offensichtlich wählten sie eine andere Piste, so
verfehlten wir uns anfänglich. Sie haben wohl vergessen, daß sie einen Teil
meines Gepäcks nehmen wollten, ich will sie nun nicht mehr darauf ansprechen. Der Beifahrer meint, ich sähe schlecht aus und solle mich erst einmal
richtig ausschlafen. Sie kennen sich hier sehr gut aus, verlassen die Hauptpiste und bald sind überhaupt keine Spuren mehr zu sehen. Wir fliegen mit 100
km/h über den weichen Sand, ich halte mich seitlich von ihnen, immer etwas
vor dem Auto, so daß sie es sofort mitbekommen würden, wenn ich stürzte
oder eine Panne hätte.

Das schwierigste Stück ist eine lange Dünenpassage – die Laouni-Dünen.
Dort befindet sich über einige Kilometer weicher, tiefer Sand. Man kann
den tiefen Spuren dort nicht ausweichen, weil sich zu beiden Seiten verwit-
tertes spitzes Gestein befindet. Wenn ich die hinter mir habe, dann ist das
Schlimmste geschafft, das weiß ich. Die Araber meinen bei einem kurzen
Stop, sie wollten hinter den Dünen auf einen Tee halten. Nach eineinhalb
Stunden stoppen sie, holen Holz aus dem Auto. Ich bin etwas enttäuscht,
denn meine Spannung gilt dieser sandigen Passage und jetzt haben sie nichts
Besseres zu tun als Tee zu kochen. »Wie weit ist es denn noch bis zu den
Dünen?« – »Die sind etwa 10 Kilometer entfernt!« – »Wollten wir sie nicht
vorher queren?« – »Was Du nicht sagst, sie liegen 10 Kilometer hinter uns!« –
»Nein!« – »Ja, wir haben einen Bogen darum gemacht!« Was für ein
befreiendes Gefühl. Für Augenblicke vergesse ich, wie kaputt ich bin, jetzt
schaffe ich den Rest auch noch irgendwie. Ich werde hier übernachten und
morgen die letzten 300 Kilometer allein schaffen.

Es wird langsam dunkel, ich will auf gar keinen Fall nachts fahren, ein
Stein oder eine Bodenwelle und dann ein Sturz bei 90 km/h würde ich nicht
überstehen. Ich verabschiede mich von ihnen und begleite sie einige Kilome-

ter, dann winke ich ein letztes Mal, sie verschwinden, lassen eine gut sichtbare Spur zurück. Als ich den Helm abnehme, den Ständer auf ein Brett stelle, höre ich Autohupen. Das müssen die Algerier sein, ich folge den Spuren! Vier Franzosen campen hier, sie sind ebenfalls nach Tam unterwegs, wollen morgen weiter. »He, Du siehst ja schlimm aus, die Jungens hier erzählten von Dir und da wollten wir Dich benachrichtigen. Morgen nehmen wir Dein Gepäck, jetzt iß erst einmal was!« Nach vier Tagen bekomme ich den ersten Bissen runter, lehne mich zurück und will nur die Augen für einen Moment schließen. Mitten in der Nacht wache ich auf, eine Decke über mir, die anderen liegen ausgestreckt in ihren Schlafsäcken.

Morgens hält mir Jacques einen dampfenden Kaffee vor die Nase – was für ein Unterschied gegenüber gestern, denke ich. Meine Angst und mein Pessimismus wandeln sich innerhalb von 24 Stunden in eine unbeschreibliche Zuversicht. Ich schraube die beiden Koffer ab, wir verstauen sie in den Autos und starten. Die Franzosen halten sich immer in der Nähe der Hauptpiste, die voller tiefer Spuren ist, die in alle Richtungen verlaufen. Ich bleibe einige 100 Meter entfernt, suche mir freie Stellen, die weniger zerfurcht sind. Wenn die Räder doch mal im tiefen Sand eintauchen, brauche ich nur Gas zu geben, den Lenker fester zu halten und runter zu schalten – ohne Gepäck ist es ein Unterschied wie Tag und Nacht.

Einmal stoßen wir auf einen Landrover, völlig überladen mit Kartons voller Wasserflaschen. 6 Tuaregs sitzen ausdruckslos um den Wagen, ein Reifen ist geplatzt. Sie haben weder Wagenheber, noch Montiereisen oder eine Pumpe. Wir helfen ihnen beim Radwechsel. Um die Situation noch unwirklicher erscheinen zu lassen, fallen jetzt sogar Regentropfen mitten in der Wüste. Als der Reifen endlich wieder drauf ist, sehen wir uns an – nichts wie weg hier, bevor die alte Karre ganz auseinanderfällt und wir sie reparieren dürfen. »Non, non, poussez!« – Schieben, meinen sie, denn Tam verließen sie ohne Batterie. Mir scheint, sie behandeln das Auto wie ein Kamel, das man nicht warten muß.

60 Kilometer vor Tam beginnt eine Asphaltstraße, jetzt erst spüre ich, wie geschafft ich bin und lege das letzte Stück vornübergebeugt zurück. Ich erreiche endlich das Hotel Tahat mit einer Dusche und einem Bett, zum ersten Mal messe ich Fieber – 40 Grad. Ich wußte, daß ich zu hohe Temperaturen hatte, spürte aber immer die Angst, mich selbst verrückt zu machen. Außerdem hätte ich sowieso nichts ändern können. Nachts friere ich ganz fürchterlich, obwohl ich in zwei Decken eingewickelt bin. Dann wiederum strampele ich sie weg, weil mir zu heiß wird. So geht es bis zum nächsten Morgen. Es gibt eine moderne Poliklinik, ein Arzt nimmt mir Blut ab und untersucht es. Seine Diagnose ist eindeutig: Malaria, einige Tage ausruhen, 25 Nevaquin schlucken, auf 5 Tage verteilt. Die normale Dosis beträgt zwei bzw. vier Tabletten pro Woche in besonders gefährdeten Gebie-

Hoggan-Gebirge.

ten. Die Behandlung ist kostenlos, ich bin erleichtert, denn jetzt bin ich ganz sicher, daß ich die richtige Behandlung erfahre.

Die vier Franzosen verabschieden sich, ich will mich noch ein paar Tage ausruhen, die restlichen 2000 Kilometer sind nicht mehr übermäßig schwierig, zum größten Teil asphaltiert, auf jeden Fall stark befahren.

Es soll wieder einmal ganz anders kommen. Vor dem Hotel parken Fahrzeuge irgendeiner Rallye. Viele sind mit Satellitenpeilfunk ausgerüstet, die Autos bis zum Gehtnichtmehr aufgemotzt. Die Typen führen sich auf, als planten sie eine West-Ost-Durchquerung der Sahara, machen einen Lärm und eine Show, daß ich es vorziehe, ihnen aus dem Weg zu gehen. Zufällig komme ich mit zwei Fahrern ins Gespräch. Den ganzen Rummel veranstalten sie, weil sie über die Hoggar-Piste hierher kommen. Jener Abschnitt, der vor mir liegt und den auch Fahrradfahrer bewältigen könnten. Sie möchten auf dem Rückweg über Djanet, eine Route, die ich von früher kenne, nur will ich mit meiner Malaria nicht unbedingt dieses Risiko eingehen. Nach zwei Tagen glaube ich, mich schon viel besser zu fühlen. Die Piste über Djanet wäre viel schöner. Auf die stinknormale Hoggarpiste habe ich keine Lust, ich wäge ab. Die 12 Fahrzeuge starten morgen zum Assekrem, dem etwa 3000 Meter hohen Massiv im Hoggar Gebirge. Ich überlege immer noch, aber im Grunde genommen ist meine Entscheidung gefallen. Ich werde ihnen nachmittags folgen und das Angebot annehmen, gemeinsam über Djanet nach Tunesien zu düsen.

Gegen 16 Uhr gehts los. Ich bin völlig euphorisch, meine Stimmung könnte kaum positiver sein. Einmal muß ich einen Bach queren, stürze beinahe über die dicken Steine im Flußbett. Es muß viel geregnet haben, oft sind ganze Abschnitte völlig verschlammt. Ich muß im Schrittempo durch, mich oft mit den Füßen abstützen. Die ersten Felsen tauchen auf – Zeugenberge, übriggebliebene Formen härteren Gesteins. Manche sehen aus wie Finger, andere wie eine Wand von Kerzen, die ineinander verschmolzen sind. Die Piste wird jetzt trockener, schlängelt sich über Geröllstücke in kleinen Kurven bergauf. Die Sonne verschwindet hinter den Bergen, die riesige Schatten werfen, oft wird der des Motorrads über 10 Meter lang.

Am nächsten Morgen klingelt mich der Wecker um 5 Uhr wach. Ich steige auf die Spitze eines Aussichtspunktes und sehe ein unglaubliches Farbenspiel, zuerst von Dunkelblau bis zu einem hellen, fast weißen Horizont. Dann, als der dünne Rand der Sonne auftaucht, werden die schroffen Spitzen in ein rotgelbes Licht getaucht.

Außer dem Zelt, einer Schlafmatte, einem Kanister mit Wasser und dem Tankrucksack gebe ich das gesamte Gepäck an die Autos ab. Wir verabreden, daß ich vorfahre, um nicht den aufgewirbelten Staub und Sand schlukken zu müssen. Nach einer halben Stunde halte ich dann immer wieder, um auf die Autos zu warten.

Der erste Teil der Piste ist sehr steinig. Oft komme ich durch tiefe, ausgewaschene Flußbetten, erreiche aber doch sehr schnell Hirhafok. Ich warte lange auf das erste Auto. Der Ort besteht aus wenigen Häusern, am Rand der Oase befindet sich ein Brunnen und eine solarbetriebene Pumpe. Die Bewohner, seßhafte Tuareg, bauen Datteln und Gemüse an, wir füllen unsere Wasservorräte, ich merke, daß mir die Krankheit noch in den Knochen steckt. Aus Gewichtsgründen leere ich meinen Kanister bis auf 2 Liter, denn was soll bei 12 Begleitfahrzeugen passieren?!

Die letzte Möglichkeit, um zu tanken, nutzen wir in Idelés. Es ist bereits spätnachmittags. Wir einigen uns, daß ich noch ein Stück vorfahre und kurz vor Sonnenuntergang eine Stelle zum Campen suche. Meist halte ich mich auf Sichtkontakt, dann wieder gibt es soviele Durchfahrten, daß ich schneller fahren muß, um nicht einzusacken. Die Allradautos können meine Geschwindigkeit nicht halten, außerdem bildet der weiche Untergrund für sie weniger Probleme. Sie können langsamer fahren als ich. Die Sonne verschwindet bereits hinter einem Berg. Die Orientierung ist sehr einfach, ich folge immer den Hauptspuren. Da die Piste sich auf dem ersten Stück genau östlich zieht, weist mein langer Schatten fast immer einen Pfeil in diese Richtung. Spuren, die nach Norden oder Süden abzweigen, beachte ich nicht. Doch jetzt beginnt das Drama: Ich stelle das Motorrad ab, trinke einen tiefen Schluck Wasser und warte. Niemand kommt, ich fahre etwa 10 Kilometer zurück, kann kein Auto entdecken, dann düse ich zu meinem Ausgangspunkt zurück. Mittlerweile wird es dunkel und die Spuren sind nur noch schlecht zu erkennen. Es wäre Wahnsinn, jetzt weiter zu wollen bzw. die anderen zu suchen. Ich stelle die Honda auf einer Anhöhe ab, überdenke meine Situation, checke das Wasser – eineinhalb Liter. Verdammte Scheiße, das reicht vielleicht für einen Tag, ich habe weder Werkzeug noch Verpflegung dabei. Jetzt kommen natürlich Zweifel, ob ich mich überhaupt auf der richtigen Piste befinde! Ich lasse mich auf den Boden fallen, ein Malariaanfall schüttelt mich durch, ich bekomme Panik und fange an zu weinen, renne auf einen höhergelegenen Berg, vielleicht sehe ich Lichter oder kann etwas hören, ja ich sehe etwas – Sterne. Auf gar keinen Fall darf ich heute Nacht etwas trinken, kaue einen Kaugummi, mein Mund ist nicht mehr ganz so ausgetrocknet. Jetzt nur ruhig bleiben, sage ich mir, aber wie? Fast finde ich das Motorrad im Dunkeln nicht wieder. Ich stelle es gegen den Wind, spanne das Überzelt dahinter und lege mich ausgestreckt in den Windschatten. Was mich ruhiger werden läßt, weiß ich nicht, jedenfalls rede ich laut und bete: »Bitte laß mich hier wieder mit heiler Haut rauskommen. Ich will einfach jetzt noch nicht aus dieser Welt gehen!« – Vielleicht hört sich das sehr dramatisch an, aber ich empfinde für einen langen Augenblick richtige Todesangst, weiß, daß der morgige Tag entscheiden wird. Ich spiele alle Möglichkeiten durch: Auf gar keinen Fall kann ich Richtung Djanet, mit eineinhalb Liter Wasser und der Unsicherheit ob ich auf der richtigen Piste bin! Warten hat ebenso wenig Sinn, ich würde das Wasser verbrauchen und müßte am nächsten Tag auf jeden Fall weiter bzw. zurück nach Idelés – genau das werde ich machen: Morgen, ganz früh, wenn es noch kühl ist, Richtung Idelés. Vielleicht treffe ich die anderen, wenn nicht, werde ich nach Tam weiter zurückfahren und von hier eben ohne Werkzeug und Gepäck die Hoggarpiste in Angriff nehmen. Ich fühle mich nun absolut ruhig, die Angst ist weg, ich weiß, daß ich die einzig richtige Möglichkeit wähle. Jetzt kommt alles darauf an, morgen die Nerven zu behalten, völlig konzentriert und cool zu sein. Ich darf nichts überstürzen, muß vorsichtig fahren, immer in Südwestrichtung, wo sich Idelés befindet, notfalls mit dem Kompaß und meine eigene Spur mißachten.

Während der ganzen Reise, eigentlich während meines ganzen Lebens, befand ich mich nie in einer solchen Grenzsituation. Ich schlafe sehr ruhig, werde vor Sonnenaufgang wach. Natürlich spüre ich die innere Anspannung, aber es ist auch dieses unbeschreibliche Gefühl, daß ich jetzt völlig auf mich gestellt bin, mir niemand zu Hilfe kommen kann. Ein Tag, der über Leben und Tod entscheiden kann, darüber mache ich mir gar keine Illusionen. Ich funktioniere nur noch, verhalte mich so, als hätte ich diese Situation tausendmal vorher trainiert – Motorrad packen, alles ganz langsam und ruhig, dabei alles noch einmal überdenken. Wo steht die Sonne, dort ist Südwest, ich muß an diesem Berg rechts vorbei, darf nur Spuren folgen, die in dieselbe Richtung laufen. Die Tasse Wasser mit einer aufgelösten Vitamintablette trinke ich während dem Packen, jeden winzigen Schluck halte ich langsam im Mund. Was für ein Genuß. Ich könnte 10 Liter auf einmal trinken.

Den Kompaß hänge ich mir um, die Sonne wirft lange Schatten und erleichtert die Orientierung sehr. Der Sand ist unheimlich tief, der Motor quält sich im ersten Gang, ganz bestimmt habe ich gestern abend durch das Hin- und Herfahren die Hauptpiste verfehlt, aber immerhin, es gibt vereinzelte Spuren. Dies muß so etwa die Gegend sein, wo im letzten Monat ein italienischer Motorradfahrer stürzte und sich einen Arm brach. Nach Wochen wurde er tot aufgefunden. Ich muß diesen Gedanken schnell wegschieben.

Das Vorderrad läuft extrem unruhig, ich muß den Lenker sehr festhalten, kann aber hier im weichen Sand nicht stoppen. Nach einigen Kilometern wird der Untergrund kurzzeitig härter. Ich halte, um nach der Ursache des ausschlagenden Rades zu sehen. Platt! Kein Werkzeug dabei! Der Mantel hängt noch auf der Felge. Ich kann nicht denken. Es gibt außerdem nichts zu denken – noch ist es kühl, ich muß auf der Felge weiter, auf gar keinen Fall den Lenker stark einschlagen, denn wenn der Mantel abspringt, ist es das wohl gewesen! Ich lasse Benzin ab, befestige den Tankrucksack auf dem Gepäckträger, setze mich so weit zurück, wie es eben nur geht, um das Vorderrad zu entlasten.

Der Tiefsand hört auf, ich komme wieder auf die steinige Hauptpiste, die wir gestern Nachmittag von Idelés aus genommen haben. Die Felge knallt gegen die Steine. Ich bin wie in Trance, irgendwie voll konzentriert, aber doch gleichzeitig gar nicht hier, so als beobachte ich alles nur, sehe, wie sich ein Motorradfahrer mit einem platten Vorderrad durch die Wüste quält.

Mitten im Nichts, unter einem Dornengebüsch lagern Tuaregs. Ich stelle das Motorrad ab, lasse mich im Schatten des Strauches nieder. Der Mann erfragt meine Geschichte und versteht sofort: »Du bleibst erst einmal hier, Du mußt Dich ausruhen, viel trinken!« Seine Frau bringt eine Schale Weintrauben, frische Datteln und eine große Schüssel Wasser. Ich schlinge alles runter, überlege noch nicht einmal, wo hier mitten im Nichts Weintrauben herkommen! »Liegt Idelés dort?« Ich zeige in Südwestrichtung. »Ja, natürlich, etwa 2 Stunden zu Fuß!« Das müssen maximal 10 Kilometer sein, er vertut sich bestimmt. »Bleib lieber einen Tag hier, Du solltest Dich ausruhen.« Ich kann nicht, muß unbedingt den Ort erreichen. Die Spannung und Ungewißheit ist einfach zu groß. »Vielen Dank für alles.« – »Sei vorsichtig, wir denken an Dich.«

Wenig später entdecke ich Idelés von einer Anhöhe aus, wo zum Teufel sind die 12 Fahrzeuge geblieben? Der Tacho zeigt genau 36 Kilometer an, mit Sicherheit werden sie mich suchen. Ein oder zwei Autos müssen doch hierher zurückgekommen sein und eine Vermißtenmeldung bei der Polizei aufgegeben haben, die eine Suchaktion starten würde? Später sollte ich die Gruppe wiedertreffen, etwa eine Woche und über 2000 Kilometer weiter entfernt in Tunesien. Natürlich suchten sie mich, aber niemand meldete den Vorfall dort, wo wir uns das letzte Mal gesehen hatten!

Egal, alles ist vorbei, ich habe es geschafft! Eine Reifenreparatur gibt es hier nicht, das ist im Augenblick auch völlig egal. Meine Anspannung ist einfach zu stark gewesen, um jetzt plötzlich zu weichen.

Bauarbeiter laden mich ein, zeigen mir einen Platz, wo ich die Honda unterstellen kann. Morgen früh geht ein Lkw nach Tam, da könne ich dann die Karre aufladen. Es ist mittags, ich sitze in einer Küche, drei Araber schneiden Gemüse für einen leckeren Eintopf, einer backt dickes Maisbrot, es gibt kühles Wasser. Ich erzähle ihnen, was passiert ist, sie verstehen nur all zu gut: »Die Wüste ist sehr gefährlich, vor zwei Jahren blieb ein Lkw irgendwo hängen, der Fahrer verlor die Piste – vier Leute tot.«

Ich lege mich auf eine Matratze, höre Musik, versuche über die letzten 24 Stunden nachzudenken. Das muß ein Traum gewesen sein!

Auf einem Spaziergang über die Baustelle komme ich an einem alten Mann vorbei. Er hockt vor einem Topf und löffelt ein Gericht aus Bohnen mit einer scharfen Soße, dazu Brot. »Guten Abend!« – »Guten Abend, iß mit mir, hier, setz Dich neben mich!« Wir wechseln uns mit seinem Löffel ab, er gibt mir die Hälfte des Brotes. »Iß den Rest, ich gehe zum Beten. Laß den Topf einfach dort stehen!«

Gleich um die Ecke liegt eine Gruppe junger Bauarbeiter aus Mali auf dem Boden. In der Mitte brennt ein Feuer, jemand kocht Tee, das einzige Glas wird abwechselnd herumgereicht. »Hallo, komm, trink Tee mit uns!« Manche knien sich auf den Boden und beten. Ich liege auf dem Rücken, sehe in den Himmel und verstehe vielleicht zum ersten Mal überhaupt, daß sie mit jemandem reden.

Alles erscheint mir plötzlich so anders, vollkommen neu irgendwie, ich atme mit jedem Zug neues Leben ein, voller Bewußtsein und Genuß. Nie werde ich dieses Erlebnis in der Wüste vergessen. Es wird wohl noch lange dauern, bis ich diese Sache verarbeitet habe.

Die Nacht ist ganz klar, es kühlt ziemlich ab, ich lege eine Matratze nach draußen und schlafe mit unter dem Kopf verschränkten Armen auf dem Rücken ein. Es will mir einfach nicht gelingen, die letzte Nacht zu vergessen. Einige Male schrecke ich auf, sehe mich um und schlafe erst wieder ein, als ich begreife, daß alles vorbei ist.

Die Arbeiter helfen mir, die Honda in die Schaufel eines Baggers zu legen. Dann wird sie auf den Lkw geladen, 6 Stunden später halten wir in Tam vor einer Garage. Die Felge und der Reifen sind unbeschädigt geblieben, nach einer halben Stunde befinde ich mich wieder auf dem Parkplatz des Hotels Tahat, wo ich vor drei Tagen gestartet bin. Die schnelle Abfolge solcher Extrema – ich habe kaum Zeit um Luft zu holen, manchmal noch nicht einmal um nachzudenken – trägt sicherlich dazu bei, daß mir vieles wie ein Film vorkommt, ein Traum, den ich nie wieder träumen möchte.

Ich darf in einer Garage Werkzeug benutzen, wechsle Öl, checke die Ventile, Speichen und Schrauben, kaufe mir eine weiche Schaumstoffmatte für die Nacht, einen zehn Liter Wasserkanister, zehn Dosen Orangensaft und jede Menge Datteln und Brot.

Die ersten 200 Kilometer nördlich von Tam sind Asphalt vom Feinsten, ständig 90 km/h, überhaupt kein Verkehr, ab und zu die bange Frage – was mache ich ohne Werkzeug und Ersatzteile? Lediglich ein Schweizer Taschenmesser befindet sich in meinem Gepäck! Aber ich werde es entscheiden, wenn etwas passiert, es gibt immer die Möglichkeit, die Karre auf einen Lkw zu laden. Aber warum sollte das der Fall sein? Ich weiß, daß das Schlimmste überstanden ist, die Fahrbahn stellt keine Probleme mehr dar.

Die gesamte Strecke war irgendwann einmal durchgehend asphaltiert. Der Belag wurde nur ganz dünn auf den Sand getragen. Kaum war sie fertig, entstehen bereits die ersten tiefen Löcher, ganze Ränder brechen einfach ab oder es erscheinen lange tiefe Risse. Jetzt liegt ein 100 Kilometer langes Stück vor mir, das fertiggestellt ist. Die Straße wird von Steinreihen blokkiert, die sich in kurzen Abständen von einer Seite auf die andere ziehen. Mit dem Motorrad finde ich immer eine enge Passage und bleibe auf dem Asphalt, zwar kann ich jetzt nur langsam fahren, aber es ist mir lieber, als die Umleitung durch Staub und Sand. Mitten aus dem Nichts taucht jemand auf, rennt zur Straße. Er hält mir eine Plastikflasche hin, ich fülle einen Liter Wasser ab, gebe ihm eine Dose Saft. »Woher kommst Du?« – Er versteht nichts, zeigt in eine Richtung, bis zum Horizont nichts als Sand, kein Baum, noch nicht einmal ein Strauch.

Bereits in Tam erzählten mir Leute von zwei Deutschen, die 120 Kilometer nördlich von Arak mit einer Motorpanne liegen sollen, gleich neben einem Straßenbaucamp. Das fasziniert mich immer wieder an Afrika – die Straßen sind unglaubliche Nachrichtenverbindungen. Als ich den Unimog finde, hat auch Klaus schon von mir gehört – die vier Franzosen, mit denen ich bis Tam fahre, übernachteten hier. Klaus liegt jetzt schon seit 10 Tagen fest, die Wasserpumpe ist kaputt. Sein Freund trampt in den Norden, um irgendwie eine neue aufzutreiben.

Im Laufe des Abends wird mir dann auch klar, warum es endlos lange dauert, bis in dieser Gegend Straßen repariert werden. Die Arbeiter sind alle aus dem Norden Algeriens, einer Küstengegend mit wundervollen Mittelmeerstränden, angenehmem Klima und vollen Marktständen. Hier leben sie mehrere Monate im Nichts, dann dürfen sie für zwei Wochen nach Hause. Von den fünf Lkws ist nur noch einer fahrtüchtig, viele Tankwagen mit Wasser oder Diesel bleiben unterwegs mit Pannen hängen. Das tut ihrer Laune aber nichts. Die Männer liegen im Sand, der Koch serviert Tee, in der

Mitte steht eine große schwarze Pfanne, aus der wir alle ein Gemisch aus Kartoffelstückchen und Bohnen löffeln, dazu gibt es Brot, das fünf Tage alt ist.

Nachts werde ich dann plötzlich total depressiv, falle in grauenhafte Halbwach-Träume, die mich so beuteln, daß ich richtig Angst bekomme, wahnsinnig zu werden: Ich übergieße das Motorrad mit Benzin, tränke den Anzug damit, kippe mir welches über den Kopf und starte das Motorrad. Schließlich nehme ich einen tiefen Schluck, hole ein Feuerzeug aus der Tasche, zünde mich an und rase immer schneller über die Piste, irre lachend.

Ich sitze vor dem alten Haus in Bochum, zwei riesige Lautsprecher stehen auf dem Dach, die Musik dröhnt. An meinem Stuhl lehnen Gewehre, alles nur Attrappen, aber das weiß niemand. Die Nachbarn alarmieren die Polizei, die Position bezieht; Mikrophone und Pistolen beachte ich überhaupt nicht. Irgendwann muß ich zur Toilette, erhebe mich, gehe an einigen vorbei: »Bitte rührt nichts an, wir machen gleich weiter!«

Ich telefoniere mit Maree in Australien: »Hallo, ich fahre jetzt nach Frankfurt und warte von jetzt an genau 72 Stunden. Falls Du dann nicht kommst, will ich Dich nie wiedersehen.«

Diese Phantasien sind schlimm, denn ich erlebe sie ganz bewußt, kann mich aber nicht lösen. Ich bräuchte nur aufzustehen, ein Stück laufen und alles wäre vorbei, aber ich kann mich keinen Zentimeter von der Stelle bewegen. Es muß wieder ein Malariaanfall sein.

Klaus schaltet den Kassettenrecorder ein. Schlagartig geht es mir besser. Ich stehe auf, hole meine Matte und lege mich auf den Boden.

Hinter In Salah beginnen noch einmal 60 Kilometer Umleitung durch Sand und über Bodenwellen, die so eng nebeneinanderliegen und so hoch sind, daß man eine Coladose dazwischenstellen könnte – sie werden nicht umsonst Wellblech genannt und schütteln einem das Motorrad und die Knochen arg durcheinander. Irgendwie haben die Algerier eine komische Art, eine Straße zu erneuern: Sie reißen etwa alle paar hundert Meter einen Teil des alten Belages weg, dazwischen bleibt der frühere liegen. So flicken sie dann Stück um Stück zusammen, es erscheint mir wie eine nie endende Aufgabe.

Endlich ist auch diese Piste zu Ende. Mir wird bewußt, daß es nun nur noch Asphalt gibt, nur gute Straßen – aber irgendwie kann ich mich nicht freuen, denn sie führen Richtung Norden nach Bochum, dem Ende der Reise.

Das Hinterrad schlägt aus, plötzlich gerät mir die Honda aus der Kontrolle, so, daß ich mich beim Abbremsen beinahe überschlage. Das Mousse im Reifen hat sich völlig aufgelöst, der Mantel wurde so heiß, daß er an einer Stelle wegschmolz und jetzt verdächtig stinkt. Ich muß lachen, gerade noch

Sandsturm.

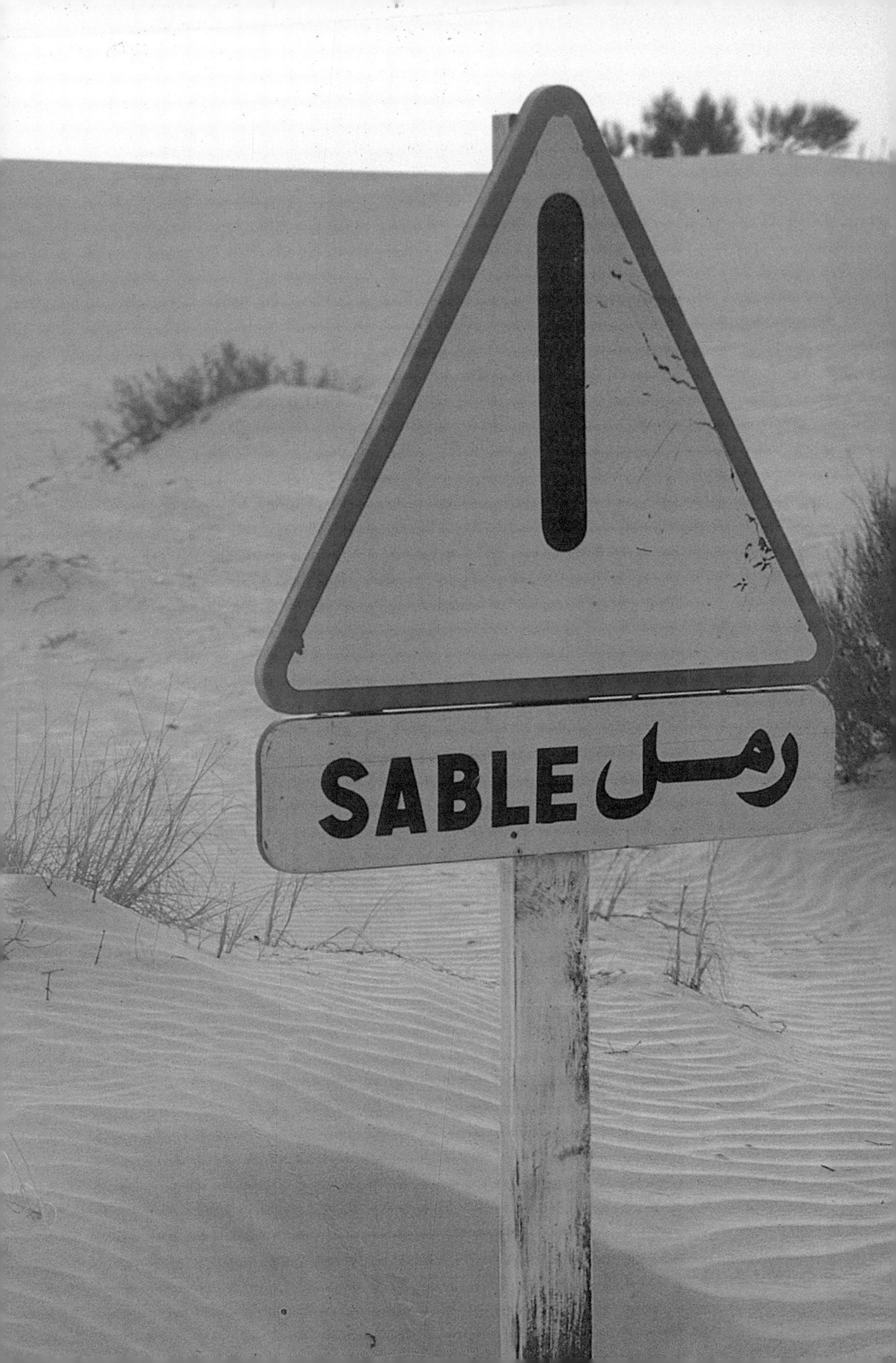
SABLE رمل

denke ich, daß ich so gut wie in Deutschland bin, dann diese kleine Überraschung! Ich schiebe das Motorrad von der Straße, es kann mich gar nicht erschüttern. Im Vergleich zu der Situation vor einigen Tagen erscheint mir dieses neue Problem so geringfügig. Außerdem habe ich viel Wasser und Lebensmittel dabei und bin froh darüber, jetzt mitten im Nichts übernachten zu können oder zu müssen.

Am nächsten Morgen stoppe ich einen Lkw, der Fahrer will 200 DM für die 40 Kilometer bis El Golea, wir einigen uns auf 30 DM, was mir immer noch unverschämt viel erscheint. Die Ladefläche ist nicht hoch. Trotzdem müssen wir auf einen zweiten Lkw warten, um dann gemeinsam die Honda auf die Fläche heben zu können. Die Sonne geht gerade auf und taucht eine unglaubliche Dünenlandschaft – ähnlich einem Meer mit riesigen, gelben Wellen – in ein wundervolles Licht.

An der Wand eines Hauses hängt ein alter Autoreifen – aha, Reparatur! Wir laden das Motorrad ab, nein, hier gibt es keine Motorradreifen, in ganz El Golea mit Sicherheit keinen einzigen. Die Garage besteht aus einem dunklen Raum, in dem sich Mäntel und Schläuche von Autos und Lkws stapeln. Eine alte Felge dient als Unterlage. Drei riesige Reifenhebel und ein überdimensionaler Hammer sind das Werkzeug. In der Ecke steht tatsächlich ein kleiner Generator für Druckluft.

Ein alter Mann tippt mich auf die Schulter: »He, da vorn, der Kleine hat Deine Motorradbrille geklaut!« Ich renne hinter ihm her, halte ihn fest. »He, bring mir sofort die Brille wieder zurück!« – »Ich habe keine, wirklich nicht, laß mich los!« – »Wir gehen jetzt langsam zur Polizei. Du kannst einem Freund sagen, wo Du sie versteckt hast, er soll sie holen, dann will ich die Geschichte vergessen.« Er ruft einem Jungen etwas auf Arabisch zu. Ich erkundige mich, wo die Polizei ist, aber nur, um das Verfahren zu beschleunigen und dem Kleinen etwas mehr Dampf zu machen. Zwei Minuten später taucht er wieder auf, die Brille in der Hand. »Hier, ich gebe Euch 10 Dinar (3 DM)!« Sie gucken mich an, als sei nicht alles klar bei mir. »Wofür?« – »Einer paßt auf die Sachen auf und Du zeigst mir bitte eine Reifenreparatur.«

Wir grasen mindestens 25 Garagen ab, es gibt zwar 17-Zoll-Reifen, aber nur für ein Mofa. Als ich abends wieder beim Motorrad ankomme, habe ich mich schon darauf eingestellt, morgen in den Norden zu trampen, notfalls bis Tunesien, um einen Ersatzpneu zu kaufen. Neben dem Motorrad lehnt ein 17er Straßenreifen, ziemlich gutes Profil, ich sehe ihn mir an und ich entdecke das tubeless – schlauchlos! Ein Riese von einem Algerier taucht aus dem Halbdunkel der Werkstatt auf. »Hallo, ich bin der Chef, Du suchst einen Reifen, willst Du den nehmen?. – »Woher hast Du den denn?« – »Der liegt hier schon seit Jahren herum!«

Sand.

Tagsüber ist es unerträglich heiß, die Ortschaften, durch die ich komme, liegen relativ tief, das Grundwasser kann somit leicht angebohrt werden, und die Wurzeln der Palmen erreichen es besser. Außerhalb dieser kleinen Städte gibt es nur Sand, dazwischen riesige Tafelberge. Mittags hänge ich im Schatten eines Restaurants, ziehe die dicken Bergschuhe aus, sitze nur in kurzer Hose und einem T-Shirt unter dem Deckenventilator. Am Nachbartisch essen zwei Männer. Sie grüßen freundlich, das ist das ganze Gespräch. Umso erstaunter bin ich, als einer beim Gehen zu mir meint: »Wir haben Dich eingeladen, Deine Rechnung ist bereits bezahlt. Gute Reise, Inshallah – Gott sei mit Dir!«

Die Orte im Norden Algeriens, nahe der tunesischen Grenze unterscheiden sich gewaltig von den Oasenplätzen mitten in der Wüste, wie Tamanrasset, El Golea oder In Salah – es gibt hier richtiges Straßenleben. An einer Hauptstraße reihen sich kleine Geschäfte aneinander – Bäckereien, Obst- und Gemüsestände, ein Schallplattengeschäft. Auf einem Grill dampft Hammelfleisch. Ich kaufe mir eine große Keule, frisches Brot, Datteln und Oliven. Irgendwo zwischen den Dünen suche ich mir einen Platz, zum letzten Mal schlafe ich unter freiem Himmel. Mit dieser traurigen Erkenntnis liege ich auf dem Boden. Gehen die eineinhalb Jahre wirklich zu Ende? Ich kann es mir überhaupt nicht vorstellen, irgendwie muß die Reise doch weitergehen, sie darf nicht zu Ende sein.

Die Wanderdünen kommen nun immer näher an die Straße, viele Strommasten sind vom Sand bis zu den Drähten hin zugeweht, manchmal ist ein Teil der Fahrbahn nicht mehr zu sehen.

Als ich in Hammamet ankomme, begegne ich zufällig den deutschen Autofahrern wieder, die ich hinter Idelés verloren habe. Meine Wut ist verraucht, ich will nur mein Gepäck nehmen, mir ihre Version des Vorfalls anhören und dann nie wieder daran erinnert werden: Sie folgten an jenem Abend einer Spur, die immer Richtung Norden führte und kamen von der Hauptpiste ab. Nach einer halben Stunde bemerkte endlich einer, daß sie falsch waren. Ich frage mich, was sie mit dem überdimensionalen Kompaß machen, der auf den Armaturen der Autos befestigt ist! Aber dann kamen ganz die Profis in ihnen durch; Sie funkten einen Satelliten an, der ihnen den genauen Standort angab. Jemand zündete Leuchtraketen Am nächsten Tag fuhren sie zurück zur Hauptpiste, niemand kam auf die Idee, daß sie zurück nach Idelés müßten, um eine Suchaktion zu organisieren! Zwei Tage später sprachen sie bei der Gendarmerie in Djanet vor – da wäre ich längst ausgetrocknet aus dem Leben geschieden!

Die letzten Kilometer bis Tunis lege ich in Zeitlupe zurück, will nicht auf die Fähre und nach Europa übersetzen. Ich möchte schon nach Bochum, aber nur auf einen Besuch. Im Straßencafé vor dem Hotel Africa verbringe ich die Tage bis zur Abfahrt der Habib, lese französischsprachige Zeitungen,

El Golea, N-Sahara.

trinke Espresso und esse warme Croissants. Ganz in der Nähe befindet sich die Altstadt, sofort fängt mich die Faszination ein. Die Häuser sind weiß gestrichen, viele Balkone und Fenster in einem hellen Blau oder Grün. Männer sitzen an niedrigen Tischchen, lassen sich eine rauchfertige Wasserpfeife bringen. Kleine Läden reihen sich ohne Unterbrechung aneinander, oft sind die Gassen überdacht. Tagsüber beleuchten Lampen die Gänge. Hier gibt es Lederwaren: Taschen, Westen, Rucksäcke, dort Möbel, in der Parallelgasse stapeln sich Messingtöpfe.

Mit dem Gefühl, heute Afrika zu verlassen, werde ich wach. Eine tiefe Trauer überfällt mich. Ich gehe ans Fenster, gucke abwesend auf die Stadt herunter, auf ein Gewirr von Straßen, Menschen, auf das Leben schlechthin. Meine ganzen Handlungen sind schlafwandlerisch, das Frühstück, das Pakken des Motorrads. Ich könnte heulen.

An der Fähre wimmelt es voller Touristen, vielen Motorradfahrern, einigen bekannten Gesichtern. Ich möchte mit niemandem reden, ganz allein sein und diesen Abschied, das Ende der Reise so intensiv wie möglich wahrnehmen.

In Genua wartet mein Bruder auf mich, wir liegen uns lange in den Armen: »Komisch, ich habe das Gefühl, als seist Du nur einen Tag weggewesen!«, meint er. »Nein, mir kommt es länger vor, etwa wie eineinhalb Tage!«

333

FREIHEIT AUF ZWEI RÄDERN

Vancouver

San
Francisco

Hawaii

Mexiko

Panama   Caracas
                Bogota

Äquator

0   2000   4000 KM